SCHRONISKO

KTÓRE SPOWIJAŁ MROK

SŁAWEK GORTYCH

SCHRONISKO
KTÓRE SPOWIJAŁ MROK

WYDAWNICTWO
DOLNOŚLĄSKIE

Zapraszamy na **www.publicat.pl**

Projekt okładki
MARIUSZ BANACHOWICZ

Fotografia na okładce
© RAFAŁ KOTYLAK

Projekt wnętrza okładki
NATALIA TWARDY

Fotografie
© Rafał Kotylak © Rafał Leszczewski
Biblioteka Narodowa (domena publiczna)
Jeleniogórska Biblioteka Cyfrowa (domena publiczna)
Śląska Biblioteka Cyfrowa (domena publiczna)
PAP/Archiwum

Koordynacja projektu
MONIKA KACZMAREK, NATALIA STECKA-KUBANEK

Redakcja
MAŁGORZATA GROCHOCKA

Korekta
BOGUSŁAWA OTFINOWSKA

Redakcja techniczna
LOREM IPSUM – RADOSŁAW FIEDOSICHIN

ISBN 978-83-271-6609-8

WYDAWNICTWO DOLNOŚLĄSKIE
jest znakiem towarowym Publicat S.A.

PUBLICAT S.A.
61-003 Poznań, ul. Chlebowa 24
tel. 61 652 92 52, fax 61 652 92 00
e-mail: office@publicat.pl, www.publicat.pl

Oddział we Wrocławiu
50-010 Wrocław, ul. Podwale 62
tel. 71 785 90 40, fax 71 785 90 66
e-mail: wydawnictwodolnoslaskie@publicat.pl

Spis treści

Tym, którzy z narażeniem życia idą w góry
nieść ratunek innym

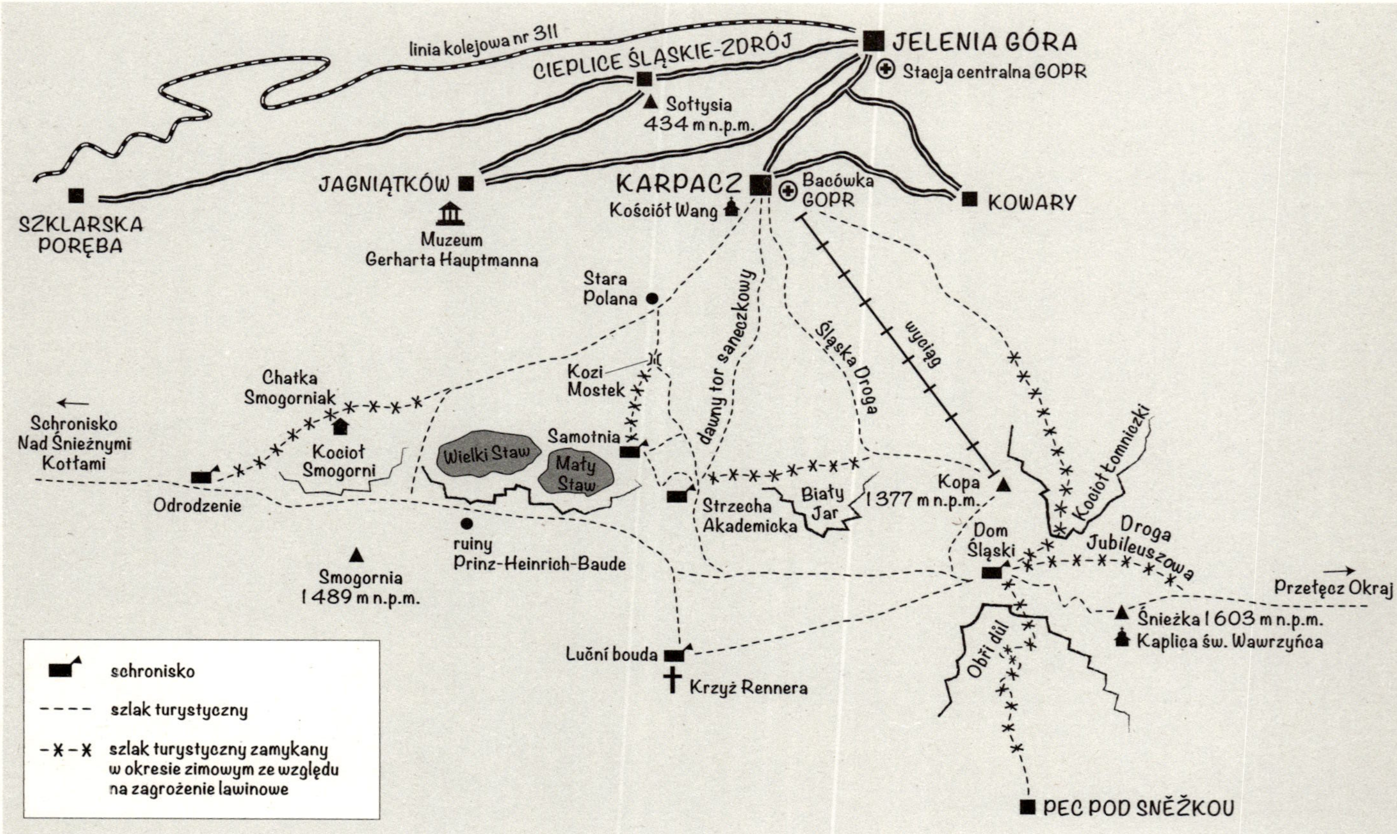

JELENIA GÓRA
Stacja centralna GOPR
linia kolejowa nr 311
CIEPLICE ŚLĄSKIE-ZDRÓJ
Sołtysia
434 m n.p.m.
SZKLARSKA
PORĘBA
JAGNIĄTKÓW
Muzeum
Gerharta Hauptmanna
KARPACZ
Kościół Wang
Bacówka
GOPR
KOWARY
Stara
Polana
Kozi
Mostek
dawny tor saneczkowy
Śląska Droga
wyciąg
Chatka
Smogorniak
Schronisko
Nad Śnieżnymi
Kotłami
Kocioł
Smogorni
Wielki Staw
Mały
Staw
Samotnia
Strzecha
Akademicka
Biały
Jar
Kopa
1377 m n.p.m.
Kocioł Łomniczki
Odrodzenie
ruiny
Prinz-Heinrich-Baude
Dom
Śląski
Droga
Jubileuszowa
Przełęcz Okraj
Smogornia
1489 m n.p.m.
Śnieżka 1603 m n.p.m.
Kaplica św. Wawrzyńca
Obří důl
Luční bouda
Krzyż Rennera
PEC POD SNĚŽKOU
schronisko
szlak turystyczny
szlak turystyczny zamykany
w okresie zimowym ze względu
na zagrożenie lawinowe

PROLOG

*Przyznać muszę, że podczas mych wielokrotnych wędrówek po Alpach nie musiałem nigdy zmagać się z takimi trudnościami jak w dużo przecież niższych Karkonoszach. Była to jednak zemsta Ribecala**. *Cokolwiek niezadowolony, że ze względu na wyprawę śląską musiałem zrezygnować z* [...] *kolejnej wycieczki w Alpy, odpowiedziałem przyjacielowi, który mi obiecał wizytę w Karkonoszach, że raczej nie warto Alp poświęcać dla* [...] *„pagórków". Potężny duch górski, w którego królestwie spędzić cztery dni musiałem,* [...] *temu, kto jego samego albo jego dzieła obraża, ścieżki plącze, burzę, mgłę, ulewę i śnieżycę na niego sprowadzając, pokazał mi przeto, do czego jest zdolny***.

Gustav Bischof

---

* Ribecal (znany też m.in. jako: Rübezahl, Rübenzagel, Riphen-Zabel oraz Duch Gór, Liczyrzepa, Rzepiór, Karkonosz) – duch, który wedle ludowych podań panuje w Karkonoszach. Na jego temat powstały setki legend, a najstarsze źródła pisane wspominające o karkonoskim demonie datowane są na 1430 rok. Pierwszy znany rysunek ukazujący Ducha Gór pochodzi z mapy Śląska z 1561 roku, na której jego wizerunek przedstawiono pośród karkonoskich szczytów, nadając mu miano „Rübenczal". Postać Ducha od wieków rozbudza wyobraźnię odwiedzających Karkonosze podróżników i turystów.

** Fragment relacji podróżnika, który odwiedził Karkonosze we wrześniu 1842 r.; cyt. za: H. Rohkam, *Baudy i ich mieszkańcy. Historia schronisk zachodnich Karkonoszy*, tłum. M. Wawrzyńczak, Chromiec 2021.

Karkonosze, marzec 2007 roku

Od zarania dziejów dla mieszkańców karkonoskich chałup nadejście zimy wiązało się z walką o przetrwanie. Stawali wówczas do brutalnej bitwy z nieobliczalnym żywiołem, w której stawką było ich życie. Każdego roku podczas kilku miesięcy trwania tych ludzkich zmagań Karkonosze zmieniały się nie do poznania. Szczyty i kotliny szczelnie powlekała śnieżna pokrywa, która zacierała granice, wygładzała ostrości krajobrazu, zamieniając wszystko w bezkresną biel. Ekstremalnie niskie temperatury, silne wiatry, śnieżyce i utrzymujące się przez wiele dni mgły zmuszały mieszkających w górach ludzi do uruchomienia w sobie pokładów kreatywności i zdolności przewidywania – cech decydujących o tym, czy dożyją wiosny. I nie chodziło tu o zwyczajne i oczywiste zadania, takie jak zrobienie na te kilka miesięcy zapasu żywności czy opału. Mieszkańcy karkonoskich baud* musieli być gotowi na znacznie więcej.

Chałupę przyszykowaną na nadejście zimy poznawało się w Karkonoszach przede wszystkim po charakterystycznym dachu, a zwłaszcza dwóch jego elementach. Pierwszym był komin, który jesienią wydłużano, aby nawet przy kilkumetrowej pokrywie śnieżnej wystawał ponad jej powierzchnię. Drugi element stanowiło prowizoryczne wejście do domu przez strych – jedyny sposób dostania się zimą do wnętrza chaty.

---

* Polskie słowo „bauda”, z niemieckiego Baude, z czeskiego bouda, to funkcjonujące w Karkonoszach od kilkuset lat określenie schroniska górskiego.

Pomysłowość ludzi gór szła jeszcze dalej, także jeśli chodzi o możliwości przemieszczania się. Już kilkaset lat temu używali charakterystycznych sań, tzw. rogatych, a do butów przytwierdzali karple – drewniane obręcze przeplecione sznurami, umożliwiające utrzymanie się na powierzchni głębokiego na kilka metrów śnieżnego morza. Bez karpli można było zapaść się w biały puch po sam czubek głowy, a to już był gotowy scenariusz tragicznej śmierci.

Takie zimy zdawały się jednak już tylko odległą przeszłością, o której co najwyżej z niedowierzaniem czytało się w książkach. Aż do tego roku…

Powiedzieć, że w Karkonoszach trwała teraz zima stulecia, to nic nie powiedzieć. Kotlinę Jeleniogórską nawiedzały śnieżyce, które swoją skalą zaskakiwały nawet najstarszych mieszkańców. Śnieg paraliżował ruch na drogach i kolei. Pod jego ciężarem łamały się gałęzie drzew, uszkadzając linie wysokiego napięcia, co powodowało przerwy w dostawach prądu. O ile trudną sytuację w podgórskich miasteczkach dało się jakoś opisać, o tyle niełatwo było znaleźć słowa, żeby określić warunki, jakie zapanowały w szczytowych partiach gór.

Tam żywioł po prostu szalał. Nieokiełznany, nieprzewidywalny i zdradziecki, niczym nocny złodziej.

Część I

BIAŁA CIEMNOŚĆ

[…] *nim pójdę, by nigdy nie wrócić,*
do kraju pełnego ciemności,
do ziemi czarnej jak noc,
do cienia chaosu i śmierci,
gdzie świecą jedynie mroki.

Księga Hioba 10:21–22*

* *Biblia Tysiąclecia*, Poznań 2003, https://biblia.deon.pl.

Śnieżne Kotły, 8 marca 2007

Zima bezlitośnie obejmowała karkonoski krajobraz szponami mrozu, sprawiając wrażenie, jakby chciała pożreć wszystko, co stanie jej na drodze. Za jeden z głównych celów obrała sobie schronisko Nad Śnieżnymi Kotłami, które od dłuższego czasu trwało przeobrażone w lodowy zamek niczym z ponurej baśni o Królowej Śniegu. Za tę drastyczną zmianę jego wyglądu odpowiadała szadź, która z każdym następnym dniem pokrywała je coraz grubszą powłoką. Przyjmując na siebie kolejne warstwy lodu i śniegu, stare schronisko coraz mniej przypominało dzieło ludzkich rąk. O ile w świetle słońca wyrzeźbiona przez wiatr śnieżna elewacja mogła wyglądać imponująco, o tyle podczas mgły schronisko stawało się niewidoczne, jakby w ogóle przestało istnieć.

Maksymilian Rajczakowski snuł się chłodnymi i ciemnymi korytarzami, aż dotarł do jadalni, która – mimo śniadaniowej pory – świeciła pustkami. Powiódł wzrokiem po pustych stolikach i westchnął. Miał wrażenie, jakby cofnął się w czasie o kilka lat, do pamiętnego listopada dwa tysiące czwartego roku, gdy dotarł nad Śnieżne Kotły po raz pierwszy w życiu. W schronisku było wtedy niemal tak samo pusto i cicho jak teraz.

Postawił na barowej ladzie duży kubek i zaparzył herbatę. Tęsknił za czasem, gdy jadalnię okupowali turyści. Od chwili otwarcia schroniska w tym pomieszczeniu, bez względu na porę roku, nieustannie panował przyjemny gwar. Przeplatały się tu głosy dzieci i dorosłych, mieszały języki. Od kilku dni jednak Śnieżne Kotły, tak jak wiele innych karkonoskich schronisk, wypełniała przenikliwa cisza. Powodem były drastycznie pogarszające się w ostatnim tygodniu warunki pogodowe. Wielu turystów po wysłuchaniu ostrzeżeń GOPR-u rezygnowało z planowanych wędrówek i dokonanych wcześniej rezerwacji.

„Trzy miesiące lata – dziewięć miesięcy śnieg" – przypomniał sobie stare, karkonoskie porzekadło. Z tą myślą i parującym kubkiem w ręce udał się do swojego gabinetu. Bolała go głowa – sam nie wiedział, czy to z powodu zmieniających się gwałtownie warunków atmosferycznych czy zmartwienia, które spędzało mu sen z powiek.

Mimo rannej pory w pomieszczeniu, tak jak w innych częściach schroniska, panowała ciemność. Okna od wielu dni pokrywała od zewnątrz bariera z lodu, szadzi i śniegu wpuszczająca do środka niewiele światła. Oplatała schronisko niczym jadowity pająk, który przed uśmierceniem swojej ofiary owijał ją w kokon.

Maksymilian przekręcił klamkę. Musiał szarpnąć za nią z dużą siłą, żeby mimo zamarzniętych zamków otworzyć okno. Zacisnął pięść i przebił śnieżno-lodową powłokę blokującą dostęp światła do pokoju. Podmuch lodowatego wiatru uderzył go w twarz, a do pomieszczenia zaczął wsypywać się śnieg. Spojrzał przed siebie, ale zamiast widoku na Kotlinę Jeleniogórską zobaczył wyłącznie morze bieli, jakby tego poranka zapomniano narysować krajobraz za oknem.

Jego złe przeczucia się potwierdziły. Na zewnątrz, tak samo jak przez cały poprzedni dzień, panowało charakterystyczne dla zimowych Karkonoszy zjawisko, które meteorolodzy określają mianem *white-out*, czyli „białej ciemności". Jest ono skutkiem występowania jednocześnie gęstej mgły i śnieżnej zamieci. W takich warunkach światło słoneczne ulega wielokrotnemu odbiciu i rozproszeniu, zamieniając się w chaos, który dociera do oczu człowieka ze wszystkich możliwych kierunków. A to sprawia, że przestaje istnieć tak prozaiczny element rzeczywistości jak cień.

Maksymilian zmarszczył brwi. Z pozoru mogło się wydawać, że brak cienia nie jest niczym szczególnie dotkliwym. O cieniu zwykło się przecież myśleć jako o czymś niebezpiecznym. To w nim, wedle ludowej mądrości, skrywali się ludzie o nieczystych intencjach, tam też rodziły się groźne myśli i chore pomysły. Cień – symbol fałszu i śmierci, utożsamiano z szeroko pojętym złem.

Świat pozbawiony cienia powinien więc być wszechogarniającą jasnością, po prostu rajem. A jednak nim nie był.

Mieszkający od kilku lat w górach Maksymilian właśnie tu po raz pierwszy zrozumiał, że czerń i biel, choć reprezentowały przeciwstawne żywioły, utrzymywały rzeczywistość we względnej harmonii. Nagłe wyzbycie się jednej z barw sprawiało, że ludzkie zmysły – przede wszystkim wzrok, ale także równowaga – ulegały rozstrojeniu. I wiedział o tym każdy, kto doświadczył wędrówki po Karkonoszach w warunkach *white-outu*. Dopiero wtedy można było zrozumieć, jak bardzo trudno się poruszać, gdy cień nie istnieje i nie zakreśla człowiekowi konturów otaczających go przedmiotów. Biel zalegającego na szlakach śniegu zaczyna mieszać się z bielą mgły i padającego z nieba świeżego puchu, znikają punkty odniesienia. Ludzie, którzy podczas wędrówki znajdą się w takich warunkach, zaczynają odczuwać zawroty głowy i mdłości. Błędnik głupieje, człowiek traci poczucie równowagi – a to już pierwszy krok do katastrofy.

Kolejny powiew lodowatego wiatru wyrwał Maksa z zamyślenia. Zebrał śnieg, którego spora ilość zalegała już wewnątrz na parapecie, po czym zamknął okno. Włączył radio, usiadł przy biurku i znów popadł w odrętwienie.

Góry miały swoje charakterystyczne pogodowe „humory", które zwiastowały nadchodzące nieszczęście. W Tatrach takim zjawiskiem był halny, przy którym wielu samobójców decydowało się na ostateczne rozwiązania. W Karkonoszach natomiast śmierć zbierała swoje żniwo właśnie wtedy, gdy górskie szczyty zaczynały tonąć w białej ciemności. W takich warunkach bowiem najczęściej dochodziło do zaginięć. Oblepione śniegiem znaki i tyczki rozmywały się we mgle, a spanikowani wędrowcy zaczynali błądzić w bezkresnej bieli, co jakiś czas tracąc równowagę i upadając w biały puch. Tułali się zdezorientowani, aż udało im się z powrotem trafić na szlak. Gdy jednak do tego nie dochodziło, błądzili aż do utraty sił i – jeśli w porę nie nadeszła pomoc – zamarzali. Maksymilian wzdrygnął się. Trudno mu było wyobrazić sobie bardziej koszmarną śmierć. Biała ciemność. Z pozoru brzmiało to jak oksymoron, ale było celnym określeniem tego zjawiska: bo choć na dworze panowała biel, człowiek błądził w niej jak w bezgranicznej ciemności.

– O, tutaj jesteś! Szukałam cię. – Z zamyślenia wyrwał go głos Marty. Nawet nie zauważył, kiedy weszła do gabinetu. – Jak tak dalej pójdzie, nasze schronisko zacznie niedługo przypominać igloo.

– Marta… – zaczął.

– Zastanawiam się, ile może ważyć skorupa, która pokrywa teraz budynek… Jak myślisz? – Próbowała brzmieć beztrosko, ale i tak wyczuwał w jej głosie niepokój.

– Marta… Ja myślę, że on nie żyje.

Uśmiech znikł z twarzy kobiety.

– Przestań! Tomek jest rozsądny, sam tak zawsze mówiłeś.

– Mówiłem. Ale już kolejny dzień nie ma z nim kontaktu. Nikt nie wie, gdzie jest. Nikt niczego nie widział, nikt niczego nie słyszał, goprowcy nie trafili na żaden ślad – zaczął wyliczać zdenerwowany.

– Na razie. Na razie nie trafili… – podkreśliła. – Przecież to jeszcze może się zmienić!

– Skoro do tej pory nic nie mają, to szanse, że nagle coś znajdą, są marne. Spójrzmy prawdzie w oczy. – Westchnął i schował głowę w rękach. Przeczesał dłońmi włosy, po czym uderzył pięścią w biurko. – A gówno, które wisi za oknem, tego nie ułatwia! – Poczucie bezradności rosło w nim z każdą godziną. – Jak tak dalej pójdzie, za kilka dni zasypie nas po ostatnie piętro i nawet tego nie zauważymy, bo niezależnie od pory dnia w schronisku jest ciemno przez szadź, która okleja okna – dodał, zawieszając na kobiecie zbolałe spojrzenie. Wyzierała z niego przejmująca troska o zaginionego przyjaciela.

Marta podeszła do Maksa i przytuliła go z całych sił, czule całując w czoło. Posadził ją sobie na kolanach.

– Jeśli jeszcze kilka dni będzie wisiało w powietrzu to mleko, chyba popadnę w obłęd – zaczął. – Momentami przestaję wierzyć, że kiedyś wyjdzie słońce.

Marta spojrzała na niego ze zrozumieniem.

– Zima w Karkonoszach nie zawsze jest łatwa, a tegoroczna zwłaszcza. Ale damy radę, wiesz? To jest po prostu czas, w którym miłość do gór… bywa trudna – dodała. Chciała coś jeszcze powiedzieć, ale w tym momencie Maks wychylił się z krzesła, żeby podkręcić radio.

– Dzień dobry państwu, jest punktualnie ósma, zaczynamy wiadomości. Na początek dobre wieści z Instytutu Meteorologii i Gospodarki Wodnej. W najbliższych godzinach w związku z nadciągającym wyżem możemy spodziewać się poprawy warunków pogodowych w szczytowych partiach Karkonoszy. Temperatura maksymalna w ciągu dnia minus sześć stopni, w Jeleniej Górze minus dwa. Przypominamy, że zgodnie z komunikatem GOPR-u obowiązuje czwarty stopień zagrożenia lawinowego. W związku z tym ratownicy zalecają, zwłaszcza osobom niedoświadczonym, aby odłożyły plany wędrówek po górach, aż warunki staną się bardziej stabilne.

Maks zastygł w bezruchu nachylony nad odbiornikiem, jakby obawiał się uronić choć jedno słowo.

– W jeleniogórskim szpitalu nadal trwa walka o życie siedemnastolatka, którego tydzień temu porwała lawina podczas zjazdu na nartach skiturowych Kotłem Łomniczki. Nastolatek udał się na niebezpieczną eskapadę pod opieką ojca, który także odniósł obrażenia podczas wypadku. Jego życiu nie zagraża niebezpieczeństwo. Przypomnijmy, że to już kolejny incydent w tym rejonie w ciągu ostatniego miesiąca. Biegnący przez Kocioł Łomniczki czerwony szlak turystyczny został zamknięty jeszcze w grudniu z powodu zagrożenia lawinowego i poruszanie się nim, pieszo czy na nartach, jest zabronione. Eskapady na zamknięte szlaki to sprowadzanie śmiertelnego niebezpieczeństwa nie tylko na siebie, ale także na ratowników GOPR-u, którzy są potem wzywani na pomoc – kontynuował spiker. – Wciąż trwają poszukiwania zaginionego Tomasza Wilczura. Znany autor powieści kryminalnych zaginął w Karkonoszach wczorajszego poranka. Początkowo poszukiwania skupiały się na okolicach schroniska Strzecha Akademicka. To właśnie tam pisarz wynajął pokój, aby, jak donoszą świadkowie, pracować nad swoją najnowszą powieścią. Według ustaleń policji Wilczur w dniu zaginięcia planował wycieczkę do Domu Śląskiego. Sytuacja staje się coraz bardziej niejasna, bo w świetle najnowszych doniesień ostatnim miejscem logowania się telefonu poszukiwanego mężczyzny były okolice przełęczy Okraj, a nie Domu Śląskiego, i tam teraz skupiają się poszukiwania. Poza polską policją i GOPR-em w akcję zaangażowane są także czeskie służby. Zdjęcie pisarza znajdziecie na stronie internetowej jelonka.com. Wszyscy, którzy w ostatnich dniach wędrowali po Karkonoszach i widzieli pisarza, proszeni są o kontakt z policją. Z nieoficjalnych ustaleń wynika, że Tomasza Wilczura prawdopodobnie po raz ostatni widziano w towarzystwie obcego mężczyzny, którego tożsamości nie udało się dotychczas ustalić, a który może mieć istotne informacje na temat miejsca aktualnego pobytu pisarza. Czas na komunikaty drogowe. Na drodze krajowej numer trzy na odcinku ze Szklarskiej Poręby do Jakuszyc tworzą się korki. Z powodu zamieci śnieżnej doszło tam…

Maks wyłączył radio.

– Kochanie – zaczęła Marta – wiem, że bardzo martwisz się o swojego przyjaciela. Ja też się martwię. Spójrz na mnie! Niezależnie od wszystkiego, musisz zrozumieć, że to nie ty odpowiadasz za jego zaginięcie. Nie ty!

Maks zaczerpnął tchu, po czym nagle zwiesił ramiona.

– Mimo to czuję się cholernie winny – odparł łamiącym się głosem. – To ja namawiałem go, żeby tu przyjechał.

Wrocław, 8 marca 2007

Julitę Domańską przez całą noc męczyły koszmary. „To wina pełni" – powtarzała sobie, gdy nad ranem obudziła się kolejny raz. Była już tak zmęczona sennymi marami, że zrezygnowana wyłączyła budzik, który miał zadzwonić dopiero za godzinę, i zaczęła zbierać się do pracy.

Po kilkudziesięciu minutach wchodziła do jednej z reprezentacyjnych kamienic przy wrocławskim Podwalu, w której mieściła się siedziba jej wydawnictwa. Zajęta swoimi myślami mruknięciem pozdrowiła portiera, przywitała się z Beatą, sekretarką, i poszła do swojego pokoju. O tej porze w dziale marketingu było jeszcze pusto.

Usiadła przy biurku, włączyła komputer i zaczęła przeglądać portale informacyjne z nadzieją na znalezienie jakiejkolwiek nowej informacji w sprawie zaginięcia Tomasza Wilczura.

– Ciężka noc? – usłyszała nad sobą głos Beaty.

– Aż tak po mnie widać? – Julita uniosła wzrok znad komputera.

– Pomyślałam po prostu, że przyda ci się kawa. – Sekretarka postawiła przed nią filiżankę.

– Dziękuję. To miłe z twojej strony.

– Nie ma sprawy – odparła Beata. – Nie uwierzysz, jakie miałam dzisiaj szczęście…

Julita spojrzała na nią nieobecnym wzrokiem.

– Wyruszyłam do pracy trochę wcześniej niż zwykle. Dojeżdżam od siebie z Udanina autostradą. Wyobraź sobie, że kilka minut po tym, jak zaparkowałam pod wydawnictwem, w radiu powiedzieli, że był jakiś straszliwy karambol właśnie na A cztery, w okolicach Kostomłotów. Można powiedzieć, że otarłam się o tragedię...

– No tak... – odparła Julita beznamiętnie. Nie miała siły na rozmowę.

– À propos wypadków, coś wiadomo w sprawie Wilczura?

– Wiem tyle, co mówią w mediach. Czyli niewiele.

Beata zamyśliła się.

– Nigdy za nim nie przepadałam – stwierdziła znienacka.

– Dlaczego?

– Był taki jakiś, no wiesz... Nadęty? Małomówny, nie reagował zbytnio na żarty. Uważał się za nie wiadomo kogo. A sama chyba zauważyłaś, że jego powieści już od dłuższego czasu kiepsko idą.

– To, że kiepsko się sprzedają, nie znaczy, że są kiepskie. Zresztą, stracił ukochaną półtora roku temu. Trudno, żeby tryskał optymizmem.

– Myślisz, że sprzedaż książek pójdzie w górę, jak znajdą go, no wiesz... Martwego? Autor kryminałów nie żyje, to byłaby sensacja!

– Co ty bredzisz?

– Oj, nie mów, że nie pomyślałaś o tym samym. Może wypuścimy wtedy limitowany nakład książek z jego czarno-białym zdjęciem, taką wersję kolekcjonerską?

Julita zamyśliła się na moment.

– Nawet jeśli, to nie zamierzam o tym z tobą rozmawiać, a już zwłaszcza w tym momencie. Wciąż go przecież szukają.

– I może wierzysz, że znajdą go żywego? Kobieto, tyle kryminałów przeczytałaś przez lata pracy w naszym wydawnictwie i wierzysz w takie szczęśliwe zakończenia?

– Jeśli kawa była w pakiecie z tą rozmową, to ja ci za nią podziękuję. – Julita zirytowana odsunęła filiżankę.

– Ty rzeczywiście wstałaś dzisiaj lewą nogą. – Beata się skrzywiła. – Przecież to nie nasza wina, że się chłop zgubił w górach. Ja mu źle nie życzę, po prostu trzeźwo myślę – dodała. Jeszcze przez chwilę stała w drzwiach, ale wobec braku reakcji koleżanki wzruszyła ramionami i wyszła z pokoju.

Julita tymczasem przeleciała wzrokiem kolejny artykuł o zaginięciu Wilczura i poczuła, jak rośnie jej ciśnienie. Nikt nie potrafił zirytować jej tak skutecznie, jak sekretarka z ich wydawnictwa.

Wyjrzała przez okno na Podwale i ciągnącą się wzdłuż niego Promenadę Staromiejską. Mimo deszczu i gęstych chmur, jakie od rana wisiały nad Wrocławiem, wyraźnie dostrzegała dyskretne oznaki nadchodzącej wiosny. Na drzewach, które pamiętały jeszcze czasy przedwojennego Breslau, pojawiały się już pierwsze pąki. Za kilkanaście dni te skromne sygnały powinny zamienić się w radosny wybuch morza zieleni. Westchnęła. Zdawała sobie bowiem sprawę, że nieco ponad sto kilometrów od Wrocławia, w Karkonoszach, panują zgoła inne warunki i w najlepsze trwa tam zimowy armagedon. Gdzieś w tym śnieżnym zamieszaniu zniknął pracujący dla jej wydawnictwa autor.

Wyrzuty sumienia doskwierały jej coraz bardziej. Julita czuła, że tym razem przeszarżowała ze swoją kreatywnością. Spojrzała na wyświetlacz telefonu i ostatniego esemesa od Tomka. „Witam! Prace nad książką idą dobrze, dzisiaj wycieczka do Domu Śląskiego. Pozdrawiam z Karkonoszy". Wysłał go wczoraj. Nie wspomniał nic o tym, żeby zamierzał realizować plan, do którego kilka dni temu próbowała go namówić… Najbardziej zastanawiała ją jednak forma wiadomości. Znała Tomka już jakiś czas i wiedziała, że jest wręcz przewrażliwiony na punkcie schematycznych pozdrowień. Zazwyczaj więc kończył esemesy słowami: „Miłego dnia" albo „Ukłony", ale raczej nie pisał „Pozdrawiam". A już na pewno nie zaczynał wiadomości od słów: „Witam". Miała coraz więcej wątpliwości, czy to na pewno on napisał tę wiadomość.

Nie mogąc znieść panującej w biurze ciszy, złapała płaszcz i wybiegła z wydawnictwa. Skierowała się Podwalem w stronę Krupniczej. Przybierający na sile deszcz sprawiał, że włosy zaczynały kleić się jej do czoła, a wełniany płaszcz ściemniał. Dopiero po kilkuset metrach zorientowała się, że zapomniała z biura parasolki. „Chrzanić to!" – pomyślała i przyspieszyła kroku. Niedługo potem znalazła się przed mrocznym i przysadzistym budynkiem z ciemnej cegły. Sapiąc z wysiłku, przeskakiwała po dwa stopnie, aby już po chwili wparować do holu komendy policji. Panował tam spory ruch. Minęła kilku policjantów, którzy rozmawiali o czymś z wyraźnym przejęciem. Ze strzępków rozmowy zorientowała się, że dotyczyła ona wypadku w Kostomłotach, o którym wspominała Beata. Skierowała się do okienka dyżurnego.

– Dzień dobry. Chciałabym złożyć zawiadomienie – rzuciła przejęta. – W sprawie zaginięcia Tomasza Wilczura.

– Tego pisarza? Przecież my już o tym wiemy, szuka go pół województwa! GOPR działa, tak samo czeskie służby. – Policjant spojrzał na nią zdziwiony. – Pani się skąd, za przeproszeniem, urwała?

– Ale… – Julita się zmieszała. – To… Ja to wszystko zaplanowałam – powiedziała i się rozpłakała.

Część II

KOSZULA W ŻÓŁTĄ KRATĘ

W niewielkiej salce na cztery łóżka siedział przy jednej z chorych mężczyzna, którego twarz wydała mi się znajoma. Był to Gieorgij Malenkow, były premier rządu radzieckiego [...]. *Przeżywałem dziwne uczucie, kiedy sobie uświadamiałem, że w odległości kilku kroków ode mnie siedzi człowiek, który kiedyś z zimną krwią wysyłał na śmierć i cierpienia dziesiątki tysięcy starych bolszewików*[*].

---

* Cyt. za: R.A. Miedwiediew, *Ludzie Stalina*, tłum. T. Kaczmarek, Warszawa 1989.

Linia kolejowa nr 274 Wrocław Świebodzki - Jelenia Góra, 22 września 1947

Niemal dwa tysiące kilometrów – tyle liczyła droga żelazna z Moskwy do Szklarskiej Poręby Górnej przez Smoleńsk, Mińsk, Warszawę i Wrocław. Pociąg pokonywał trasę już niemal trzecią dobę i Gieorgij Malenkow zaczynał mieć tej podróży naprawdę dosyć.

Skład, którym jechał, należał do wyjątkowo luksusowych: wnętrze pociągu urządzono z przepychem, a na pasażerów czekała gotowa na każde wezwanie załoga – od kucharzy i kelnerów w wagonie restauracyjnym, po kamerdynerów w wagonie sypialnym. Nie wspominając już o funkcjonariuszach NKWD, którymi pociąg był naszpikowany. Stalin zadbał bowiem o to, żeby Malenkow i pozostali politycy podróżowali w warunkach bezpiecznych i godnych reprezentantów Wszechzwiązkowej Komunistycznej Partii (bolszewików). Jednak z każdą kolejną godziną jazdy Malenkow coraz mniej doceniał ten luksus, a coraz wyraźniej odczuwał to, z czym borykał się od dzieciństwa: niechęć do podróżowania, zwłaszcza koleją.

W przeciwieństwie do większości współpasażerów regularny stukot kół pociągu ani trochę go nie uspokajał, wręcz przeciwnie: drażnił i dekoncentrował podczas pracy. Najbardziej męczące okazały się bezsenne noce. Pisk żelaznych kół budził go przy każdym hamowaniu, sprawiając, że sen miał płytki i wielokrotnie przerywany.

Popijał kawę w wagonie restauracyjnym, próbując skupić się na przeglądaniu przedwczorajszej prasy, którą dostarczono mu jeszcze podczas postoju w Mińsku. Co rusz jednak łapał się na tym, że tylko błądzi wzrokiem po kolejnych linijkach, nie wiedząc do końca, co czyta. Niewyspanie coraz bardziej dawało mu się we znaki.

Od kiedy minęli Wrocław, za oknem leniwie przesuwał się krajobraz kolejnych niemieckich wiosek, które niedawno znalazły się w granicach Polski. Siąpił deszcz, a nisko zawieszone chmury nie wróżyły zmiany pogody na lepsze i zabierały nadzieję, że tego dnia na niebie choć na chwilę zagości słońce.

Malenkow spojrzał na zegarek; było trochę po ósmej rano. Według zapewnień kierownika składu parowóz rozwijał na trasach maksymalną prędkość, ale na niewiele to się zdało, skoro tak często konieczne były postoje. A to trzeba było uzupełnić zapas wody w parowozie, a to węgiel, a to linia jednotorowa i coś jedzie z naprzeciwka, a to przejście graniczne lub semafory. Te ostatnie były najgorsze. Nic tak nie irytowało Malenkowa jak semafory. Choć kierownik pociągu zapewniał go, że jadą zgodnie z rozkładem, a on robi wszystko, żeby skład zawsze uzyskiwał od dyżurnych ruchu pierwszeństwo, jednak Malenkow miał wrażenie, że od kiedy wjechali na teren Polski, liczba postojów wyraźnie wzrosła. Tak jakby w tym małym głupim kraju ktoś robił radzieckiemu pociągowi specjalnemu na złość, ustawiając na każdym kolejnym semaforze sygnał „stop". „Niech no tylko dorwę w Szklarskiej Porębie polskiego pierwszego sekretarza. Już ja go przekonam, że tego, kto stoi na czele ministerstwa komunikacji, należy wyjebać ze stanowiska w trybie natychmiastowym" – pomyślał Malenkow.

W tym momencie przez wagon przeszedł polski kolejarz. Malenkow spojrzał na niego z ukosa. Mężczyzna od początku wzbudzał jego nieufność. Dosiadł się zaraz po przekroczeniu polskiej granicy i dziwnie często kręcił się po części restauracyjnej i sypialnej, a przecież nie tam było jego miejsce!

Malenkow, gdy tylko po raz pierwszy przyuważył Polaka, zaalarmował funkcjonariuszy NKWD, informując o obcym elemencie wśród pasażerów. Wkrótce sytuację przyszedł wyjaśniać Malenkowowi osobiście kierownik pociągu. Tłumaczył, że potrzebowali kogoś, kto zna trasę na odcinku z Warszawy do Szklarskiej Poręby, gdyż żaden rosyjski maszynista nie miał w niej doświadczenia. A jej ostatni, górski fragment do najłatwiejszych ponoć nie należał. Niby wyjaśnienie brzmiało logicznie, szef enkawudzistów potwierdził też, że Polak został wcześniej przez służby sprawdzony. Mimo to Malenkow patrzył kolejarzowi na ręce przy każdej okazji.

Teraz zaś odprowadził Polaka wzrokiem aż do drzwi. Nawet w jego sposobie poruszania się było coś niepokojącego. Malenkow nie potrafił opisać tego słowami, ale lata wojennych doświadczeń wyostrzyły jego intuicję, a ta – niemal bezbłędnie – podpowiadała mu, kto w jego otoczeniu jest szpiegiem. Niech tylko dojadą do Szklarskiej Poręby, pomówi z enkawudzistami, żeby przycisnęli Polaka.

Do wagonu wszedł Andriej Żdanow. Gwoli ścisłości, najpierw ukazał się olbrzymi brzuch, a dopiero potem cała reszta. Jego opuchnięta od alkoholu mongolska gęba i złowrogie spojrzenie budziły w Malenkowie odrazę. Czy tak powinien wyglądać polityk? A tym bardziej: czy tak powinien wyglądać człowiek jadący właśnie na tajną konferencję, która miała na celu powołanie specjalnej organizacji zrzeszającej najważniejsze europejskie partie komunistyczne?

Odpowiedź była dla Malenkowa oczywista. Musiał jednak zachować ją dla siebie, bo wiedział, że Żdanow był bardzo niebezpiecznym przeciwnikiem. Malenkow doskonale pamiętał, jak tamten na polecenie Stalina po słynnej śmierci Kirowa w latach trzydziestych zaangażował się w przeprowadzenie bezwzględnej, trwającej kilka lat czystki, która miała wyplewić wrogie elementy w partii bolszewickiej.

Żdanow chwiejnym krokiem podszedł do baru i warknął na kelnera, wskazując półkę z alkoholami. Malenkow spojrzał na pijanego polityka z ledwie skrywaną nienawiścią. Jak donieśli mu już życzliwi, to właśnie Żdanow doprowadził jakiś czas temu do usunięcia Malenkowa z grona sekretarzy Komitetu Centralnego partii i robił wszystko, aby umniejszyć jego rolę w systemie władzy.

Malenkow pomyślał o arszeniku, który ukrył w jednym z bagaży. Może w Szklarskiej Porębie nadarzy się w końcu okazja, żeby odrobinę dosypać temu skurwysynowi do picia?

Nieświadomy myśli Malenkowa Żdanow podszedł tymczasem do jego stolika, trzymając w ręce flaszkę i dwie szklanki.

– Towarzyszu, po jednym? – zapytał, po czym beknął bezwstydnie.

– Już chyba dojeżdżamy?

– Jeszcze trochę. A odrobina rozgrzewki dla umysłu przed pracą dla socjalistycznej ojczyzny nigdy nie zaszkodzi – stwierdził, po czym odkręcił butelkę i nalał do szklanek.

– Wiecie, czy na miejscu jest już Gomułka? – zapytał Malenkow, biorąc do ręki szklankę.

– Ten męczący gaduła, zastępca Cyrankiewicza? Jest, razem z towarzyszem Mincem.

– Jakim, kurwa, Mincem?

– Hilary... Minc. – Znowu beknął. – Minister od handlu u Polaczków.

– Co on się tak głupio nazywa?

– Bo to Żyd. – Żdanow wzruszył ramionami. – A co, macie, towarzyszu, jakąś sprawę do Gomułki? – zapytał wyraźnie zaciekawiony, po czym opróżnił szklankę do dna i chrząknął.

– Nieważne. – Malenkow machnął ręką. – Czemu w nocy staliśmy tak długo, wiecie?

– Ano – cmoknął Żdanow – bo trzeba było, towarzyszu, zmieniać koła...

– Koła? Co wy pierdolicie?

– No te... – Wykonał ręką nieokreślony gest w powietrzu. – Te wózki pod pociągiem. Czy jak to się tam nazywa. Wyobraźcie sobie, oni tu, znaczy się: Polaczki, mają inny rozmiar... Ten, no, rozstaw. Szyn, znaczy się. U nas jest tysiąc... – Podrapał się po głowie, po czym nalał sobie wódki. Chciał dolać też Malenkowowi, ale zobaczył jego wciąż pełną szklankę. – A wy co, towarzyszu? Nie pijecie? – Zrobił wielkie oczy.

– Piję. – Westchnął tamten zrezygnowany i opróżnił swoją szklankę. Poczuł, jak gorzałka pali go w przełyk, a zaraz potem przyjemne ciepło rozlewa się po żołądku.

– I to się rozumie! – Żdanow uśmiechnął się krzywo, klepnął Malenkowa w ramię i natychmiast mu dolał. – Co to ja... A! Że u nas, wiecie, jest rozstaw szyn tysiąc pińcet dwadzieścia milimetrów, a w Polsce mają ten, tysiąc czterysta trzydzieści...? Kurwa, nie pamiętam, ile dokładnie. No, ale mają mniejszy. A wiecie dlaczego? – Przerwał i znowu beknął. – Jest taki dowcip, opowiem wam, towarzyszu. Miał inżynier planować linię kolejową u nas. I pytają go obywatele robotnicy, ile mają dać rozstaw tych szyn. A on mówi: „A ile jest w Europie?", „Tysiąc czterysta trzydzieści i coś tam, towarzyszu inżynierze". On na to: „I w porządku. Po chuj u nas więcej?". A oni zrozumieli „O chuj u nas więcej" i zrobili te tysiąc pińcet dwadzieścia! – niemal krzyknął, po czym zarechotał głupawo. – Rozumiecie, szerzej o długość chuja! – wyjaśnił jeszcze dla pewności, nie widząc reakcji słuchacza.

Dopiero w tym momencie Malenkow zaśmiał się sztucznie. Jak on nie cierpiał Żdanowa... Nie rozumiał, dlaczego Stalin tolerował kogoś takiego. Co więcej, zrobił tego pijaczynę kierownikiem Wydziału do spraw Kultury i Ideologii w Komitecie Centralnym! A przecież patrząc na tę przygłupią mordę i płaskie jak stolnica czoło, widać było od razu, że pod kopułą nie zachodziły żadne bardziej zaawansowane procesy myślowe. Jeszcze ten żałosny wąsik, który kojarzył mu się z Hitlerem. Wyglądający jak skrzyżowanie mongolskiego chłopa z niemieckim zbrodniarzem Żdanow nadawał się najwyżej na czyściciela dworcowych latryn.

Przez chwilę jechali w milczeniu.

– Ale zniszczone to miasto, co teraz jechaliśmy – zaczął Żdanow.

– Wrocław? To wszystko przez te szwabskie świnie. Zrobiły sobie Festung Breslau, pół miasta same zburzyły, bo barykady, bo miejsce potrzebne na nowe lotnisko, jak odbiliśmy im stare. A drugie pół my zburzyliśmy, bo trzeba było ich bombardować. Jakby się poddali, toby nie było trzeba.

– Niezły tam burdel teraz mają Polaczki do sprzątania.

– Szybko się z tym nie uwiną. Ale to nie nasz problem.

– Prawda, towarzyszu. Ale patrzcie, tu już spokojnie. Jakby wojny wcale nie było. Żadnych gruzów. – Wskazał za okno. Krajobraz robił się coraz bardziej górzysty, z kolejnych szczytów i dolin spoglądały na nich zadbane do niedawna wsie, eleganckie dworce, duże kościoły i pałace, które często nosiły już ślady obecności szabrowników.

– Nie podoba mi się tutaj – stwierdził Malenkow.

– Dlaczego się wam nie podoba, towarzyszu? Ładne te góry.

– Tu dalej siedzą poukrywane te niemieckie świnie, wiecie przecież.

– Pies ich jebał.

– Kto wymyślił, żeby poświęcona tak ważnym tematom konferencja największych partii komunistycznych odbywała się na takim wypiździewiu? Dolny Śląsk, poniemiecki burdel sprzątany przez tych polskich idiotów… To już naprawdę nie dało się gdzie indziej? – zapytał Malenkow, choć dobrze wiedział, że to Żdanow wybrał miejsce spotkania po konsultacji z Polakami.

– Wszystkim miało być blisko. Jadą przecież towarzysze z Bułgarii, Jugosławii. Będą Rumuni, Węgrzy, ci tam z Włoch. Chyba jeszcze o kimś zapomniałem…

– Jeszcze my jedziemy, towarzyszu. I, kurwa, to my mamy najdalej.

– Ale w końcu to tajna konferencja. Więc te góry to dobry pomysł, pomyślcie w ten sposób – odparł Żdanow stanowczo, po czym beknął. – Coś mi ta kiełbasa ze śniadania nie służy. To co, towarzyszu? Napijmy się.

Opróżnili szklanki po raz kolejny. Malenkow zaczynał czuć, że w końcu się rozluźnia. Pociąg sprawiał wrażenie, jakby jechał trochę szybciej, stukot kół ucichł. Może jednak ta podróż nie była taka najgorsza?

Linia kolejowa nr 311 Jelenia Góra – Szklarska Poręba Jakuszyce, 22 września 1947

Pociąg jechał po przebiegających szerokim łukiem torach, a za oknami roztaczał się widok na dość duże miasto. Ono także sprawiało wrażenie, jakby nie dotarła tu nawet wiadomość, że na Dolnym Śląsku jeszcze nieco ponad dwa lata temu toczyły się bardzo brutalne i krwawe walki o przyszłość tych ziem. Malenkowowi rzuciły się w oczy liczne piękne wieże i potężna, zielona kopuła. Pewnie też jakiegoś kościoła? Przypomniał sobie o zbrodniach, jakich dopuszczali się Niemcy w ostatnich latach. Kto by pomyślał, przecież to taki religijny naród…

W pewnym momencie pociąg zaczął zwalniać, a za oknami ukazała się przepaść. Na dnie głębokiego wąwozu płynęła górska rzeka. Zapiszczały hamulce, składem szarpnęło i zaczął toczyć się z żółwią prędkością.

– Do stacji końcowej zostało jeszcze niecałe czterdzieści kilometrów – zakomunikował kierownik pociągu, wchodząc do wagonu restauracyjnego.

– Ja pierdolę, wysoko – stwierdził Żdanow, wyglądając przez okno.

– Czemu tak zwalniamy? – Malenkow się zaniepokoił.

– Tam w dole płynie rzeka. Ten Polak mówił, jak się nazywa, ale nie pamiętam. Szwaby w czterdziestym piątym wysadziły część wiaduktu, po którym teraz jedziemy. Są plany jego odbudowy, ale na razie tylko plany.

– Co kurwa? Jak nie ma wiaduktu, to po czym my jedziemy?

– Po prowizorce, towarzyszu premierze. Pociągi jakoś jeździć muszą, bo to jedyna przeprawa przez rzekę nie tylko w mieście, lecz także w całej okolicy. Najbliższa jest kilkadziesiąt kilometrów stąd. Dlatego Polacy zrobili tu most tymczasowy. Załatali jakoś tę lukę w moście, położyli tory, to jedziemy.

– Czym załatali? – dopytywał Malenkow.

– Wedle moich informacji drewnem, towarzyszu premierze.

– Co?! – Malenkow był bliski wybuchu. – Jak to drewnem? Czy ich pojebało?

– No, został kawałek mostu z jednej strony, kawałek z drugiej, to rzucili parę drewnianych belek, a na nie szyny. I jakoś to funkcjonuje. Dlatego trzeba na moście jechać powoli, bo to wszystko trzyma się na słowo honoru.

– Ja pierdolę – skwitował Żdanow i beknął.

Gdy chwilę potem skład przetoczył się już na drugi brzeg przepaści, zaproponował:

– Towarzyszu kierowniku! Może jednego?

Kolejarz się zawahał.

– Prawda, towarzyszu Malenkow, że zaprosimy kierownika na chwilkę do nas? – Rozbawiony Żdanow uniósł niemal pustą flaszkę, po czym machnął ręką na kelnera. Po chwili na blacie przed nim wylądowała kolejna butelka.

– Siadajcie, towarzyszu. – Malenkow zmierzył wzrokiem Żdanowa, po czym niezbyt chętnie odsunął wolne krzesło, wskazując kolejarzowi miejsce. Tamten podszedł niepewnie.

– Mnie to chyba jednak nie wypada, z towarzyszami…

– Jakie nie wypada? Nie pierdolcie, tylko przynieście sobie szkło. Albo nie. E, wy tam! – warknął Żdanow na kelnera, który zamyślił się i nie dostrzegł jego machania ręką. – Szklankę dla towarzysza kierownika.

Chwilę potem aparatczyk nalał każdemu.

– To co, za Związek Socjalistycznych Republik Radzieckich!

– I za towarzysza Stalina – dodał kolejarz.

Wypili.

– To jeszcze po jednym. – Żdanow klasnął w dłonie.

– Ja na razie nie mogę. Po drodze czeka nas jeszcze jeden postój, w Cieplicach Śląskich – przypomniał sobie kierownik.

– Jaki, kurwa, postój!? – Malenkow uderzył pięścią w stół. Już nie wiedział, czy bardziej irytują go semafory, czy kierownik pociągu.

– No... Wody do lokomotywy trzeba dolać, a poza tym musimy poczekać na wolny przejazd, bo z naprzeciwka jedzie pasażerski.

– I co z tego, że jedzie coś z naprzeciwka? Od kiedy minęliśmy Wrocław, ciągle, kurwa, coś jedzie z naprzeciwka. Dlaczego tak się dzieje, obywatelu kierowniku? – syknął Malenkow, wyraźnie poirytowany.

– Linia jest jednotorowa, towarzyszu... W niewielu miejscach można się minąć.

– Zasrane hitlerowce, takie niby z techniką do przodu, a tu jednotorowa linia. Ja pierdolę!

– Tu był drugi tor, towarzyszu – wtrącił niepewnie kierownik pociągu. – Tak mi powiedział ten Polak.

– I co się z tym torem stało? Spierdolił na zachód?

Kolejarz zamilkł zmieszany.

– No, wiecie...

– Właśnie, kurwa, nie wiemy – sapnął Malenkow.

– Nasza armia... Rozmontowała drugi tor, słupy, druty. Bo przed wojną to była zelektryfikowana linia. I wojsko wywiozło to do nas.

– I bardzo słusznie. Czyli tor spierdolił, ale na wschód. – Żdanow zaśmiał się głośno, szczerze rozbawiony swoim żartem. –

Polaczkom jeden tor wystarczy. A zwycięska armia ma prawo do wojennych zdobyczy, prawda, towarzyszu Malenkow?

Szkoła Ogólnokształcąca Stopnia Podstawowego i Licealnego w Cieplicach Śląskich-Zdroju*, 22 września 1947

Frankowi Kostowskiemu na hasło „czyn społeczny" zbierało się na młodości. Niewiele rzeczy drażniło go bardziej niż wykorzystywanie jako darmowej siły roboczej. Część jego kolegów cieszyła się, gdy ogłaszano prace społeczne, bo wtedy nie było lekcji i wszystkiego, co się z nimi wiązało, on natomiast należał do niemałej grupy tych, którzy czyny społeczne uważali za stratę czasu. Szkoła w Cieplicach szczyciła się bowiem tym, że nie trafiało się do niej przez przypadek – aby się tam dostać, należało zdać egzaminy wstępne. W ten sposób wyławiano uczniów ambitnych i zdolnych, czyli takich, którzy mieli szansę na zdobycie wyższego wykształcenia.

W przypadku Franka niektórzy z jego otoczenia pukali się w czoło. No bo jak to, chłopak z biednego domu, wychowywany tylko przez ojca, w dodatku alkoholika, miałby dostać się na studia? Franek jednak zbywał złośliwe komentarze machnięciem ręki. Te głosy nie miały dla niego najmniejszego znaczenia. Liczyło się tylko jedno: że wierzyła w niego Małgosia – jego o rok starsza ukochana. Dziewczyna, której zamierzał się oświadczyć, gdy tylko sam stanie się pełnoletni.

---

* Dla porządku w całej powieści używam nazwy w zapisie: Cieplice Śląskie-Zdrój. Należy jednak zaznaczyć, że w latach 1946–1967 nazwę miejscowości zapisywano następująco: Cieplice Śląskie Zdrój. Zapis z dywizem: Cieplice Śląskie-Zdrój zaczął obowiązywać w 1967 roku.

Zaczynała się właśnie trzecia lekcja, historia, gdy do sali wpadła Stanisława Chwalińska, dyrektorka szkoły.

– Moi drodzy! Proszę o ciszę! Chciałabym ogłosić, że odwołuję dla waszej klasy dzisiejsze lekcje od trzeciej do piątej włącznie. Powód jest szczególnie ważny. Dostałam właśnie informację, że na bocznicy towarowej przy naszej stacji kolejowej zaczął się rozładunek węgla, i to w niemałej ilości! Jest to przydział przeznaczony na ogrzanie naszej szkoły w nadchodzącą zimę. Sami chyba przyznacie, że to dobra wiadomość. Mam nadzieję, że unikniemy powtórki z zeszłorocznej zimy, gdy wszyscy musieliście siedzieć w klasach w kurtkach. Zresztą, sami wiecie, jak było. Proszę się zatem ubierać, ale bez hałasu. Zbiórka na placu przed szkołą za pięć minut.

– Ale po co? – rzucił Franek sam do siebie. Jego pytanie usłyszała jednak dyrektorka.

– Ty jak zawsze filozof, Kostowski. Jak to: po co? Czyn społeczny, szanowne towarzystwo. Kolejarze wysypią nam węgiel na rampę, ale ktoś musi go przynieść do szkoły. Pan woźny już szykuje wiadra i taczki. Pójdziecie pod opieką pani profesor Kwiatkowskiej – zwróciła się do milczącej dotychczas historyczki – i waszej wychowawczyni, pani profesor Czesnej, która czeka już przed szkołą. Do dzieła!

Stacja kolejowa Cieplice Śląskie-Zdrój, 22 września 1947

W nastawni w Cieplicach Śląskich-Zdroju panowała radosna atmosfera. Andrzej Palasiński, dyżurny ruchu, który był tego dnia na zmianie, obchodził właśnie pięćdziesiąte urodziny i z tej okazji koledzy przygotowali dla niego niespodziankę. Wszyscy, włącznie z tymi, którzy mieli tego dnia wolne, przybyli na stację punktualnie o dziesiątej rano, na czele z Barbarą Palasińską, żoną solenizanta, która upiekła piękny tort. Wspólnie odśpiewali Andrzejowi „sto lat", zaraz też pokrojono ciasto, a na stole pojawiła się butelka poniemieckiego szampana. Wzruszony dyżurny właśnie dziękował wszystkim za życzenia, gdy jego żona spojrzała w okno wychodzące na rampę towarową.

– A co tam tyle dzieciaków się kręci? – zapytała.

– Węgiel przywieźli dla szkoły – odparł jeden z kolejarzy. – To teraz młodziaki noszą wiadrami. Czyn społeczny.

– O! Widzę Czesną! I Kwiatkowską! – ucieszyła się Barbara Palasińska. – Pójdę i je zaproszę, niech poczęstują się tortem.

*

Specjalny radziecki pociąg relacji Moskwa – Szklarska Poręba Górna hamował właśnie na jednej z bocznic stacji kolejowej Cieplice Śląskie-Zdrój.

Gieorgij Malenkow wyjrzał przez okno. Nie tak wyobrażał sobie miasteczko położone w górach, na rubieżach polskiego „Dzikiego Zachodu", jak zwykło się określać Ziemie Odzyskane. Spodziewał się rozsypującej się drewnianej wiaty i może jakiegoś niewielkiego magazynu towarowego. Tymczasem zobaczył kolejny już dzisiaj okazały dworzec z wieżyczką i eleganckimi drewnianymi wiatami peronowymi. Od jakiegoś czasu deszcz już nie padał i zza chmur niespodziewanie zaczęło wyłaniać się słońce, w którego świetle błyszczała iglica na dworcowej wieży. Nisko zawieszone chmury unosiły się coraz wyżej, ukazując surowe oblicze gór, w których obecności dworzec sprawiał wrażenie jeszcze bardziej majestatycznego, jakby stanowił swego rodzaju bramę do górskiego raju.

– Co to za miasto? – zapytał Malenkow kierownika pociągu.

– To właśnie Cieplice Śląskie-Zdrój. Kurort wypoczynkowy, są tu jakieś cenne źródła i ponoć leczą z reumatyzmu. Dałby towarzysz wiarę?

– Ładne te góry.

– Niemcy mówili Riesengebirge, czyli… Góry Olbrzymie – wtrącił się Żdanow, po czym teatralnie beknął. – Teraz, gdy wreszcie wydarto je spod macek hitlerowskiego okupanta i wróciły do macierzy, dostały z powrotem swoją prawdziwą, słowiańską nazwę: Karkonosze.

– A skąd wy to wiecie, towarzyszu Żdanow? – zdziwił się Malenkow.

– Ano czytałem tu i ówdzie… – Wzruszył ramionami. – O, opowiem towarzyszom dowcip, jak już przy temacie czytania jesteśmy. Przychodzi kułak do biblioteki…

– Może jednak towarzysz zachowa dowcip dla siebie – odparł Malenkow i jeszcze raz pomyślał o arszeniku. Z każdym przejechanym kilometrem zaczynał rozumieć, że wyjazd na tajną konferencję do górskiego miasteczka na polskiej rubieży rysuje się jak idealny początek scenariusza ostatecznego pozbycia się Żdanowa. Do Szklarskiej Poręby miały przybyć delegacje partii komunistycznych tak wielu państw, że w dusznej atmosferze tego stada żmij kąsających się nawzajem i walczących o władzę wszelkimi sposobami trudno będzie ustalić, kto otruł Żdanowa. A najbardziej przesrane będą mieli Polacy, z Gomułką na czele. Bo to przecież na ich terenie umrze się jednemu z najważniejszych współpracowników Stalina. Oj tak, wódz się wkurwi… A Malenkow w tym czasie zacznie intensywnie pracować nad tym, żeby odzyskać zniszczoną przez tego skurwysyna pozycję. Uśmiechnął się do swoich myśli, po czym zwrócił się do kierownika pociągu: – Ile będziemy tu stać?

– Jakieś pół godziny. Mam nadzieję, że potem podróż w górę, do Szklarskiej Poręby, pójdzie już gładko. Chociaż po tym, co mówił mi dzisiaj rano ten Polak, to…

– Co ma nie pójść gładko? Co mówił? Gadajcie, towarzyszu! – Malenkow miał wrażenie, jakby mimo wypitego alkoholu na nowo wyostrzały mu się zmysły. Znów pomyślał o dziwnym Polaku, który wzbudzał jego niepokój.

– W maju tego roku organizowali tu pierwszy wyścig pokoju. Ten kolarski, wiecie. I tuż przed jego rozpoczęciem był tu duży wypadek... Towarowy wypadł z szyn, dwóch polskich kolejarzy zginęło. Ten pociąg, towarzysze, to ponoć staczał się bez kontroli z gór, bo niemieccy sabotażyści uszkodzili w nim hamulce.

W tym momencie coś z olbrzymią siłą uderzyło w jedną z szyb wagonu.

Szkoła Ogólnokształcąca Stopnia Podstawowego i Licealnego w Cieplicach Śląskich-Zdroju, 22 września 1947

Franek już po raz czwarty opróżnił w szkolnej piwnicy wiadro węgla i otarł pot z czoła. Słońce, które wyszło zza chmur po porannym deszczu, sprawiło, że na dworze zaczynało robić się coraz cieplej. Zmęczony chłopak odstawił wiadro, zdjął kurtkę i przewiesił ją przez poręcz przy schodach do piwnicy. Pod spodem miał tylko flanelową koszulę w żółtą kratę, co wyróżniało go na tle w większości szarych ubrań innych uczniów. Była już mocno wysłużona, ale wciąż nosił ją bardzo chętnie – to przecież pierwszy prezent od jego ukochanej.

Złapał za wiadro i już miał wracać z nim na stację kolejową, gdy spojrzał na kurtkę. Była nowa i Franek pomyślał, że ktoś mógłby chcieć ją sobie przywłaszczyć, więc zaniósł ją do szatni.

– Kostowski! A co ty tu robisz? I dlaczego nie nosisz węgla? – usłyszał niespodziewanie za plecami głos dyrektorki, gdy wychodził ze szkoły.

– O, pani dyrektor... Ja tylko kurtkę zostawiłem, bo gorąco się robi. – Franek zaczął się nerwowo tłumaczyć. – A ona nowa, kupiłem za pieniądze zarobione na malinach, rozumie pani dyrektor. Dałem do szatni, bo nie chciałem, żeby mi ktoś zwędził. Ale zaraz wracam do pracy. Przyniosłem już cztery wiadra, proszę pani.

– Dobrze, dobrze, Kostowski... – odparła nauczycielka z przekąsem i skierowała się do swojego gabinetu na piętrze.

Franek wybiegł na dwór. Nie cierpiał dyrektorki Chwalińskiej. Splunął na chodnik, wziął wiadro i razem z Jaśkiem, kolegą z klasy, który akurat opróżnił taczkę węgla, poszli na stację.

Stacja kolejowa Cieplice Śląskie-Zdrój, 22 września 1947

Na dworcu panowało poruszenie.

– Ty, patrz na to! – zawołał Jasiek, wskazując pociąg, który zatrzymał się na bocznym torze nieopodal rampy towarowej. Elegancki skład już z daleka rzucał się w oczy i świadczył o tym, że jadą nim jacyś bogaci ludzie.

– A skąd on się tu wziął!? – rzucił zaciekawiony Franek do kolegów, którzy pracowali na rampie, co jakiś czas zerkając na stojący nieopodal pociąg.

– Bo my wiemy...? – odparł jeden z chłopaków. – Przyjechali przed chwilą od strony Jeleniej Góry.

– Takiego pociągu w Cieplicach chyba jeszcze nie było – skomentował Jasiek. – Ale to nie nasz. Ma rosyjskie napisy, zauważyliście?

– Rosjanie...? – Franek zastanawiał się na głos. – A po co oni tutaj?

– Wszędzie ich przecież pełno...

– Głupie burżuje – syknął Franek zirytowany. On musiał zasuwać tu jak głupek z wiadrami węgla, a tam w środku ktoś pławił się w luksusach. – A profesorki gdzie?

– Poszły na dworzec, do nastawni. Ktoś tam ma urodziny i zawołali je na tort.

– A! Świetnie... To patrzcie na to – mruknął Franek, po czym krzyknął na całe gardło: – Burżuje! Bur-żu-je!

Zaraz też podniósł z ziemi kilka kawałków węgla i zaczął rzucać nimi w stronę stojącego najbliżej nich wagonu rosyjskiego pociągu. Pozostali chłopcy przestali pracować i przyglądali się z zaciekawieniem.

– Bur-żu-je!!! – krzyknął Franek raz jeszcze. Wziął do ręki kolejny kawałek węgla, zamachnął się i rzucił. Tym razem trafił w szybę jednego z wagonów.

Nie trzeba było długo czekać, aby pozostali chłopcy poszli w jego ślady. W stronę pociągu poleciały kolejne kawałki węgla. Franek roześmiał się. Niech wiedzą ruskie matoły, że nie są tu mile widziane. Kilka sekund później uśmiech zniknął z twarzy chłopaka, gdy z dwóch wagonów zaczęli wysypywać się umundurowani żołnierze z karabinami.

– O cholera… – szepnął, kiedy jeden z enkawudzistów oddał pierwszy strzał. Na stacji momentalnie zapanowała cisza, którą zaraz przerwały wrzaski i przekleństwa rosyjskich żołnierzy. Nie czekając na dalszy rozwój wydarzeń, przerażony Franek zeskoczył z rampy i okrążył jeden z dworcowych magazynów, byleby jak najszybciej zniknąć z zasięgu celownika karabinów. Tylko co dalej? Gdzie teraz uciekać? Zawahał się na moment. W szkole została jego kurtka…

*

– Padnij! – krzyknął przerażony Żdanow. Był jednak tak pijany, że podczas próby zanurkowania pod stół, przy którym jeszcze przed chwilą pił wódkę, upadł i przetoczył się na środek wagonu.

– Co się dzieje, do cholery?! – wrzasnął Malenkow, który był na tyle trzeźwy, że lepiej panował nad swoimi ruchami. Wczołgał się pod stół i dyszał ciężko. Tuż obok niego znalazł się niemal natychmiast kierownik pociągu.

– Matko, zamach! Ten Polak miał rację! – rzucił przerażony. – Towarzyszu, nie jesteśmy tu bezpieczni! Musimy uciekać do innego wagonu, ten przecież nie jest pancerny!

W tym momencie do środka wpadło kilku funkcjonariuszy NKWD, a ich uszu dobiegł huk wystrzału z karabinu.

– Towarzysze! Proszę się nie niepokoić! Proszę zostać pod stołami! – krzyczeli, ustawiając się z karabinami przy oknach wagonu.

Z dworu dobiegały wrzaski. Po dłuższej chwili do środka wpadł jeden z żołnierzy.

– Towarzysze, melduję, że sytuacja jest już opanowana. To tylko polscy gówniarze z pobliskiej szkoły. Rozładowywali węgiel i zaczęli rzucać nim w nasz pociąg.

– Tylko gówniarze, do jasnej kurwy?! – wrzasnął wściekły Malenkow, któremu przez te kilka chwil zdążyło przelecieć przed oczami całe życie.

Pijany Żdanow wciąż leżał na ziemi, bezskutecznie próbując się podnieść.

– Jakie kurwa tylko! – powtórzył Malenkow i wyczołgał się spod stołu. – Przecież takie działanie to polski spisek terrorystyczny przeciwko przedstawicielstwu bratniego Związku Radzieckiego! To próba kontrrewolucji! – Niepewnie wyjrzał przez okno.

Enkawudziści rozmawiali już na peronie z jakąś kobietą, która najwyraźniej płakała. Część młodzieży stała z rękami podniesionymi do góry, wojskowi dalej trzymali ich na muszce.

– Który zaczął? – wychrypiał Malenkow, przyglądając się umorusanym węglem uczniom.

W wagonie panowała cisza.

– Macie ustalić, który pierwszy rzucił! Kto odważył się podnieść rękę na władzę radziecką!?

– Taki w żółtej koszuli – odezwał się nagle jeden z żołnierzy. – Zaczął krzyczeć, że jesteśmy burżuje, i rzucił. Miałem akurat uchylone okno w przedziale, to słyszałem.

– Burżuje? – powtórzył polityk oburzony. – Tak o nas powiedział? Dobrze… Znaleźć go i potraktować jak działacza organizacji kontrrewolucyjnej. Jasne?

– Znaczy się rozstrzelać? – spytał dowódca NKWD dla pewności.

– Najpierw przesłuchać smarkacza. Niech wie, jaki błąd popełnił. I że każda ręka podniesiona na władzę radziecką zostanie odrąbana. A po przesłuchaniu rozstrzelać.

*

Sytuacja na dworcu w Cieplicach Śląskich-Zdroju była nadzwyczaj nerwowa. Nikt z pracowników kolei już nie pamiętał, że jeszcze chwilę temu świętowali pięćdziesiątkę kolegi z pracy.

Sylwia Czesna stała na rampie kolejowej i krzyczała na uczniów, którzy patrzyli na nią z przerażeniem w oczach. Profesorka nigdy wcześniej nie podnosiła głosu, a teraz wpadła w taką furię, że wszystko – jej język, mimika, ton głosu – zmieniło się nie do poznania.

– Czy wam się do reszty w dupach poprzewracało?! Lania dawno nie było? Wiecie, jakie zagrożenie ściągnęliście na siebie i na nas?! Na całą szkołę! Boże, jak mogliście być tak nieodpowiedzialni! Zabawy się zachciało?! To trzeba było, psiakrew, do lasu sobie pójść z procy postrzelać! Kretyni! – wrzeszczała, aż zaczęła chrypnąć. – Nikt z was nie ma nawet resztki oleju w głowie, żeby pomyśleć, że zadzieranie z Rosjanami to jest samobójstwo?! Pomyśleliście o konsekwencjach, jakie mogą ponieść wasi rodzice? Gówno pomyśleliście! Słucham, do cholery, co wam do łba strzeliło!? Nagle języki w gębie potraciliście? A tacy byliście odważni! – krzyczała bez opamiętania, kątem oka zerkając w stronę profesor Kwiatkowskiej, która rozmawiała z enkawudzistami. Czesna starała się brzmieć twardo i zdecydowanie, jak pedagog, który karci niepokornych uczniów. W duchu jednak drżała z przerażenia. Jego powodem nie był lęk przed utratą pracy. Patrzyła na młode, niewinne twarze swoich uczniów i bała się, że któregoś z nich może to kosztować najwyższą cenę. Gdy dowiedziała się, kto jedzie feralnym pociągiem, omal nie zemdlała, uświadamiając sobie skalę skandalu dyplomatycznego, do jakiego doszło na skutek jej i jej przyjaciółki nieuwagi.

A wszystko przez ten cholerny tort! Zajęte rozmową z kolejarzami zorientowały się, że dzieje się coś niepokojącego dopiero wtedy, gdy usłyszały strzały i krzyki enkawudzistów.

Czesna nie cierpiała krzyczeć na swoich uczniów. Prawdę mówiąc, sama by chętnie dołączyła do nich i rzuciła w stronę ruskiego pociągu niejednym kawałkiem węgla. W odróżnieniu jednak od młodzieży miała świadomość konsekwencji, jakie groziły za takie czyny. Dlatego też wiedziała, że musi zademonstrować pokazowo swoje oburzenie. Miała nadzieję, że jeśli odpowiednio srogo ochrzani przy Rosjanach młodzież, a Kwiatkowska przeprosi enkawudzistów, kajając się dostatecznie, to może tamci odpuszczą i pojadą dalej.

– Sylwia… – usłyszała nagle drżący szept przyjaciółki, która niespodziewanie wyrosła tuż obok niej. Najwidoczniej uwolniła się od krzyżowego ognia pytań ze strony rosyjskich mundurowych.

– Co się dzieje?

– Oni powiedzieli… – przełknęła ślinę – że chcą… przesłuchać tego, kto zaczął. On przecież tego nie przeżyje. – Ledwo powstrzymywała łzy. – Pytają mnie, który to.

– Ale przecież my nie wiemy – odpowiedziała Czesna zgodnie z prawdą. Niemniej czuła, jak nagła fala gorąca rozlewa się po jej ciele, a obraz przed oczami zaczyna wirować z podenerwowania. Ostatni raz była tak przerażona podczas hitlerowskiej łapanki, w którą wpadła w Warszawie podczas wojny. Gdyby nie jej biegła znajomość niemieckiego, mogłoby się skończyć różnie…

– Sylwia, oni mówią, że… Że zrobił to chłopiec w koszuli w żółtą kratę. – Kwiatkowska spojrzała na zebranych, ale nikogo w takim ubraniu nie widziała.

– O Boże… – szepnęła Czesna przerażona. – Kostowski… Cholerny Kostowski!

– Co mam robić? – zapytała Kwiatkowska. – Jak im powiem, to... Oni przecież już wydali wyrok, słyszysz? Jak tłumaczyłam się przed tamtymi dwoma, podszedł do nich trzeci z pociągu. Rozmawiali po cichu, ale ja słyszałam mniej więcej, co mówili. Że ten, który zaczął, ma być przykładnie ukarany i... Że oni go... – Rozpłakała się, nie kończąc zdania.

– Ale jego tutaj nie ma. – Czesna też powiodła wzrokiem po uczniach, próbując zachować resztki zimnej krwi.

– Uciekł w stronę szkoły – szepnął niemal bezgłośnie jeden z chłopaków, który stał najbliżej profesorek.

– Boże, Boże, Boże... – Czesna kręciła głową z niedowierzaniem, po czym spojrzała na wciąż płaczącą koleżankę. Złapała ją za ramię i odciągnęła na bok. – Słuchaj, nie ma co się oszukiwać. Oni i tak się dowiedzą, prędzej czy później. Patrz, ile tu jest osób, ktoś w końcu puści parę.

– Czyli mam go wydać? – Kwiatkowska popatrzyła na przyjaciółkę z przerażeniem.

– Co ty, w żadnym razie! Zrobimy tak, żeby dowiedzieli się później niż wcześniej, przynajmniej tyle możemy. Udawaj, że rozpytujesz uczniów, który to. Graj na zwłokę, a ja spróbuję ostrzec Franka, jasne? I opanuj się, proszę. Oni nie mogą widzieć twojego strachu! Pamiętasz powstanie, Wisienka? – zwróciła się do przyjaciółki dawnym pseudonimem.

– Tak – szepnęła tamta.

– To zachowuj się tak, jakby znów była wojna, słyszysz? Ich jest więcej, ale to jeszcze nie przesądza o wygranej. Bo oni mają tylko siłę, a my mamy rozum. Idź teraz i ochrzań ich jeszcze raz, tak jak ja wcześniej. Każda zyskana w ten sposób minuta jest na wagę złota. Resztę zostaw mi. A jak ruscy będą pytać, powiedz, że poszłam do szkoły po dyrektorkę.

– Dobrze, Wanda. – Kwiatkowska również zwróciła się do przyjaciółki zakazanym pseudonimem i otarła łzy. Nagły stres chwilowo sprawił, że rozsypała się jak domek z kart, ale wspomnienie powstania zadziałało niczym sól otrzeźwiająca. Odrzuciła emocje, a jej umysł przestawił się na inne tory. Znów musiała stanąć do walki. Kilka razy zacisnęła zęby, po czym wróciła do wciąż stojącej w dwuszeregu młodzieży. – Rozmawiałam właśnie z dowódcą oddziału, który chroni pociąg naszych rosyjskich przyjaciół i sojuszników! Do reszty już żeście zdurnieli?! – warknęła, przybierając srogą minę.

Sylwia Czesna w tym czasie weszła do nastawni, w której dyżurny ruchu rozmawiał z kierownikiem radzieckiego pociągu. Tamten zmierzył ją nieufnym spojrzeniem. „Cholera, co robić?" – myślała gorączkowo. Wskazała mężczyznom na swój pęcherz, zrobiła przepraszającą minę i wyszła.

Na końcu dworcowego korytarza znajdowała się toaleta. Tuż przed nią było duże okno wychodzące na plac przed dworcem od strony miasta. Przekręciła klamkę, weszła na parapet i zeskoczyła na drugą stronę.

– Kostowski, w co ty się wkopałeś... – szepnęła. Coraz bardziej docierało do niej, jak wielkie niebezpieczeństwo ściągnął na siebie Franek. Wyjątkowo inteligentny uczeń, mimo trudnej sytuacji w domu, zawsze w głębi ducha budził w Czesnej wiarę, że dzięki swojemu uporowi daleko zajdzie. Teraz wyglądało na to, że jego przekora i nieroztropna odwaga mogą pociągnąć go na dno.

Biegła coraz szybciej. Najkrótsza droga do szkoły liczyła niecałe czterysta metrów.

Szkoła Ogólnokształcąca Stopnia Podstawowego i Licealnego w Cieplicach Śląskich-Zdroju, 22 września 1947

Franek wbiegł do holu, ciężko dysząc. Koszula lepiła mu się od potu, a ciało drżało z wysiłku i zdenerwowania. Gdyby tylko mógł cofnąć czas… Gdyby wiedział, że w tym cholernym wagonie siedzą rosyjscy żołnierze! Strach pomyśleć, kto jechał pociągiem, skoro zapewniono mu taką ochronę! Chłopaka przeszedł dreszcz. Oparł się o ścianę i przez dłuższą chwilę zastanawiał, co powinien zrobić. Czekać w szatni do końca prac społecznych z nadzieją, że sprawa na stacji jakoś rozejdzie się po kościach? Wrócić na dworzec, przyznać się do wszystkiego i liczyć, że za tę honorową postawę żołnierze i nauczycielki mu odpuszczą? Nie, to było naiwne… Może więc iść do domu? Miał pustkę w głowie.

*

Podczas biegu do szkoły Sylwia Czesna pobiła chyba życiowy rekord prędkości. Wpadła do budynku z impetem i rozejrzała się wokół. Korytarze były puste, trwała właśnie czwarta lekcja. W kilku susach pokonała schody na piętro i wparowała do sekretariatu. Pracująca tam kobieta podniosła się zza biurka.

– Pani profesor do pani dyrektor? Prosiła, żeby nie przeszkadzać.

Czesna ją zignorowała i bez uprzedzenia wtargnęła do gabinetu dyrektorki Stanisławy Chwalińskiej.

– Oj, pani profesor, chyba wypadałoby… – zaczęła kobieta karcącym głosem i urwała, bo nauczycielka weszła jej w słowo i wypaliła:

– NKWD na stacji, chcą dopaść Franka Kostowskiego z mojej klasy. Oni go zabiją.

– Proszę? Co też pani bredzi? Skąd NKWD w Cieplicach i czego mieliby chcieć od tego niesfornego dzieciaka?

– Pani dyrektor, zatrzymał się pociąg na stacji, rosyjski, specjalny – wyrzuciła z siebie Czesna jednym tchem. – Franek zaczął rzucać w ten pociąg węglem i krzyczeć „burżuje". Smarkacz chyba myślał, że to będzie dobry żart. Tym pociągiem jedzie ktoś bardzo ważny, Rosjanie uważają, że to był zamach na władzę, wie pani, co za to grozi. I wiedzą, że Franek pierwszy rzucił, żołnierze go zapamiętali, bo miał taką żółtą koszulę dzisiaj, wyróżniał się…

Dyrektorka milczała, próbując nie dać po sobie poznać, jak bardzo przeraziły ją słowa podwładnej. Podeszła do okna i wyjrzała na szkolne podwórze.

– Kto jedzie tym pociągiem? – zapytała wreszcie.

– Nie chcieli powiedzieć wprost… Tajne.

– Ale?

– Ale wygląda na to, że premier ZSRR.

– O cholera. To już po nas… – wydusiła dyrektorka i przez chwilę mierzyła Czesną wzrokiem. Nauczycielka pracowała tu od niedawna i Chwalińska nie zdążyła dotychczas wyrobić sobie o niej zdania. Czy była godna zaufania? A może współpracowała ze służbami i to wszystko, co właśnie powiedziała, było jakąś grubą podpuchą?

– Słyszałam z plotek, że walczyła pani w powstaniu. To prawda? – zapytała niespodziewanie.

– A co to ma teraz do rzeczy? – obruszyła się Czesna.

– Nie wiem, czy mogę pani zaufać.

– Walczyłam – odpowiedziała nauczycielka niemal szeptem po chwili zawahania.

– W porządku. Co zatem zrobiłaby pani teraz na moim miejscu? – Dyrektorka wciąż sondowała, czy może liczyć na lojalność podwładnej.

– On musi zniknąć, natychmiast – odparła Czesna bez namysłu. – Jak go znajdą, to już mu nie pomożemy.

– Dobrze. Zatem gdzie on teraz jest? – zapytała.

– Uciekł ze stacji, ale ruscy już go szukają, zaraz tu pewnie będą.

– A wie pani, dokąd mógł pójść?

– Jeden z uczniów coś przebąkiwał, że pobiegł w stronę szkoły. Ale wątpię, czy rzeczywiście przyszedłby tu po tym wszystkim.

Chwalińska zmarszczyła brwi.

– No tak, to byłoby nierozsądne… Ale z drugiej strony, czy on ma jakikolwiek rozsądek, patrząc na to, co dziś zrobił? – Dyrektorka urwała, po czym nagle jakby ją olśniło – Kostowski! Zaraz, przecież ja widziałam go niedawno, jak zostawiał w szatni kurtkę. Nową! Może po nią wróci? Sprawdźmy to! – zarządziła.

Zbiegły schodami na parter, a następnie do piwnicy. Jej część przeznaczono na szatnię, w której znajdowały się numerowane haczyki przypisane do konkretnych uczniów.

– Kostowski, jesteś tu? – rzuciła Czesna.

Odpowiedziała jej nieprzenikniona cisza.

– Które numerki ma pani klasa? – zapytała dyrektorka. – Sprawdzimy, czy zabrał już kurtkę. Jeśli nie, jest szansa, że jeszcze po nią wróci.

– Tu jestem. – Zza załomu ściany niespodziewanie wyłonił się Franek.

– Coś ty najlepszego, dziecko, narobił! – uniosła się Czesna. – Wiesz, jakie konsekwencje mogą cię spotkać!?

– Nie ma czasu na gadanie – ucięła Chwalińska i złapała chłopaka za ramiona. – Kostowski, musisz wiać, natychmiast!

– Ale gdzie…? Do domu? – zapytał nieprzytomnie. W jego oczach było widać jedynie bezgraniczny strach.

– Boże, do jakiego domu!? Z miasta musisz zniknąć, rozumiesz? Jeszcze dzisiaj, teraz. Oni zaraz przyjdą do szkoły, znajdą twój adres.

– Może jednak odpuszczą…? – wydukał Franek, powstrzymując płacz.

W tym momencie od strony schodów prowadzących z piwnicy na parter doszedł ich ciężki stukot żołnierskich butów.

– Już tu są – zawyrokowała Czesna, po czym wskazała na niewielkie okno przy suficie. – Wyjdziesz tędy.

– Nie wiem, czy się zmieszczę… – Franek się wystraszył. – A jakbym po prostu drzwiami na parterze…?

– Chudy jesteś, zwinny, dasz radę! – Przerwała mu. – Na górę nie możesz wrócić. Jeden żołnierz na pewno został na korytarzu, zauważy cię.

– A jakbym poczekał, aż sobie pójdą?

– Franek, oprzytomniej, błagam! Nie ma czasu. – Czesna się niecierpliwiła. – To twoja jedyna szansa!

Chłopak w milczeniu stanął na palcach i otworzył okienko.

– Czekaj! – Dyrektorka go zatrzymała. – Musisz zmienić tę feralną koszulę – dodała i rozejrzała się po szatni. Ściągnęła z pierwszego lepszego wieszaka szary sweter. – Włóż to, a koszulę zostaw tutaj.

Chłopak posłusznie wykonał jej polecenie. Chwilę później chwycił się ramy otwartego okna i kilka razy próbował podskoczyć, ale był za niski, żeby dosięgnąć kolanami parapetu.

– Podsadźmy go – zakomenderowała Chwalińska i złapała się z Czesną za ręce. – Chwyć nas za ramiona. Jedna noga na nasze ręce, a potem drugą odbijasz się od ziemi i na parapet.

– Boże, co mi przyszło na stare lata… – stęknęła Czesna chwilę później, uginając się pod ciężarem gramolącego się na zewnątrz chłopaka.

– Dziękuję paniom – wydusił ze łzami w oczach Franek, gdy był już na dworze. – I przepraszam.

– Proszę – odparła dyrektorka. – Ja z panią profesor idziemy do sekretariatu, spróbujemy ich ugłaskać. Ale nie wiem, czy się uda. A ty znikaj, natychmiast. I powrót do domu wybij sobie z głowy, zrozumiałeś? Musisz zniknąć z Jeleniej Góry jak najszybciej!

Cieplice Śląskie-Zdrój, 22 września 1947

Pobiegł przed siebie. Nawet nie próbował się odwracać z obawy, że ktoś mógłby go rozpoznać z okien szkoły.

Co miał robić? Nogi zawiodły go na tyły starego kościoła ewangelickiego, a stamtąd na plac Piastowski. Minął okazały pałac hrabiostwa Schaffgotschów i skierował się do parku zdrojowego. Dopiero wtedy odważył się zatrzymać. Rozejrzał się wokół niepewnie, o tej porze było tu niemal pusto. Usiadł na jednej ze skrytych w cieniu ławek. Próbował się skupić, podjąć decyzję, co dalej, ale w głowie miał tylko chaos.

W gruncie rzeczy nawet bez ostrzeżenia nauczycielek szybko doszedłby do wniosku, że do domu nie ma po co wracać. Na myśl o ojcu poczuł niepokój. Tamten najprawdopodobniej właśnie zaczyna powoli trzeźwieć po wczorajszej libacji, a w takich momentach staje się agresywny i wybuchowy. Zapytałby zapewne, dlaczego Franek wrócił ze szkoły tak wcześnie, i posądziłby go o wagary. A to skończyłoby się laniem.

Spojrzał po chwili na wyzierającą spomiędzy drzew kawiarnię Zdrojową. Pomyślał o Małgosi i łzy napłynęły mu do oczu. Dziś był przecież poniedziałek, czyli dzień, w który zawsze się spotykali, „ich" dzień. A wszystko zaczęło się niemal rok temu, właśnie w Zdrojowej, na potańcówce – i to też był poniedziałek. Przed oczami stanął mu tamten wieczór.

„Zobaczymy się znowu?" – zapytał, gdy odprowadził ją do domu po zabawie. „Może być. W następny poniedziałek?" – zaproponowała. „Tak lubisz poniedziałki?" – zdziwił się. Dowiedział się wtedy, że Małgosia pracuje jako pomoc w kuchni schroniska Strzecha Akademicka. Od piątku do niedzieli zazwyczaj jest na górze, bo właśnie wtedy na karkonoskich szlakach – a więc także w schroniskach – panuje największy ruch. W poniedziałek rano natomiast schodzi ze Strzechy do Karpacza, a stamtąd autobusem wraca do domu w Cieplicach, gdzie mieszkają jej babcia i młodszy o kilka lat brat. Zostaje z nimi do wtorku, czasem środy, a potem znów wraca na górę.

„Zatem do następnego poniedziałku" – odpowiedział Małgorzacie i od tamtej pory to pożegnanie stało się ich rytuałem.

Teraz na wspomnienie dnia, w którym się poznali, znów poczuł radość, która go wtedy ogarnęła. I to uczucie, że spotkał bratnią duszę i że jego życie nabrało dodatkowego sensu. Motyle w brzuchu, ta nieznośna niecierpliwość, która sprawia, że człowiek nie jest w stanie skupić się na niczym innym. I czas, ten cholerny czas, który tak niemiłosiernie dłużył się pomiędzy ich kolejnymi spotkaniami.

Wkrótce głośna Zdrojowa przestała być dla nich miejscem komfortowym. Spotkanie w kawalerce, gdzie Franek mieszkał z ojcem alkoholikiem, czy w mieszkaniu babci, w którym Małgorzata dzieliła skromny pokoik z bratem, nie wchodziło w grę. Dlatego też zaczęli spacerować. Coraz dłużej, coraz dalej. Podczas tych wędrówek odkrywali wciąż obce dla nich miasto: *Bad Warmbrunn*, od niedawna Cieplice Śląskie-Zdrój.

Małgorzata przyjechała tu pod koniec czterdziestego piątego z Kresów Wschodnich, Franek kilka miesięcy później z Krakowa. Żadne z nich przez długi czas nie potrafiło odnaleźć się na tej dziwnej ziemi. Trafili na nią przecież nie dlatego, że chcieli. Małgosia – bo jej rodzinę do tego zmuszono, Franek – bo razem z ojcem uciekali przed wspomnieniami, a na dodatek ulegli obietnicom władzy, że na Ziemiach Odzyskanych dostaną za darmo piękny dom po Niemcach.

I trafili na „Dziki Zachód", jak zwykło się mówić o Dolnym Śląsku. W miejsce, gdzie zewsząd wyzierały niemieckie napisy, gdzie Niemców wciąż widziało się na ulicach, a na przekór temu władza uparcie twierdziła, że to piastowskie ziemie, które zostały odzyskane, wróciły do macierzy – tym razem już na zawsze. Mimo gorących zapewnień propagandy o przyszłości tych terenów nikt z ich mieszkańców – ani Niemcy, ani Polacy nie byli pewni, jak potoczą się dalej ich losy. Nie ufali zarówno tym, którzy mówili, że Dolny Śląsk pozostanie polski, jak i tym, którzy zapewniali, że wróci w niemieckie ręce. Wszyscy tu więc siedzieli na walizkach. Polacy – po długich i wykańczających podróżach, poza skromnym dobytkiem wioząc ze sobą niechciany bagaż tragicznych doświadczeń. I Niemcy, którzy swoje walizki dopiero pakowali, wypełniając je przede wszystkim przerażeniem związanym z myślą o nieuchronnie nadciągającej podróży i utracie rodzinnych domów.

Z czasem poniedziałkowe spacery Franka i Małgosi sprawiły, że górski kurort przestawał być obcym *Bad Warmbrunn*, a coraz bardziej stawał się „ich" Cieplicami. Oswajając nowe ścieżki i ulice, oswajali się też ze sobą. Nabierali do siebie stopniowo zaufania i coraz częściej dzielili się ze sobą swoimi przeżyciami z ostatnich trudnych lat, które dotychczas bezskutecznie próbowali po prostu wyprzeć z pamięci. Wspólne wędrówki stały się miękkim plastrem z czułością przyłożonym do wojennych ran, pozwalając nawet tym najgłębszym na stopniowe zabliźnianie się.

Podczas jednego ze spacerów trafili na obrzeża miasta i postanowili zdobyć szczyt, przez niektórych mieszkańców nazywany z niemiecka Szolcenbergowy, inni natomiast używali już nowej, polskiej nazwy: Sołtysia. Z pozoru niczym niewyróżniające się wzniesienie, gęsto zalesione i przeorane licznymi zarośniętymi ścieżkami, skrywało jednak pewien skarb. Na jego szczycie znajdowała się stara, ceglana wieża widokowa, której tarasy wznosiły się ponad linię gęstego lasu. Wchodząc na nie, Franek z Małgosią po raz pierwszy z takim zachwytem odebrali obraz majestatycznych gór, w których cieniu chowały się Cieplice. Opuszczona wieża wydała się zakochanym nastolatkom tak romantyczna, że szybko stała się ulubionym miejscem ich spotkań.

Do świadomości Franka niespodziewanie przebiła się wreszcie myśl, której do siebie nie dopuszczał, od kiedy spojrzał na Zdrojową. Przecież uciekając z Cieplic, zostawi tu także ukochaną! Gdy nagle to zrozumiał, zrobiło mu się aż duszno. Próbował zaczerpnąć tchu, ale bezskutecznie. Coś w nim pękało i miał wrażenie, że zaraz rozpadnie się na kawałki. Skulił się na ławce, jakby obawiał się, że zaraz skądś nadejdzie kolejny cios i pod jego wpływem rozsypie się na dobre.

„Tragedia przychodzi zawsze znienacka" – pomyślał. Przypomniał sobie o mamie, która zginęła zaraz na początku wojny. Ona też wstała rano, starając się zachowywać pozory, że jest normalnie. Zjadła śniadanie, ubrała się, poszła na uczelnię. I nigdy już z niej nie wróciła. Dopiero wieczorem ojciec dowiedział się, że tego dnia na uniwersytet wpadli Niemcy i aresztowali kilkudziesięciu pracowników. Część trafiła do obozu, pozostali – w tym mama – do lasu, gdzie od razu dokonano egzekucji.

Gdy dziś rano Franek wstawał, także zjadł śniadanie, ubrał się i wyszedł. Przez myśl mu nie przeszło, że już do domu nie wróci i że dziś runie całe jego skromne życie. „Boże, świat jest jednak beznadziejnym miejscem" – pomyślał. Marzenia i plany na przyszłość stały się teraz śmieszną mrzonką.

Po dłuższej chwili otarł napuchnięte od łez oczy. Nie powinien tyle czasu siedzieć w parku, to niebezpieczne. „Co robić?" – To pytanie zadał sobie dzisiaj kolejny raz, ale teraz doskonale znał odpowiedź. Choćby miał przez to zginąć, nie wyobrażał sobie, że mógłby zniknąć z Cieplic, zostawiając Małgorzatę bez słowa wyjaśnienia. Dziś przecież był poniedziałek…

Wstał i bocznymi uliczkami zaczął kierować się w stronę wieży na Sołtysiej. Wiedział, że tam nie będzie szukać go nikt inny poza ukochaną. To przecież był ich dzień i ich tajne miejsce.

Sołtysia, 22 września 1947

Ceglana wieża widokowa wyłoniła się zza drzew znienacka – tak jak zawsze. Franek wciąż pamiętał to uczucie zaskoczenia, gdy dotarli tu z Małgorzatą po raz pierwszy: wtedy przez moment wieża jawiła im się niemal jako fatamorgana. I to właśnie było jej fenomenem: nikt, kto wędrował po raz pierwszy stromym labiryntem ścieżek, którymi usiane były zbocza Sołtysiej, nie spodziewał się, że w dzikim lesie znajdzie tak piękny budynek.

Skrzypiącymi schodami wspiął się na najwyższy taras widokowy. Gdzieniegdzie brakowało barierek, które zbieracze złomu zdążyli już ukraść, korzystając z tego, że wieżą nikt się nie interesował – ani Niemcy, ani Polacy. Dla tych pierwszych wędrówki po ziemi, o której wiedzieli już, że jest stracona, były zbyt bolesne. Drudzy zaś mieli poważniejsze sprawy na głowie niż dbanie o jakąś tam wieżę – trzeba było przecież najpierw odnaleźć się jakoś na nowej ziemi i uczynić ją bezpieczną. A zagrożenia czyhały z tylu stron: od niemieckich sabotażystów poczynając, przez polskich bandytów wykorzystujących braki w liczbie funkcjonariuszy milicji i jej wyposażeniu, kończąc na niezadowolonych z nowego przebiegu granicy Czechach oraz ich próbach przejmowania Śnieżki i innych karkonoskich szczytów.

Wieża interesowała jednak Franka i Małgosię. To tam snuli plany i marzenia na przyszłość. Tam też po raz pierwszy się całowali. Przypomniał sobie moment, gdy nieśmiało musnął wargami usta Małgosi. Od tamtej pory nabrał odwagi i z każdym kolejnym razem ich pocałunki stawały się coraz bardziej odważne i namiętne. Zatopiony we wspomnieniach przysiadł na starej ławce i co jakiś czas spoglądając na zegarek, cierpliwie czekał na dziewczynę. Wsłuchany w kołysankę wygrywaną przez świszczący w starej wieży wiatr, nie spostrzegł, jak zasnął. Gdy jakiś czas później obudził się i na nowo uświadomił sobie sytuację, w której się znajduje, zrobiło mu się tak przeraźliwie smutno, że zamarzył tylko o tym, by znowu uciec w sen i już się nie obudzić.

*

– Franek? – usłyszał nad sobą znajomy głos.

– Małgosia! Jesteś! Chyba przysnąłem…

– Długo na mnie czekasz?

– Nie – odparł, nie zastanawiając się nawet, ile czasu tu spędził. Spojrzał na nią. Miała na sobie zapinany rudy sweterek i luźną sukienkę w grochy. Domyślał się, że włożyła ją specjalnie dla niego, bo gdy któregoś razu powiedział, jak bardzo mu się w niej podoba, zaczęła zakładać ją częściej.

Małgorzata przyjrzała mu się niepewnie, po czym nachyliła się i go pocałowała.

– Słyszałeś, co się dzisiaj stało? Na stacji kolejowej?

– Nie słyszałem – skłamał, przecierając zaspane oczy.

– Jak to? Przecież to jakiś chłopak z twojej szkoły! Niezłe zamieszanie zrobił. Zatrzymał się pociąg z ruskimi, a on zaczął rzucać w nich kamieniami! Albo węglem? Nie wiem, różnie ludzie gadają. I ponoć już jest na niego wydany wyrok, NKWD go szuka, wyobrażasz sobie?

– Wyobrażam – wychrypiał chłopak przez ściśnięte gardło. Posadził sobie dziewczynę na kolanach, przywarł do niej całym ciałem i wybuchnął szlochem.

– Co się dzieje? Dlaczego płaczesz, Franek? – Odsunęła go od siebie, żeby spojrzeć mu w oczy. Ułamek sekundy wystarczył, żeby wszystko zrozumiała. – To ciebie szukają.

– Kochana moja... Muszę zniknąć. Nie wiem, kiedy znowu się zobaczymy. – Głos mu się łamał.

– Nie mów tak... – wyszeptała, a po jej policzkach popłynęły łzy.

– Ale sama widzisz, jak jest... Szukają mnie, całe Cieplice już o tym wiedzą. Tylko czekać, aż przyjdą do ojca. Pewnie już nawet u niego byli.

– Coś ty najlepszego zrobił... – Małgorzata kiwała głową z niedowierzaniem.

Zapadło kłopotliwe milczenie. Przycisnęła głowę Franka do swoich piersi z całych sił. Jego bujna czupryna łaskotała ją w nos. Gdy chwilę później zaczęła głaskać chłopaka, włosy miał wilgotne od jej łez.

– Dzisiaj w nocy wyjeżdżam.

– Nie możesz! Nie możesz mnie zostawić!

– Jak tu zostanę, to mnie zabiją. Sama przecież mówiłaś, że wyrok już zapadł. A zostając, jeszcze nie daj Boże ściągnę niebezpieczeństwo także na ciebie! Nigdy bym sobie tego nie wybaczył.

Dziewczyna znowu zaczęła szlochać.

– Dzisiaj w nocy wyjeżdżam – powtórzył. – Jakimś pociągiem...

– Co to za pomysł! Dokąd niby?

Franek milczał. Objął ją mocniej i spojrzał głęboko w oczy.

– Pamiętasz, jak kiedyś rozmawialiśmy o naszym... Pierwszym razie?

Spojrzała na niego, jakby był niespełna rozumu, ale po chwili namysłu odpowiedziała:

– Pamiętam.

– Zróbmy to, proszę – wyszeptał jej do ucha. Poczuła na skórze jego ciepły oddech i miękkie wargi. – Zawsze marzyłem, żeby to z tobą przeżyć – dodał. Oczy wciąż miał pełne łez, tak samo jak Małgorzata. Spuścił wzrok speszony i po chwili nieśmiało pocałował ją w szyję. Nie odważył się spojrzeć na nią po raz kolejny. Bał się tego, co mógłby zobaczyć w jej oczach. Niechęć? Złość spowodowaną jego zbyt śmiałą propozycją?

Wciąż milczała, a Franek wędrował ustami po jej szyi. Tak bardzo jej pragnął. A im bardziej zaczynał rozumieć, że nie będzie im dane dalej się spotykać, tym gorętsze stawało się to pragnienie. Zapach skóry Małgorzaty był mu już tak dobrze znany, tak niepowtarzalny, wiązał się z tyloma dobrymi wspomnieniami. Z poczuciem bezpieczeństwa i szczęścia, jakie dawały objęcia jej rąk. Po chwili dotarło do niego, że właśnie te ręce zaczynają delikatnie masować jego plecy.

– Popatrz na mnie – poprosiła.

Uniósł wzrok.

– Kocham cię, Franek.

– Ja ciebie też kocham.

Te słowa niespodziewanie odblokowały buzujące w nich emocje. Miłość, rozpacz i pożądanie mieszały się ze sobą, tworząc wybuchowe połączenie. Przywarli do siebie. Dotykali się zachłannie, oboje czując, że to może być ich nie tylko pierwszy, lecz także ostatni raz. Franek nieporadnie zsunął spodnie i zaczął unosić jej sukienkę. Po chwili poczuł zaskakujące ciepło. Był w niej. Nawet nie wiedział, jak to się stało. Pchnął, przytrzymując jej pośladki. Jęknęła.

– Zabolało? – spytał zaniepokojony. – Przepraszam…

– Wszystko dobrze – wyszeptała.

W miarę jak przyspieszał, oddychała szybciej i coraz mocniej wbijała palce w jego napięty kark. Franek był tak podniecony, że niemal tracił kontakt z rzeczywistością. Wszystko działo się niespodziewanie i szybko. Jego ciało napinało się niczym struna, mięśnie zaczynały tężeć. Drżały, gdy szczytował, wsłuchany w ciche stęknięcia Małgosi. Po chwili się rozluźnił. Błogie uczucie zaspokojenia szybko jednak zniknęło, a on na powrót poczuł się zawstydzony. Chciał przecież zrobić to jak prawdziwy mężczyzna, a wyszło trochę niezdarnie. Uświadomił sobie jednocześnie absurdalność i piękno miejsca, w którym się kochali: na niemieckiej wieży, gdzie świadkiem ich zbliżenia były tylko milczące Karkonosze.

Małgorzata zeszła z jego kolan i położyła się na ławce, opierając głowę o uda Franka. Milczeli. Nieśmiało zaczął gładzić jej usta palcem, próbując wyczytać z oczu dziewczyny, co myśli.

– Jeśli ty znikniesz, to ja skoczę z tej wieży – powiedziała nagle.

– Małgosia…

– Tylko dokończę. Franek, ja nie wyobrażam sobie bez ciebie życia. Dlatego chcę ci pomóc.

– Mnie nie można już pomóc. Chyba że potrafiłabyś cofnąć czas.

– Posłuchaj! W Strzesze Akademickiej jest na strychu pusty pokoik, gdzie walały się jakieś rupiecie po Niemcach. Kierownik schroniska ukradł z tych staroci wszystko, co było cenne, i od tamtej pory nikt tam nie zagląda, bo nie ma po co. Mógłbyś przeczekać na tym strychu miesiąc albo dwa. I wtedy zastanowimy się, co dalej. Spróbujemy wyjechać gdzieś razem. A tymczasem będziesz bezpieczny, a ja nie umrę z tęsknoty za tobą.

– A jeśli mnie znajdą? Będziesz miała kłopoty…

– Dlaczego mieliby cię znaleźć? Myślisz, że ktoś będzie podejrzewał, że ukrywasz się w Strzesze Akademickiej? Twój ojciec w ogóle o nas wie?

– Nie.

– Właśnie. Moja babcia domyśla się, że z kimś się spotykam, ale nie wie z kim. Zresztą, ma inne rzeczy na głowie, w tym mojego brata.

– Ktoś w mieście na pewno widział nas razem.

– A kto niby? Franek, przecież my spotykamy się praktycznie tylko tu, na wieży. W mieście razem byliśmy ostatnio jakieś dwa miesiące temu. Nawet nie trzymaliśmy się wtedy za ręce…

Wstał i podszedł do fragmentu barierki, który był jeszcze na swoim miejscu. Spojrzał na Karkonosze. Słońce chyliło się ku zachodowi, a mimo to wciąż było niespodziewanie jak na wrzesień ciepło. Pomarańczowe plamy światła odbijały się od wilgotnych skał na zboczach gór, sprawiając wrażenie, jakby płonęły. Powiódł wzrokiem po kolejnych szczytach, których nazw nawet nie znał. O ile udało mu się oswoić Cieplice, o tyle Karkonosze wciąż były dla niego niezbadane i nadal czasem przyłapywał się na tym, że myślał o nich jako o Riesengebirge. I teraz te poniemieckie góry miałyby stać się jego schronieniem przed światem? Brzmiało to wręcz irracjonalnie. Tylko czy miał jakiś inny, bardziej rozsądny pomysł od tego, który zaproponowała Małgosia?

– O czym myślisz? – usłyszał głos ukochanej, która stanęła obok niego.

– Sam nie wiem. Chyba muszę przystać na twoją propozycję.

– Razem przez to przebrniemy, zobaczysz! Jutro po południu jadę do pracy, a więc w nocy mógłbyś przyjść do schroniska.

– Dobrze. Do tego czasu zostanę tutaj. Nie powinienem pokazywać się w mieście.

– Masz rację. Pójdę teraz do domu, przyniosę ci coś do jedzenia, bo na pewno jesteś głodny. Czekaj tu na mnie i nigdzie się nie ruszaj.

Przytulił ją mocno.

– Dziękuję ci za wszystko. Kocham cię – odważył się powiedzieć po raz drugi w życiu.

*

Gdy Małgosia dotarła z powrotem w rejon Sołtysiej, było już dawno po zmierzchu. Cieplice tonęły w gęstej mgle, która jak każdej jesieni wypełzała nocami z górskich potoków, pokrywała okoliczne pola, a swoje łapczywe jęzory wyciągała także w stronę uliczek starego uzdrowiska.

Minęła ostatnie zabudowania miasta i zaraz potem bruk ustąpił miejsca kamienistej ścieżce. Wchodziła coraz głębiej w las. Choć znała drogę doskonale, miała wrażenie, jakby była w zupełnie nowym miejscu – po raz pierwszy wędrowała na Sołtysią nocą, na dodatek we mgle.

Próbowała pocieszać się myślą, że na górze czeka Franek. Światła ostatnich domów zostały w tyle, a wkrótce zniknęły jej z oczu. Miejsce, romantyczne za dnia, teraz wydało jej się nadspodziewanie mroczne. Niosąc przerzuconą przez ramię ciężką torbę, nasłuchiwała odgłosów lasu, których źródła nie potrafiła dostrzec. W pewnym momencie zatrzymała się i odwróciła. Nie mogła oprzeć się wrażeniu, że ktoś ją śledzi. Rozglądając się niepewnie, uświadomiła sobie, jak nieprzenikniona ciemność panuje wokół. Choć oczy szybko się do niej przyzwyczaiły, była w stanie dostrzec jedynie kształty otaczających ją drzew, które wraz z mgłą poruszały się w mrocznym, chaotycznym tańcu, do jakiego zaprosił je nocny wiatr.

Wyciągnęła z torby trochę poobijaną karbidówkę – spadek „po Niemcach", jak większość wyposażenia jej domu. Nalała do lampki wody z butelki i przyłożyła zapałkę. Płomień zaczął radośnie pląsać za okrągłą szybką. Z duszą na ramieniu powiodła wzrokiem naokoło. Nie dostrzegła jednak nigdzie ludzkiej sylwetki. Może niepotrzebnie zaczynała panikować?

– Jest tu ktoś? – zapytała.

Odpowiedział jej jednostajny szum kołyszących się na wietrze drzew.

W duchu skarciła się za naiwność. Jeśli bowiem ktoś rzeczywiście tu był i nie miał dobrych zamiarów, przecież nie odpowiedziałby na jej pytanie.

Czym prędzej ponownie przewiesiła przez ramię torbę i ruszyła pod górę w stronę wieży widokowej. Światło karbidówki, mimo że rozpraszane przez mgłę, dodawało jej nieco otuchy.

Ścieżka stawała się coraz bardziej stroma i Małgosia wiedziała, że jest już naprawdę bardzo blisko celu. Wciąż jednak nie mogła pozbyć się wrażenia, że ktoś ją obserwuje. Za każdym razem, gdy słyszała trzask łamanej gałęzi, nerwowo się odwracała i próbowała dojrzeć w ciemności skradającą się sylwetkę. Gdy wreszcie dotarła na szczyt, czuła na plecach gęsią skórkę.

Korpus starej wieży widokowej wyrastał znienacka spośród oparów nisko zawieszonej mgły, tak że zdawał się unosić w powietrzu. Małgosia przystanęła. Opuszczona, posępna budowla zaczęła przypominać jej element jakiejś starej ludowej legendy. Czy Franek nadal tam na nią czekał?

Powiewy wiatru, który nacierał od strony Karkonoszy, sprawiły, że widoczność stała się nieco lepsza i polanę zaczął zalewać księżycowy blask. Małgosia ruszyła w stronę drzwi wieży, gdy usłyszała dudnienie dochodzące z wnętrza budowli: tym razem była już pewna, że to odgłos czyichś kroków. Wstrzymała oddech i poczuła, jak paraliżuje ją strach. Zrobiła jeszcze kilka kroków w stronę wieży, potem się zawahała i już miała rzucić się do ucieczki, gdy usłyszała głos Franka:

– Małgosia?

Odwróciła się na pięcie i padła mu w ramiona:

– Boże, ale mnie wystraszyłeś! – Przytuliła się do niego z całej siły i przez dłuższą chwilę trwała w uścisku.

– Ja? – zdziwił się. – Przecież tylko zszedłem do ciebie na dół z wieży.

– Śledziłeś mnie całą drogę!

– Co?

– Przecież słyszałam!

– Nie wiem, o czym mówisz. Zmęczyło mnie to siedzenie w wieży, więc postanowiłem trochę się rozruszać. Zrobiło się tu nieco upiornie, prawda?

– Upiornie? O mało nie dostałam zawału, idąc tutaj. Wydawało mi się, że ktoś cały czas mnie śledzi.

– Jesteś pewna? – Franek się zasępił.

– Sama już nie wiem... Ta mgła po prostu mnie trochę dezorientowała...

– Mogę sprawdzić, czy ktoś tu się gdzieś nie zaczaił.

– To bez sensu. Nawet jeśli ktoś by tu był, to w tej ciemności i tak go nie znajdziesz.

– No dobrze. W takim razie pójdę z tobą na dół. Nie chcę, żebyś przeze mnie musiała się bać.

– A jak ktoś cię zobaczy?

– Sama powiedziałaś przed chwilą, że mało co widać. Zresztą odprowadzę cię do pierwszych zabudowań, w porządku?

– Dobrze – odparła. – A teraz popatrz, tu jest dla ciebie torba. Masz tam kanapki, koc, bo noce już nie są aż takie ciepłe. Ach, i jeszcze mapę. Niemiecka co prawda, ale zaznaczyłam ci Strzechę Akademicką. Za Niemca nazywała się Hampelbaude. Jutro pójdziesz pieszo do Karpacza i stamtąd do schroniska. To wędrówka na kilka godzin. Wybierz ścieżki bardziej przez lasy i pola niż przez miasteczka.

– Jasne. Dam radę.

– Umówmy się na dwudziestą trzecią. Będę na ciebie czekać przy tylnym wejściu do schroniska. Ono jest zamykane po zmierzchu, ale ja ci otworzę.

– W porządku – odparł. Odgarnął jej włosy z czoła i pocałował czule. – Wiesz, czekając tu na ciebie, myślałem o tym wszystkim. I zacząłem wierzyć, że może nam się udać.

– Uda nam się, Franek. Nie może być inaczej – odparła Małgorzata i pocałowała go zachłannie w usta. Trwali tak przez dłuższy czas, zatopieni w sobie i namiętności, jaka między nimi była. Nie potrzebowali słów, żeby wyrazić to, o czym pomyśleli. Poszli razem na wieżę.

*

Gdy Franek odprowadził Małgosię i wrócił na szczyt Sołtysiej, usłyszał z oddali głuchy ton kościelnego dzwonu. Nie był pewien, czy dobrze liczył, ale chyba wybijała północ. Usiadł na tarasie widokowym, w miejscu, gdzie jeszcze niedawno przeżywał namiętne chwile z ukochaną. Wyciągnął z torby mapę i rozłożył na kolanach. Szybko zlokalizował Scholzenberg, czyli Sołtysią, i schronisko Małgosi, które zaznaczyła dla niego, dopisując przy słowie Hampelbaude polską nazwę: Strzecha Akademicka. Powiódł wzrokiem po innych niemieckich nazwach. Niektóre znał ze słyszenia, inne brzmiały zupełnie obco.

Ponownie zajrzał do torby. Po dłuższej chwili znalazł w niej nie tylko zegarek – rzeczywiście wskazywał, że minęła dwudziesta czwarta – ale także ołówek. Uśmiechnął się. Jego praktyczna ukochana jak zwykle pomyślała o wszystkim. Zaznaczył na mapie drogę, którą zamierzał dostać się z Sołtysiej do Strzechy, a przy tych miejscowościach, których polskie nazwy znał, dopisał je odręcznie, skreślając niemieckie. Włożył mapę z powrotem do torby i spojrzał na rysujące się na horyzoncie góry. Kotłujące się u ich stóp opary mgły sprawiały niezwykłe wrażenie. Z rzadka podświetlone były na żółtawy kolor, którego źródło stanowiły latarnie znajdujące się w niektórych miasteczkach. Widok przetykanej świetlistymi plamami nocnej mgły w połączeniu z ciemnym masywem gór i rozgwieżdżonym niebem wydał mu się niezwykle piękny.

Wśród konturów szczytów potrafił rozpoznać jeden bardzo charakterystyczny, czyli Śnieżkę, gdzie żółte i czerwone światła zaznaczały obecność obserwatorium meteorologicznego. Na prawo od niego i nieco niżej zauważył kolejne światełko. Było mniej intensywne i drżące. Tam najprawdopodobniej znajdowało się schronisko, w którym pracowała Małgorzata.

Strzecha Akademicka, 23 września 1947

Było po dwudziestej drugiej, gdy Franek dotarł do celu. Przyczaił się w świerkowym lesie otaczającym polanę, na której stała Strzecha Akademicka. W ciemności nie widział szczegółów, ale już sam zarys budynku sugerował, że jest on bardzo duży. Zdziwił się – schronisko wyobrażał sobie jako niewielką, drewnianą chatę, tu natomiast miał przed sobą kilkupiętrowy budynek z dodatkowym bocznym skrzydłem i stajnią. „W takim miejscu rzeczywiście można chyba byłoby skutecznie się ukryć" – pomyślał.

Spokój, jaki panował na górskiej hali, podziałał na Franka usypiająco. Poza lisem, który przebiegł w poprzek szlaku i czmychnął do lasu spłoszony przez dwóch pograniczników, nie zaobserwował na polanie żadnego ruchu. Jedynym dowodem obecności w tym miejscu jakiegokolwiek życia było samo schronisko: w niektórych jego oknach wciąż zapalały się i gasły światła, które rzucały na plac przed wejściem długie smugi.

Noc, tak jak poprzednia, była bezchmurna i ponad budynkiem rozpościerało się rozgwieżdżone niebo. Schronisko zdawało się z nim niemal stapiać, zwłaszcza że niewielkie świetliki na dachu, w których było jasno, na pierwszy rzut oka także przypominały gwiazdy.

Dawno nie czuł się tak zmęczony. Choć wielogodzinna wędrówka mocno dała mu się we znaki, okazała się jednocześnie ekscytującą przygodą – po raz pierwszy bowiem dotarł w góry, które widział dotychczas wyłącznie z wieży na Sołtysiej. Spotkanie z Karkonoszami zaskoczyło go. Okazały się bardziej przystępne, niż mu się wydawało. W cieniu ich szczytów skrywały się tak urokliwe szlaki! Wciąż miał przed oczami obraz mijanego niedawno schroniska położonego nad górskim stawem, kilkanaście minut drogi od Strzechy. Nigdy wcześniej nie był w tak pięknym miejscu. Aż żałował, że nie może zajrzeć do środka. Zdawał sobie jednak sprawę, że musi unikać ryzyka – im mniej osób widziało go po drodze, tym bezpieczniej.

Spojrzał na zegarek. Dochodziła umówiona godzina spotkania. Ostrożnie wyszedł spomiędzy drzew i niemal bezgłośnie przemknął przez polanę, po czym zakradł się pod tylne drzwi schroniska. Przez chwilę nasłuchiwał. Cisza. Ponownie zerknął na nadgarstek. Wskazówki pokazywały dwudziestą trzecią. Odczekał chwilę i odważył się zapukać. Nic się jednak nie wydarzyło. Po chwili nacisnął klamkę, drzwi były zamknięte na głucho. Małgosia się nie pojawiła.

Część III

POMYSŁ NA KSIĄŻKĘ

Wiesz, jacy są pisarze. [...] *Tworzą siebie, kiedy tworzą swoje dzieła.*
A może tworzą dzieła, aby stworzyć siebie[*].

Orson Scott Card

---

[*] O.S. Card, *Dzieci umysłu*, tłum. P.W. Cholewa, Warszawa 1998.

Wrocław, 10 grudnia 2006

Maks Rajczakowski nie mógł przestać się uśmiechać na myśl o tym, że za chwilę zobaczy twarze tak dawno niewidzianych przyjaciół. Przemierzał zaśnieżone uliczki Starego Miasta, które mieniło się tysiącami kolorowych światełek, przygotowane już na nadchodzące święta.

Zgodnie z zapoczątkowaną jeszcze na studiach tradycją co roku przed Bożym Narodzeniem spotykali się całą paczką w ulubionej kawiarni. Zwyczaj przyjął się na tyle mocno, że wszyscy traktowali to spotkanie jak świętość. Swoje uczelnie skończyli już kilka ładnych lat temu i rozjechali się w różne strony Polski, lecz cokolwiek by się działo, w grudniu niemal wszyscy przyjeżdżali do Wrocławia, aby przy grzanym winie obgadać to wszystko, co wydarzyło się w ich życiu w mijającym roku. Maks uwielbiał te rozmowy.

Dotarł na plac Uniwersytecki, gdzie odniósł wrażenie, jakby trafił w samo serce jakiegoś bożonarodzeniowego przedstawienia. Wejścia do gmachu uczelni strzegły przystrojone śnieżnymi kożuchami barokowe rzeźby – święci, alegorie nauki i anioły – które jakby zastygły w ruchu pod naporem zimy. Pląsające w oknach starego uniwersytetu światła rzucały ciepły blask na fontannę z Szermierzem, który – także pod białą peleryną – strzegł tajemnicy starej wrocławskiej legendy. Maks się rozejrzał. W kamienicy vis-à-vis najsłynniejszej rzeźby w tym mieście znajdowała się kawiarnia, w której zawsze spotykał się z przyjaciółmi. Przed jej drzwiami stała kobieta w wyjątkowo oryginalnym zielonym płaszczu i fioletowym szaliku. Jej wyglądu dopełniała różowa, upstrzona białymi perełkami wełniana czapka, spod której wystawały kręcone rude włosy. „No tak, to na pewno Basia" – pomyślał Maks. Zawsze dobierała kolory w ekstrawagancki i niepowtarzalny sposób. Uśmiechnął się. Nie pamiętał już nawet, jak poznała się z resztą ekipy, ale szybko zdobyła sympatię pozostałych jej członków. Wygadana, przebojowa i miłująca plotki, była przy tym jednocześnie jedną z najzdolniejszych absolwentek medycyny, jakie kiedykolwiek poznał. To ona co roku rezerwowała stolik i wysyłała do wszystkich maile z zaproszeniem na spotkanie.

– Cześć, Mądra Basia! – zwrócił się do niej przydomkiem, którym została ochrzczona jeszcze na studiach. – Od dawna na posterunku?

– O, Maks! Jesteś! Nie, dopiero przyszłam. – Uśmiechnęła się serdecznie i padła mu w ramiona. – Dobrze cię widzieć. Dzisiaj przyjechałeś z Karkonoszy? Jak droga?

– Dzisiaj, dosłownie przed chwilą. W górach jest trzy razy więcej śniegu niż tutaj, więc sama droga ze Śnieżnych Kotłów na dół, do Szklarskiej Poręby, zajęła mi sporo czasu. Czekamy jeszcze na kogoś czy reszta już w środku?

Basia spojrzała na zegarek.

– Na razie jesteśmy tylko my. Wprawdzie została jeszcze chwila, ale wątpię, że wszyscy będą na czas. Punktualność nie jest mocną stroną naszych przyjaciół, jeszcze tego nie zauważyłeś? – Zaśmiała się. – Poza mną, Łukaszem i czasami, podkreślam: czasami tobą, większość przychodzi spóźniona.

– Ale zapowiedzieli się wszyscy, prawda?

– Nie dostałam odpowiedzi od Tomka. – Basia zmarszczyła czoło. – W zeszłym roku też go nie było...

– Odciął się trochę od nas po śmierci swojej dziewczyny.

– Maks, nie od nas. On w ogóle wyłączył się z życia. Widziałam się z nim kilka miesięcy temu. Tak mi go szkoda. I w sumie jest mi też żal nas, że nie umiemy mu pomóc. Minęło prawie półtora roku, a on wciąż nie może pozbierać się po śmierci Magdy.

– Trudno mu się dziwić, półtora roku to wcale nie tak dużo czasu, a tragedia... Straszna. Dziewczyna wyszła do pracy jak co dzień i nie wróciła. Nawet nie potrafię sobie wyobrazić, co bym zrobił, gdyby coś takiego spotkało moją Martę... – Zamilkł na chwilę, przerażony tą wizją. – A ten kierowca, który potrącił Magdę... Potwierdziło się, że był pijany?

– Tak. Rozmawiałam ostatnio z Łukaszem, on ma lepszy kontakt z Tomkiem. I też mówi, że z nim niedobrze. Nie chce wychodzić do ludzi, od śmierci Magdy niczego nie wydał... O, o wilku mowa! – Basia uśmiechnęła się i pomachała w stronę Łukasza nadchodzącego od strony Rynku.

– Cześć, Basiu, siemka, Maks! Ależ się cieszę, że się widzimy!

– Rozmawiamy właśnie o Tomku. Ty ostatnio byłeś u niego, prawda? – zaczęła Basia.

– Tak... No powiem wam, że kiepsko to wygląda. Ja jeszcze czegoś takiego nie widziałem, jego mieszkanie jest po prostu zawalone stosami papieru. Mnóstwo kartek, zeszytów, notatek... Wszędzie. Bo on próbuje pisać, siada do tego, zaczyna, ale nigdy nie kończy. Wtedy rzuca notatki na ziemię albo drze je na kawałki i od nowa. Myśli, kombinuje, pisze i potem znowu dochodzi do wniosku, że „to nie jest dostatecznie dobre". On po prostu nie ma dla siebie litości.

– To mieszkanie musi mu cały czas przypominać o Magdzie, razem je przecież urządzali – wtrąciła Basia. – Już dawno mówiłam, że powinien zmienić otoczenie.

– No co ty, ma je sprzedać? – zdziwił się Łukasz.

– Tego nie powiedziałam. Ale powinien wyjechać gdzieś na dłużej. Nie wiem, chociaż na miesiąc. Niech zmieni środowisko, przewietrzy głowę. Właśnie! – Spojrzała na Maksa. – Góry dobrze wietrzą głowę! Nie zabrałbyś go do siebie na Śnieżne Kotły na trochę?

– A myślisz, że mu tego nie proponowałem? Ale to jak grochem o ścianę. Przede wszystkim on nie lubi gór. Zresztą jakby pojechał tam teraz, zimą, i zaszył się na miesiąc na Śnieżnych Kotłach, to myślę, że jeszcze bardziej by się do gór zraził. I dopiero tam odciąłby się od świata naprawdę.

– Maks ma rację. Wiesz, Basiu, jak wygląda zima w Karkonoszach – wtrącił się Łukasz. – Pamiętasz, jak byliśmy na Śnieżnych Kotłach w zeszłym roku w styczniu?

– Pamiętam. A mimo to uważam, że taka terapia szokowa pomogłaby mu otrząsnąć się z tego marazmu.

– To jak go zamierzasz do tego wyjazdu przekonać, mądralo? – zaczął Maks z przekąsem, szturchając ją w bok. – Podasz mu zastrzyk z koncentratem miłości do gór?

Basia zamyśliła się na moment.

– Myślę, że trzeba mu tam znaleźć konkretne zajęcie. Wiecie, jaki jest Tomek, typ zadaniowy. Musiałby mieć poczucie, że jedzie w góry w konkretnym celu. Nie wiem, może niech wybierze się tam na przykład zbierać materiały na książkę.

– Ale co miałby napisać, przewodnik po florze i faunie Karkonoszy? – ironizował Maks.

– Nie. – Przewróciła oczami. – Napisałby kryminał. To zawsze był jego ulubiony gatunek. I w nim osiągał kiedyś największe sukcesy.

– Kryminał o Karkonoszach? Nie wiem, czy to dobry pomysł…

– A dlaczego nie? Mało to miałeś tam przygód? Ledwo przyjechałeś na Śnieżne Kotły dwa lata temu i dosłownie stoczyłeś walkę o swoje życie, nie było tak?

– No było… – przyznał Maks, ale dalej wyglądał na nieprzekonanego. – I co, miałby pisać książkę o moich przygodach?

– Nie, może nie. Trzeba byłoby znaleźć mu jakiś inny, nowy temat i przekonać go, że warto się tym zająć. Maks, na pewno coś wymyślisz. Może jakaś zbrodnia sprzed lat? Jakiś tajemniczy wypadek? Na bank słyszałeś mnóstwo takich historii od ludzi z gór.

Maks wahał się dłuższą chwilę.

– Wiesz… Chyba nawet przychodzi mi coś do głowy. Ostatnio, gdy byłem w schronisku u Maryśki, jej znajomy Albert opowiedział mi o imprezie sylwestrowej, która się tam odbyła na początku lat dziewięćdziesiątych. Jeden z uczestników zabawy zaginął, a potem znaleźli go martwego w lawinie, dziwna sprawa…

– Maryśka? Kto to? – zapytał Łukasz.

– Moja znajoma. Równa babka. Była kiedyś zakonnicą, miała wtedy na imię Maristella.

– Jak ty się z nią zaprzyjaźniłeś?

– Rozstała się z zakonem kilka lat temu. Nie mogła znieść zła dziejącego się w Kościele. I teraz mieszka z bratem, który prowadzi Strzechę Akademicką. Pomaga mu. A Albert to emerytowany policjant.

– Dobra, i co z tym sylwestrem, bo sama się zaciekawiłam? – ponagliła go Basia.

– Opowiem wam, jak Tomek przyjdzie, dobrze?

– Jeśli przyjdzie – dodał Łukasz. – Wejdźmy już do środka, bo zimno.

Wrocław, 10 grudnia 2006

– Kurwa… – rzucił pod nosem Tomek Wilczur, czytając ostatnią stronę notatek do powieści, nad którą próbował pracować od kilku tygodni. Czuł, że znów doszedł do ściany i zaraz wybuchnie. Raz jeszcze przeleciał wzrokiem poprzednie strony odręcznych zapisków, po czym z furią pogniótł kartki. Rzucił nimi o ścianę, schował głowę w rękach i się rozpłakał. Nie po raz pierwszy dzisiaj i pewnie nie ostatni.

Znów przypomniał sobie jedną z recenzji swojej ostatniej książki, wydanej jeszcze przed śmiercią Magdy. Zobaczył ją dziś rano na forum internetowym. „Autor jest chyba bardzo naiwnym i nieporadnym życiowo człowiekiem, ale czy musi informować o tym cały świat, pisząc tak beznadziejne książki? Jedyne, co poczułem po lekturze, to ulga, że mam ją już za sobą. Nie kupujcie. Szkoda waszego czasu na jej czytanie i papieru zmarnowanego na jej druk. Od dłuższego czasu nic nie wydał. Chyba w końcu zrozumiał, że nie ma talentu, i skończył z pisaniem".

Ostatnie słowa bolały go najbardziej. Skończył z pisaniem, przestał rodzić owoce. Przestał więc być pisarzem, stał się bezwartościowy. A nawet jak pisał, to i tak dla niektórych ludzi był nieudacznikiem. W głowie aż buzowało mu od złych myśli. Wstał od biurka i podszedł do lustra. Rzadko na nie spoglądał z obawy, kogo zobaczy po drugiej stronie. Teraz jednak podniósł wzrok. Było gorzej, niż przypuszczał. Stał przed nim naiwny i nieporadny człowiek, źródło zmarnowanego papieru i czasu. Anonimowy autor recenzji miał dużo racji.

Nagle zobaczył przyklejoną u góry lustra karteczkę. Zmarszczył brwi. To nie był jego charakter pisma.

„10 grudnia, 17.00, kawiarnia ta, co zawsze, czekamy!" – przeczytał. Dobrze wiedział, o jakie spotkanie chodzi, ale skąd ta kartka wzięła się przy jego lustrze? Po dłuższej chwili przypomniał sobie, że niedawno odwiedził go Łukasz i namawiał na wyjście. Ta karteczka to pewnie jego sprawka. Westchnął zrezygnowany. Nigdzie nie zamierzał wychodzić.

Wrócił do pokoju i znowu usiadł przy biurku. Ze stojącego obok regału wyjął album ze zdjęciami; dostał go jakiś czas temu w prezencie od Maksa. Przyglądał się kolejnym fotografiom. Impreza u Mądrej Basi po tym, jak zdała ostatni egzamin. Rowerowa wycieczka z Łukaszem. Pierwsza wizyta na fotelu dentystycznym u Maksa, wtedy jeszcze studenta. Otwarcie schroniska Nad Śnieżnymi Kotłami. Nieznacznie uniósł kąciki ust. Poczuł przez moment ukłucie żalu, że tak dawno nie widział swoich przyjaciół.

„Autor jest chyba bardzo naiwnym i nieporadnym życiowo człowiekiem" – usłyszał znowu w swojej głowie i spochmurniał.

Podszedł do okna, otworzył je i się wychylił. Robił tak niemal codziennie od dłuższego czasu, jakby chciał sobie nieustannie przypominać, że zawsze może zakończyć swój dramat. „Chyba w końcu zrozumiał, że to nie dla niego, i skończył z życiem" – sparafrazował w myślach słowa anonima. Usiadł na parapecie, wystawił jedną nogę za okno, drugą oparł o framugę, ręką kurczowo trzymając się futryny.

W plecy uderzyło go powietrze. „Przeciąg, to pewnie przez uchylone w kuchni okno" – pomyślał. Spojrzał na zaśnieżony Wrocław i łza popłynęła mu po policzku. Niewykluczone, że niedługo zdecyduje się rzucić w tę otchłań z nadzieją, że miasto go pochłonie.

Nagle silniejszy powiew szarpnął jednym skrzydłem okna, tak że zamknęło się z hukiem, przytrzaskując Tomkowi palce. Krzyknął, odruchowo odrywając rękę od futryny, i wtedy na ułamek sekundy stracił równowagę. Zabrakło mu tchu, pod stopami zobaczył przepaść, w końcu mieszkał na czwartym piętrze. Gdy chwilę później kurczowo przywarł z powrotem do ramy okna, cudem unikając upadku, ciężko dysząc, zaczął gramolić się do mieszkania. Padł na podłogę i jeszcze jakiś czas oddychał niespokojnie. A więc znalazł się na granicy. Przeraził się.

W tym samym momencie poczuł coś dziwnego. To była zupełnie niespodziewana myśl, że jednak nie chce ze sobą skończyć. Podniósł się z ziemi, cały drżąc. Dopadł biurka i znalazł mały kalendarz. Dziś był dziesiąty grudnia. Pobiegł do kuchni, by spojrzeć na zegarek. Wiedział, że się spóźni, ale miał nadzieję, że przyjaciele mu to wybaczą. Poszedł do łazienki, żeby po raz pierwszy od kilku dni umyć się i ogolić. Serce przyspieszyło mu z przejęcia – postanowił wyjść wreszcie do ludzi.

*

Biegł bulwarami wzdłuż Odry, gdy usłyszał, jak niski ton zegara na wieży ratuszowej obwieszcza miastu, że wybiła osiemnasta.

Przyspieszył. Mądra Basia na pewno skomentuje jego spóźnienie. Kilka minut później zatrzymał się przed kawiarnią przy placu Uniwersyteckim.

Wpadł do środka z impetem. Niemal poraziło go nagłe wrażenie, że przeniósł się do innego, dawnego świata, tego sprzed śmierci Magdy. Najpierw poczuł zapach. Cynamon, goździki, grzane wino i nieporównywalny z niczym innym aromat świeżo zmielonej kawy. Kawiarnia. Pomyślał, ile pięknych chwil spędził w takich miejscach ze swoją ukochaną. Zabolało. Zawahał się, może jeszcze zdąży wyjść? W tym momencie jego błądzący po sali wzrok napotkał spojrzenie Łukasza, który natychmiast wstał, żeby się przywitać, i zawołał uradowany:

– O! Patrzcie, kto przyszedł! Cześć, stary!

Tomek niepewnie podszedł do stolika. Spojrzał na Maksa, Basię, Łukasza i łza popłynęła mu po policzku.

– Cześć. Bardzo przepraszam za spóźnienie… – Pociągnął nosem. – Nie chcę psuć wam wieczoru swoją osobą…

– Tomek. Przestań pierdolić głupoty! – Maks spojrzał na niego surowo, po czym wstał, przytulił go i poklepał po plecach. – Siadaj.

Wilczur niepewnie odwzajemnił uścisk, po czym bez słowa zajął miejsce na wolnym krześle.

– Co się dzieje? – zapytała Basia bez ogródek.

Tomek nie odpowiedział. Siedział skulony i tylko spuścił wzrok na swoje ręce. Wyglądał jak cień samego siebie. W końcu podniósł oczy na przyjaciółkę, przełknął ślinę i przecząco pokiwał głową.

– Nam możesz powiedzieć… – Próbowała go zachęcić. – Czemu płaczesz?

– Cieszę się, że was widzę – wydusił z siebie, pocierając zaszklone oczy. A potem dodał zrezygnowanym głosem: – Muszę coś zrobić ze swoim życiem, bo dłużej tak nie dam rady.

– Widzisz, my właśnie o tym rozmawialiśmy! – zaczęła Basia, po czym się zmieszała. Nie chciała, żeby Tomek poczuł się obgadywany, dlatego szybko doprecyzowała: – To znaczy myśleliśmy o twojej kolejnej książce.

– Proszę? – zdziwił się.

Podeszła kelnerka i przyjęła zamówienie.

– Tomek, mamy pomysł na kryminał, który mógłbyś napisać! – powiedziała Basia podekscytowana.

– U mnie ostatnio z tym kiepsko…

– Wiem. Ale nie powinieneś porzucać pisania. Talent to twój skarb. I żeby ci pomóc, wymyśliliśmy wspólnie – powiodła wzrokiem po Maksie i Łukaszu – że mógłbyś napisać kryminał o Karkonoszach.

– Co? Wiesz przecież, że nie lubię gór…

– To polubisz – stwierdziła Basia. – Ale mówiąc poważnie, Maks opowiadał o zagadkowej śmierci jakiegoś faceta. Mógłbyś o tym napisać. Prawda? – Spojrzała wymownie na przyjaciela, oczekując potwierdzenia.

– Prawda. – Maksymilian włączył się do rozmowy. – Wiecie, to naprawdę ciekawa sprawa. W tysiąc dziewięćset dziewięćdziesiątym pierwszym, a w zasadzie w nocy z trzydziestego pierwszego grudnia dziewięćdziesiątego pierwszego na pierwszego stycznia dziewięćdziesiątego drugiego w Karkonoszach zeszła potężna lawina.

– Ta w Białym Jarze? – dopytał się Łukasz.

– Tak. To była najbardziej śmiercionośna lawina w historii polskich gór. Zginęło dziewiętnaście osób, w tym jeden goprowiec, który brał udział w akcji ratunkowej.

– No dobrze, ale gdzie tu kryminał? – Tomek nie wyglądał na przekonanego.

– Poczekaj. Rozmawiałem ostatnio z Albertem, emerytowanym policjantem, on mieszka w Kowarach. Spotkałem go, jak byłem w odwiedzinach u Maryśki w Strzesze Akademickiej.

– To jakiś akademik…? – Tomek uniósł brwi.

– Nie. – Maks się zaśmiał. – Tak się nazywa schronisko. Maryśka prowadzi je razem z bratem, od kiedy zrzuciła habit. Wcześniej była zakonnicą.

– O, to miała niezłą rewolucję w życiu.

– Kontynuując, Albert opowiadał mi, że z tym schroniskiem wiąże się jedna nierozwiązana sprawa, która nigdy nie dała mu spokoju. W lawinie znaleziono ciało faceta, który nazywał się bodajże Czerwiński. Był gościem Strzechy Akademickiej i tamtej feralnej nocy, gdy zeszła lawina, bawił się w schronisku na sylwestrze. Oficjalna wersja wydarzeń jest taka, że wyszedł z budynku przed północą i przypadkowo znalazł się w miejscu, gdzie chwilę potem zeszła lawina.

– I co w tym dziwnego? – zapytał Tomek.

– Z pozoru nic: wyszedł, lawina go porwała, nieszczęśliwy wypadek. Problem jest tylko taki, że znalazł się świadek, jakiś facet, nie pamiętam teraz kto dokładnie. I on zeznał, że Czerwiński był w schronisku jakiś czas po zejściu lawiny. A dopiero potem zniknął.

– Bez sensu, jak miałby się w takim razie znaleźć pod śniegiem? – zainteresował się Łukasz.

– I to jest właśnie zagadka.

– Myślisz, że zeznania ludzi z imprezy, którzy go tam niby widzieli po zejściu lawiny, można uznać za wiarygodne? – powątpiewał Tomek. – Przecież wszyscy byli pewnie dobrze znieczuleni alkoholem.

– Otóż nie. Świadek, który swoim zeznaniem podał w wątpliwość teorię o nieszczęśliwym wypadku, był trzeźwy. Tak mi mówił Albert.

– Czyli co… Ktoś go wcześniej zabił i potem podrzucił do lawiny? – Tomek zaczął zastanawiać się na głos.

Basia mrugnęła do Maksa, ich przyjaciel najwyraźniej właśnie połykał haczyk.

– Trudno powiedzieć. Przyczyny zgonu chyba nie ustalono. Ale sprawa była naprawdę bardzo, bardzo dziwna.

– I policja nic z tym nie zrobiła? – Basia wydawała się zaskoczona.

– No nie – odparł Maks, po czym spojrzał na Tomka. – Mógłbyś pogadać z Albertem. Z ludźmi, którzy pamiętają tamtą lawinę. To nie było tak dawno, piętnaście lat temu. Miałbyś doskonały materiał na nowy kryminał. Napiszesz potem, że oparłeś go na prawdziwej historii, to może zaintrygować czytelników! Zwłaszcza że istniały nawet hipotezy, że ktoś tę lawinę wywołał celowo.

– Sam nie wiem... Musiałbym pojechać w góry.

– Dlaczego nie? Masz coś lepszego do roboty? – Basia była nieugięta.

Maks spojrzał na nią, kryjąc uśmiech. Ta kobieta nigdy nie owijała w bawełnę.

– Może jeszcze mi powiesz, żebym zamieszkał na czas zbierania materiału w tamtym schronisku!? – Tomek wciąż wyglądał na nieprzekonanego.

– Czytasz mi w myślach! Właśnie to chciałam ci zaproponować.

Wrocław, 11 grudnia 2006

Obudził się wyjątkowo późno. Ostatnio źle sypiał i gdy spojrzał na zegarek, który wskazywał południe, nie mógł uwierzyć, że przespał tyle godzin. Wczorajszy wieczór z przyjaciółmi był jak dobrze dopasowany plaster na jego rany. Kiedy nieco pijany wrócił do domu, po raz pierwszy przeraził się, jak bardzo zaniedbał swoje mieszkanie i – zamiast położyć się spać – zajął się sprzątaniem. Teraz z lekkim zdziwieniem, ale i przyjemnością patrzył na uporządkowane biurko i podłogę, po której nie walały się sterty papierów.

Zrobił sobie śniadanie i usiadł przy biurku. Zaczął myśleć o wczorajszej rozmowie z przyjaciółmi. Potrzeba napisania książki była dla niego jak powietrze. Musiał mieć cel, chciał udowodnić sobie, że wciąż potrafi tworzyć. Wyjazd w Karkonosze nie wchodził jednak w grę. Choćby przypalali go żelazem, nie pojedzie w góry, zwłaszcza zimą. Ale ponieważ temat go zainteresował, włączył komputer i wrzucił w wyszukiwarkę hasło „lawina Karkonosze 1992". Wyświetlił pierwszy z brzegu artykuł na portalu jelonka.com i zaczął czytać. Zobaczył przerażające zdjęcia lawiniska po zakończeniu akcji ratunkowej: teren wyglądał jak mrowisko. Śnieżna pokrywa była dosłownie w całości przeorana licznymi krętymi korytarzykami, które ratownicy kopali przez wiele dni w poszukiwaniu uwięzionych tam ludzi. Liczby mówiły same za siebie: dziewiętnaście ofiar śmiertelnych, ponad tysiąc osób zaangażowanych w akcję ratunkową, lawinisko o długości przeszło pół kilometra. No i prędkość. Lawina pędziła jakieś sto kilometrów na godzinę. To robiło wrażenie.

Nigdzie jednak nie trafił nawet na ślad informacji o ciele człowieka, który miał się bawić wcześniej na imprezie sylwestrowej w Strzesze Akademickiej. Podszedł do biblioteczki po mapę Karkonoszy, którą Maks dał mu kiedyś w prezencie. Rozłożył na biurku. Wyszukał Strzechę Akademicką, zlokalizował też Biały Jar, w którym zeszła wtedy lawina – rzeczywiście, to było bardzo blisko schroniska. Wziął linijkę, spojrzał na skalę mapy. Na oko mniej niż kilometr. Chwycił za komórkę i wybrał numer Maksa.

– Cześć, Tomek! Co tam? – usłyszał po chwili w słuchawce.

– Hej. Mam pytanie. Jak nazywał się ten facet, którego znaleźli w lawinie, chociaż niby w tym czasie był w schronisku?

– Andrzej Czerwiński. Temat jednak cię zaintrygował?

– Co? Mnie? Nie… – Tomek się zmieszał. – A na pewno nie na tyle, żeby jechać w góry. No nieważne, dzięki za pomoc. Pa!

Wrócił do biurka, w wyszukiwarkę wrzucił „Andrzej Czerwiński". Przeleciał kilka stron, po czym niespodziewanie trafił na nagranie programu *Magazyn kryminalny 997*, odcinek nosił tytuł: *Śmierć w lawinie?*. Zaczął oglądać.

Opowieść prowadzącego pokrywała się z tym, co opowiedział mu Maks: wśród ofiar lawiny z pierwszego stycznia dziewięćdziesiątego drugiego znaleziono Andrzeja Czerwińskiego – człowieka, którego w momencie zejścia żywiołu ponoć widziano w schronisku Strzecha Akademicka na zabawie sylwestrowej. Jak zatem ofiara trafiła do Białego Jaru? Prowadzący przedstawił kilka hipotez, z których każda kolejna była bardziej sensacyjna od poprzedniej.

Po obejrzeniu programu Tomek poczuł na plecach dreszcz emocji, czego nie doświadczał już od długiego czasu. Było to pomieszanie ekscytacji, wizji swojego przyszłego dzieła i nadziei, że jest w stanie to zrobić. Tak, to była po prostu wena. Miał przeczucie, że sprawa śmierci Czerwińskiego rzeczywiście jest materiałem na całkiem niezły kryminał.

Wyjął czysty zeszyt i zaczął planować prace. Po pierwsze, musiał zapoznać się z aktami tamtego śledztwa. Tylko jak to zrobić? Czy może pójść ot tak do prokuratury? Nie miał w tym żadnego doświadczenia...

Przez dłuższą chwilę zastanawiał się, kto mógłby mu w tym pomóc. Przypomniał sobie o czytelniczce, która pracowała w zakładzie medycyny sądowej we wrocławskiej Akademii Medycznej i kiedyś po jednym ze spotkań autorskich zostawiła mu swój numer, w razie gdyby potrzebował konsultacji przy kolejnych książkach. Wyciągnął komórkę i zaczął przeszukiwać kontakty. Jest! „Sądówka Agata Hauser". Zadzwonił.

– Halo? – zgłosiła się po kilku sygnałach.

– Cześć! Z tej strony Tomek Wilczur... Ten od książek.

– Trudno nie skojarzyć. – Zaśmiała się. – Co tam? Dawno nie widziałam żadnej twojej nowej powieści!

– Ach... – Zmieszał się. – Miałem trochę problemów w życiu. Ale właśnie zacząłem pracę nad pewnym tematem i potrzebuję podpowiedzi. Chciałbym dowiedzieć się czegoś więcej o sprawie. Facet zginął w dziwnych okolicznościach. Myślisz, że jest szansa, żebym jako człowiek z zewnątrz dostał zgodę na wgląd do akt?

– A kiedy to było?

– W dziewięćdziesiątym pierwszym, znaczy się... Drugim. No, na przełomie.

– Okej, to już dawno. Gdzie nastąpił zgon?

– Koło Karpacza.

– To pewnie Jelenia Góra się tym zajmowała. Wyślij do tamtejszej prokuratury pismo z prośbą o wgląd do akt. Napisz, jaka sprawa cię interesuje, powołaj się, że to na potrzeby książki, nad którą pracujesz. Nie powinni robić problemów.

– Super! Bardzo ci dziękuję! – Tomek się ucieszył.

Zaraz po rozmowie zaczął przygotowywać pismo.

Wrocław, 15 stycznia 2007

Ostatnie dni znów upływały mu w kiepskim nastroju. Miał wrażenie, jakby nieustannie żeglował po sinusoidzie o nierównych amplitudach: przez kilka dni czuł się nawet dobrze, potem znowu spadał w otchłań. Zazwyczaj tych złych dni było więcej niż dobrych.

Wracając do domu z zakupów, zajrzał do skrzynki na listy i znalazł tam pismo z prokuratury. Otworzył je natychmiast. Przeleciał wzrokiem po tekście i westchnął zrezygnowany.

– Cholera jasna – zaklął i poszedł do mieszkania.

Odłożył zakupy, rzucił list na stół i pomyślał, że chyba musi się poddać. Ostatnio jego praca to był ciąg nieustającego poddawania się. Mimo to wybrał numer Agaty Hauser, przynajmniej się jej pożali.

– Cześć! – przywitała się. – Dostałeś zgodę na wgląd?

– Właśnie nie! Akt nie ma, wyobrażasz sobie? I to oni sami je zniszczyli! Jak to możliwe?

– Czekaj, to była sprawa o zabójstwo? – upewniała się. – Bo jeśli tak, to niemożliwe, żeby akta skierowano do brakowania.

– Problem jest właśnie taki, że nie postawiono nikomu zarzutów... To znaczy, mówiło się, że ktoś maczał w tym palce, ale oficjalna wersja jest taka, że człowiek zginął w górach bez udziału osób trzecich.

– A, to dlatego nie ma akt. Widzisz, znaleźli ciało w górach, na start wleciał pewnie artykuł sto pięćdziesiąty piąty kodeksu karnego – nieumyślne spowodowanie śmierci. Nie, poczekaj! To był dziewięćdziesiąty drugi rok, a więc wtedy obowiązywał jeszcze kodeks z sześćdziesiątego dziewiątego, czyli chodzi o artykuł sto pięćdziesiąty drugi.

– Tylko że to od początku była dość dziwna historia. Istniało podejrzenie, że zgon nastąpił gdzie indziej i ktoś podrzucił ciało w góry. Przecież to śmierdzi na kilometr!

– Ciało zapewne trafiło na sekcję – kontynuowała Agata. – Skoro sprawa do samego końca nie zmieniła statusu na sprawę o zabójstwo, to znaczy, że lekarz, który przeprowadzał sekcję zwłok, nie doszukał się udziału osób trzecich. Prawdopodobnie policja nie zebrała też żadnych przekonujących dowodów. W takim wypadku postępowanie się umarza. A skoro nie było zarzutu zabójstwa, to nie ma obowiązku trzymania takich akt latami. Przykro mi, Tomek. Takie jest prawo. Archiwa nie są z gumy.

– Do dupy z takim prawem.

– A powiedz, bo mnie to zaintrygowało... Jak zginął? I skąd w ogóle podejrzenie, że to nie była śmierć naturalna, skoro, jak domniemywam, sekcja niczego nie wykazała?

– Oficjalnie zginął w lawinie. Ale był jeden świadek, który twierdził, że w czasie zejścia lawiny facet był w schronisku kawałek dalej. Żywy, dla ścisłości. Był o tym nawet odcinek *Magazynu kryminalnego 997*.

– A! No to trzeba było tak od razu! Nie powiedziałeś mi, że chodzi o lawinę! Pamiętam tę sprawę, pracowałam przy niej. Facet nie nazywał się przypadkiem Czerwiński?

Tomek zamilkł na moment.

– Nie wierzę, że pamiętasz nazwisko jakiegoś chłopa, którego kroiłaś piętnaście lat temu. To… niemożliwe!

Hauser zaczęła się śmiać.

– Wszystkich nie pamiętam, coś ty! Dla ścisłości to nie ja kroiłam, wtedy jeszcze przyglądałam się pracy bardziej doświadczonych. Ale ten Czerwiński mocno wrył mi się w pamięć.

– Dlaczego?

– Nie mogę zdradzać ci takich szczegółów, bo naruszyłabym tajemnicę lekarską.

– No tak, ale…

– Daj mi pół godziny, oddzwonię.

– Dobrze.

Czas wyjątkowo mu się dłużył w oczekiwaniu na telefon. Rozpakował zakupy, zaparzył sobie herbaty. Gdy wreszcie rozległ się dzwonek, wstrzymał oddech z napięcia.

– I co? – zapytał bez ogródek.

– Mam protokół z sekcji Czerwińskiego. Jest u nas.

– Jak to: u was?

– Prokuratura ma swoje archiwum, a my jako katedra mamy swoje. Protokoły są poukładane latami, dlatego interesującego cię pacjenta znalazłam bez trudu.

– Agata, nawet nie wiesz, jak mi pomagasz! Mogę przyjechać zobaczyć ten protokół?

– Nie tak szybko, jest jedno „ale". Protokoły to dokumentacja medyczna, nie mogę udostępnić ich osobie postronnej bez zgody prokuratora, nawet po tylu latach od zgonu.

Tomek westchnął.

– Czyli mam pisać kolejne pismo z prośbą o zgodę na wgląd?
– Niestety tak. Jak będziesz miał pozwolenie, przyjedź do nas, protokół będzie na ciebie czekał.

Wrocław, 16 lutego 2007

Od kiedy wysiadł z tramwaju, minęło już kilkanaście minut, a on wciąż błądził po mieszczącym się przy ulicy Chałubińskiego kampusie Akademii Medycznej. Pamiętający jeszcze dziewiętnasty wiek poniemiecki kompleks stanowił dla niego niezły labirynt. Budynki utrzymane były w tym samym, neogotyckim stylu. Fasady z ciemnoczerwonej cegły, przysadziste, granitowe schody, ostre łuki, liczne wieżyczki i spiczaste hełmy – to wszystko przywodziło na myśl raczej mroczne zamczysko wampira niż miejsce, w którym mieliby przebywać pacjenci i kształcić się przyszli lekarze.

W końcu znalazł Zakład Medycyny Sądowej. Mieścił się w dość małym – w porównaniu z innymi – budynku, jednak swoją upiorną fasadą nie ustępował w niczym sąsiednim obiektom. Wszedł do środka i skierował się na pierwsze piętro do gabinetu Agaty Hauser.

– Cześć, Tomek! – powiedziała, otwierając drzwi. – Protokół czeka. Będziesz robił jakieś notatki? Mam tylko godzinę, bo potem zaczynam zajęcia ze studentami.

– Dobra, będę się streszczał, a jak czegoś nie zrozumiem, od razu cię zapytam.

– Okej. Chcesz potem zajrzeć do naszego muzeum medycyny sądowej? Na pewno coś cię tam zainspiruje. Mamy bardzo ciekawą kolekcję...

– Może... Później.

– Tu jest protokół. – Wskazała na biurko. – Rozgość się.

Usiadł i natychmiast zabrał się do czytania.

– Kawy?

– Dziękuję, nie rób sobie kłopotu – odparł, po czym zaczął mruczeć pod nosem. – Protokół oględzin i sekcji sądowo-lekarskiej zwłok ludzkich wykonany… – Urwał. – Dlaczego wykonano go tak późno? Lawina była tuż po północy pierwszego stycznia, a on trafił do was prawie trzy tygodnie później?

– Widocznie późno go wykopali z tej lawiny. A u nas też czekał dobry tydzień, zanim udało się go zbadać.

– Dlaczego czekał?

– Przywieźli go zamarzniętego na kość, dosłownie. Nie nadawał się do badania. Musiał leżeć w prosektorium do czasu, aż odtajał na tyle, żeby można było przeprowadzić sekcję. To się rzadko zdarza, u nas jednak widzi się codziennie nowe twarze – dodała z właściwym jej poczuciem humoru. – Dlatego właśnie, jak mówiłam ci przez telefon, wrył mi się w pamięć.

– No tak, rzeczywiście.

Agata spojrzała mu przez ramię.

– To ja pisałam ten protokół – stwierdziła. – Zwykle robi to sekretarka, ale wtedy była na zwolnieniu lekarskim, więc ja odwalałam papierkową robotę. Andrzej Czerwiński… – przeczytała i się zamyśliła. – Imię matki: Janina, imię ojca: Stefan. Stefan… Wydaje mi się, że z ojcem coś było… – Zamilkła.

– Co to znaczy: „coś było”?

– Była jakaś dziwna sprawa. Nie wiem, nie ma tego w protokole, w końcu ojciec nie był naszym pacjentem…

– „Pacjentem”, jak to dziwnie brzmi.

– W naszym rozumieniu to jest pacjent. – Agata wzruszyła ramionami. – Sekcja zwłok to rodzaj badania lekarskiego. A że robimy je po śmierci, cóż – specyfika zawodu. Ale, ale, już sobie przypomniałam – obiło mi się wtedy o uszy, że ojciec Czerwińskiego zaginął wiele lat wcześniej w Karkonoszach.

– Rzeczywiście, tak było. Powiem więcej, w programie, który oglądałem, wspominali o zaginionym ojcu i wujku Czerwińskiego.

– A widzisz, coś tam pamiętam.

Tomek kontynuował czytanie protokołu.

– Tu nic nie ma. – Westchnął po dłuższej chwili rozczarowany.

– Czytałam to przed twoim przyjściem. Niestety, sekcja biała. Tak się mówi w naszym żargonie, kiedy nie udaje się ustalić przyczyny zgonu. Jedyny uraz, jaki ujawniliśmy, to nieznaczne otarcia i podbiegnięcia krwawe w okolicy prawego stawu skokowo-goleniowego.

– Czyli?

– Czyli prawdopodobnie nogę sobie zwichnął przed śmiercią. Ale to na pewno nie był powód zgonu.

– No dobra, ale jakby zamarzł, to byście to zauważyli, prawda? Czy to nie jest takie proste?

– Śmierć przez wychłodzenie jest trudna do przeoczenia. Ale lawina zabija na różne sposoby, nie tylko temperaturą.

– No tak, może przecież człowieka połamać.

– Właśnie. Przez złamaną rękę czy nogę rzadko kiedy zginiesz. Ale już poważny uraz głowy, jakieś wieloodłamowe złamanie kości czaszki... O, to może człowieka zaprowadzić na tamten świat.

– Tylko że tu nic nie ma o złamaniach.

– Widać się nie połamał.

– Lawina może jeszcze jakoś zabić?

– Oczywiście. Można się w niej przecież zwyczajnie udusić. Bo albo zabraknie ci tlenu, albo masy śniegu unieruchomią całkowicie klatkę piersiową, uniemożliwiając oddychanie. Ale to też wywołuje określone zmiany w ciele, dostrzeglibyśmy wtedy podczas sekcji rozdęte płuca i jeszcze parę rzeczy...

– W porządku. – Tomek się skupił. – Czyli podsumowując: nie zamarzł, nie połamał się ani nie udusił. Możemy w takim razie stwierdzić, że lawina go nie zabiła?

– Słuszny wniosek. Myślę, że tak.

– To jak prokurator mógł tę sprawę tak po prostu zamknąć? – W jego głosie było słychać oburzenie.

– Kochany, nie możesz zapominać, że to były lata dziewięćdziesiąte, ich początek dla ścisłości. Możliwości badawcze były ograniczone. Zresztą wiesz, co wtedy w kraju się działo? To cud, że w ogóle zwłoki z lawiny trafiły na sekcję.

– I tak nic prokuratury nie tłumaczy.

– Spójrz na to bez emocji: prokurator ma ciało. Jedzie na sądówkę, tu żadnych rewelacji. Nie daliśmy tym protokołem nawet cienia podstawy do stwierdzenia, że ktoś pomógł panu Andrzejowi odbyć przyspieszoną podróż w zaświaty. Policjanci też widocznie nie zebrali żadnych przekonujących dowodów, że ktoś mu coś zrobił. Domyślam się, że w tym magazynie kryminalnym było wiele szalonych hipotez. Ale prawda jest taka, że jeden świadek, który twierdził, że gdzieś go widział w momencie zejścia lawiny, to za mało. Prokurator nie miał podstaw, żeby to śledztwo ciągnąć, więc je umorzył. Miał zapewne ważniejsze dochodzenia na głowie niż jeden trup w sprawie z wątpliwymi przesłankami co do jej przestępczego charakteru.

– A tu jest jeszcze napisane, że miał ponad trzy promile we krwi. – Tomek wskazał na końcową część protokołu. – Czy to mogło mieć znaczenie?

– Wszystko mogło mieć. Zważywszy na datę zgonu, chłop pewnie zabawił się przed śmiercią, to w końcu był sylwester. Trzy promile z hakiem? – cmoknęła i się zamyśliła. – Za mało na zgon. Jakby miał cztery albo więcej, moglibyśmy podejrzewać, że zabił go alkohol. Chociaż w tym kraju zdarzają się delikwenci, którzy przy takim stężeniu jeszcze wsiądą za kierownicę. Niemniej trzy promile z kawałkiem to po prostu dobra impreza i potem duży kac. Ale nie śmierć.

– A jeśli go otruto? W programie wysunięto też taką hipotezę…

– Program ma być ciekawy dla widza, nie zapominaj o tym. Spójrz na wyniki toksykologii. Poza alkoholem czysto. Jeśli rzeczywiście czymś go otruto, to standardowe badania tego nie wykazały.

– A niestandardowe?

– Nie było do nich podstaw, zresztą znów wracamy do punktu wyjścia: początek lat dziewięćdziesiątych. Jakieś wymyślne badania nie były wtedy dostępne w naszym kraju.

– Dobra... – Tomek westchnął. – Chyba nic tu po mnie.

– Ale czekaj, czy ty nie miałeś zbierać materiału na jakiś reportaż?

– Nie... Miałem pisać kryminał oparty na faktach. Ale to już raczej nieaktualne...

– Co ty się tak szybko poddajesz? – Spojrzała na niego z oburzeniem. – Skoro to nie reportaż, to masz ułatwienie, bo możesz pewne informacje ubarwiać.

– Ale tu – wskazał na protokół – nie ma żadnych informacji. Wziął i umarł, trudno powiedzieć czemu.

– Na twoim miejscu, jakbym szukała w tym sprawy kryminalnej, zainteresowałabym się tematem ojca i wujka. Tak mi podpowiada intuicja poparta latami pracy w tym miejscu. Obaj zaginęli w górach w niewyjaśnionych do dziś okolicznościach, a lata później ginie w lawinie syn jednego z nich. I tu również okoliczności budzą dużo wątpliwości. Przypadek? Ja w to nie wierzę.

– Może coś w tym jest... – przyznał, ale bez przekonania. – Będę już leciał, nie chcę zabierać ci czasu, masz zaraz zajęcia ze studentami...

– A muzeum sądówki? Mamy zbiór wypreparowanych żołądków ofiar różnych zatruć... To w sumie w temacie, o którym rozmawialiśmy przed chwilą.

– Może następnym razem... Tymczasem dziękuję ci za pomoc.

*

Z Zakładu Medycyny Sądowej postanowił wrócić do domu pieszo. Ruszył w stronę mostu Grunwaldzkiego, a następnie wzdłuż Odry w kierunku Starego Miasta, na którym mieszkał. Promienie chylącego się ku zachodowi słońca ledwo przebijały się zza ciężkich, ołowianych chmur. Rzeka zdawała się poirytowana: jej gładka niekiedy tafla dziś była srogo zmarszczona, a ciemny kolor wody sugerował, jakby Odra nie miała dna. Ulice miasta wyglądały przygnębiająco: temperatura podskoczyła powyżej zera i po śnieżnym krajobrazie została tylko szarobura breja na ulicach i chodnikach.

Był rozczarowany. Po obejrzeniu magazynu kryminalnego miał tyle pomysłów i zapału, żeby badać sprawę Czerwińskiego, ale informacja o zniszczonych aktach w prokuraturze i protokół z sekcji skutecznie go ostudziły. Zagadka była, ale nie miał żadnego realnego punktu zaczepienia. Porwał się z motyką na słońce, był przecież pisarzem, a nie detektywem.

Pełen niewesołych myśli dotarł do Rynku. Minął bibliotekę publiczną, która mieściła się w jednej z kamienic. Nagle przyszła mu do głowy pewna myśl. Przypomniał sobie, jak przy okazji pracy nad inną książką przeglądał zebrane w bibliotece dolnośląskie gazety, takie jak „Słowo Polskie" czy „Pionier", który zaczął się ukazywać zaledwie trzy miesiące po zakończeniu drugiej wojny światowej. Pamiętał swoje zaskoczenie, jak dużo – mimo propagandowego charakteru wielu tekstów – można się było ze starych dzienników dowiedzieć o realiach życia na Ziemiach Odzyskanych. Przypomniał sobie radę Agaty: „Zainteresuj się ojcem i wujkiem". Spojrzał na zegarek. Było po szesnastej, do zamknięcia zostało jeszcze ponad dwie godziny.

– Ostatnia szansa – mruknął pod nosem i ruszył do biblioteki. Jeśli rzeczywiście Stefan Czerwiński i jego brat zaginęli kiedyś w Karkonoszach, istniało duże prawdopodobieństwo, że któraś gazeta o tym napisała. Tylko kiedy doszło do zaginięcia? W programie tego nie podali, Agata też nie pamiętała szczegółów.

Skierował się więc najpierw do czytelni. Usiadł przy wolnym komputerze i wrzucił w wyszukiwarkę hasło „Stefan Czerwiński". Przeglądał strony, ale nic nie przykuło jego uwagi. W pewnym momencie przewinęło mu się przed oczami imię, które gdzieś już widział. Wywiad z Janiną Czerwińską. Złapał za swój notatnik i zajrzał do zapisków, które zrobił dzisiaj podczas oglądania protokołu z sekcji. Imię matki: Janina. Czy to mogła być ta sama kobieta?

Wywiad był z tysiąc dziewięćset dziewięćdziesiątego roku. Opublikowano go w gazecie krajoznawczej, a dwa lata temu ktoś wrzucił go na bloga poświęconego historii Polskiego Towarzystwa Turystyczno-Krajoznawczego w Krakowie. Jedno z pytań redaktora dotyczyło męża i szwagra kobiety oraz ich „tragicznego końca". To musiała być matka Andrzeja! Tomek zaczął czytać.

Stefan, mój mąż, był pionierem przez duże „P". To on razem ze mną i naszym małym wtedy synkiem wyjechał tuż po wojnie na Dolny Śląsk, gdzie stworzył podwaliny pod struktury późniejszego jeleniogórskiego PTTK. Był też pierwszym powojennym gospodarzem schroniska Strzecha Akademicka, starał się o nowe oznakowania szlaków. Bez cienia przesady można powiedzieć, że wniósł bardzo wiele w rozwój turystyki na Ziemiach Odzyskanych w pierwszych powojennych latach. Tym bardziej jego zniknięcie w październiku 1947 było wielką stratą nie tylko dla mnie osobiście, ale dla całej rodzącej się wtedy dolnośląskiej turystyki. Nigdy nie pogodziłam się z jego utratą. Cały czas zadaję sobie pytanie: co się z nim stało? Po tamtym wydarzeniu wróciłam z synem, Andrzejem, do Krakowa. Zrozumiałam, że Dolny Śląsk nie jest bezpieczny.

– Można powiedzieć, że to wciąż nierozwiązana zagadka Karkonoszy. Pani szwagier, Zbigniew Czerwiński, zniknął w tym samym czasie co mąż?

– Tak. Tamtego dnia wybrali się razem na spacer po górach i nigdy z tej wędrówki nie wrócili. Wie pan, mimo upływu tylu lat, to dla mnie wciąż bardzo bolesny temat…

Tomek złapał zeszyt i zaczął notować to, czego dowiedział się dotychczas, żeby uporządkować informacje:

Po wojnie (1945?) – Czerwińscy (Janina, Stefan, Andrzej) jadą na Dolny Śląsk. Zbigniew Czerwiński – czy jedzie razem z nimi? Janina o tym nie wspomina. Co więc robił w Strzesze?

Ile Andrzej mógł mieć wtedy lat? Znów spojrzał na notatki z protokołu sekcyjnego. Urodzony w czterdziestym trzecim w Krakowie. A więc w momencie przyjazdu na Ziemie Odzyskane miał jakieś dwa latka. Notował dalej:

1947 rok – Stefan i Zbigniew znikają. Janina i Andrzej (wtedy 4 lata) wracają do Krakowa.

1 stycznia 1992 roku – Andrzej ginie w lawinie w…

– W Białym Jarze – wyszeptał Tomek, przerwał pisanie i się zamyślił. W pewnym momencie poczuł, jak z emocji przeszła go fala ciepła. W magazynie kryminalnym nie wspomniano o istotnym szczególe, którego dowiedział się z wywiadu z Czerwińską. Między ojcem a synem istniało jedno ważne powiązanie: Strzecha Akademicka! To nią kierował Stefan przed zniknięciem i to tam przebywał Andrzej przed śmiercią. Tomek zapisał wniosek:

Syn ginie w lawinie kilkaset metrów od schroniska, które niegdyś prowadził jego zaginiony ojciec.

Spojrzał na swoje notatki z zadowoleniem. Sprawa robiła się coraz bardziej intrygująca. Podszedł do lady i zamówił u bibliotekarki „Słowo Polskie" z czterdziestego siódmego roku. Kilkanaście minut później siedział nad opasłą teczką, w której mieściło się ponad trzysta numerów dziennika. Zaczął żmudne przeglądanie, analizując tytuł każdego artykułu, a w razie wątpliwości także pierwszych kilku zdań tekstu – żeby nie przegapić czegoś istotnego. Miał bowiem świadomość, że zaginięcie Stefana i Zbigniewa Czerwińskich raczej nie było sprawą na tyle istotną, żeby pisać o tym na pierwszych stronach gazet.

Brnął przez artykuły o przeróżnej treści. O kradzieży w jednej z dolnośląskich wsi dokonanej przez Polaków z Podhala – złodzieje nocą rozłożyli na części i wywieźli ważący sześćdziesiąt ton most. O Niemce, która rzekomo mordowała polskie psy, a na wytopionym z nich tłuszczu smażyła pączki, sprzedawane potem – oczywiście – Polakom. O nadaniu prezydentowi Bierutowi tytułu honorowego obywatela Gdańska. O coraz większej liczbie Polaków osiedlających się na Ziemiach Odzyskanych. O konieczności zamalowywania niemieckich napisów na murach i o szczepieniach na dur brzuszny – karą za nieszczepienie miała być utrata możliwości uzyskania kartek na chleb. O tym, że w Berlinie wciąż istnieją struktury SA, i o tym, kiedy wreszcie przez most Grunwaldzki ruszą tramwaje. O tworzących się we Francji oddziałach polskich faszystów pod brytyjskim zwierzchnictwem. O kradzieży dziecka, o samobójstwie jakiejś hollywoodzkiej aktorki, o trzeciej rocznicy powstania PKWN-u... Wśród całego tego powojennego bałaganu po godzinie szperania znalazł to, czego szukał.

*Kontrola NIK-u** *w jeleniogórskim PTTK: co za bagno* – głosił tytuł artykułu z 16 grudnia 1947 roku. Tomek zabrał się do czytania:

* Dla porządku w całej powieści używam nazwy Najwyższa Izba Kontroli. Należy jednak zaznaczyć, że przed rokiem 1949 jej funkcję pełnił organ o nazwie Biuro Kontroli.

W dniach 2–28 listopada 1947 roku w jeleniogórskiej Dyrekcji Turystyki Sudeckiej odbyła się kontrola przeprowadzona przez Najwyższą Izbę Kontroli w związku z podejrzeniem licznych nieprawidłowości w zarządzaniu majątkiem państwowym przez ob. dyr. Stefana Czerwińskiego i jego współpracowników. W tle pojawiły się zarzuty związane z wystawianiem fałszywych faktur, a także rabowaniem niektórych karkonoskich schronisk, m.in. Strzechy Akademickiej przez ob. Czerwińskiego i jego żonę, ob. Janinę Czerwińską. Szczegółowy raport poznamy dopiero w styczniu, natomiast jeden z kontrolerów na pytanie o wyniki kontroli stwierdził: „Gdy Ziemie Odzyskane żądają wielkiego wysiłku całego społeczeństwa polskiego celem ich odbudowy, znaleźli się i tacy, którzy na wzór amerykańskiego kapitalizmu chcieli uciskać ludzi pracujących i bogacić się ich kosztem. Na to zgody nie było i nie będzie. Takiego bagna, jak w jeleniogórskiej Dyrekcji Turystyki Sudeckiej, jeszcze nie widziałem".

Ob. Janina Czerwińska złożyła obszerne wyjaśnienia. Nieznany jest natomiast los ob. Stefana Czerwińskiego, który zniknął tuż przed rozpoczęciem kontroli. Co istotne, w tym samym czasie zaginął również ob. Zbigniew Czerwiński, brat poszukiwanego. Istnieją podejrzenia, że obaj mężczyźni podjęli próbę ucieczki do krajów zachodnich. Wszystkich, którzy mają informacje na temat możliwego miejsca pobytu ob. Czerwińskich, uprzejmie prosi się o kontakt z komisariatem MO w Jeleniej Górze.

„No nieźle" – pomyślał Tomek. Wedle wersji forsowanej przez Czerwińską w wywiadzie jej mąż był chodzącym ideałem, „Słowo Polskie" przedstawiało go natomiast w zupełnie innym świetle. Po czyjej stronie była prawda? Zaczął rozważać dwie hipotezy. Pierwsza możliwość była taka, że Czerwiński rzeczywiście był porządnym człowiekiem, ale naraził się czymś władzy ludowej i ta postanowiła go zniszczyć, organizując kontrolę, której wynik był ustalony jeszcze przed jej rozpoczęciem. Z obawy przed widmem również ustawionego procesu, wyroku i więzienia Stefan nawiał, a zrozpaczona żona wróciła z synem do Krakowa. Tu jednak natychmiast powstawało pytanie: dlaczego razem z nim miałby uciekać brat? Równie prawdopodobna wydała się Tomkowi druga możliwość – że to dolnośląska gazeta pisała prawdę. Janina i Stefan Czerwińscy byli złodziejami i oszustami. Jego być może wykończył po cichu Urząd Bezpieczeństwa, a ona, nie chcąc wracać do Krakowa w poczuciu upokorzenia i wstydu, po przyjeździe tam zaczęła rozpowiadać niestworzone legendy na temat zaginionego męża. Tylko jakim cudem nikt w Krakowie się nie zorientował, jaka naprawdę była dolnośląska przeszłość Czerwińskich, o której Janina opowiadała w tak górnolotnych słowach? Po raz kolejny rodziło się też pytanie: dlaczego razem ze Stefanem miałby zniknąć jego brat Zbigniew? Nie wydawało się, żeby znajdował się na celowniku urzędników z NIK-u.

Tomek musiał koniecznie poznać raport z tej kontroli. Tylko gdzie go szukać?

Wrocław, 17 lutego 2007

Poranek zaczął od telefonu do wrocławskiej delegatury Najwyższej Izby Kontroli. Po tym, jak kolejne osoby kilka razy przekierowały go do „bardziej-kompetentnej-osoby-która-udzieli-panu-informacji", uzyskał wreszcie odpowiedź na swoje pytanie: archiwa wrocławskiej delegatury NIK-u znajdowały się w zespole 327 Archiwum Państwowego we Wrocławiu.

Kilkadziesiąt minut później stanął przed przysadzistym, a przy tym pozbawionym jakiegokolwiek charakteru budynkiem: szarym klockiem, który rozsiadł się wzdłuż prawego brzegu Odry. Tak właśnie wyglądała siedziba Archiwum Państwowego we Wrocławiu. Wszedł do środka.

– Dzień dobry – zwrócił się do portiera. – Szukam pewnego dokumentu...

– Pierwszy raz u nas, jak widzę?

– Tak.

– A był umówiony?

– Niestety nie.

– Panie, to się trzeba przecież umówić najpierw. – Ton portiera stawał się nieprzyjemny. – Myśli pan, że to tak każdy z ulicy może wejść i powiedzieć „szukam dokumentu"?

– Chciałbym się zatem umówić.

– Najwcześniejszy termin za tydzień.

Tomek westchnął.

– Niech będzie.

– Dwudziestego czwartego lutego panu pasuje? – zapytał portier, zerkając w kalendarz.

– Pasuje.

– Nazwisko?

– Wilczur Tomasz.

Portier zamarł. Kilka razy zamrugał oczami, postukał o blat trzymanym w dłoni ołówkiem, aż wreszcie zapytał:

– Pan od kryminałów?

– Owszem.

– Ach, panie, to trzeba było tak od razu! Pan poczeka, ja pójdę zapytać, czy jakiś archiwista jest wolny, żeby panu pomóc! Dzisiaj w sumie nie ma dużego ruchu, dwie umówione osoby nie przyszły, kto wie, może uda się coś zorganizować. Czego dokładnie pan szuka?

– Zespołu trzysta dwadzieścia siedem.

– Trzysta dwadzieścia siedem, już idę pytać, proszę czekać.

Pięć minut później portier wrócił ze starszą kobietą.

– Pani Mariola Sas, kierowniczka archiwum, pomoże panu.

– Dziękuję. Dzień dobry pani. – Tomek wciąż był zaskoczony, jak nastawienie człowieka może zmienić się diametralnie w ciągu kilku sekund.

– W czym mogłabym pomóc?

– Przechowujecie ponoć archiwa Najwyższej Izby Kontroli. Interesuje mnie raport z kontroli, jaką wrocławska delegatura prowadziła w jeleniogórskim PTTK pod koniec czterdziestego siódmego.

– Dobrze, zapraszam na górę, zaraz będziemy szukać. To może potrwać…

*

Czytelnia Archiwum Państwowego była niemal pusta, nie licząc biurka przy oknie z widokiem na rzekę. Siedzący przy nim Tomek Wilczur czuł, jak z podekscytowania drżą mu ręce. Z pomocą Marioli Sas odszukał raport – miał sygnaturę sześćdziesiąt jeden. Był w mocno nadgryzionej zębem czasu teczce zawierającej masę dokumentów pełnych szokujących informacji. Uważnie przeglądał kolejne strony. Kontrolę przeprowadzono wszechstronną, pracownicy NIK-u odwiedzili nie tylko siedzibę Dyrekcji Turystyki Sudeckiej, lecz także większość podlegających jej karkonoskich schronisk. Wśród przesłuchiwanych byli więc zarówno pracownicy administracji, jak i załoga schronisk – od palaczy i sprzątaczek, aż po kierowników. Spośród opisywanych miejsc na czoło wysuwała się Strzecha Akademicka, która ze względu na swoją powojenną historię zdawała się siedliskiem całego zła, jakie zalęgło się w Dyrekcji Turystyki Sudeckiej. Z zeznań częściowo spisanych ręcznie przez kontrolerów, częściowo na maszynie wyłaniał się obraz struktury, którą można było nazwać jednym słowem: mafia.

Liczba zeznań i powiązań między świadkami była tak duża, że Tomkowi mieszały się nazwiska. Poprosił więc o skserowanie interesującej go części raportu z zeznaniami. Materiał na książkę był doskonały.

Odłożył dokumenty na ladę i się pożegnał.

– Zaraz, proszę pana, proszę zaczekać! – usłyszał za sobą głos Marioli Sas. – Musi pan jeszcze wpisać się, że wypożyczał ten dokument do wglądu. – Położyła przed nim na blacie jakąś kartkę i zaznaczyła długopisem dwie rubryczki. – Tu proszę, data i podpis.

Tomek wrócił do okienka i machinalnie postawił parafkę we wskazanym przez kobietę miejscu.

– Jeszcze imię i nazwisko. Inicjały nie wystarczą.

Westchnął i gdy obok parafki wpisywał swoje pełne dane, zauważył na liście wypożyczeń dokumentu znane mu nazwisko. On sam był trzecią osobą, której te dokumenty wydano do wglądu. Dane poprzedniego czytelnika nic mu nie mówiły. Natomiast pod numerem jeden widniał... Andrzej Czerwiński. Wypożyczył teczkę dwudziestego ósmego grudnia tysiąc dziewięćset dziewięćdziesiątego pierwszego roku. A więc trzy dni przed śmiercią.

Chwilę później Tomek wyszedł z archiwum. Gdy zmierzał do swojego mieszkania, w głowie zaczął mu kiełkować pomysł, o który jeszcze kilka dni temu nie podejrzewałby się w najdziwniejszych snach: postanowił pojechać w Karkonosze. Tajemnica śmierci Andrzeja Czerwińskiego zdawała się mieć drugie dno i Tomek postanowił je zbadać.

Część IV

SYLWESTER

*Wyjący wiatr i siekący śnieg nie do poznania zmieniły górskie pustkowie. Stare świerki, opatulone w kożuchy białych igiełek, czy podobne skrzatom krzaki kosodrzewiny tworzyły nieokiełznaną przez ludzkie zmysły i rozum armię zaczarowanych postaci**.

Carl Hauptmann

---

* C. Hauptmann, *Księga Ducha Gór*, tłum. E. Mendyk, P. Wiater, Jelenia Góra 2018.

Wrocław, 28 grudnia 1991

Andrzej Czerwiński wyszedł z budynku Archiwum Państwowego z poczuciem palącego wstydu z powodu historii swojej rodziny. Dochodzące od strony Odry podmuchy mroźnego wiatru ochłodziły po chwili jego płonące z emocji policzki i przyniosły nieco otrzeźwienia. Postawił kołnierz płaszcza i ruszył zaśnieżonymi Mostami Pomorskimi w stronę Rynku, gdzie znajdował się jego hotel.

Wrocław. To dziwne miasto, które od ponad czterdziestu lat Polacy starali się uczynić swoim i doprowadzić do świetności sprzed tysiąc dziewięćset czterdziestego piątego roku, a mimo to z każdej strony wciąż wyzierały wojenne blizny na miejskiej tkance. Ślady kul na murach domów, poniemieckie napisy, nieobecne hełmy kościelnych wież, gdzieniegdzie brakujące kamienice albo – co gorsza – peerelowskie plomby, które te luki wypełniały niczym nowotwór rozpierający zdrową tkankę. Przyglądał się gotyckim kościołom i potężnym kamienicom, tak różnym od tych, które tworzyły zabudowę jego rodzinnego Krakowa. Biła z nich dawna duma wielkiego ośrodka handlu i stolicy ważnego regionu. Andrzej czuł się we Wrocławiu nieswojo, jakby miasto było mu wrogie. Źródłem tego stanu były opowieści, jakimi karmiła go matka, że Ziemie Odzyskane zabrały mu ojca.

Jego przyjazd tutaj to poniekąd także jej sprawka. Wszystko zaczęło się kilka miesięcy po śmierci rodzicielki, gdy zdecydował się sprzedać jej mieszkanie. Pamiętał ten czas doskonale: przed wizytą kupca posprzątał wszystkie pokoje, większość rzeczy po matce wyniósł na śmietnik albo rozdał sąsiadom. Wtedy też otworzył przypisaną do mieszkania skrzynkę pocztową i wśród licznych ulotek i ogłoszeń znalazł kopertę adresowaną do Janiny Czerwińskiej. Stempel pocztowy wskazywał, że przesyłkę nadano kilka tygodni po jej śmierci. Anonimowy nadawca odnosił się w liście do wywiadu, którego matka udzieliła jakiś czas temu jednej z gazet z okazji przyznania jej nagrody za wieloletnią działalność w strukturach PTTK. Autor anonimu zarzucał jej kłamstwa dotyczące rzekomych zasług Stefana Czerwińskiego, ojca Andrzeja. List kończył się słowami: „Tu jest prawda o tobie, twoim mężu, szwagrze i waszych »zasługach«: APWr, zesp. 327, sygn. 61".

Andrzej szybko rozszyfrował skrót. Choć początkowo zamierzał zignorować list, nie dawał mu on spokoju. Ciągle zastanawiał się, kto mógł być nadawcą. Skąd w nim tyle złości na matkę, ojca i wujka? I jaka to „prawda" rzekomo kryła się we wrocławskim archiwum?

Kilka ostatnich godzin spędzonych na wertowaniu dokumentów zawartych w teczce pomogło mu zrozumieć wściekłość nadawcy. APWr, zesp. 327, sygn. 61 – za tym ciągiem bezosobowych cyfr kryła się mroczna historia zaginionych przed laty Stefana Czerwińskiego, jego brata i nieżyjącej już Janiny Czerwińskiej. Po lekturze dokumentów Andrzej uświadomił sobie, że tak naprawdę nie znał własnych rodziców. Wiedział też, że sumienie nie da mu spokoju, jeśli nie wyruszy w Karkonosze, by odkryć całą prawdę.

Złotówka, 29 grudnia 1991

Śnieżyca szalała w najlepsze, gdy Andrzej Czerwiński dotarł na polanę Złotówka. Choć najkrótsza droga z Karpacza starym torem saneczkowym liczyła nieco ponad trzy kilometry, był tak zmęczony, jakby przeszedł co najmniej dziesięć razy więcej.

Wszystko z powodu śniegu – mężczyzna po raz pierwszy w życiu widział takie jego ilości. Po raz pierwszy też zrozumiał, jak bardzo trudna i mozolna staje się wędrówka, gdy człowiek zapada się w białym puchu po pas albo i głębiej. We znaki dała mu się też podróż z Wrocławia nocnym pociągiem, podczas której niemal nie zmrużył oka z powodu chrapiących w przedziale współpasażerów i duchoty panującej w wagonie.

Spojrzał na stojącą u szczytu Złotówki Strzechę Akademicką. Miał wrażenie, jakby schronisko spoglądało na niego – sapiącego, czerwonego i spoconego – z lekkim rozbawieniem. Przeklął pod nosem i splunął. Plecak ciążył mu na ramionach coraz bardziej, więc zdjął go i rzucił w śnieg. Raz jeszcze spojrzał w stronę Strzechy. Budynek w niczym nie przypominał tego, który oglądał wcześniej na zdjęciach. Zamiast ciemnobrązowej elewacji i zielonego dachu zobaczył skutą lodem pokrakę, z której kominów unosiły się kłęby gęstego i brudnego dymu. Schronisko wyglądało jak stary parostatek, który utknął zimą na morzu i teraz czekał na wiosnę, aż stopnieją lody, by wrócić do swojego portu.

Wyrównał oddech, niechętnie narzucił plecak z powrotem na ramiona i ruszył w górę polany. Choć Strzecha zdawała się na wyciągnięcie ręki, droga do niej dłużyła się niemiłosiernie. Czerwiński stawiał każdy krok z trudem, ciężko sapiąc i tracąc co jakiś czas równowagę.

Co mu strzeliło do głowy, żeby wybrać się w góry właśnie teraz? Mógł przecież poczekać z wyprawą w Karkonosze do wiosny. Doskonale jednak wiedział, że nie wytrzymałby do tego czasu. Musiał poznać wreszcie prawdę o swojej rodzinie. A zwłaszcza o ojcu, Stefanie Czerwińskim.

W gruncie rzeczy niewiele go pamiętał. W głowie miał pojedyncze strzępki wspomnień. Pielęgnował je najlepiej, jak potrafił, dlatego z czasem zaczęły urastać do rangi mitu. Andrzej nie wiedział już, gdzie kończyła się jego pamięć, a zaczynały projekcje oparte na kilku zdjęciach i licznych opowieściach matki.

Wynikało z nich, że tata był cudownym człowiekiem. I Andrzej wierzył w tę bajkę przez całe dzieciństwo.

Wszystko zaczęło się zmieniać, gdy dorósł. Wtedy uwolnił się od nadopiekuńczej matki, a do jego uszu po raz pierwszy zaczęły dochodzić dziwne głosy: niektórzy dawni znajomi ojca mówili o nim źle, jako o człowieku podłym, łasym na pieniądze i bezwzględnym. Matka zarzekała się, że to wierutne kłamstwa zazdrośników, ale ziarno wątpliwości zostało w duszy Andrzeja zasiane. Z każdym kolejnym takim głosem na nieskazitelnym dotychczas wizerunku ojca pojawiały się kolejne rysy. Ich zwieńczeniem było natomiast pytanie, na które nikt nie potrafił odpowiedzieć: co stało się ze Stefanem Czerwińskim i jego bratem?

Mężczyzna tuż po drugiej wojnie światowej razem z żoną i dwuletnim wtedy Andrzejem wyjechali z Małopolski na Dolny Śląsk. Cel wyprawy nie należał do najbezpieczniejszych – w końcu na „Dzikim Zachodzie" dalej mieszkali Niemcy – ale Czerwińskich kusiła wizja domów, które mogliby przejąć po wysiedlanych mieszkańcach zupełnie za darmo. Pomysł okazał się strzałem w dziesiątkę. Niedługo po przyjeździe Stefan objął w posiadanie poniemieckie schronisko górskie Hampelbaude, naprędce przemianowane na Strzechę Akademicką. Interes zaczął kwitnąć.

Wkrótce potem prężnie działający Czerwiński zaczął piąć się po szczeblach kariery i został szefem Dyrekcji Turystyki Sudeckiej – organu powołanego przez zarząd główny Polskiego Towarzystwa Tatrzańskiego, który miał za zadanie nadzorować karkonoskie schroniska. Funkcję kierownika Strzechy przejęła więc jego żona. Z biednych, niewiele znaczących mieszkańców Krakowa stali się nagle lokalnymi rekinami biznesu. Ludzie zaczęli się z nimi liczyć. Czerwińskim wydawało się, że złapali Pana Boga za nogi, i żyli w tym poczuciu do 1947 roku. Wtedy to właśnie Stefan i jego brat zapadli się pod ziemię.

Wujek Zbyszek… Andrzeja nie łączyły z nim w sumie żadne wspomnienia. Matka natomiast przyznała kiedyś, że jej mąż był z młodszym bratem bardzo zżyty. Dlatego Zbigniew co jakiś czas przyjeżdżał z Krakowa do Strzechy w odwiedziny. Janina nie wydawała się tymi wizytami zachwycona, o szwagrze zawsze wypowiadała się z dużym dystansem. Powodu jej niechęci Andrzej nigdy jednak nie poznał.

Z opowieści matki wynikało, że październik czterdziestego siódmego płynął im spokojnie. Zbyszek przyjechał na dłużej, chciał się nacieszyć urokami karkonoskiej jesieni. Któregoś dnia ojciec jak zwykle wrócił z biura Dyrekcji w Jeleniej Górze do schroniska, w którym mieszkał z żoną. Popołudnie było słoneczne, więc razem z bratem wyszli na spacer w góry i z niego nie wrócili.

Akcja poszukiwawcza nie przyniosła żadnego rezultatu. Tygodnie płynęły, lecz ani Stefan, ani Zbyszek nie dawali znaku życia. Nie znaleziono też ciał, więc zdesperowana Janina była w rozterce, nie wiedząc, czy wciąż łudzić się nadzieją na powrót męża i szwagra, czy raczej zmierzyć się z żałobą po ich stracie. W końcu wróciła z synem do Krakowa, zrywając z Dolnym Śląskiem wszelki kontakt. Przez kolejne lata nieustannie przestrzegała wszystkich przyjaciół przed wyjazdem na Ziemie Odzyskane. Uważała bowiem, że to one zabrały jej ukochanego męża. Pytanie o przyczynę zaginięcia Stefana stało się jej obsesją. Temat zaginięcia szwagra natomiast zdawał się dla niej w ogóle nie istnieć. Na pytania syna, jaki był wujek Zbyszek, reagowała tylko wzruszeniem ramion.

W odróżnieniu od matki Andrzej jeszcze do niedawna nie zamierzał szukać ojca. Był przekonany, że tamten nie żyje, i ta wiedza w zupełności mu wystarczała. Poza tym rozumiał, że jeśli postanowiłby zbadać sprawę zaginionego rodzica, prędzej czy później musiałby wybrać się na Dolny Śląsk – a to miejsce budziło w nim lęk. Matka regularnie rysowała przed nim obraz tych ziem jako miejsca przerażającego, obcego, pełnego niebezpieczeństw i ludzi złej woli. W spadku po rodzicielce, poza mieszkaniem w Krakowie, odziedziczył więc też traumę związaną z Ziemiami Odzyskanymi, które w jego dziecięcej wyobraźni urosły niemal do rangi piekła na ziemi. Piekła, które pochłonęło jego ojca.

A oto teraz nie tylko dotarł na przeklęty Dolny Śląsk, ale też znalazł się w samym środku jądra ciemności: w górach, które strzegły południowych granic Ziem Odzyskanych.

Po analizie dokumentów, które znalazł wczoraj w Archiwum Państwowym, zrozumiał, że głosy dawnych przyjaciół rodziny były bliskie prawdy. Matka natomiast zwyczajnie go okłamała, i to podwójnie. Po pierwsze, po zaginięciu ojca nie wyjechała do Krakowa z własnej woli, tylko z powodu utraty pracy i miejsca zamieszkania. Na skutek kontroli została bowiem zwolniona z funkcji kierowniczki Strzechy Akademickiej. Drugie kłamstwo matki dotyczyło natury jej męża.

Z dokumentów jasno wynikało, że nie był postacią krystalicznie uczciwą. Wręcz przeciwnie, dopuścił się tylu przestępstw, że w czterdziestym siódmym roku w Karkonoszach było bardzo wiele osób, które go wręcz nienawidziły. Andrzej doszedł do wniosku, że jest jedno miejsce, w którym może znaleźć odpowiedź na pytanie o tajemnicę zaginięcia swojego ojca: Strzecha Akademicka.

Stanął przed zasypanym śniegiem schroniskiem z poczuciem, że skrywa ono niejedną mroczną historię.

Strzecha Akademicka, 29 grudnia 1991

Helga Kruger siedziała za ladą recepcji, przeglądając „Nowiny Jeleniogórskie". W jednej dłoni trzymała tlącego się papierosa, drugą sięgała co chwilę po szklankę z zimną kawą. Godzinę temu znów zabrakło prądu. Przestała już liczyć, który to raz w tym miesiącu. Na ladzie postawiła mocno nadgryziony zębem czasu kandelabr i zapaliła świeczki, z których gorący wosk skapywał teraz na wysłużony blat. Pochłonięta lekturą kobieta w ogóle tego nie zauważała. W pewnym momencie usłyszała głuche dudnienie. Ktoś dobijał się do głównych drzwi, zwanych letnimi. Te zaś każdej jesieni były zamykane na stałe aż do wiosny. Wszystko z powodu wiejących ze wschodu silnych wiatrów, za sprawą których zimą od strony podjazdu tworzyły się przed wejściem kilkumetrowe zaspy śniegu sięgające do poziomu pierwszego piętra albo i wyżej. Architekci projektujący schronisko rozumieli to doskonale i nie walczyli z żywiołem, lecz w miejscu mniej narażonym na powstawanie śnieżnych wałów dodali „zimowe" wejście.

„Ki diabeł?" – pomyślała Kruger i wstała zza lady, gasząc papierosa w wyszczerbionej kryształowej popielniczce.

Podeszła do schodów na piętro i wspięła się do najbliższego okna. Uchyliła je i wyjrzała. Przed letnim wejściem zobaczyła zziajanego, czerwonego na twarzy mężczyznę, który utorował sobie w śniegu drogę do zasypanych drzwi i zapamiętale uderzał w nie pięścią.

– Co pan tak walisz? – krzyknęła, pukając się wymownie w czoło.

– Bo chcę wejść! – Był wyraźnie poirytowany.

– A pan ślepy? Nie widzi, że drzwi są zasypane prawie po futrynę?

– No to dlaczego ich nie odśnieżacie?

– A po kiego czorta, jak jest wejście zimowe?

– Co? – Z mężczyzny nagle jakby uszło całe powietrze.

– Tam niech pan idzie. – Kruger wskazała mu ręką drogę. – Jest tabliczka „wejście zimowe". Zobaczy pan, wystarczy nacisnąć klamkę i wejść. Nie trzeba kopać w śniegu i robić rabanu – prychnęła i trzasnęła oknem.

Wróciła do recepcji. Blask świec nadal rozmywał się w oparach papierosowego dymu. Chwilę potem usłyszała sapanie od strony schodów prowadzących do zimowego wejścia. Zaraz też przed ladą pojawił się ciężko dyszący mężczyzna.

– Dzień dobry raz jeszcze – wystękał. – Chcę wynająć pokój.

– Dobry – odparła Kruger. – Widać, że pierwszy raz w górach. Naprawdę nigdy pan nie słyszał o zimowym wejściu?

– Jakbym słyszał, to bym nie robił z siebie głupka.

– Dla jednej osoby pokój?

– A widzi tu pani kogoś poza mną?

Kruger wyciągnęła spod lady księgę meldunkową, z głośnym trzaskiem rzuciła ją na blat, nawykowo pośliniła palec i zaczęła wertować kartki.

– Dam dwójkę, bo jedynkę mamy tylko jedną i jest teraz zajęta – odparła w końcu. – Ale cena będzie ta sama, się nie martwi. Dowód poproszę.

Wzięła do ręki podany przez mężczyznę dokument i zabrała się do przepisywania danych. Po chwili przerwała.

– Czerwiński? Z Krakowa? – mruknęła pod nosem.

Przez chwilę przyglądała się dowodowi, marszcząc czoło. Następnie przeniosła wzrok na gościa.

– Coś nie tak? – zapytał.

Kruger znów wzięła do ręki dokument i zaczęła go wertować, szukając imion rodziców. Gdy je znalazła, po plecach przeszedł jej dreszcz. Odruchowo sięgnęła po papierosa, pstryknęła zapalniczką i chwilę później w pomieszczeniu znów zaczęło się robić siwo od dymu.

– Jednak się pomyliłam. Nie mam wolnej dwójki – stwierdziła i zamknęła księgę meldunkową.

– To może da pani trójkę? Zapłacę…

– Nie zrozumiał mnie. Nie mam w ogóle wolnych pokoi.

– Jak to? Przecież mówiła pani, że…

– Źle sprawdziłam. – Przerwała mu.

Czerwiński przez chwilę mierzył kobietę wzrokiem.

– Zobaczyła pani w moim dowodzie coś, co się pani nie spodobało.

– Może i tak – odparła z papierosem w ustach.

– A co takiego jest w nim złego, jeśli mogę wiedzieć?

– Imię ojca mi się nie podoba – prychnęła po chwili namysłu, wypuszczając z nosa kłęby dymu. – Mam złe skojarzenia.

– Znała pani Stefana?

– Tego skurwysyna? – wychrypiała. – Ja go na szczęście nie pamiętam. Ale moja matka aż za dobrze.

– Chciałbym się dowiedzieć, dlaczego zniknął.

– Już przecież powiedziałam: bo był skurwysynem. Czego nie rozumie?

– Ktoś go zabił?

– Całkiem możliwe. Nie wiem kto, uprzedzając następne pytanie. To przecież było… Ponad czterdzieści lat temu! Mnie wtedy jeszcze nie było na świecie. Ale powiem jedno – wstała i wypuściła z nosa obłoki siwego dymu – chętnych, żeby go załatwić, znalazłoby się wielu.

– Pani matka też?

– Ona nie była do tego zdolna. Ale nawet pan sobie nie wyobraża, jaka była radość w schronisku, jak dyrektor Czerwiński zniknął, a jego żona, kierowniczka, została zwolniona i zwiała stąd z powrotem do tego waszego zasranego Krakowa.

– Proszę mi wynająć pokój – powtórzył Andrzej z błagalną miną.

Kruger wyglądała na zaskoczoną. Spodziewała się, że po tym, jak obraziła jego rodzinę, sama zostanie obrzucona stekiem wyzwisk.

– Po co tak naprawdę tu przyjechał?

– Chcę się dowiedzieć, dlaczego zniknął mój ojciec. I wuj – dodał po chwili. – Ja nawet ich nie pamiętam, nie wiem, jacy byli, i na pewno nie jestem temu winny. Rodziny się nie wybiera, prawda? A moja matka wmawiała mi przez całe dzieciństwo, że ojciec był dobrym człowiekiem. Bohaterem…

Kruger parsknęła krótkim śmiechem.

– …dopiero po jej śmierci dowiedziałem się, że przez lata mnie okłamywała. I chcę teraz poznać prawdę.

– Dostanie ten pokój, ale niech pamięta, że ostrzegałam. W tym bagnie, którego kiedyś narobił twój ojciec, lepiej nie mieszać.

– Dziękuję.

– I żeby była jasność, ja nie zamierzam z tobą rozmawiać ani o dyrektorze Czerwińskim, ani o jego bracie. Niech sobie szuka innych, może znajdzie się kto naiwny, co będzie chciał gadać.

Gdy kilka minut później nowy gość udał się do swojego pokoju, Kruger natychmiast wyszła z recepcji i skierowała się do jadalni. Trwały tam już pierwsze przygotowania do imprezy sylwestrowej. Władek, na co dzień schroniskowy palacz, stojąc na drabinie, rozwieszał pod sufitem bibułowe girlandy.

Helga rozglądała się dłuższy czas po sali, aż zlokalizowała kierownika schroniska, Wiktora Barańskiego. Siedział przy kaflowym piecu w rogu pomieszczenia i rozmawiał z jednym z pracowników.

– Wiktor, przepraszam, że przeszkadzam. Muszę ci coś powiedzieć.

Tamten spojrzał na nią pytająco.

– Na osobności – dodała Kruger.

Mężczyzna niechętnie wstał i ruszył za nią.

– Co jest? – spytał z lekką irytacją w głosie.

– Przyjechał Andrzej Czerwiński.

Kierownik zamarł.

– Syn tego Czerwińskiego – dodała, znacząco kiwając głową.

– A co on tu robi? Pytałaś?

– Ponoć chce się dowiedzieć, co stało się z ojcem i wujkiem.

– Naprawdę? Guza sobie chce nabić czy co?

– Zostaje niby tylko na dwa dni. Powiedziałam mu, że w sylwestra mamy zamkniętą imprezę, tylko dla pracowników i przyjaciół schroniska. Obiecał, że pojutrze po południu się wymelduje.

– Zobaczymy…

Strzecha Akademicka, 31 grudnia 1991

Andrzej Czerwiński był przerażony. Spotkanie z karkonoską zimą okazało się po stokroć trudniejsze, niż przypuszczał, a ilość śniegu, którego przybywało nieustannie od jego przyjazdu, przyprawiała go o zawroty głowy.

Dotychczas wydawało mu się, że srogie zimy mogą panować tylko w Alpach, na wysokości kilku tysięcy metrów nad poziomem morza. Ale żeby walczyć o przetrwanie na wysokości nieco ponad tysiąc dwieście? To według niego przeczyło wszelkiej logice.

Gdy pół godziny temu oddał w recepcji klucz do pokoju i ruszył z powrotem do Karpacza, łudził się, że droga na dół okaże się prostsza – przynajmniej nie będzie musiał się wspinać. Tymczasem zaraz po wyjściu z budynku wpadł w epicentrum szaleńczej śnieżycy. Wydawało mu się, że uszedł kilkaset metrów, ale w tych warunkach trudno było to ocenić, skoro tonął w morzu bieli bez żadnych punktów odniesienia. Zaczynało docierać do niego, że może nie dać rady dotrzeć do celu.

Przede wszystkim nie był nawet pewien, jakim szlakiem zmierza na dół. Oczywiście, w teorii wystarczyło iść wzdłuż tyczek, ale w praktyce okazało się to znacznie trudniejsze. Wystające z ziemi kijki niespodziewanie zniknęły mu z oczu jakiś czas temu i nie pamiętał, kiedy widział ostatni. Czy zatem szedł szlakiem? Nie mógł się zorientować, gdyż zapadał się w śnieg dosłownie po nos. Przypomniał sobie słowa Helgi Kruger, która na pożegnanie ostrzegała go, że droga na dół będzie trudna. Pamiętał jeszcze, że zaśmiał się, gdy zasugerowała, że do Karpacza będzie musiał zjeżdżać na brzuchu, żeby utrzymać się na powierzchni. Przy takiej ilości śniegu, mówiła, gdy spróbuje normalnie iść, zapadnie się po szyję i zbłądzi. O zgrozo, wyglądało na to, że jednak nie żartowała.

Dodatkową przeszkodą okazał się wiatr, który nacierał od wschodu, wprawiając w ruch lodowe igiełki. Te zaś boleśnie szczypały go w policzki i uszy, kąsały oczy, wdzierały się pod kołnierz i topniały, sprawiając, że wkrótce ciasno owinięty wokół szyi szalik był już mokry.

W pewnym momencie Andrzej spróbował zrobić duży krok i natrafił nogą na przeszkodę, w której jego stopa się zaklinowała.

– Cholera! – zaklął zdenerwowany. Błądził rękami w śniegu, szukając jakiegoś punktu oparcia, aż wreszcie natrafił na zasypany po sam czubek młody świerk. Złapał się go kurczowo i spróbował wyszarpać nogę z pułapki. Zrobił to zbyt gwałtownie, tak że zachwiał się i upadł. Krzyknął z bólu. Śnieg zamortyzował co prawda zderzenie z ziemią, ale zablokowana między skałami noga boleśnie się wykręciła.

– Cholera! – krzyknął raz jeszcze. Wyjazd do Strzechy Akademickiej okazał się pomysłem po stokroć nietrafionym. O ojcu nikt nie chciał z nim rozmawiać, na pytania o jego zaginięcie ludzie reagowali nieufnością. Gdy zaś rozeszła się wieść, że Andrzej jest synem Stefana, obsługa schroniska zaczęła traktować go z niechęcią. Temat wujka zaś zdawał się nie istnieć – pracownicy Strzechy z tamtych lat w ogóle go nie pamiętali. Albo zgodnie kłamali. Teraz na dodatek jako pamiątkę z Karkonoszy przywiezie skręconą kostkę.

Spróbował się uspokoić. Rozgarnął śnieg, żeby dostać się do zablokowanej nogi, i z pomocą rąk wydostał ją z pułapki. Ból kostki doskwierał mu coraz bardziej. Zrozumiał, że dalsza droga na dół nie wchodzi w grę i jeśli chce przeżyć, musi wrócić do Strzechy. Stękając z bólu, zaczął czołgać się z powrotem. Nigdzie nie widział jednak ani schroniska, ani tyczek, znaków czy jakichkolwiek punktów odniesienia, które mogłyby podpowiedzieć mu drogę. Zaczął drżeć z przerażenia. Wokół panowała jedynie wszechobecna biel.

„Byle nie panikować" – powtarzał sobie. Postanowił ruszyć po swoich śladach z nadzieją, że w ten sposób dotrze z powrotem do schroniska. Przecież nie mógł być od niego daleko! Kuśtykając, uszedł kilka kroków, gdy zauważył, jak szybko wiatr zaciera jego ślady. Właśnie wtedy uświadomił sobie, że jeśli te znikną, zanim zdąży dotrzeć do schroniska, skończy bardzo źle. Może zaginięcie ojca i wujka w czterdziestym siódmym miało również tak samo prozaiczne wyjaśnienie?

Strzecha Akademicka, 31 grudnia 1991

Wiktor Barański wyszedł ze schroniskowej kuchni i gdy mijał schody prowadzące na piętro, zatrzymał się gwałtownie.

– Ożeż kurwa, no nie dadzą jej spokoju! – syknął pod nosem zdenerwowany.

Drewniana sowa, stojąca na początku poręczy, po raz kolejny została „udekorowana" przez turystów.

Ta rzeźba była wielką zagadką schroniska – ponoć jeszcze za Niemca ustawiła ją w tym miejscu jakaś tajemnicza organizacja narciarska, o której krążyły liczne dziwne legendy. Niezależnie od pochodzenia sowa zawsze budziła w turystach emocje i co któraś suto zaprawiana alkoholem impreza w tym schronisku kończyła się pomysłem na tradycyjne udekorowanie drapieżnego ptaka. W efekcie nierzadko obsługa zastawała rano drewnianą sowę ze szponami pomalowanymi na czerwono lakierem do paznokci albo z oczami ubrudzonymi na biało biurowym korektorem. Tym razem było podobnie, z tą różnicą, że w ruch poszedł niebieski marker.

Wiktor Barański westchnął. Będzie musiał poprosić dozorcę, żeby wyczyścił starą rzeźbę. Minął sowę i zapukał do goprowskiej dyżurki, której drzwi mieściły się obok schodów. Ciekawiło go, kto dzisiaj czuwa w schronisku.

– Jak tam, panie ratowniku, noc będzie spokojna czy nie? – zagadał żartobliwie, otwierając drzwi. Na starym tapczanie siedział z kubkiem herbaty Paweł Zalewski, nowy na służbie. Ubrany w grube spodnie, porządne sznurowane buty za kostkę i sweter z logiem GOPR-u, czytał książkę. Zalewski miał ponoć niebywałą kondycję i zdolności jako narciarz, doskonale znał też teren, dlatego – chociaż na służbie był od kilku miesięcy – naczelnik pogotowia górskiego wróżył mu karierę. Mimo doskonałej opinii przełożonego Wiktor nie przepadał za ratownikiem z bardzo prozaicznego powodu: młody nigdy nie pił na służbie, zasłaniając się obowiązkami. To się Wiktorowi nie mieściło w głowie. Młode pokolenie zaczynało hołdować jakimś dziwnym zasadom, których nie potrafił zrozumieć.

– Trudno powiedzieć. – Zalewski wyrwał go z zamyślenia. – Ale może być dwojako. Albo będzie spokój, bo warunki są nie najlepsze i ludzie zrezygnują z wędrówki. Albo nie będzie spokoju, bo ktoś wybierze się w góry mimo wszystko, a jak wtedy się coś stanie, to mamy przerąbane.

– Przyjdziesz do nas wieczorem na zabawę? – zaproponował przez grzeczność Barański, chociaż wiedział, jaką usłyszy odpowiedź.

– Może zajrzę na chwilę.

– Na jednego? – zapytał Wiktor zdziwiony.

– Nie, nie mogę. Jestem na dyżurze, jak coś się stanie… Sam rozumiesz.

Barański mruknął tylko coś pod nosem. Spojrzał jeszcze przez okno dyżurki, do połowy zasypane śniegiem. Ściemniało się, a ostatni dzień roku kończył się ponurą mgłą. Już miał wychodzić, gdy do dyżurki znienacka wpadła Helga Kruger.

– Panowie, chodźcie mi pomóc, szybko.

– Co się stało? – Zalewski zerwał się na równe nogi.

– Ten Czerwiński, co wyszedł po południu do Karpacza, przed chwilą wrócił. Zgubił się chłop w śnieżycy gdzieś na Złotówce i dopiero teraz trafił z powrotem do schroniska. Nogę ma skręconą, trzeba mu pomóc wejść na górę.

Gdy chwilę później Barański z Zalewskim wtargali do holu przemarzniętego i wystraszonego Czerwińskiego, Kruger pobiegła zrobić herbaty.

– Palce wszystkie czuje? – zapytała, podając mu kubek.

– Nie… Nie wiem. Chyba tak – wydusił z siebie, szczękając zębami. W oczach miał bezgraniczny zwierzęcy strach kogoś, kto spotkał się niemal twarzą w twarz z kostuchą.

– Idę wezwać chłopaków – zadecydował Zalewski.

– Nie, nie ma potrzeby! – zaczął protestować Czerwiński. – Jutro pogoda ma się poprawić, sam zejdę na dół.

– Ze skręconą nogą, sam? – powiedziała Kruger z powątpiewaniem.

Ratownik nawet nie skomentował tych słów, tylko popatrzył na Czerwińskiego wymownie i poleciał do dyżurki. Wrócił po dłuższej chwili.

– Jest duża akcja w rejonie Przełęczy Karkonoskiej, był jakiś poważny wypadek. Chłopaki mogą być najszybciej za trzy godziny, żeby zabrać pana na dół…

– Dobra Paweł, to może my go jutro zwieziemy do Karpacza, niech GOPR zajmie się poważnymi wypadkami – zaczął Barański. – Rano kierowca i tak będzie jechał na dół, to zabierze pana ze sobą. Może tak być? – zwrócił się do Czerwińskiego.

– Oczywiście. Dziękuję.

– A teraz niech pan idzie pod ciepły prysznic, a potem coś zje. Palce nie drętwieją? – spytał Barański.

– Na szczęście nie.

– No to dobrze. A kostka… Do wesela się zagoi.

Strzecha Akademicka, noc z 31 grudnia 1991 na 1 stycznia 1992

Zalewski zerwał się nagle z tapczanu, zrzucając na podłogę książkę, która leżała na jego kolanach. Rozejrzał się wokół nieobecnym wzrokiem. Przysnęło mu się? Chyba tak… W goprowskiej dyżurce paliła się jedynie nocna lampka. Podniósł książkę i odłożył na stolik, a potem pociągnął łyk od dawna już zimnej herbaty. Od strony korytarza dochodziło dudnienie, świadczące o tym, że zabawa sylwestrowa pracowników schroniska trwa w najlepsze. Ratownik nie wiedział, co drażni go bardziej: gatunek muzyki, wypełniającej Strzechę Akademicką od przeszło kilku godzin, czy raczej przyśpiewki pracowników, którzy w alkoholowym amoku odkrywali w sobie dusze artystów i zachrypłymi głosami próbowali wtórować piosenkarzom.

Spojrzał na zegarek. Obudził się w idealnym momencie: zaraz miała wybić północ. Podszedł do okna i otworzył je na oścież. Do środka wpadł podmuch lodowatego wiatru, a w twarz Zalewskiego uderzył śnieg. Podniósł się na rękach i usiadł bokiem na parapecie. Krajobraz za oknem był wręcz kosmiczny. Ciężkie chmury opadły w dół Kotliny Jeleniogórskiej, a spomiędzy nich wyłoniły się ośnieżone karkonoskie szczyty. Jak w lustrach odbijał się w nich blask księżyca, sprawiając, że przypominały jakąś odległą, niezbadaną przez człowieka planetę wiecznej zimy.

Z głośnika stojącego na biurku radiotelefonu co jakiś czas odzywali się ratownicy, bynajmniej nie dlatego, żeby zgłosić dyspozytorowi jakąś niepokojącą sytuację. Niektórzy postanowili bowiem, jak co roku, wykorzystać goprowską częstotliwość do złożenia kolegom z pracy życzeń noworocznych. Możliwość rozmowy przez radiotelefon była dla ratowników dyżurujących w sylwestrową noc jedyną rozrywką.

– Bacówka w Karpaczu pozdrawia dyżurujących w Szklarskiej Porębie. Szczęśliwego Nowego Roku, panowie! I dla Mirka szczególne życzenia, żeby wkrótce został szczęśliwym tatusiem – trzeszczał radiotelefon.

– Szklarska Poręba też pozdrawia. Dużo zdrowia, pieniędzy, wiecie... O, i Staszek mówi, że w tym roku obiecuje w końcu zorganizować swoje urodziny. Będzie okazja wspólnie napić się za jego zdrowie.

Przysłuchując się wymianie życzeń, Zalewski wciąż obserwował krajobraz za oknem. W pewnym momencie od strony Białego Jaru rozległ się cichy pomruk. To był dziwny dźwięk i choć trwał bardzo krótko, miał w sobie coś niepokojącego. Ratownik nie zdążył poświęcić mu więcej uwagi, gdy usłyszał huk strzałów: najpierw pojedynczych, a zaraz po nich przybierającą na częstości salwę. Spojrzał na zegarek. A więc witaj, Nowy Roku! Uśmiechnął się.

Spomiędzy płożących się po dolinach chmur nieustannie przebijały się fajerwerki. Race z głośnym hukiem wybuchały w powietrzu, podświetlając kłęby obłoków na wszystkie możliwe kolory. Niektóre wzbijały się ponad linię chmur, rozsypując się na liczne drobne świetlne plamy przypominające barwne fontanny. Zalewski po raz pierwszy zrozumiał, na czym polega wyjątkowość obserwowania z wysokości Karkonoszy przejścia starego roku w nowy. Gdy sylwestrowe noce spędzał w mieście, zadzierał o dwudziestej czwartej głowę do góry, by patrzeć na rozgrywający się na niebie świetlny spektakl. Strzecha Akademicka była natomiast położona na tak dużej wysokości, że teraz musiał patrzeć w dół, żeby dostrzec wybuchające w dolinach fajerwerki.

Huk wystrzałów zagłuszał ludzkie myśli, żegnał niespełnione marzenia i witał obietnice na kolejny rok, czynione nad kieliszkiem szampana z nadzieją, że tym razem na planach się nie skończy. Nie zagłuszył jednak krzyku, który nagle dobiegł uszu Zalewskiego od strony schroniskowego holu. Wśród dudniącej nieustannie w jadalni muzyki wyłowił jedno słowo, które momentalnie go zmroziło: lawina.

Wypadł na korytarz i niemal zderzył się z wystraszonym mężczyzną.

– Lawina! Pomocy! Lawina! Boże, ona porwała moich przyjaciół! – krzyczał na całe gardło.

– Gdzie!? Gdzie ta lawina? – Zalewski złapał tamtego za ramię. – Mów mi! Biały Jar?

– Nie wiem, jak to się nazywa… Tu niedaleko…

– Jaki szlak? Żółty?

– Chyba tak.

– Czyli Biały Jar! Coś ty tam robił, do jasnej cholery! Przecież zimą jest zamknięty… – dodał jeszcze, po czym z powrotem wpadł do dyżurki i złapał za słuchawkę radiotelefonu. – W ile osób szliście?

– Było nas… Razem ze mną dziesięć osób. Ale za nami szła druga grupa, dziwni ludzie. Ich było więcej, nie wiem, z piętnaście osób? Chyba.

– Co, kurwa?

– Boże, Boże… – Mężczyzna złapał się za głowę i zaczął płakać.

– Jest ktoś z tobą? Mów do mnie, człowieku! Nie ma czasu, rozumiesz?!

– Szedłem sam na przodzie, kawałek od moich, bo się pokłóciliśmy. I nagle usłyszałem za sobą szum. Odwróciłem się i… Boże, to była sekunda. Wszystkich ich wciągnęło, ja się złapałem drzewa. Ten śnieg mnie ciągnął, ale ja się trzymałem z całych sił…

– Ile osób wyszło z lawiny? Jest ktoś z tobą? – Napięcie u Zalewskiego zaczynało sięgać zenitu. W głowie miał tylko jedną myśl: to będzie jego pierwsza lawina. Nie pozorowana, nie na ćwiczeniach, ale prawdziwa.

– Chyba... Tylko ja.

– Co? – Zalewski zadrżał. Niektóre akcje kończyły się szczęśliwym ustaleniem, że pod śniegiem nie było żadnych ciał. Teraz wiedział już, że tak dobrze nie będzie. Kilkaset metrów od schroniska leżą pogrzebani żywcem w śniegu ludzie. Jeśli nie zabiło ich samo uderzenie ważącego tysiące kilogramów śnieżnego czoła lawiny, to umrą za kilka chwil, dusząc się albo zamarzając.

– Tylko ja wyszedłem. – Słowa mężczyzny wprawiły Zalewskiego w przerażenie. – Wołałem, czy ktoś jest cały, ale... Ale... Była cisza. Boże. Cisza! Nikt nie odpowiadał. Oni po prostu zniknęli pod tym śniegiem, rozumiesz?

Ratownik zacisnął tylko zęby i zachowując zimną krew, wcisnął przycisk na słuchawce radiotelefonu.

Jelenia Góra, 1 stycznia 1992

Antoni Wierzbicki, dyżurny w stacji centralnej GOPR-u w Jeleniej Górze, usiadł przed telewizorem z kolejnym tej nocy kubkiem kawy. Zgodnie ze swoim zwyczajem wypijał ją tylko do połowy, po czym szedł parzyć następną – a wszystko to z obawy, że trafi na fusy, których nie cierpiał. Koledzy z pracy śmiali się z niego, obserwując rosnącą w ciągu jego dyżuru liczbę kubków z resztkami kawy, które niemal porastały jego biurko.

Ziewnął, wpatrując się znużonym wzrokiem w telewizyjny program sylwestrowy. Na scenie wciąż pojawiały się te same osoby, odgrzewając znane od dawna piosenki. Miał już tego serdecznie dość. Spojrzał na zegarek. Jak na razie pierwsza noc nowego roku przebiegała spokojnie. Nie liczył incydentu na Przełęczy Karkonoskiej, bo to przecież było w sylwestrowy wieczór, a więc jeszcze w zeszłym roku.

Pamiętał jednak ulubione powiedzenie naczelnika: „Jak się nic nie dzieje, to nic się nie dzieje, a jak się psuje, to od razu wszystko naraz". Dyżurnemu trudno było jednak ocenić jednoznacznie dzisiejszą pogodę, bo ta co rusz się zmieniała. Z jednej strony chmury nad Karkonoszami trochę się przetarły i wreszcie przestało sypać, ale z drugiej duże ilości śniegu zawsze niosły ze sobą ryzyko lawin.

Radiotelefon co jakiś czas rozbrzmiewał kolejnymi życzeniami. W pewnym momencie pośród radosnych wiadomości Wierzbicki wyłapał komendę.

– Stacja centralna, zgłoś się do Strzechy. Stacja centralna!

Dyżurny złapał za słuchawkę i nacisnął przycisk.

– Stacja centralna, zgłaszam się.

– Tu Paweł Zalewski. Zgłaszam zejście lawiny w Białym Jarze.

– Świadek jest? – zapytał automatycznie dyżurny, czując na plecach dobrze mu znany, charakterystyczny dreszcz. Zaczynała się akcja. Znużenie i senność zniknęły w ułamku sekundy.

– Tak, mam świadka.

– Podejrzenie ofiar w ludziach?

– Na pewno są ofiary.

– Ile?

– Według świadka lawina mogła porwać ponad dwadzieścia osób.

– O kurwa, a co oni tam robili? – wyrwało mu się. – Dobrze, ogłaszam alarm lawinowy i zadysponuję ekipę.

– Powiadom Czechów, będzie potrzebne wsparcie. Ja będę szpicą, jadę tam ocenić sytuację. Dam znać na miejscu.

– Uważaj na siebie, Paweł. Niech cię Duch Gór strzeże.

– Dzięki. Bez odbioru.

Dyżurny, zgodnie z procedurami, zaczął błyskawicznie powiadamiać kolejne osoby. Najpierw telefon do naczelnika grupy, zaraz potem musiał połączyć się ze znajdującą się najbliżej miejsca zdarzenia bazą pogotowia górskiego, a więc w tym wypadku z goprowską Bacówką w Karpaczu. Tam powinno znajdować się na dyżurze kilku ratowników. Następnie poszły wezwania do kolejnych goprowców. W przypadku takiego zdarzenia nie zwracano uwagi na to, kto ma wolne, kto świętuje Nowy Rok, kto szykuje się do pogrzebu mamy albo urodzin syna. Tu liczyły się każde ręce.

Gdy kilkanaście minut później całe pogotowie górskie postawiono już na nogi, dyżurnemu został jeszcze jeden ważny telefon. Wystukał numer.

– *Horská služba Špindlerův Mlýn**.

– *Ahoj. Tu GOPR. Jsem z Jeleniej Hory. Mamy lavinu* – zaczął dyżurny łamanym czeskim. – *Potřebujeme pomoc**.

– *Velká lavina?**

– Wielka w chuj.

– *Kde?**

– Biały Jar. Chyba *dvacet obětí**.

– *Dobře, jdeme**.

Dyżurny się ucieszył. Może Polacy i Czesi na co dzień nie zawsze się uwielbiali, ale gdy w górach działo się coś złego, obie strony mogły liczyć na wzajemną pomoc. „Żyć dobrze z sąsiadami to święta zasada" – powtarzał zawsze naczelnik. „Władza

---

Horská služba Špindlerův Mlýn (czes.) – Górskie Pogotowie Szpindlerowy Młyn.

Potřebujeme pomoc (czes.) – Potrzebujemy pomocy.

Velká lavina? (czes.) – Duża lawina?

Kde? (czes.) – Gdzie?

Dvacet obětí (czes.) – dwadzieścia ofiar.

Dobře, jdeme (czes.) – Dobrze, jedziemy.

może pieprzyć swoje, ale jak będzie się działo coś złego, to ci nie pomoże. A sąsiad owszem". No właśnie, polityka... Dyżurny przypomniał sobie, że czeka go jeszcze jeden telefon, o którym omal zapomniał. Posterunek straży granicznej na przełęczy Okraj. Znowu złapał za słuchawkę.

– Strażnica Graniczne Budy. – Po kilku sygnałach usłyszał zaspany głos. – Porucznik Izdebski przy telefonie.

– Cześć, tu Wierzbicki. GOPR z Jeleniej. Zaraz będą jechać do nas chłopaki z czeskiej górskiej służby. Puśćcie ich błyskawicznie, dobrze?

Po drugiej stronie usłyszał westchnięcie.

– To nie będzie takie proste. Ostatnio dostaliśmy opieprz, że jesteśmy za mało uważni. Poza tym dzisiaj na zmianie jest... – Porucznik chrząknął wymownie. – Wiesz kto. On nie przeżyje, jak procedurom nie stanie się zadość.

– Załatw to z nim. Jest akcja!

– To nie będzie takie proste – powtórzył porucznik niemal jak katarynka.

– Izdebski?

– Co?

– Nie wkurwiaj mnie.

Przez chwilę po drugiej stronie panowała cisza.

– A coś poważnego się stało?

– Prawdopodobnie największa lawina, jaką kiedykolwiek widziały te góry.

Strzecha Akademicka, 1 stycznia 1992

Zalewski zaraz po zgłoszeniu dyżurnemu zejścia lawiny błyskawicznie włożył buty narciarskie i kurtkę. Wyciągnął z szafy radio nasobne, włożył sprzęt na siebie i pognał do jadalni.

– Lawina jest! – krzyknął do bawiących się ludzi. Przy stole właśnie wznoszono kolejny toast za nowy rok, a bełkotliwą już nieco przemowę Wiktora, kierownika schroniska, zagłuszała głośna muzyka.

– Lawina! – wrzasnął jeszcze raz.

Nikt nie zareagował. Zalewski powiódł wzrokiem po zebranych. Z ich oczu można było wyczytać, że sporo już tego wieczoru wypili. Impreza przeszła w fazę małej libacji.

– Chrzanić was wszystkich! – warknął i puścił się schodami na dół, do wyjścia zimowego. Sztywne buty narciarskie utrudniały poruszanie się i po drodze omal nie zleciał ze schodów. Czuł, jak z każdą sekundą coraz bardziej buzuje w nim adrenalina.

W drodze zderzył się jeszcze z wracającymi z papierosa mężczyznami. Wśród nich był ten utykający turysta, który po południu zbłądził na Złotówce i skręcił kostkę.

– Puśćcie mnie, akcja jest. – Zalewski utorował sobie drogę między nimi, potrącając kuśtykającego. Tamten burknął niewyraźnie jakąś złośliwość, ale Zalewski to zignorował. Wybiegł na dwór, w mgnieniu oka wpiął narty i przez chwilę wahał się, którędy dotrzeć do lawiniska.

Najkrócej chyba byłoby ruszyć zimowym obejściem powyżej Białego Jaru, do którego zeszła lawina, a potem zjechać na dziko zboczem kotła do Śląskiej Drogi. Było to jednak bardzo ryzykowne – w ostatnich dniach spadło tak dużo śniegu, że Zalewski mógłby zgubić tyczki i zjechać w samo serce lawiniska. Obawiał się też, że jadąc górą, może podciąć nartami kolejną lawinę i spowodować jeszcze więcej szkód. Ostatecznie wybrał więc dłuższą, ale bardziej bezpieczną i przewidywalną drogę: zjedzie stokiem wzdłuż wyciągu narciarskiego do doliny Złotego Potoku i tam wbije się na Śląską Drogę, którą podejdzie do lawiniska od dołu.

Zapalił czołówkę i ruszył. Cisza, która wypełniała Złotówkę, po raz pierwszy wydała mu się przerażająca. Narty niemal bezszelestnie sunęły w miękkim puchu, co jakiś czas tylko cicho trzeszczał pod nimi świeży śnieg. Zjazd w dół polany wzdłuż nieczynnego wyciągu zajął mu zaledwie kilkadziesiąt sekund. Chwilę później był już przy Śląskiej Drodze i rozpoczął mozolną wspinaczkę w stronę lawiniska. Czołówka rzucała blade światło na pogrążony w głębokim, zimowym śnie gęsty las otaczający szlak z obu stron.

Gdy dotarł na miejsce, roztoczył się przed nim widok, który niemal go sparaliżował. Po raz pierwszy stał twarzą w twarz z czołem tak potężnej lawiny. Choć nigdzie nie było widać ciał, miał wrażenie, jakby dotarł na pole bitwy, gdzie chwilę wcześniej rozegrała się brutalna, krwawa walka. Czoło lawiny było najeżone skałami i wyrwanymi z korzeniami drzewami, które nie oparły się sile pędzącego żywiołu. Choć nic się nie poruszało, śnieżne masy budziły nieufność, jakby jakaś tajemna energia była w stanie w każdym momencie uruchomić je na nowo i zmusić do gnania dalej w dół. Przeraźliwa cisza wciąż wwiercała mu się w uszy i potęgowała uczucie osamotnienia.

Poprawił skórzane paski, na których miał umocowany przenośny radiotelefon. A co, jeśli dyżurny nie powiadomił jeszcze ratowników? To była zupełnie irracjonalna myśl, ale w tym momencie głowę młodego ratownika wypełniały same czarne myśli. Przyłożył do ust mikrofon urządzenia.

– Bacówka, zgłoś się – wywołał ratowników z Karpacza.

– Tu Bacówka, zgłaszam się. Pierwszy zespół, który wysłałem, jest już w drodze do Białego Jaru. A ty gdzie?

– Przed czołem lawiny. Jest, kurwa, strasznie. – Przełknął ślinę, z niepokojem omiatając światłem czołówki śnieżny wał. – Wysokie na kilkanaście metrów. Idę zrobić rozeznanie.

– Poczekaj na wsparcie, już powinni dojeżdżać.

– Nie mogę tu stać tak bezczynnie. Tam są ludzie. – Głos mu drżał. – Dawajcie tu szybko.

– Jasne. Bez odbioru.

Zalewski wypiął narty, wbił je w śnieg razem z kijkami i zaczął wspinać się po czole lawiny, aby zorientować się co do jej skali. Wiatr szumiał niepokojąco w konarach drzew, wyśpiewując jakąś mroczną melodię. Gdy ratownik był już na górze, przeraził się po raz kolejny: już na pierwszy rzut oka lawinisko mogło mieć niemal sto metrów szerokości.

Biały Jar przypominał potężny kocioł, w którym rozwścieczone demony nadludzką siłą wymieszały drzewa, skały i śnieg, tworząc z nich zupełny chaos. Pierwszy raz w życiu poczuł, jak bardzo jest bezsilny wobec potęgi żywiołu. Pod śniegiem byli ludzie, pogrzebani żywcem, wiedział, że tam są. Straszne uczucie.

Musiał działać. Natychmiast odtworzył w pamięci zasady postępowania w przypadku akcji lawinowej. Rozejrzał się. Najpierw powinien ocenić zasięg terenu, po którym przeszedł morderczy żywioł. Wiedział, że jak pojawią się posiłki, od tego zacznie się praca: jeden albo dwóch ratowników zajmie się zakreśleniem chorągiewkami granic terenu, który wymaga przeszukania.

Nagle, kilkadziesiąt metrów od siebie, zauważył ruch. Bez chwili namysłu rzucił się w tamtym kierunku. Grzęznąc w śniegu po pas i ciężko dysząc, pokonywał kolejne przeszkody: konary, świerkowe gałęzie i zapadliska. Nagle zauważył, że w miejscu, do którego zmierza, coś wyłania się ze śniegu. To była ludzka ręka. Dopadł do niej, rzucił się na kolana, wyszarpał z plecaka małą łopatę i zaczął kopać.

– Już, już, już… – powtarzał jak w transie, nieustannie rozgrzebując śnieg. Praca szła mu powoli, mimo że wkładał w nią całą swoją siłę. Potrzebował wsparcia, potrzebował też dużej łopaty! Kiedy pojawią się te cholerne posiłki?

Wreszcie dokopał się do głowy. Kobieta. Oddychała nerwowo. Zalewski odrzucił łopatę i zaczął rozgrzebywać śnieg gołymi rękami. Gdy do dziewczyny dotarło, że nadeszła pomoc, zaczęła się szamotać jeszcze gwałtowniej. Krztusiła się śniegiem. Z pomocą ratownika wydostała wreszcie drugą rękę i stękając z wysiłku, spróbowała wyciągnąć z pułapki także nogi. Zalewski zaparł się, złapał jej dłonie i ciągnął z całej siły. Po chwili wydostała się na powierzchnię.

– Byłam gotowa umierać – wydusiła, wciąż klęcząc. – Gdzie jest reszta?

Paweł popatrzył na nią zbolałym wzrokiem.

– Gdzie są wszyscy? Gdzie oni są?! – zaczęła wyć.

– Nie krzycz, to niebezpieczne. – Próbował ją uspokoić. – Już idzie pomoc, zabiorą cię na dół.

– Ale gdzie jest reszta? – Zdawała się nie słyszeć słów Zalewskiego. Zaczęła na oślep rozkopywać śnieg, nie przestając płakać. – Matko, co tu się stało?!

Spróbowała się podnieść. Krzyknęła z bólu.

– Moja noga! Cholera, jak boli!

– Nie ruszaj się, może być złamana! – Paweł próbował zatrzymać dziewczynę na ziemi.

W tym momencie usłyszał ryk skuterów śnieżnych. Ciarki mu przeszły po plecach. Pomoc, nadciąga pomoc! Nigdy nie przypuszczał, że warkot silnika może nieść tyle nadziei. Nie będzie z tym wszystkim sam. Przybiegli do niego pierwsi ratownicy.

– Paweł!

– Chłopaki! Jesteście!

– Dobra, panowie, zaczynamy – zarządził Krzysztof, naczelnik grupy karkonoskiej GOPR-u. – Wiem, że część z was jest pierwszy raz na tak dużej akcji. Jeśli czegoś nie jesteście pewni, pytajcie. Najważniejsze, żebyście wykonywali ściśle przydzielone wam zadania. Ja jestem kierownikiem lawiniska, u mnie zgłaszacie wszystkie sprawy. Nikt nie opuszcza miejsca bez mojej wiedzy, wchodząc i wychodząc, macie się meldować. Witek, ty idziesz oznaczyć teren, chorągiewki są w skuterze. Mniej doświadczeni biorą się do łopat. Ci, którzy dobrze czują się w sondowaniu, łapać za sondy. Zaraz będą psy. Mam nadzieję, że niedługo przyjadą Czesi. Paweł – zwrócił się do Zalewskiego. – Ty będziesz obserwatorem.

– Dobrze.

– Weź rakietnicę ze skutera – rzucił, po czym rozejrzał się po stromych zboczach Białego Jaru, z których oberwała się lawina. – Znajdź sobie bezpieczny punkt, żebyś dobrze widział wszystkie ściany kotła. Obserwujesz te miejsca, zwłaszcza tam, na zachodzie. Jak tylko coś cię zaniepokoi, jakiś śnieg się ruszy, coś się oberwie, natychmiast strzelasz. A reszta nie kozakuje, tak? Jest strzał, to wiejecie. Nie może być żadnej samowolki. Nie chcę mieć dodatkowych ofiar, zrozumiano?

Zalewski popatrzył na mężczyznę z podziwem. Z jego postawy biło opanowanie, którego młodemu ratownikowi tak bardzo jeszcze brakowało. Głos naczelnika był zdecydowany, nie zdradzał żadnych emocji. Pewność, z jaką się wypowiadał, wzbudzała zaufanie, a co najważniejsze – nadzieję. A tej ratownicy potrzebowali niemal jak powietrza.

– Znajdźcie moich przyjaciół, błagam – krzyczała dziewczyna, wciąż próbując się podnieść. Cała się trzęsła.

– Kim pani jest?

– Odkopałem ją przed chwilą. – Zalewski włączył się do rozmowy. – Chyba złamała nogę.

– Panowie! – Naczelnik wskazał na dwóch ratowników. – Ładujecie ją na tobogan*, migiem. Jasiek, ty zwieziesz panią do dolnej stacji wyciągu, stamtąd odbierze ją karetka.

– Nigdzie nie jadę! Znajdźcie moich przyjaciół! Musicie ich szukać! – zaczęła histeryzować.

Tobogan – rodzaj sań stosowanych w ratownictwie górskim do transportu osób poszkodowanych w wypadkach.

Zalewski rozumiał jej opór. Pod śniegiem byli uwięzieni jej bliscy. Czy człowiek w takim momencie może odejść obojętnie?

– Swoim krzykiem może pani tylko ściągnąć na siebie i na nas kolejną lawinę. – Głos naczelnika był szorstki, ale nadal opanowany. – Musi obejrzeć panią lekarz, a robotę tutaj proszę zostawić nam.

– Ale…

– Nie ma żadnego „ale". – Mężczyzna był nieugięty. – Wiem, że jest pani przerażona. Rozumiem to. Ale pani też musi zrozumieć, że swoją obecnością tutaj nam nie pomoże.

Zaraz pojawili się ratownicy z toboganem i wprawnie położyli na nim dziewczynę. Ta nadal protestowała. Jasiek wpiął tymczasem narty, złapał za dyszle sań i ruszył na dół z poszkodowaną.

Zalewski zaopatrzył się w rakietnicę, po czym wybrał bezpieczne miejsce, aby stamtąd obserwować stan zboczy, z których zeszła lawina. Doskonale rozumiał, że ciąży na nim duża odpowiedzialność. Obserwator miał zapewnić pracującym na lawinisku ratownikom poczucie psychicznego bezpieczeństwa. Podczas gdy oni skupią się na pracy, on będzie na bieżąco oceniał, czy otoczenie jest względnie bezpieczne. Zdawał sobie też sprawę, że nawet jeśli błyskawicznie ostrzeże ratowników o schodzącej lawinie wtórnej, nie będą oni mieli dużo czasu na reakcję. Pędzące czoło potrafiło przecież osiągać prędkość stu kilometrów na godzinę. W obliczu takiej szybkości bardzo prawdopodobne jest, że nie wszyscy zdążą ewakuować się w bezpieczny teren: jedyne, co mogą w takiej sytuacji zrobić, to zabezpieczyć usta, żeby jak przykryje ich śnieg, mieć choć odrobinę zapasu powietrza.

Niebo było bezchmurne, a księżyc bliski pełni – przynajmniej w tym natura im sprzyjała. Stosunkowo jasna noc ułatwiała znacznie obserwację śnieżnych nawisów – źródła niewyobrażalnie potężnej, niszczycielskiej siły. Zalewski doskonale widział linię, wzdłuż której nastąpił obryw. Jej przebieg go niepokoił –

wciąż bowiem na krawędziach Kotła Białego Jaru pozostawała duża ilość śniegu, gotowa w każdej chwili ruszyć na dół.

Nadal nie było psów, a to właśnie ich niezawodny węch potrafił zdziałać naprawdę wiele. W oczekiwaniu na zwierzęta ratownicy w milczeniu ustawili się więc w dwa szeregi w równych od siebie odstępach. Wyglądali jak żołnierze piechoty organizujący się w tyralierę przed rozpoczęciem walki. Pod nocnym niebem rzeczywiście rozgrywała się wojna: ludzie stawali przecież do nierównej walki z żywiołem i z czasem – walki, którą lawina zawsze wygrywała. Rolą GOPR-u było zminimalizowanie liczby ofiar.

Ratownicy pracowali metodycznie, reagując na ciche komendy naczelnika. Najbardziej podstawową zasadą poruszania się po lawinisku był bowiem rygor zachowania ciszy.

Stojący w pierwszym rzędzie ratownicy rozłożyli właśnie sondy i unieśli je do góry, dając znak gotowości do pracy. Na sygnał kierującego lawiniskiem wbijali je w śnieg i dokonywali oceny sytuacji. Sondowanie było najtrudniejszą i jednocześnie najważniejszą czynnością, od której zależało, czy uda się znaleźć uwięzionego pod śniegiem człowieka. Nie było tu sztywnych wytycznych, nie istniała też żadna prosta zasada, jak zrobić to dobrze. Liczyły się intuicja, wyczucie i przede wszystkim doświadczenie ratownika. Jeśli nic nie wzbudziło jego wątpliwości, wyciągał sondę i robił krok do przodu. Kto natomiast wyczuł pod śniegiem coś, co mogło być ludzkim ciałem, zostawiał w tym miejscu wbitą chorągiewkę, a drepczący jego śladami kopacze z drugiego rzędu zabierali się do pracy. W ten sposób tyraliera ratowników posuwała się w głąb terenu wroga. Cicho i metodycznie. Sonda, krok, sonda, krok – komendy naczelnika wyznaczały rytm pracy.

Zalewski mrużył co jakiś czas oczy, obserwując Kocioł Białego Jaru. Górską dolinę wypełniały pozostające w nieustannym ruchu światła czołówek ratowników. Ich blask przeciwstawiał się mrokowi, który z każdej strony zdawał się próbować pochłonąć lawinisko. Światła niosły nadzieję i świadczyły o tym, że ratownicy uwijają się jak w ukropie, walcząc o życie pogrzebanych w śniegu ofiar. Coraz więcej miejsc w lawinisku zostało oznaczonych traserami, wokół których gromadzili się kopacze. Czas płynął. Pojawiły się pierwsze dwa ciała. Zalewski wstrzymał oddech. Z odległości trudno było mu ocenić, czy byli to żywi ludzie, czy zwłoki. Na którą stronę przechyli się szala, zależało w tym momencie od sprawnej pracy ratowników, a potem służb medycznych w karetkach i w szpitalu. Wytężył wzrok. Wyglądało na to, że poszkodowani żyją. Błyskawicznie wciągnięto ich na tobogany i zabrano w bezpieczniejszy teren. „A więc jak na razie trzy zero dla GOPR-u" – pomyślał. „Licząc tego, który zawiadomił Strzechę Akademicką zaraz po północy, to cztery zero". Ale Zalewski wiedział, że początkowy sukces nie przesądza o wygranej. Przeciwnik był bowiem nieprzewidywalny.

W tym momencie usłyszał warkot skuterów śnieżnych. Nadciągały kolejne posiłki. Zaraz też w lawinisku pojawiły się psy z przewodnikami. Obowiązywała zasada, że zwierzęta jechały na akcję w skuterach, a nie biegły obok. Od ich dobrego węchu zależało bowiem, czy wyczują zapach pogrzebanych w śniegu ludzi. „A zmęczony pies niucha gorzej" – wytłumaczył Zalewskiemu na szkoleniu kilka miesięcy temu jeden z psich trenerów.

Chwilę po przybyciu odsieczy część ratowników usunęła się z pola lawiniska, żeby nie przeszkadzać zwierzętom. Upiorną ciszę przerywały tylko komendy wydawane przez przewodników zachęcających psy do dalszych poszukiwań. Ratownicy stanęli pod lasem, trzymając w rękach sondy i łopaty. W milczeniu obserwowali poczynania zwierząt, gotowi natychmiast rzucić się z łopatami we wskazane przez czworonoga miejsce. W powietrzu nadal wisiało potężne napięcie. Czas płynął nieubłaganie, a wciąż szukali jeszcze przynajmniej kilkunastu osób.

Zalewski powiódł wzrokiem po ścianach Kotła Białego Jaru. Ręce mu drżały, już sam nie wiedział, czy to z wychłodzenia, czy z nerwów. W pewnym momencie skamieniał. Coś się poruszyło!

Może to było tylko wrażenie? Tak, zdawało mu się. Skupił jednak wzrok jeszcze raz na miejscu, które przed chwilą przykuło jego uwagę. Nie wiedział, co robić. Siarczysty mróz szczypał go nieustannie w policzki, palce u nóg drętwiały, ale teraz zupełnie tego nie czuł. Zaciskał w wolnej ręce rakietnicę, gotowy w każdej chwili ją wystrzelić.

– Kurwa, kurwa, kurwa… – szeptał pod nosem. W pewnym momencie niepokojący go nawis nieco się poruszył. Tym razem na pewno. Bezzwłocznie nacisnął spust. Pracujący na lawinisku ratownicy rzucili się do ucieczki. Niemal w tym samym momencie rozległ się głuchy, tępy dźwięk – taki sam, jaki Zalewski usłyszał tuż przed północą ze Strzechy Akademickiej. Właśnie ruszała lawina wtórna.

Z przerażeniem obserwował rozwścieczony żywioł, który po raz kolejny przypuszczał atak na bezbronnych ludzi.

Część V

STRZECHA

Bauda była licha i ciasna, z bali ciosanych pobudowana, tu i tam deskami obita. [...] *na porządniejszy ani wyższy budynek nie pozwalały nieustannie wiejący tu wiatr i przez większość roku zalegający śnieg*[*].

Benjamin Schmolck

---

[*] Fragment relacji podróżnika, który odwiedził Strzechę Akademicką (wtedy pod nazwą Chata u Tanli) między 1693 a 1697 r.; cyt. za: *Podróżnicy w Górach Olbrzymich. Antologia tekstów źródłowych z XVII–XX wieku*, wybrał, przełożył i przypisami opatrzył M. Wawrzyńczak; współpraca J. Selewska, Chromiec–Görlitz 2020.

Wrocław, 1 marca 2007

Tomek Wilczur spakował do bagażnika ostatnią torbę oraz plecak i wsiadł do samochodu. Nie mógł uwierzyć, że to dzieje się naprawdę. Gdy niecałe dwa tygodnie temu, po wizycie w Archiwum Państwowym, zadzwonił do Maksa, aby powiedzieć mu, że zdecydował się na wyjazd w góry, tamten w pierwszej chwili uznał to za żart. A jednak. Sprawa Andrzeja Czerwińskiego po prostu Tomka pochłonęła. Intuicja pisarska podpowiadała mu, że zwęszył właśnie dobry materiał na książkę i nigdzie nie rozpracuje go lepiej niż w schronisku, które kryło tajemnicę Czerwińskich.

Wyjazd z Wrocławia w kierunku A4 był jak zwykle zakorkowany. Gdy po dłuższym czasie dostał się na autostradę, jedyne, co mu pozostało, to modlić się, żeby nic się nie wydarzyło w okolicach węzła Kostomłoty. Nie rozumiał fenomenu tego miejsca, jednak fakty były takie, że to właśnie tam najczęściej dochodziło do wszelkiego rodzaju wypadków i karamboli, przez które potem ruch na całej autostradzie był zatrzymywany nierzadko na kilka godzin. Zaczęło padać. Najpierw sam deszcz, a potem razem ze śniegiem. Tomek nie cierpiał takiej pogody. Nie chodziło nawet o pogarszanie się warunków jazdy, ale o to, że wpływała fatalnie na jego samopoczucie.

Nie miał już jednak odwrotu, bo Maks zorganizował mu transport do samego schroniska. „Oni tam nie mogą się ciebie doczekać! Znany autor kryminałów na tropie kolejnej zagadki, i to w Karkonoszach! Maryśka jest zachwycona, że napiszesz o ich schronisku” – tłumaczył mu Maks przez telefon. Tomek zmarszczył czoło. Chciałby podzielać chociaż w połowie entuzjazm tamtej kobiety.

Dotarł do Kostomłotów i zjechał na krajową piątkę. Początkowo prosta droga kawałek za Strzegomiem zaczynała robić się coraz bardziej kręta. Teraz padał już wyłącznie śnieg, który podmuchy wiatru wprawiały w wirowy ruch. Wzdłuż szosy po obu stronach tworzyły się coraz wyższe jego zaspy. Do Jeleniej Góry zostało mniej niż pięćdziesiąt kilometrów.

Karpacz, 1 marca 2007

Na parkingu przy świątyni Wang stało kilka samochodów, które były tak bardzo zasypane, że właściciele prawdopodobnie zrezygnowali z ich odkopania i postanowili czekać do wiosny, aż śnieg stopnieje.

Zaraz po tym, jak Tomek zaparkował, na placu pojawił się jeszcze jeden samochód – terenówka z logiem schroniska Strzecha Akademicka. Pomachał w jej stronę i zaczął wypakowywać swoje bagaże. Chwilę potem samochód zatrzymał się tuż obok. Wysiadł z niego mężczyzna ubrany w zimową kurtkę.

– Witam, pan to ten pisarz? – spytał nadspodziewanie niskim głosem.

– Tak. Cześć! Tomek jestem.

– Jan Winnicki, gospodarz Strzechy Akademickiej. Siostra mówiła, że mam cię zabrać na górę – odparł. Jego twarz nie zdradzała prawie żadnych emocji. Usiadł z powrotem za kierownicą, czekając, aż pasażer przeniesie swoje bagaże do schroniskowego samochodu.

– Ponoć macie zimę stulecia – spróbował zagaić Tomek, wsiadając.

– No. Jak widać. – Janek westchnął. – Zresztą, zobaczysz na górze, co naprawdę znaczy zima stulecia.

Na samą myśl Tomek aż się wzdrygnął.

Jechali w milczeniu stromym szlakiem, z rzadka mijając po drodze turystów. Pogrążona w zimowym śnie przyroda robiła na Tomku przygnębiające wrażenie. Drzewa zdawały się martwe, a ich nabrzmiałe od nadmiaru śniegu gałęzie uginały się, zwisając nisko nad drogą. Tak jakby chciały ją zagrodzić i ostrzec ludzi przed próbą wyjścia w góry.

– Podobno u nas książkę jakąś będziesz pisać? Siostra coś mi wspominała... – zaczął niespodziewanie Janek.

– Taki mam plan. Dowiedziałem się o pewnej zagadkowej śmierci, która miała miejsce w tych górach kilkanaście lat temu. Chciałbym wykorzystać ten temat, żeby na jego podstawie napisać kryminał. Ale czy się uda? To się jeszcze okaże, przede mną dużo pracy.

– Siostra cieszy się, że przyjeżdżasz – skwitował mężczyzna z kamiennym wyrazem twarzy, wciąż patrząc w skupieniu na drogę.

„A ty chyba wręcz przeciwnie" – pomyślał Tomek, a zamiast tego powiedział:

– To... miłe. Prowadzisz schronisko razem z nią?

– Tak. Pomaga mi, od kiedy poszła po rozum do głowy.

– Nie rozumiem.

– Od kiedy wyszła z zakonu, pięć lat temu.

– Aha. A ty jak długo zajmujesz się Strzechą Akademicką?

– Mija dziesiąty rok, jak jestem kierownikiem.

– Ta praca to twoja pasja?

– Można tak powiedzieć.

– Wiesz, że chciałbym część akcji książki umieścić w waszym schronisku?

Janek uniósł jedną brew.

– To ciekawy pomysł – odparł po chwili namysłu, bez większego entuzjazmu. – Maryśka się pewnie ucieszy.

– Jesteś z nią pewnie mocno zżyty? – Wilczur próbował podtrzymać rozmowę.

– Wychowywała nas babcia, która dość szybko zmarła. Po jej śmierci została mi tylko siostra, była całym moim światem. Dlatego nie mogłem jej wybaczyć, gdy zdecydowała się pójść do zakonu. Zostałem sam jak palec.

– Musiało być ci ciężko.

– Na szczęście wróciła. Po wielu latach, ale wróciła.

Zapanowała cisza. Tomek już miał na końcu języka pytanie o to, co najbardziej go interesowało – o sprawę śmierci Andrzeja Czerwińskiego, ale zrezygnował, uznając je w takim momencie za niestosowne. Reszta drogi upłynęła im w milczeniu.

Strzecha Akademicka, 1 marca 2007

To był dramat. Zdecydowanie większy niż Tomek przypuszczał. Kiedy przed wyjazdem myślał o górskim schronisku, wiedział, że pewnie nie będzie tam wygód, jakie czekają na ludzi w hotelach. Ale w najgorszych snach nie spodziewał się tego, co zobaczył.

Dostał pokój w bocznym skrzydle. Te zwykłe znajdują się w głównym, poinformował go wcześniej Janek, a w bocznym są lepsze, bo większe i z własną łazienką. Dobrze, że to powiedział, bo inaczej Tomek byłby przekonany, że to najniższy standard, jaki oferuje Strzecha.

Parter schroniska, gdzie mieściły się recepcja i sale jadalne, miał jednak swój klimat, temu Tomek nie mógł zaprzeczyć. Ale część sypialna, która znajdowała się na piętrach, była w opłakanym stanie. Mroczny korytarz, ściany do połowy wysokości pomalowane odpryskującą gdzieniegdzie ciemnożółtą farbą olejną, powyżej niej – szarobury kolor, który pewnie był kiedyś bielą. Na podłogach wytarta wykładzina, która miała imitować drewniany parkiet. Tu i ówdzie była popękana, nosiła też ślady naprawy kwadratowymi łatami o innym wzorze, które ktoś byle jak przybił gwoździami. Najciekawsze były jednak futryny drzwi – nie dość, że co druga inna, to jeszcze żadna nie trzymała z poprzednią pionu. Poziomu zresztą też.

Korytarz był jednak wyłącznie przedsmakiem tego, co Tomek zastał w swoim pokoju. Siedział teraz na łóżku, przyglądając się kolejnym elementom wystroju wnętrza. Jego uwagę przykuło okno kontrastujące swoim wyglądem z krajobrazem. Za szybą rozciągał się piękny widok: śnieżyca chwilowo pofolgowała, a silny wiatr sprawił, że chmury nieco się rozwiały, ukazując panoramę górskich szczytów i dolin, która zachwyciła Tomka. „Oprawa" krajobrazu także zrobiła wrażenie, choć w inny sposób: na ścianie wokół okna był zielonkawy zaciek niewiadomego pochodzenia i plamy w innych kolorach, których źródła wolał nie znać. Poza tym kilka pęknięć, w paru miejscach odpadał też tynk. Parapet zdobiły dwie krzykliwe kompozycje ze sztucznych kwiatów. W oczy rzucało się zniszczone biurko – ponoć wstawione na polecenie Maryśki specjalnie dla Tomka, „żeby dobrze mu się pracowało". Za biurkiem stała pachnąca naftaliną rozpadająca się szafa z przyklejoną kartką: „Zakaz palenia w pokojach". Obok niej wieszak na kurtki z odłamanym ramieniem, które przyklejono taśmą, oraz przedpotopowa farelka. Raczej nie odważyłby się jej włączyć z obawy, że doprowadzi do wybuchu instalacji w schronisku. Na ścianach znajdowała się boazeria ze sklejki ze śladami wyznań, które poprzedni goście wydrapywali na niej nożem albo jakimś innym ostrym przedmiotem. I podłoga: tu, w przeciwieństwie do korytarza, zamiast imitacji parkietu była szarozielona wykładzina, która prawdopodobnie zbierała w sobie pokłady kurzu nieprzerwanie, od kiedy ją położono, a więc zapewne tuż po drugiej wojnie światowej.

Tomek w pierwszej chwili o mało się nie rozpłakał. Przez dłuższy czas siedział nieruchomo, próbując przyzwyczaić się do przestrzeni, w której się znalazł. W pewnym momencie część noclegowa schroniska skojarzyła mu się ze starym zaniedbanym szpitalem psychiatrycznym z jakiegoś horroru. Może poza jedną różnicą – że tutaj drzwi miały klamki. Myśl była tak absurdalna, że nieoczekiwanie parsknął śmiechem. Dziwne uczucie. Nie pamiętał, kiedy ostatnio to mu się zdarzyło.

Mimo obaw o wytrzymałość szafy włożył do niej swoje rzeczy, a na biurku przygotował miejsce do pracy.

Jego uszu dochodził co rusz charakterystyczny, świszczący odgłos. To wiatr, który co jakiś czas podrywał z dachu tumany śniegu, systematycznie zasilając tworzącą się na parapecie zaspę. Tomek podszedł do okna. Gdyby ktoś mu powiedział, że w Karkonoszach jest tak przez cały rok, uwierzyłby. Te góry wyglądały jak kraina wiecznej zimy. Ze zdziwieniem uświadomił sobie, że mimo to w pokoju jest ciepło – grzejnik niemal parzył w dłonie. Z przyjemnością przywarł do niego nogami i zapatrzył się w śnieżne pląsy.

Poczuł się senny. Pobudka wcześnie rano i kilkugodzinna podróż samochodem dawały mu się we znaki. Wciąż w ubraniu położył się do łóżka, które zaskrzypiało ostrzegawczo. „Psychiatryk na całego" – pomyślał, uśmiechając się bezwiednie, po czym nakrył się po uszy kołdrą i zasnął.

*

Pukanie do drzwi wyrwało go ze snu. Próbował rozejrzeć się po pomieszczeniu, ale było już ciemno, a on jeszcze nie do końca rozpoznawał to miejsce. Po omacku wyczuł przy łóżku kabel nocnej lampki i zapalił światło.

Ponowne pukanie. Podniósł się z łóżka i poczłapał do drzwi.

– Dzień dobry, panie Tomaszu, nie przeszkadzam? – Na oko sześćdziesięcioletnia kobieta wpatrywała się w niego takim wzrokiem, jakby ujrzała anioła.

– Nie...

– Jestem pana olbrzymią fanką! Jola, pracuję w barze – przedstawiła się, podając Tomkowi rękę. W drugiej trzymała aparat fotograficzny. – Koleżanki nie uwierzą, jak im opowiem, kogo poznałam! Czy moglibyśmy zrobić sobie razem zdjęcie?

– Tak – odparł nieco skołowany. Wciąż do końca się nie obudził.

Schodami na parter zbiegał właśnie jakiś mężczyzna.

– O, Edek! Chodź tutaj – zawołała Jola. – Panie Tomaszu, to jest Edek, nasz schroniskowy kierowca i zaopatrzeniowiec. Edek, poznaj pana Tomasza, będzie pisał o naszym schronisku.

– Co? – Mężczyzna nie wyglądał na zainteresowanego.

– Nie co, tylko „proszę". Wysławiaj się, ignorancie. Pan Tomasz jest pisarzem!

– Kolejny historyk będzie pisał o Strzesze?

– Gdzie tam – obruszyła się Jola. – Kryminał napisze!

– Naprawdę? – Edek spojrzał na niego ze zdziwieniem.

– Dobra, rób nam zdjęcie i leć. Ja muszę jeszcze z panem Tomaszem sobie poważnie porozmawiać.

„Tylko nie to" – pomyślał Tomek, próbując wysilić się na uśmiech.

Edek tymczasem wziął od kobiety aparat, przewrócił oczami i na odczepnego zrobił im kilka wspólnych zdjęć, po czym odszedł bez słowa.

– Panie Tomku, jak się panu podoba pokój? – Jola wyglądała na zaaferowaną.

– Bardzo – skłamał.

– Cieszę się. Specjalnie przyniosłam panu kwiaty na parapet. Pisarze chyba muszą mieć wokół siebie atmosferę do tworzenia, prawda?

– Tak…

– Farelkę też przyniosłam, Maryśka się bała, żeby nie było panu zimno. A jak widok z okna się podoba?

– Wspaniały.

– Czułam, że Strzecha pana urzeknie. Trochę rzeczy jest tu do remontu, ale klimat mamy taki, że nigdzie indziej w Karkonoszach takiego pan nie znajdzie – stwierdziła zadowolona. – Coś panu pokażę. Pójdzie pan ze mną na górę?

– Dobrze... – odparł bez entuzjazmu.

Chwilę później znaleźli się przed drzwiami do jednego z pokoi na drugim piętrze. Jola przekręciła klucz w zamku i zrobiła ręką zapraszający gest.

Pokój był malutki. Jakim cudem zmieściły się w nim łóżko, stolik, umywalka i szafa, tego Tomek nie wiedział.

– To moje małe królestwo – stwierdziła zadowolona. – Zaraz pan zobaczy, jak mam tu nastrojowo – dodała, po czym podeszła do kontaktu i wsadziła do niego wtyczkę. Okno rozbłysnęło kolorowymi lampkami choinkowymi. – Jest bajer, jak to teraz młodzi mówią, prawda?

– Robi wrażenie – przyznał, w duchu zastanawiając się, jaka wymówka umożliwiłaby mu szybką ewakuację z królestwa Joli.

– Podpisze mi pan książki? – zapytała, wskazując na stolik. Dopiero teraz zauważył, że na blacie leżał przygotowany długopis i kilka egzemplarzy jego ostatniej powieści. – Jedną poproszę dla mnie, a pozostałe to prezenty dla moich przyjaciółek. Ale będą zaskoczone, jak dostaną takie dedykacje! Naprawdę, jestem bardzo podekscytowana!

– Nie ma problemu – odpowiedział Tomek, tym razem zgodnie z prawdą. Gdy chwilę później napisał w książkach krótkie dedykacje, Jola wyglądała na usatysfakcjonowaną. Chciał już wychodzić, ale kobieta zagrodziła mu drogę.

– Zaraz, miałam przecież coś panu pokazać!

„Ratunku" – pomyślał Tomek. Taka zapowiedź nie wróżyła niczego dobrego. Nim jednak zdążył cokolwiek powiedzieć, Jola wyciągnęła z szafy poplamiony brulion.

– To dla pana. Pożyczam.

– Proszę?

– Pomyślałam, że może to pana... – zawiesiła głos, szukając właściwego słowa – zainspirować do dalszej pracy.

– Co to jest?

– Scenariusz na powieść miłosną. Chyba.

Czy ona właśnie chciała dać mu swoje prywatne zapiski z myślą, że wykorzysta je w swojej książce?

– Pani to napisała?

– No gdzież! – Popatrzyła na niego jak na wariata. – Jakiś czas temu pan Janek kazał mi posprzątać na strychu. Znalazłam ten zeszyt wśród gratów. To pisała chyba jakaś kobieta, może kiedyś tu pracowała? Ja co prawda nie miałam czasu czytać tego całego, wie pan, praca i tak dalej. Zresztą strasznie gryzmoliła. Ale wydaje mi się, że to może być ciekawe, przeczyta pan sobie sam, to zobaczy. Taka romantyczna historia... W schronisku. Dobre, prawda? Co pan myśli? Jakby wpleść taki wątek do pana nowego kryminału... Ja myślę, że to by stało się tym, jak to się...? Bestsellerem!

– Ciekawy pomysł – skłamał znowu.

– A możemy przejść na ty?

– Możemy – odparł, wzdychając w duchu. – Tomek jestem.

– Jola. – Podała mu rękę. – Daj mi swoją datę urodzenia.

– A po co? – zapytał zaskoczony.

– Muszę sprawdzić twoją liczbę urodzenia.

– Dwudziesty czerwca siedemdziesiątego szóstego.

– O, to jesteś młodszy, niż myślałam. Ja jestem rocznik czterdziesty ósmy. No w porządku, czyli twoja data to będzie: dwa, zero, zero, sześć, jeden, dziewięć, siedem, sześć. W sumie daje to nam trzydzieści jeden, a trzy plus jeden to cztery. Tak myślałam! Numerologiczna czwórka! Praktyczny i odpowiedzialny, opierasz się w życiu na zasadach logiki. Poza tym zdyscyplinowany...

– Nie do końca się z tym zgodzę...

– Liczby nie kłamią. Czwórki mają trudne życie.

– Pocieszające.

– Nie przejmuj się, ja jestem numerologiczną trójką. Też nie mam lekko. Ale z doświadczenia widzę, że łatwo dogaduję się z czwórkami. No dobrze, Tomku. Nie będę zabierać ci już czasu. A to jest dla ciebie moje znalezisko – powiedziała, wręczając mu brulion. – Zrób z tego mądry użytek.

– Dziękuję. To… Ja już będę leciał. Miłego wieczoru – dodał i czmychnął z pokoju.

Wrócił do siebie. W pośpiechu pochłonął kanapki, które przywiózł ze sobą, po czym włożył kurtkę, czapkę, owinął się szczelnie szalikiem i postanowił wyjść na dwór. Musiał zapalić. Robił to bardzo rzadko, ale gdy coś szło nie po jego myśli, gdy się stresował, papieros był jego formą medytacji i wyciszenia się. I teraz bardzo tego potrzebował, bo zaczynał wpadać w panikę. W jego głowie kłębiły się wątpliwości. Po co tu przyjechał? Jaki to ma sens? Zbiegł schodami na parter i kolejnymi do zimowego wyjścia. Pchnął drzwi, w twarz uderzyło go mroźne powietrze. Wyciągnął papierosa i zaczął szukać zapalniczki, ale nie mógł jej znaleźć. Był coraz bardziej zdenerwowany. Pomyślał o Magdzie. O tym, że jej nie ma. I że pewnie gdzieś tam patrzy na niego z góry i nie jest dumna. Raz, bo nie pisze, dwa, bo pali. Gdy z nią był, nie musiał palić. I dawał radę pisać. Zrobiło mu się wstyd. Z oczu popłynęło mu kilka łez.

– Ognia? – usłyszał nagle czyjś głos.

Dopiero wtedy zorientował się, że spory kawałek od wejścia pod ścianą stała kobieta w grubej puchowej kurtce. Też paliła.

– Chętnie – odparł. Otarł oczy, licząc, że tamta nie zauważyła jego chwili słabości. Było przecież ciemno.

Pstryknęła zapalniczką i chwilę później Tomek się zaciągnął. Po raz pierwszy od kilku tygodni. Westchnął.

Kobieta milczała. Co jakiś czas wydmuchiwała kłęby dymu, zapatrzona w dal. Wyglądało na to, że dla niej również wyjście na papierosa jest formą wyciszenia. W jej milczeniu było dla Tomka coś kojącego. Poszedł jej śladem i zaczął obserwować widok na Kotlinę Jeleniogórską. Zdziwił się, że zimowa noc w górach może być tak hipnotyzująca. Miliony świateł w dole migotały wesoło, tak że miasteczka i łączące je drogi przypominały kłęby poplątanych bożonarodzeniowych lampek.

– Pizga strasznie, prawda? – Nagle przerwała milczenie, spoglądając na niego z ukosa. Była od niego dużo starsza, ale z powodu młodo brzmiącego głosu i naciągniętej na uszy czapki trudno mu było oszacować jej wiek.

– Cholernie – potwierdził.

– Też masz taki syf w pokoju?

– Nie pytaj – przyznał z rozbrajającą szczerością. – Piętro dla gości przypomina mi psychiatryk, z jedną różnicą, że tu są klamki.

Kobieta zaczęła się śmiać tak bardzo, że aż zakrztusiła się dymem.

– Dobre porównanie. Ale w końcu czego innego spodziewać się po pisarzu.

Tomek spojrzał na nią zdziwiony. Skąd wiedziała, kim jest?

– Nie przedstawiłam się. Maryśka jestem.

– Tomek… – odparł, próbując ukryć zakłopotanie. – Ja myślałem, że zakonnice nie…

– Ja już nie jestem zakonnicą, to raz. A dwa, oczywiście, że palą. Jak mało kto. Wiesz, ile stresu generuje życie w tym chorym hierarchicznym układzie? Trzeba to jakoś rozładowywać.

Tomek nadal był zmieszany.

– Z tym psychiatrykiem to… Nie chciałem, żeby zabrzmiało niegrzecznie… – Próbował się tłumaczyć.

– Czy ja wyglądam na oburzoną?

– Nie, ale nie powinienem był… Ty tu jesteś gospodynią.

– I mam świadomość, jaki jest stan tego miejsca. Dlatego też liczę na ciebie.

– Na mnie?

– Tak, Tomku. Napiszesz o tym schronisku dobrą książkę, kryminał znaczy się. Liczę, że dzięki temu pojawi się tu więcej turystów. Więcej turystów to więcej pieniędzy. A więcej pieniędzy to szansa na remont. Prosta matematyka. W tym miejscu jest potencjał, tylko trzeba je trochę rozruszać. Dlatego jak mój kochany Maks powiedział, że próbuje namówić tego słynnego pisarza, Wilczura, żeby tu przyjechał... Bardzo się ucieszyłam.

– Nie wiem, czy moja książka będzie dobra.

Maryśka spojrzała na niego z dezaprobatą.

– Weź się trochę odpręż – stwierdziła. – Wyglądasz na kłębek nerwów.

– Trochę nim jestem ostatnio. – Znów zdobył się na szczerość.

– Rozumiem. Wiesz co? Chodźmy się napić. Ja zapraszam.

Tomek się zawahał.

– Gospodyni się nie odmawia. No, już, bo jeszcze się rozmyślę i postanowię obrazić za ten psychiatryk – stwierdziła i otworzyła drzwi do schroniska.

Przeszli przez hol i dopiero wtedy Tomek zauważył sowę stojącą u początku schodów na piętro. Drewniana rzeźba ptaka wyglądała dość osobliwie z powodu licznych warstw farby różnego koloru, które z niej odłaziły.

– Zaintrygowała cię nasza odwieczna strażniczka poręczy? – zażartowała Maryśka.

– Tak... Całe to schronisko mnie... Zaintrygowało.

– Ta sowa ma tyle lat co budynek. W zeszłym roku stuknęła jej setka.

Weszli do jadalni. Za ladą przy barze było pusto.

– O, Jolka gdzieś zniknęła – stwierdziła Maryśka. – To ja nam poleję. A swoją drogą, miałeś już przyjemność poznać Jolę?

Potaknął.

– Jest twoją wielką fanką, ale to pewnie sam zauważyłeś. Dała ci żyć czy zażyczyła sobie autograf na każdej części ciała? – Mrugnęła porozumiewawczo.

– Na szczęście dała... – Tomek miał ochotę przetrzeć oczy ze zdumienia. Czy ta, bądź co bądź starsza kobieta, ze swoim poczuciem humoru rzeczywiście mogła być kiedyś zakonnicą?

– Whisky się napijesz?

– Może być.

– Zrobię whisky sour, znasz to?

– Nie.

– To zaraz poznasz – stwierdziła. Przyniosła z kuchni cytryny i jajka, wyciągnęła z lodówki butelkę alkoholu. – Zrobię na oko, wtedy wychodzi najlepsze.

Wyjęła spod lady sporych rozmiarów słoik, wlała do niego dużą ilość whisky, sypnęła trochę cukru. Następnie stłukła dwa jajka i oddzieliła białka, które dodała do alkoholu. Na koniec wcisnęła do środka sok z obu cytryn, zakręciła słoik i potrząsała nim przez dłuższą chwilę. Z półki ściągnęła dwie kryształowe szklanki z grubym dnem i przelała do nich część zawartości słoika. Drinki pokrywała apetyczna, gęsta, biała pianka.

– Voilà! – oznajmiła zadowolona, po czym wskazała na salę. – Który stolik wybierasz?

– Obojętnie. Może być przy oknie.

Usiedli, stuknęli się szklankami. Tomek upił trochę i rozejrzał się po sali.

– Tu też ci się pewnie nie podoba? – zasugerowała Maryśka.

– Nie... To nie o to chodzi. Podobają mi się te drewniane sufity, kaflowy piec jest śliczny... Ale te zwierzaki mnie przerażają. – Spojrzał na wiszące na ścianach wypchane głowy łosi i dzików, czaszki i poroża jeleni. – A to? Masakra. – Wskazał na rząd wieszaków na jednej ze ścian, zrobionych ze zwierzęcych kopyt.

– Wiesz, że też ich nie cierpię? – przyznała Maryśka. – Ale Janek nie chce słyszeć o tym, żeby te stare próchna wywalić na śmietnik. Nieważne, wypijmy za twoją książkę.

Alkohol był słodki i kwaśny zarazem, a przy tym miał aksamitną konsystencję.

– Fajnie to wymyśliłaś – pochwalił ją Tomek, wskazując na szklankę.

– A dziękuję! – odparła i przyniosła z baru słoik. Dolała im. – Mogę o coś zapytać? Wybacz mi bezpośredniość, ale czuję, że przeżywasz jakiś poważny kryzys…

– Maks ci powiedział? – Tomek jej przerwał.

– Nie. Po prostu się domyśliłam. Te łzy na dworze, tak niespodziewanie. Pomyślałam wtedy, że przypomniałeś sobie nagle o czymś bardzo przykrym. Sprawiasz wrażenie kogoś, kto stracił jakąś część siebie i przeżywa żałobę.

– Dobrze to ujęłaś. Straciłem część siebie półtora roku temu. Zginęła moja ukochana – odparł cicho. – I od tamtej pory nie umiem niczego w życiu zrobić dobrze. Nie mam siły, żeby w ogóle cokolwiek robić. Nawet jak już się do czegoś zabieram z nadzieją, że się uda, to wkrótce tracę poczucie sensu. Porzucam to i dalej się zadręczam. Tak jest z moim pisaniem od czasu jej śmierci.

– Wyglądasz trochę jak taki zamarznięty sopelek. – Spojrzała na niego ze współczuciem. – Musiałeś ją bardzo kochać.

Jego oczy się zaszkliły.

– Ale nie martw się, przyjdzie czas, że się odmrozisz. Bądź cierpliwy. – Zamyśliła się na moment. – Ważne, że próbujesz. Że szukasz tematów, że siadasz do klawiatury. To jest godne podziwu.

– Podziwu? – prychnął. – Czuję się czasem jak bezużyteczne drzewo, które nie rodzi owoców i prosi się, żeby je ściąć.

– To jest myślenie jak z biblijnych przypowieści. Od pewnego czasu uświadamiam sobie, jak bardzo krzywdzące są niektóre z nich. Nie rodzi owoców, więc należy dać nawóz, a jak to nie pomoże – wykarczować i rzucić w ogień wieczny. A nigdzie nie ma pytania, dlaczego tych owoców nie rodzi. Jest tylko nakaz: musi dawać owoce. Nie ma troski i współczucia. Więc nie, Tomku, nie jesteś bezużyteczny. Jeszcze będziesz rodził piękne owoce. To, że próbujesz pisać, mimo swoich doświadczeń i problemów, to wielka odwaga.

– Nie jestem odważny. Ja się boję. Bez przerwy czegoś się boję.

– Odwaga to działanie pomimo strachu. Działasz. A więc jesteś odważny – stwierdziła stanowczo, a potem dolała im ze słoika do pustych już szklanek.

Część VI

POLICJANT

Każdy morderca jest zapewne czyimś starym przyjacielem [...]. *Nie wolno mieszać uczuć z rozsądkiem**.

Agatha Christie

---

* A. Christie, *Tajemnicza historia w Styles*, tłum. T.J. Dehnel, Wrocław–Poznań 2020.

Strzecha Akademicka, 2 marca 2007

Obudził się dość późno i z ciężką głową. Wyraźnie czuł skutki wypitego wczoraj alkoholu. Pomyślał o Maryśce i ich wieczornej rozmowie. Dawno nikt nie dodał mu tyle otuchy zaledwie kilkoma mądrymi zdaniami. Rozejrzał się po pokoju. Wieszak nadal był owinięty taśmą klejącą, na ścianach te same zacieki, szafa wyglądała może nawet gorzej, niż ją zapamiętał z poprzedniego dnia. A mimo to czuł się jakoś lepiej. „Jeszcze parę dni i uznasz, że jest tu ładnie" – powiedział do siebie z ironią. Uśmiechnął się.

Usiadł przy biurku i odszukał w notatkach numer telefonu do emerytowanego policjanta, który prowadził niegdyś sprawę Czerwińskiego. Zadzwonił.

– Dzień dobry, panie Albercie. Tomek Wilczur z tej strony, dostałem numer od Maksa. Pracuję nad książką o sprawie Andrzeja Czerwińskiego. Zgodziłby się pan ze mną o niej porozmawiać?

– Czemu nie, możemy pogadać. Jest pan bardzo odważny.

– Dlaczego?

– To nie jest tak stara sprawa.

– A jakie to ma znaczenie?

– Wielu ludzi jeszcze ją pamięta. I na pewno nie wszystkim się spodoba, że ktoś chce to wywlekać po raz kolejny na światło dzienne.

Tomek się zawahał.

– Nie mam nic do stracenia – stwierdził po chwili. – Dzisiaj albo jutro znajdzie pan chwilę?

– Jutro tak. Przyjedzie pan do mnie? Mieszkam w Kowarach.

– W porządku.

– Możemy się spotkać w kawiarni na dworcu kolejowym? Koło południa?

– Dobrze, do zobaczenia!

Rozłączył się. Co począć z resztą dnia? Spojrzał na biurko i leżący na nim od wczoraj brulion od Joli. Nie chciało mu się nawet do niego zaglądać. Postanowił wybrać się na spacer, żeby przewietrzyć umysł po wypitym wczoraj alkoholu.

Włożył kupione specjalnie na ten wyjazd zimowe ubranie i zszedł na dół. Siła wiatru była tak duża, że z trudem otworzył drzwi. Gdy już wydostał się na zewnątrz, zwątpił. Czy wycieczka to na pewno dobry pomysł? Gdzie powinien iść? Najchętniej wybrałby się do Białego Jaru, zobaczyć miejsce, w którym zeszła słynna lawina, ale doskonale rozumiał, że o tej porze roku mogłoby się to skończyć tragicznie.

– Co, w góry pan idzie? – zaczepił go jakiś mężczyzna.

Tomek poznał go po chwili: to był Edek, kierowca, który robił mu wczoraj zdjęcia.

– Waham się jeszcze – odpowiedział zgodnie z prawdą, po czym przypomniał sobie o planowanym spotkaniu z policjantem. – Pan jest kierowcą?

– No.

– A będzie pan jutro jechał rano na dół?

– Będę. Chce się pan zabrać?

– Tak.

– To o dziesiątej czekaj pan z tyłu schroniska, tam mamy sprzęt. Będę jechał ratrakiem, bo samochodem teraz to ni chuja, za przeproszeniem. Dzisiaj rano pojechałem autem, a wiatr nawiał takie zaspy na drodze na dół, że zakopałem się w jednej i potem pół godziny latałem z łopatą, żeby się z tego gówna wydostać.

Tomek coraz bardziej wątpił, czy spacer po górach to dobry pomysł. I czy w ogóle przy takiej pogodzie tę wyprawę można nazwać spacerem. Bardziej pasowałoby chyba określenie: walka o przetrwanie. Nie, chyba nie miał na nią ochoty.

– A o czym ten kryminał będzie, jeśli można zapytać? – Wyrwał go z zamyślenia Edek.

– O Andrzeju Czerwińskim.

Tamten momentalnie zmienił się na twarzy.

– Co? – zapytał krótko.

– O Czerwińskim, turyście, którego znaleźli w lawinie w dziewięćdziesiątym drugim.

– Wiem, kto to. Ale nie wiem, o czym tu pisać? Poza nim zginęły jeszcze inne osoby, czym niby Czerwiński się od nich różni?

– Tym, że prawdopodobnie został zawleczony do lawiniska już jako martwy.

– Głupoty pan pierdolisz, za przeproszeniem. Telewizji się naoglądał i sensacji u nas szuka.

– A pan może pamięta tamtego sylwestra?

– Ja? – oburzył się i na chwilę zamilkł, po czym dodał ciszej: – A gdzie tam. Ja tu jeszcze nie pracowałem wtedy.

– Ponoć Czerwiński był na zabawie i z niej zniknął, a potem znaleźli go w lawinie.

– Ta, pewnie. Gówno prawda, za przeproszeniem. Jego w ogóle nie było na tej zabawie. To, że niby był, to plotka.

– Ktoś jednak zeznał, że był.

– A! – Machnął ręką. – Ten goprowiec, który miał wtedy u nas dyżur. Gówniarz dopiero zaczynał służbę w pogotowiu i pewnie się mało nie zesrał z wrażenia, jak zeszła ta lawina. I co? Jak niby pamiętał, kto był na zabawie sylwestrowej, skoro sam w niej nie brał udziału, tylko siedział w dyżurce obrażony cały czas, bo on niepijący.

Tomek spojrzał na niego z ukosa. Widział, że z każdą sekundą mężczyzna coraz bardziej się irytuje. Wahał się tylko przez moment, po czym zaryzykował kolejne pytanie, chociaż wiedział, że wyprowadzi nim Edka do reszty z równowagi.

– A jeśli mogę zapytać, skąd pan wie, co działo się na zabawie, skoro pana na niej nie było?

Mężczyzna już chciał coś powiedzieć, po czym się zawahał. Zacisnął usta i po chwili odparł:

– Z opowieści innych, którzy byli.

– A kto był? Ktoś z obecnych pracowników Strzechy?

– Panie, zawracasz mi pan dupę, za przeproszeniem. Ja muszę iść towar rozładować. Idź pan już lepiej na ten spacer – fuknął i wszedł do schroniska, trzaskając drzwiami.

Tomek przez moment jeszcze się wahał, po czym zdecydował się ruszyć w drogę. Zanotował w głowie dwie ważne rzeczy na później: po pierwsze, przyjrzeć się bliżej Edkowi, po drugie, dowiedzieć się więcej o goprowcu, o którym przez przypadek wygadał się przed nim kierowca.

Szlak, którym zmierzał w górę, był oznakowany na niebiesko. Zdążył się już zorientować, że była to droga dojazdowa do jeszcze jednego schroniska, Domu Śląskiego, i pewnie dlatego szlak przypominał wyżłobioną w śnieżnej pokrywie rynnę powstałą na skutek przejazdu ratraków i skuterów śnieżnych.

Im wyżej się znajdował, tym warunki były gorsze. Zgarbiony, mozolnie stawiał kolejne kroki, zapadając się w śniegu, którego bez przerwy nawiewało z zasp otaczających szlak z obu stron. Te zaś były tak duże, że ledwo wystawały z nich drewniane tyczki. Wiatr nacierał z niebywałą siłą, sprawiając, że Tomek z trudem utrzymywał prosty chód. Kilkadziesiąt minut później, spocony i zdyszany, dotarł do rozwidlenia. Znaki jednak w całości oblepił śnieg i lód, więc szansa na ich rozczytanie była równa zeru. Zdjął plecak i wyciągnął z niego mapę. Gdy tylko ją rozłożył, zaczęła łopotać jak szalona, a podmuchy wiatru omal nie wyrwały mu jej z rąk. Zawierucha przybierała na sile, tak samo jak śnieg, boleśnie kłując go w policzki i ręce. W końcu kucnął, a potem klęknął, kolanami i jedną ręką przygniatając mapę, a drugą próbując przytrzymać na głowie kaptur.

– Cholera – syknął wściekły.

Janek miał rację, zima w Karpaczu przy tym wariactwie była jak bezpłatna wersja próbna. Tu natomiast panowała wersja premium z dodatkowymi atrakcjami.

Po chwili zlokalizował swoje położenie na mapie. W lewo szło się na Śnieżkę – tę ewentualność odrzucił od razu, był już i tak zdecydowanie za wysoko. W prawo droga wiodła do ruin schroniska Księcia Henryka. Znał to miejsce z opowieści Maksa, więc wybrał tę opcję.

Szedł już dłuższy czas, wciąż przytrzymując targane wiatrem kaptur i szalik. Wokół panowała wyłącznie biel, od której aż kręciło mu się w głowie. Aby nie stracić równowagi, patrzył więc pod nogi. Zapadał się w śnieg coraz bardziej, aż w pewnym momencie wpadł po pas. Spróbował zrobić duży krok, żeby wyjść z dołka, lecz zanurzył się jeszcze głębiej. Chciał złapać się czegoś, żeby się wydostać, ale wokół był tylko biały puch. W pewnym momencie podniósł głowę. Tknęło go złe przeczucie. Panicznie rozglądał się wokół. Mgła, śnieg, śnieg, mgła. Nigdzie ani jednej tyczki.

– Kurwa! – krzyknął. Gdzie podział się szlak? Co robić? Odruchowo złapał się za kieszeń. Nie wyczuł komórki. Sprawdził drugą kieszeń, tam też pusto. Serce biło mu coraz szybciej. Nagle przypomniał sobie, gdzie jest telefon... Zostawił go przecież w schronisku podłączonego do ładowarki. Poczuł ucisk za mostkiem. Panika. Zginie w górach. Czy zamarzanie boli? Zaczynało mu brakować tchu. „Odwagi" – pomyślał. „Odwaga to działanie pomimo strachu". Wciąż ciężko dysząc, wygramolił się z niecki i ruszył przed siebie, kurczowo trzymając się nadziei, że w końcu trafi na coś, co pomoże mu się zlokalizować. Każdy kolejny krok stawiał z trudem. Najgorsze było, gdy noga zapadała się w śnieg do pewnego momentu i już wydawało się, że trafia na stabilny grunt. Tomek przenosił na nią ciężar ciała, żeby zrobić krok do przodu, a wtedy ona momentalnie zapadała się głębiej.

Za którymś razem przy tym manewrze upadł, uderzając twarzą w biały puch. Przewrócił się na bok. Śnieg zacinał coraz mocniej. Miał wrażenie, że jeśli natychmiast nie wstanie, zaraz przysypie go po czubek głowy. A więc tak wygląda prawdziwa zima. Podniósł się i znowu ruszył przed siebie. Nie wiedział, w jakim kierunku idzie. Pozostała mu tylko nadzieja, że w końcu gdzieś dotrze. Co jakiś czas wiatr uderzał go w twarz śniegiem, tak że musiał bez przerwy mrużyć łzawiące oczy, aż w końcu je zamknął. Skoro i tak nic nie widzi i błądzi po omacku, to równie dobrze może iść z zamkniętymi oczami. Próbował skupić się na liczeniu kroków, żeby zająć czymś głowę. Raz, dwa, trzy, piętnaście, trzydzieści... Co jakiś czas otwierał oczy, aby sprawdzić, czy wokół nie natrafi na jakiś znak.

Gdy po kilku kolejnych minutach udręki niespodziewanie dostrzegł tyczki, omal nie krzyknął ze szczęścia. Ruszył ich śladem. Tym razem obserwował je uważnie. Po dłuższym czasie zobaczył krzyż. Prosty, metalowy, na kamiennym cokole, który ledwo wystawał ponad powierzchnię śniegu. W tych okolicznościach wyglądał wyjątkowo upiornie.

Zaraz za krzyżem niespodziewanie wyrósł przed nim budynek. Tomek podszedł i oparł się rękami o ścianę, żeby upewnić się, że to dzieje się naprawdę. Surowy i potężny gmach sprawiał ponure wrażenie. Dopadł drzwi i wszedł do środka. Znalazł się w przepastnym holu, na którego końcu zaczynały się schody na piętro. Powieszony nad nimi napis głosił: *Vítejte na Luční boudě**. A więc był w Czechach. Przycupnął na ławce pod ścianą i wyciągnął mapę, żeby zorientować się, gdzie dokładnie jest i jak tu trafił. Wyglądało na to, że zbłądził na czerwonym szlaku, z którego musiał zboczyć w lewo, i po omacku trafił na szlak żółty, który odbijał od czerwonego właśnie do schroniska Luční

---

* *Vítejte na Luční boudě* (czes.) – Witajcie w schronisku Luční bouda.

bouda. Na mapie wyglądało to zupełnie niegroźnie, lecz rzeczywistość tej wędrówki była zupełnie inna.

Gdy już mniej więcej zrozumiał, jaką drogę pokonał i którędy powinien wrócić do Strzechy Akademickiej, ruszył w stronę schodów na piętro. Musiał się uspokoić, napić czegoś ciepłego i uzupełnić kalorie.

Strzecha Akademicka, 2 marca 2007

Droga powrotna upłynęła mu na szczęście bez żadnych nieoczekiwanych przygód. Uważnie obserwował tyczki, śnieg też nieco zelżał i Tomek bez błądzenia dotarł do Strzechy Akademickiej. Wciąż nie mógł przestać dziwić się temu, jak łatwo zimą w górach o wypadek.

Wszedł do swojego pokoju. Szybki rzut oka na sztuczne kwiaty, rozwalony wieszak i szafę grożącą wyzionięciem ducha w każdym momencie. Uśmiechnął się. Wszystko było na swoim miejscu. Po raz pierwszy tak bardzo się ucieszył, że grzejnik wciąż pracował pełną parą i w pokoju było ciepło.

Spojrzał na telefon. Trzy nieodebrane połączenia od Julity, dziewczyny od marketingu z wydawnictwa. Westchnął i postanowił oddzwonić.

– Co tam?

– Tomek! Gdzie ty jesteś?

– W Karkonoszach, mówiłem ci na ostatnim spotkaniu, że wyjeżdżam.

– W sprawie tej książki o śmierci w lawinie?

Potwierdził.

– I jak ci idzie pisanie?

– Na razie zbieram materiały. To jest o wiele bardziej skomplikowana historia, niż mi się pierwotnie wydawało.

– Tomek... – Westchnęła z niezadowoleniem. – Nie możesz marnować tyle czasu na zbieranie materiałów. Dyrekcja zaczyna się niecierpliwić. Umowa podpisana już dawno, a książki jak nie było, tak nie ma. Czytelnicy czekają, a ich cierpliwość też ma swoje granice. Każesz za długo czekać, zaczną czytać innych. Zapomną o tobie. Jak to przeciąganie potrwa dłużej, to trzeba będzie cię znowu wprowadzać na rynek jak debiutanta. A to będą dla wydawcy duże koszty...

– Trudno, nic na to nie poradzę. Nie umiem szybciej – zdobył się na odpowiedź.

– Miałeś już całkiem nieźle wyrobione nazwisko, więc wiesz... To nie musi być jakaś literatura najwyższych lotów. Trochę seksu, jakiś trup i masz książkę. Byle była gruba, no i szybko, rozumiesz?

– Julita, jak napiszę, dam znać. Dzwoniłaś z czymś konkretnym? Bo jestem trochę zajęty. – Próbował uciąć rozmowę.

– W sumie tak. Wpadłam na pewien pomysł na promocję książki, którą teraz piszesz. Przepraszam, na którą zbierasz materiały – dodała nieco złośliwie. – I w związku z tym mam propozycję. Pamiętasz tę słynną powieść, którą napisał autor z Wrocławia, o morderstwie? Facet opisał sprawę zabójstwa łudząco podobnego do pewnej zbrodni, w przypadku której policji nie udało się ustalić sprawcy. I potem się okazało, że to on był zabójcą.

– Do czego zmierzasz?

– Tomek, wiesz, jak potem skoczyła sprzedaż tej książki? To stało się rarytasem, do dzisiaj egzemplarze tej powieści chodzą na aukcjach za kilkaset złotych.

– Mam kogoś zabić, żeby książka lepiej się sprzedawała?

– No co ty, nie! Ale pomyślałam, że mógłbyś... Upozorować swoje zaginięcie.

– Co?

– No słuchaj, to będzie taki chwyt marketingowy, że... Zrobi robotę. Popatrz, ten facet, o którym będziesz pisał, też gdzieś zaginął, co nie?

– W lawinie zaginął – odparł z sarkazmem.

– No właśnie. – Julita nie wyczuła ironii. – I jakbyś ty też zniknął teraz w Karkonoszach na kilka dni, tak jak twój przyszły główny bohater, to będzie tym można potem fajnie zagrać marketingowo. Co ty na to?

– Chyba do reszty cię powaliło.

– Tomek, to nie jest zły pomysł. Wyjdziesz ze schroniska któregoś dnia. Zaszyjesz się gdzieś na dzień, maksymalnie dwa, ustawimy kogoś, żeby zgłosił twoje zaginięcie…

– Julita, nawet nie kończ, bo to naprawdę najbardziej poroniony pomysł, jaki kiedykolwiek słyszałem.

– Ale pomyśl…

– Muszę kończyć, cześć – odparł i się rozłączył. – Po moim trupie – rzucił sam do siebie.

Podszedł do grzejnika, oparł o niego ręce i wyjrzał przez okno. Śnieżyca szalała w najlepsze. Dzisiaj omal naprawdę nie zaginął. I to mu zdecydowanie wystarczyło.

Kowary, 3 marca 2007

Gdy Edek zostawił Tomka na parkingu w Karpaczu, ten spędził niemal pół godziny na odkopywaniu i oczyszczaniu swojego samochodu, by móc ruszyć w drogę. W normalnej sytuacji poprosiłby pewnie kierowcę ze Strzechy o pomoc, ale po wczorajszej rozmowie Edek był wobec niego wyjątkowo oschły.

Mimo nieprzewidzianych komplikacji w Kowarach pojawił się o czasie. Zaparkował na placu przed stacją kolejową, która, chociaż w miarę zadbana, przedstawiała sobą dość przykry widok z bardzo prozaicznego powodu: była od przeszło dwudziestu lat nieczynna.

Od pewnego czasu liczba zamkniętych dworców na Dolnym Śląsku systematycznie rosła wraz z każdą kolejną likwidowaną linią kolejową. Nieczynne stacje stały się charakterystycznym elementem wielu dolnośląskich miejscowości. Wystarczyło spojrzeć na najbliższą okolicę: Karpacz, Kamienna Góra... Puste dworce kolejowe były jak krzyczący wyrzut sumienia dla rządzących, że oto dziś budynki, które swego czasu stanowiły dumę miasta, świadczyły o ich znaczeniu, były przepustkę do rozwoju, stały się dowodem wykluczenia i upadku.

Kawiarnia, w której umówił się z policjantem, mieściła się w dawnej dworcowej poczekalni. Wchodząc do niej, Tomek zaczął zastanawiać się, jak pozna swojego rozmówcę. Problem rozwiązał się niemal od razu: w środku zajęty był tylko jeden stolik, obok dawnego wyjścia na perony. Siedzący przy nim mężczyzna od razu pomachał ręką i wstał, żeby się przywitać.

– Pan pisarz? Dzień dobry, Albert.

– Cześć. Tomek jestem. Cieszę się, że znalazłeś czas, żeby się ze mną spotkać.

– Dostałeś najlepsze możliwe referencje. Maks uprzedził, że będziesz chciał się ze mną skontaktować, a jemu się nie odmawia.

– Mam wrażenie, że Maks czuwa tu nade mną jak jakiś dobry duch – powiedział Tomek z uśmiechem. – Od mojego przyjazdu jeszcze się z nim nie widziałem, ale zauważyłem, że wszyscy tutaj o moim przybyciu zostali już przez niego uprzedzeni.

– Uratował Śnieżne Kotły, dla ludzi jest więc bohaterem – przyznał Albert, po czym zwrócił się do kelnerki, która właśnie podeszła: – Dla mnie to, co zawsze.

– A ja poproszę kawę, czarną – dodał Tomek.

Gdy kobieta odeszła, Albert od razu przeszedł do rzeczy i spytał:

– No dobrze, to co cię konkretnie interesuje?

– Andrzej Czerwiński.

– To akurat jest jasne. Co już wiesz na ten temat?

– Wiem, że facet przyjechał tu pod koniec dziewięćdziesiątego pierwszego. Domyślam się, że chciał wyjaśnić jakieś sprawy związane z niechlubną przeszłością swojego ojca, który zaginął w tych górach razem z bratem pod koniec lat czterdziestych. Andrzej interesował się tym tematem na krótko przed swoją śmiercią.

– O! – Albert był zaskoczony. – Wiesz chyba trochę więcej, niż mówiono w telewizji czy pisano w gazetach. Skąd? W aktach o zaginięciu ojca też przecież nie było wzmianki, nikt nie łączył tych dwóch spraw...

– Nie wiem, co było w aktach, bo te zostały zniszczone. Miałem jedynie wgląd do protokołu sekcyjnego.

– Ale tam nic nie ma. We Wrocławiu potwierdzili tylko tyle, że jest martwy. Ale nic nam sprawy nie ułatwili. Żadnego punktu zaczepienia.

– Zauważyłem.

– To skąd wiesz o ojcu i jego bracie?

– Trafiłem na wywiad z Janiną Czerwińską sprzed kilkunastu lat. Wspominała w nim, że jej mąż i szwagier w październiku czterdziestego siódmego wyszli razem ze Strzechy na wędrówkę, z której nie wrócili. Byłem też w Archiwum Państwowym we Wrocławiu, są tam akta z kontroli NIK-u w jeleniogórskiej Dyrekcji Turystyki Sudeckiej z czterdziestego siódmego roku. Dużo w nich było o przekrętach Stefana. Dowiedziałem się też, że Andrzej oglądał te dokumenty tuż przed feralnym wyjazdem w Karkonosze, z którego już nie wrócił.

– Wiesz, że ja to ustaliłem dopiero po zamknięciu śledztwa? Przyznaję, że dalej, nieoficjalnie grzebałem w tej sprawie. Wszystko przez anonim, który nie dawał mi spokoju.

– Anonim?

– Zacząłem służbę w połowie dziewięćdziesiątego pierwszego, byłem wtedy młodym policjantem. Zupełny brak doświadczenia, poza tym dopiero co sprowadziłem się w Karkonosze, nikogo tu nie znałem. Dostałem pracę w komisariacie w Karpaczu. Po kilku miesiącach służby najgorsze możliwe wykroczenie, w sprawie którego przyjmowałem zgłoszenie, było takie, że którejś nocy pijany facet odlał się pod pomnikiem Liczyrzepy w centrum. Słowem: cisza i spokój. Karpacz jakby nie miał kryminalnego życia. Niby fajnie, ale dla mnie to w pewnym momencie stało się frustrujące: nuda i nuda. Aż przyszła lawina, ta w noc sylwestrową. I nagle cały spokój prysł, tak że potem zacząłem za nim tęsknić.

Kelnerka postawiła przed Tomkiem filiżankę parującej kawy, a przed Albertem szklankę herbaty z cytryną i kieliszek jakiegoś mocnego alkoholu. Policjant kontynuował:

– Problemy zaczęły się od goprowca.

– No właśnie, obiło mi się coś o uszy! To goprowiec był tym świadkiem? – zapytał Tomek, wyciągając zeszyt. Zamierzał notować, żeby nic ważnego mu nie umknęło.

– Nazywał się Zalewski. Dzisiaj jest szefem karkonoskiej grupy GOPR-u. Ludzie go szanują. I on przyszedł do nas ze zgłoszeniem bardzo dziwnej treści. Mianowicie brał udział w tej akcji lawinowej. Trwała dość długo, ostatnie ofiary wykopano dopiero po tygodniu, a może nawet dwóch. Wśród tych ostatnich było ciało Andrzeja Czerwińskiego. Zalewski go rozpoznał. Pamiętał, że spotkał gościa w Strzesze Akademickiej w noc sylwestrową, kiedy miał tam dyżur. Zarzekał się, że widział faceta żywego w schronisku jeszcze po tym, jak zgłoszono zejście lawiny. Że biegnąc na akcję, minął go w drzwiach czy jakoś tak. I przyszedł do nas z informacją, że wykopali ciało tego gościa, ale on nie mógł tam zginąć.

– Niezła historia.

– Niezła? Ówczesny komendant, Trafalski, był wkurwiony jak nigdy dotąd. Taki trup to same problemy. Jak jest zgłoszenie, że faceta ktoś zadźgał nożem na ulicy, to wszystko jest jasne. A to? To była sprawa, o której od razu wiedzieliśmy, że będziemy się z nią pierdolić, a i tak niewiele wykombinujemy. Komendant próbował nawet przekonać Zalewskiego, żeby wrócił do domu, a jego wizytę uznać za niebyłą. Wiesz, nie chciał mieć problemów na swoim terenie i burdelu w statystykach. To były popieprzone czasy, początek lat dziewięćdziesiątych.

– I co, Zalewski wycofał zgłoszenie?

– A gdzie tam. To był służbista, zawsze wierny zasadom. Powiedział, że jak nie przyjmiemy zgłoszenia, to pojedzie do Jeleniej Góry i tam zgłosi zarówno sprawę Czerwińskiego, jak i złoży donos na nas, że nie chcieliśmy się tym tematem zająć i próbowaliśmy go zbyć.

– To dopiero się komendant wkurwił...

– Nie pytaj nawet. W każdym razie zgłoszenie przyjęliśmy. Ciało poszło na sekcję. Kiedy okazało się, że nic tam nie znaleźli, szef był przeszczęśliwy.

– No ale to chyba nie do końca dobrze się złożyło, bo nie znaleziono też dowodów na to, że zginął w lawinie.

– Ja to wiem. Ale co ja miałem wtedy do gadania... Prokurator był skłonny sprawę szybko umorzyć, byleby stworzyć jakieś hipotetycznie rozsądne wyjaśnienie, nieważne czy prawdziwe. Byleby jakoś brzmiało.

– Wyjaśnienie?

– Wyjaśnienie, skąd Czerwiński wziął się w tej lawinie. Na przykład początkowo założyliśmy, że w momencie jej zejścia rzeczywiście znajdował się w schronisku, tak jak zeznał Zalewski. Być może był już jednak tak pijany, że nie zachowywał się racjonalnie i na wieść o katastrofie opuścił schronisko i ruszył w góry.

– Po co miałby to robić?

– Nie wiem. – Albert wzruszył ramionami. – Bo chciał ratować ofiary? Może z ciekawości? W każdym razie założyliśmy, że pijany Czerwiński dotarł na miejsce, a tam po prostu zasnął i zamarzł. A potem zeszła jakaś kolejna, mała lawina i go zasypała.

– Tylko że tej hipotezy nie potwierdziła sekcja zwłok. Czerwiński nie zamarzł.

– Właśnie. Więc powstał kolejny scenariusz. Zakładał, że Zalewski rzeczywiście widział Czerwińskiego, ale źle oszacował godzinę, a mężczyzna naprawdę wyszedł ze schroniska przed zejściem lawiny. Jednak takie zachowanie Czerwińskiego rodziło pytania: dlaczego opuścił zabawę tuż przed najważniejszym momentem sylwestra, czyli odliczaniem do północy? W jakim celu w środku mroźnej, zimowej nocy postanowił sam pójść w góry?

– Nie brzmi to logicznie.

– Nie brzmi.

– Dobrze, ale co z resztą pracowników Strzechy Akademickiej, ktoś ich w ogóle przesłuchał?

– Komendant starał się tego uniknąć, ale ostatecznie trzeba było.

– I co?

– Ich zeznania w ogóle położyły sprawę. Wyobraź sobie, nikt z nich nie widział Czerwińskiego na zabawie sylwestrowej. Sam przesłuchiwałem kilka osób, wszystkie zeznały, że późnym popołudniem facet wymeldował się z pokoju i poszedł pieszo do Karpacza.

– I to właśnie był koronny argument, żeby nie wierzyć Zalewskiemu.

– To było słowo przeciwko słowu, a w zasadzie: słowa przeciwko jednemu słowu. I wtedy powstała jeszcze inna hipoteza, że to Zalewski coś zrobił temu facetowi, a potem sam podrzucił zwłoki do lawiniska, bo to on dotarł pierwszy na miejsce katastrofy, na długo przed resztą goprowców.

– Wierzysz, że to mógł być on?

– Z pozoru mało logiczne. Jeśli to był on, czy sam podkładałby się policji, przychodząc do nas z donosem? Nie chciało mi się w to wierzyć. Chyba że był zaburzony, i to mocno. Takie rzeczy też się zdarzają. Nie często, ale jednak bywa, że morderca sam zgłasza zabójstwo, bo kręci go ta adrenalina, ta zabawa w kotka i myszkę z policją. Liczyłem, że może Zalewski jakoś ujawni się kilka lat później, gdy kręcono odcinek o Czerwińskim dla *Magazynu kryminalnego 997*.

– Nie rozumiem? Jak miałby się ujawnić?

– W tym programie była taka zasada, że jak kręcili w terenie, to do roli statystów brali chętnych ludzi z okolicy. Zazwyczaj taka propozycja cieszyła się dużą popularnością, dla ludzi na prowincji to była atrakcja, zobaczyć od kulis plan filmowy i jeszcze potem wylądować w telewizji. Dwa razy w historii tego programu zdarzyło się, że morderca sam zgłaszał się na statystę. Jednego, jeśli dobrze pamiętam, rozpracowali jakiś czas po nagraniu, bo policja zorientowała się, że odegrał rolę mordercy ze wszystkimi detalami, nie znając scenariusza ani szczegółów sprawy.

– I co, Zalewski nie zgłosił się do magazynu kryminalnego?

– Nie zgłosił.

– No dobrze, ale na początku rozmowy wspominałeś o jakimś anonimie – przypomniał mu Tomek.

– A, no tak! Gdy sprawa już była umorzona, zadzwonił na komendę telefon, ja odebrałem. Ktoś mówił szeptem. Powiedział, że Andrzeja Czerwińskiego zatłukli, a my udajemy, że nie wiemy, jak było naprawdę. I się rozłączył.

– Co na to komendant?

– Nawet nie mówiłem mu o tym telefonie, wściekłby się. Ale nie dawało mi to spokoju. Ten anonim był dziwny. Po pierwsze, chyba nie było w nim do końca prawdy. Ten ktoś powiedział, że „Czerwińskiego zatłukli", a przecież sekcja nie wykazała żadnych obrażeń. Ja się nawet zapytałem tych z sądówki, czy jakby bili tak, żeby nie było siniaków ani innych śladów na skórze, to czy na sekcji by to wyszło. Powiedzieli, że tak. Ponoć nawet jakby faceta przytrzymywali gdzieś siłą i nie byłoby na przykład na ramionach śladów, to oni i tak pod skórą by widzieli, że ktoś go trzymał przed śmiercią. – Albert się zamyślił. W pewnym momencie przypomniał sobie o herbacie, która czekała na stole. Wlał do niej zawartość kieliszka i zaczął pić.

– Powiedziałeś, że, po pierwsze, to nie do końca była prawda o tym, że go zatłukli. A jest jakieś „po drugie"? – zapytał Tomek, nieustannie notując.

– Tak. Po drugie, zaintrygowało mnie w tym donosie, że anonimowy donosiciel nie powiedział: „Czerwińskiego ktoś zatłukł" albo „został zatłuczony", tylko: „z a t ł u k l i". Powiedział to wyraźnie w liczbie mnogiej. Dla mnie była w tym sugestia, że w zabójstwie brało udział więcej osób.

– I nic z tym anonimem nie zrobiłeś?

– Oficjalnie nic – przyznał Albert. – Próbowałem prowadzić swoje prywatne dochodzenie. Jak mówiłem, sprawa była już wtedy dawno umorzona, a ja i tak nie mogłem za wiele zdziałać. Raz, bo komendant. Dwa, gdy zacząłem śledztwo, po pierwszych przesłuchaniach zrozumiałem, że będę miał bardzo, bardzo pod górkę, bo nikt mnie tu nie brał na poważnie. Wiesz, byłem nowy, obcy. Ludzie przede mną się nie otwierali. Patrzyli na mnie podejrzliwie. O fakcie, że ojciec Czerwińskiego kiedyś prowadził Strzechę z żoną i potem zaginął razem z bratem, dowiedziałem się dużo później, po umorzeniu sprawy. Okazało się, że wie o tym pół miasta, tylko nie ja. Poza tym były inne, szczególne ofiary lawiny, więc kto by tam się przejmował jednym martwym facetem z Małopolski.

– Jak to?

– Nikt nie zabiegał o postęp śledztwa w jego sprawie. Nikogo to nie interesowało, może poza Zalewskim. A zresztą ta lawina to był gruby skandal. Tyle ofiar! Skąd ci ludzie się tam w ogóle wzięli? Nigdy tego nie wyjaśniono. Przecież to był szlak zamykany na zimę! Tam szły dwie grupy, druga z przewodnikiem. I to było najdziwniejsze. Dlaczego ich tam zabrał? Kto jak kto, ale przewodnik powinien wiedzieć, jakie są warunki na szlakach, gdzie jest bezpiecznie, a gdzie nie… Gdy do tego okazało się, że wśród ofiar było kilku Rosjan i jakichś starszych Niemców z NRD… Wtedy dopiero się zaczęło. Powstały niestworzone teorie, że tam w Białym Jarze były poniemieckie sztolnie. I ponoć wlot do jednej z nich został odsłonięty niewiele wcześniej przez jakąś mniejszą lawinę. A ci poszli tam po skarby, bo jakże by inaczej. Pojawiła się też plotka, że lawinę spuszczono celowo na nieprzypadkową grupę osób i było to związane z porachunkami między nielegalnymi poszukiwaczami skarbów. Albo kolejna wersja, że oni wywołali tę lawinę, żeby zasypać z powrotem wejście do sztolni, ale przeszarżowali i lawina wyszła tak duża, że ich też zasypało. Do tego wmieszał się jeszcze taki przygłupi rosyjski konsul, który w jakimś wywiadzie oskarżył Polaków, że celowo opóźnili akcję. Według niego wiedzieliśmy, że wśród ofiar są Rosjanie, i nie chcieliśmy ich uratować. Wyobrażasz sobie?

– Niezły syf – przyznał Tomek, po czym zajrzał do notatek. – Mam jeszcze jedno pytanie. Czy ktokolwiek z obsługi schroniska, kto był na sylwestrze w dziewięćdziesiątym pierwszym, wciąż pracuje w Strzesze Akademickiej?

– Dobre pytanie… Chyba nie. Wiesz, ja za bardzo ich nie znałem, pamiętam mniej więcej tych ludzi, których sam przesłuchiwałem. Ale ze wszystkimi nie rozmawiałem. Z niektórymi gadał komendant albo inni koledzy z posterunku. Szczegółowa lista uczestników tego sylwestra była w aktach, a akta… Sam wiesz najlepiej. – Albert urwał i się zamyślił. – Kierownikiem był wtedy Wiktor Barański, on już nie żyje… Przypominam sobie tylko jedną osobę, którą przesłuchiwałem, bo w trakcie rozmowy dostała ataku duszności, więc musieliśmy wezwać karetkę, i komendant mnie potem strasznie za to opierdolił. Helga Kruger się nazywała. Dalej pracuje, ale już nie w Strzesze, tylko po sąsiedzku, w Samotni.

– Niemiecko brzmiące nazwisko – zauważył Tomek.

– Bo jej matka, Maria Kruger, była autochtonką. Znana osoba w Karpaczu, zmarła parę lat temu. I Helga Kruger potem tłumaczyła, że miała napad duszności, bo się obawiała, że chcemy ją w coś wrobić i deportować do Niemiec. To już było ponad czterdzieści lat od wojny, a ona dalej bała się wysiedlenia.

Przez chwilę milczeli. Tomek notował:

Helga Kruger – Samotnia – była na sylwestrze w '91.

– Muszę już iść. – Albert spojrzał na zegarek. – Mam jeszcze kilka spraw do załatwienia.

Rozliczyli się przy barze i wyszli razem przed budynek dworca.

– Ostatnia rzecz, zapomniałem o tym – powiedział Albert na odchodnym. – Jeśli założymy, że Zalewski się zwyczajnie pomylił – mogło tak przecież być – a pracownicy Strzechy mówili prawdę, że Czerwiński wymeldował się po południu, to była jeszcze jedna hipoteza. Skoro poszedł do Karpacza, a znaleźli go martwego w Białym Jarze, to jakoś musiał się tam „przetransportować". Hipoteza była taka: Czerwiński w drodze na dół spotkał swojego przyszłego mordercę. Wieczór, góry, zima, ciemno, na szlakach pusto. Idealne warunki na zbrodnię doskonałą. Mógł spokojnie pozbawić go życia bez świadków, a potem ukryć ciało w Białym Jarze. Wykorzystałby to, że teren był lawinowy, więc teoretycznie przez kilka miesięcy nie powinni się tam pojawiać ludzie. Idąc dalej: ukrycie ciała w Białym Jarze opóźniłoby jego odnalezienie prawdopodobnie do momentu otwarcia szlaków po stopnieniu śniegów. Nie muszę ci chyba tłumaczyć, że im później znajdujemy ciało, tym więcej śladów jest już zatartych... Ale plany mordercy pokrzyżowało zejście lawiny i pojawienie się w terenie ratowników GOPR-u, którzy trafili na ciało.

– A co z plecakiem, jakimiś bagażami?

– Jakim plecakiem?

– Skoro szedł do Karpacza po kilkudniowym pobycie w schronisku, musiał mieć chyba jakiś bagaż?

– Niczego przy nim nie znaleźliśmy. Jeśli coś miał, zabrał to morderca.

Karpacz, 3 marca 2007

Samochód zostawił jak poprzednio na parkingu koło świątyni Wang. Edek wspominał, że będzie wracał po południu na górę i może go zabrać, ale Tomek zdecydował się wrócić do Strzechy Akademickiej pieszo.

Tego dnia pogoda zdawała się bardziej wyrozumiała niż poprzedniego. Ciężkie chmury wisiały nisko, zasłaniając widoki, ale nie wiało tak przeraźliwie, śnieg też sypał z mniejszą intensywnością. Może warunki wreszcie zmierzały ku poprawie? Albo była to kwestia tego, że znajdował się niżej kilkaset metrów aniżeli poprzedniego dnia, gdy z przeciwnikiem w postaci karkonoskiej zimy stoczył walkę o przetrwanie. Kto wie, może tam na szczytach nadal trwa śnieżny armagedon.

Po niecałej godzinie szybkiego marszu dotarł na Starą Polanę. Postanowił chwilę odpocząć w miejscu, gdzie zazwyczaj zatrzymywali się na przerwę turyści.

Spojrzał w stronę Złotówki. Wysoko położona górska hala była świetnym miejscem na lokalizację schroniska. Wielki budynek Strzechy Akademickiej wyglądał, jakby rozsiadł się okrakiem na stromym zboczu niczym na tronie. Musiało tam teraz mocno wiać, bo chmury co jakiś czas zasłaniały schronisko, które po chwili znów się z nich wyłaniało. Choć zaczynało szarzeć, bo zbliżał się zmierzch, Tomek miał wrażenie, że kłębiące się wokół Strzechy Akademickiej chmury były ciemniejsze od pozostałych. Tak jakby schronisko spowijał mrok dawnych tajemnic.

Część VII

PAMIĘTNIK

*Śnieg znowu padał, bez sensu i miłości, martwo milczący...**

Carl Hauptmann

* C. Hauptmann, *Die Heimstätte* (1902) – ten i pozostałe cytaty z tego opowiadania w przekładzie na język polski autorstwa M. Wawrzyńczaka udostępnione dzięki uprzejmości tłumacza.

Strzecha Akademicka, 3 marca 2007

Po kolacji Tomek wybrał się na zwiedzanie schroniska. Zajrzał do obu sal jadalnych – ostatnio siedział z Maryśką w mniejszej, teraz przyglądał się większej. Tu również na ścianach królowały wypchane zwierzęta, których błyszczące, martwe ślepia wzbudzały w nim niepokój. Jego uwagę przykuły jednak także inne detale wystroju: pięknie namalowane kwiaty wokół okien na drewnianej boazerii (ta naprawdę była drewniana, w odróżnieniu od tego, co miał w pokoju), znajdująca się na środku pomieszczenia scena czy zawieszona pod sufitem oryginalna rzeźba grającej kapeli.

Z jadalni poszedł na drugie piętro, a stamtąd na trzecie. W suficie dostrzegł właz na strych. Postanowił tam zajrzeć. Sięgnął po leżący pod ścianą kij z hakiem, by otworzyć klapę, i zaczął wdrapywać się na górę po stromych schodkach.

Strych pełen był starych gratów, od zniszczonych ram łóżek poczynając, na pordzewiałych rusztach do grilla kończąc. W pewnym momencie zwrócił uwagę na niewielkie okienka, w większości zasypane śniegiem. Podszedł do jednego z nich, otworzył i zrzucił z parapetu śnieg, który potoczył się po dachu w dół, pociągając za sobą małą lawinę.

Usiadł na parapecie i zaczął wpatrywać się w dal, kontemplując ciszę. Podobało mu się to miejsce. Poczuł dmący w twarz lodowaty wiatr, który wdzierał się do wnętrza schroniska.

Siedział tak przez kilka minut, aż przypomniał sobie o zeszycie, który Jola znalazła ponoć gdzieś tu. Może jednak do niego zajrzy? Zamknął okno i wrócił do swojego pokoju.

Wziął szybką kąpiel, przebrał się w ciepły dres, po czym rozsiadł się wygodnie przy biurku. Zapalił nocną lampkę i otworzył brulion. Strzępy papieru przy grzbiecie zeszytu świadczyły, że kilka albo kilkanaście początkowych kartek zostało przez kogoś wyrwanych. Pierwsza strona, którą znalazł w środku, zaczynała się notatką opatrzoną datą drugiego września. Nigdzie jednak nie widniał rok. Zaczął czytać.

Rzeczywiście, tak jak mówiła Jola, to były zapiski zakochanej kobiety. Wyglądały mu jednak bardziej na pamiętnik niż scenariusz powieści miłosnej. Niekiedy bardzo krótkie, a czasem obszerne teksty dotyczyły głównie opisów uczucia autorki do jakiegoś mężczyzny.

Pierwsze kilka wpisów przeczytał z uwagą, jednak z każdym kolejnym tracił zainteresowanie. Rozczytywanie drobnego, wyblakłego pisma było nużące. W pewnej chwili poczuł się, jakby był swego rodzaju podglądaczem. Jeśli te opisy to nie wytwór wyobraźni, lecz rzeczywiście pamiętnik, to zawarte w nim momentami dość intymne opisy spotkań dwojga młodych kochanków raczej nie były przeznaczone dla postronnego czytelnika. Sądząc jednak po papierze, brulion liczył zapewne ładnych paręnaście, a może nawet parędziesiąt lat, więc czy rzeczywiście naruszał tak bardzo czyjąś prywatność? Mimo wątpliwości czytał dalej.

Doszedł do dwudziestego pierwszego września i poczuł się bardzo senny. Spojrzał na zegarek. „Chyba pora zbierać się spać" – pomyślał. Już miał odłożyć pamiętnik, gdy jego uwagę przykuł dość enigmatyczny i chaotyczny opis.

22 września

Ten dzień był najpiękniejszym i najgorszym w moim życiu. Najpiękniejszym, bo dzisiaj na naszej wieży oddałam Frankowi swój wianek. Nigdy wcześniej nie spotkałam mężczyzny, z którym chciałabym to przeżyć. Bardzo go kocham. Przy nim wiem, że moje życie ma jakiś sens, że mam dla kogo żyć. Po stracie rodziców jest dla mnie wszystkim. Ale to był też najgorszy dzień, bo bardzo się o niego boję. Gdyby coś mu się stało, ja nie miałabym już po co dłużej zostawać na tym świecie. Nie chcę nawet wyobrażać sobie takiego życia. Dlatego muszę mu teraz pomóc. Boże, przez chwilę układało się tak dobrze i wierzyłam do wczoraj, że będzie nam pisana szczęśliwa wspólna przyszłość. Wszystko się jednak skomplikowało. Przez stację kolejową jechał specjalny pociąg, a w nim ważny człowiek, rusek. Mój luby wpadł na głupi pomysł, że pokaże mu, co o nim myśli. Gdybym tam wtedy była i zdążyła złapać go za rękę, nim rzucił tym węglem... Teraz przyszło nam za jego przypływ odwagi słono zapłacić. Mateńko przenajświętsza, tak się o niego boję, ruscy go szukają, chcą zemsty, więc postanowiłam go tu ukryć. To dobre miejsce. Wiem, że próbuję się pocieszać. Ale przecież tu nikt nie będzie go szukał.

O czym pisała autorka pamiętnika? Jakiś specjalny pociąg, ważny człowiek, węgiel? Tomek był zaintrygowany. Charakter tych notatek stawał się chaotyczny, ale brzmiały na tyle osobiście, że nie miał wątpliwości – to nie był fikcyjny utwór literacki. Autorka nie starała się tu przedstawiać postaci, jakby zrobił to pisarz, tworząc dla przyszłego czytelnika. Ona pisała to dla siebie, na szybko, pewnie w emocjach. Brulion był najwidoczniej powiernikiem jej sekretów.

Te wnioski wzmogły w nim poczucie, że wchodzi z butami w czyjeś życie. Tak jakby założył podsłuch w gabinecie lekarskim albo w konfesjonale. Nie mógł jednak tak tej historii zostawić. W jego głowie rodziło się tyle pytań: dlaczego ukochanego autorki szukają Rosjanie? Czy on kogoś zabił? I wreszcie: gdzie został przez nią ukryty? Czytał dalej:

23 września

Franek przyszedł punktualnie, ja się nieco spóźniłam, bo musiałam poczekać na odpowiedni moment, gdy wszyscy w schronisku pójdą spać. Było przed północą, gdy wpuściłam go pota-

jemnie do środka i zabrałam na strych. Będzie tu czekał, tylko ile? Aż się zrobi spokojnie, powtarzam mu, ale sama nie wiem do końca, co to znaczy. Mam nadzieję, że niedługo, bo tu na strychu zimno. Franek mówi, że dla niego to nie problem, ale i tak się martwię. Najgorsze, że nie mogę nikomu przyznać się, że go ukrywam. To zbyt ryzykowne.

A więc na strychu. Tomka przeszedł dreszcz. Czy chodziło o strych, na którym Jola znalazła brulion?

28 września

Pan dyrektor jest nerwowy. Mam wrażenie, że domyśla się, że kogoś u nas ukrywam. Czy to możliwe, że po mnie to widać?

29 września

Do pana dyrektora przyjechał w odwiedziny brat. Boję się go. Gdy wieczorem szłam do łazienki dla pracowników, brat pana dyrektora wszedł tam za mną chwilę po tym, jak się rozebrałam. Był pijany. Zaczęłam krzyczeć, chyba się wystraszył. Powiedział, że to przez przypadek. Ale ja mam inne wrażenie. Dziwnie na mnie patrzył. Ale nie tak, jak pan dyrektor. Nie z podejrzliwością, lecz z pożądaniem. Czułam to jego spojrzenie i boję się. Rodzinie pana dyrektora przecież nigdy niczego się nie odmawia. Koleżanki mnie ostrzegają, żebym nigdy nie zostawała z bratem pana dyrektora sama w pokoju, bo to się może źle skończyć. On ponoć już kiedyś tu przyjeżdżał i robił różne złe rzeczy, ale dziewczyny nie chcą o tym mówić.

30 września

Dziś znowu na niego wpadłam. Chciał mnie zaprosić na spacer, powiedział, że jestem piękna panna. Odmówiłam. Bardzo się zdenerwował, że nie chcę dać mu szansy. Nie przyznałam się, że kogoś mam, bo im mniej osób wie o Franku, tym lepiej.

A nawet jakbym była wolna, nie poszłabym z nim nigdzie. Nie podobają mi się jego oczy, czai się w nich coś złego.

Franek jest ciągle blady. Martwię się o niego. Przynoszę mu codziennie coś do jedzenia, podkradam z kuchni wieczorami, żeby nikt się nie zorientował. Może za mało i jest głodny? Jeśli tak, to nie daje tego po sobie poznać. Pytam, czy chce więcej jedzenia, ale odpowiada mi zawsze, że nie. Mówi, że to nie przez to tak mizernie wygląda. Że to tylko brak słońca na tym strychu. Ale ja myślę, że on po prostu też się bardzo boi.

1 października

Czasem lepiej, gdy człowiek nie wie, co go czeka. Ale ja wiedziałam, że kiedyś ktoś się zorientuje, że go tutaj ukrywam. Najgorsze, że zorientował się właśnie on. Przyszedł do mnie dzisiaj rano, jak zaczynałam pracę, i poprosił do gabinetu pana dyrektora, którego wtedy nie było w schronisku. Poszłam, bo co miałam zrobić. Powiedział, że wie, że ukrywam na strychu chłopaka. Chciałam zaprzeczyć, ale to nie miało sensu. On wiedział. Nie mam pojęcia, jak się zorientował. Powiedział, że nie wie, dlaczego to robię, ale jeśli tylko zechce, to się dowie. I doniesie panu dyrektorowi. O mało nie umarłam ze strachu podczas tej rozmowy. Jeśliby się zorientował, że Franka szukają ruscy i na nas doniósł, zabiliby nas oboje. A może to i lepiej byłoby dla nas, niż toczyć walkę z góry skazaną na niepowodzenie? Boże, wstyd, że tak myślę. Chciałam uciec z gabinetu, ale on zamknął drzwi na klucz. Podszedł bardzo blisko i powiedział, że mnie nie wyda przed panem dyrektorem w zamian za przysługę. Byłam przerażona. Kazał mi przyjść następnego dnia wieczorem do starej szopy na dole Złotówki, tam, gdzie kiedyś niemce trzymały siano. Zapytałam, po co, a on wtedy tylko zaczął się śmiać i powiedział, że powinnam się sama domyślić. Ja wiedziałam, ale nie chciałam do siebie tej myśli nawet dopuścić. Kiedy przestał się śmiać, powiedział, że on ma swoje potrzeby, a ja jako panna nie powin-

nam mieć oporów. Zapytał, czy przyjdę, czy też wolę, żeby wezwał milicję i pokazał im, gdzie ukrywa się Franek. Powiedziałam, że przyjdę. Wtedy otworzył drzwi i mnie wypuścił. Dodał jeszcze, że mam się umyć, zanim przyjdę do szopy, bo on lubi, jak kobieta ładnie pachnie. Potem poszłam do łazienki płakać. Kiedy wróciłam do pracy, musiałam być bardzo blada, dziewczyny patrzyły na mnie ze współczuciem. Ale nic nie powiedziały. Co było w Strzesze, zostaje w Strzesze, jak to się u nas mówi.

Kiedy pan dyrektor wrócił, chciałam mu powiedzieć, co zaszło. Ale on nie znalazł chwili, żeby ze mną porozmawiać. Większość czasu spędza w towarzystwie brata albo żony, a wiadomo, że wtedy nie odważę się podejść.

Tomek czuł, jak łzy napływają mu do oczu. Tę wrażliwość na cudzą krzywdę miał w sobie od urodzenia i choć wiedział, że jest dobra, rozumiał też, że stanowiła swego rodzaju trudny bagaż, który niósł przez życie. Przy tym poziomie empatii nieszczęścia innych bolały go czasem, jakby były jego własnymi. Przeżywał je jak swoje osobiste tragedie. Przypomniała mu się migawka z dzieciństwa. Miał sześć, może siedem lat, gdy nauczył się czytać. Ile razy zabierał się wtedy do jakiejś baśni czy legendy, tyle razy się wzruszał. „Dlaczego płaczesz?" – pytała go wtedy mama. „Bo to smutne historie" – odpowiadał. „Nie martw się, to przecież wymyślone" – pocieszała go.

Ta historia, niestety, prawdopodobnie nie była fikcją. I to najbardziej Tomka poruszyło. Początkowo dość zwyczajna opowieść o miłości nagle przekształciła się w przerażającą historię o szantażu. Zaczął wątpić, czy chce poznać jej dalszy ciąg. Mimo to czytał.

2 października

Ta szopa na dole Złotówki ponoć kiedyś należała do zakonników, którzy mieli tu przystanek w drodze do kaplicy na Śnieżce. Tak przynajmniej mówią.

Przyszła do niego wieczorem, do tej szopy, jak kazał. Dla Franka, robiła to dla Franka. Dla ich szczęśliwej, wspólnej przyszłości. Stara, śmierdząca wilgocią szopa po niemcach. Czekał tam. Był tak obrzydliwy i zachłanny. Kiedy weszła, spodnie miał już spuszczone, tak bardzo mu było spieszno. Starała się nie stawiać oporu, bo wtedy bardziej bolało. Robiła to dla Franka. Myślała, że to będzie jeden raz. Ale jemu się spodobało i powiedział, że za tydzień będzie czekał w tym samym miejscu. Żaden prysznic nie był w stanie potem zmyć z niej brudu ciała obcego mężczyzny.

Tomek zaczął płakać. Wstał od biurka i walnął pięścią w szafę. To był paradoks – on, autor kryminałów, powinien być na takie rzeczy odporny. Ale spotkanie ze złem zawsze budziło w nim potężne emocje. Dlatego nigdy nie potrafił oglądać reportaży wojennych, dlatego wizytę w Auschwitz odchorowywał przez tydzień, słysząc w koszmarach sennych krzyk ludzi pędzonych do komór gazowych.

Oparł się rękami o blat. A więc to jest mrok, który spowijał Strzechę? Smutek, wściekłość i bezsilność wypełniały jego trzewia, zalewały płuca, sprawiały, że zrobiło mu się duszno. Przypomniał sobie rozmowę z kolegą, który pracował w policji. „Wiesz, Tomek, co mnie przeraża?" – zapytał kiedyś. – „Ja nawet tak bardzo nie boję się tych zbrodni popełnionych przez niepoczytalnych. To jest makabryczne, prawda, ale to skutek choroby, tacy sprawcy serio pewnych rzeczy nie rozumieją. Ale jest coś dużo, dużo gorszego od ich zaburzeń. To coś nazywa się po prostu zło. Ludziom się dzisiaj wydaje, że jak jest zbrodnia, zwłaszcza brutalna, to jej sprawca musiał być chory psychicznie. Zapominają, że to tylko jakiś odsetek, jakiś promil wszystkich spraw. Znacznie częściej przestępca nie jest niepoczytalny, tylko po prostu zły. Ludzie zapominają o tym, że zło istnieje. Wyrugowaliśmy to słowo z publicznej dyskusji. Bo tak jest nam wygodniej, tłumaczyć sobie wszystko chorobą, zamiast stanąć przed prawdą, że źli ludzie istnieją. Źródłem ich działania jest cynizm, który powoduje, że czynienie zła przychodzi im coraz łatwiej. Z czasem to zło zaczyna sprawiać przyjemność. A przyjemność zabija wyrzuty sumienia. Zabite sumienie pozwala dalej czynić zło. Koło się zamyka".

Tomek spojrzał na stary brulion. Gdyby mógł, powiesiłby skurwysyna za jaja. Nie wiedział, kim była tamta kobieta, ale współodczuwał dramat, jakiego doświadczyła. Wziął kilka głębokich wdechów. Pomyślał o Magdzie, gdyby ją spotkało coś takiego… Byłby wtedy w stanie zabić? Chyba tak.

Zajrzał jeszcze raz do brulionu. Charakter pisma był bardzo nerwowy, coraz więcej było skreśleń i niewyraźnych słów. W kleksach i przebitej gdzieniegdzie stalówką kartce czuł emocje autorki pamiętnika. Uświadomił sobie jeszcze jedną rzecz: w ostatnim przeczytanym zapisku zmieniła się forma narracji. Dlaczego kobieta zaczęła nagle pisać w trzeciej osobie? Zmarszczył czoło. Ktoś inny przejął prowadzenie pamiętnika? Nie, raczej mało prawdopodobne. Pismo było wprawdzie mniej wyraźne, ale miało ten sam charakter. Dlaczego więc kobieta napisała o tym tak, jakby obserwowała te wydarzenia z boku? A może była to forma wyparcia? Nie umiała napisać o sobie, że została zgwałcona, bo to było zbyt bolesne. A mimo to czuła potrzebę opowiedzenia o tym swojemu powiernikowi, jakim był brulion, więc wybrała taką formę narracji, jakby opisana sytuacja jej nie dotyczyła. Choć nie miał jeszcze dowodów, to czuł, że oprawcą z pamiętnika był Zbigniew Czerwiński, brat dyrektora Stefana. Jeśli rzeczywiście okazałoby się to prawdą i opowieść autorki pamiętnika dotyczyła właśnie jego, rodziło się kilka pytań. Kiedy doszło do zdarzeń, o których pisała? Czerwińscy prowadzili Strzechę od czterdziestego piątego… Czy już w tamtym roku Zbigniew zaczął przyjeżdżać do nich w odwiedziny i napastował seksualnie pracownice schroniska? Czy jego brat o tym wiedział? I kolejne zasadnicze pytanie: czy brulion dostał się w ręce Tomka przypadkiem? Akurat w czasie, gdy próbował rozwikłać zagadkę śmierci Andrzeja? Mało prawdopodobny zbieg okoliczności. Dlaczego więc Jola przekazała mu pamiętnik? Zaczął o niej myśleć i przypomniała mu się jedna z jego ulubionych powieści Agathy Christie. Dwa czarne charaktery odegrały w niej scenę kłótni w obecności kilku świadków, skutecznie odsuwając od siebie w ten sposób podejrzenia o współdziałanie w zbrodni, do której potem doszło. Jakie to było przebiegłe! Czytając tamtą powieść, podziwiał geniusz Christie, która wyprowadziła w pole zarówno czytelników, jak i na pewien czas detektywa Herkulesa Poirota.

Przed oczami znowu stanęła mu Jola... Jak to możliwe, że jego zmysły tak się stępiły w ostatnich dniach! Jej egzaltację i pochwały wziął za uwielbienie dla jego twórczości. Nadmierną gadatliwość zrzucił na karb podekscytowania wizytą znanego pisarza. Sztuczność jej zachowania tłumaczył sobie stresem i skrępowaniem. A może to wszystko było po prostu perfekcyjnie odegraną dla niego scenką? Może Jola chciała zostać uznana za naiwną i niezbyt rozgarniętą, żeby Tomek uwierzył, że brulion naprawdę wpadł w jej ręce przypadkiem i sama nie znała jego zawartości. Jeśli więc to wszystko było aktorstwem, pozostawało mu odpowiedzieć sobie na pytanie: dlaczego? Czy chciała podsunąć mu jakiś trop, ale tak, żeby się nie zorientował, że ona już zna prawdę, tylko nie chce sama jej ujawnić?

– Kogo ona się boi...? – szepnął Tomek sam do siebie. W pierwszym odruchu chciał od razu porozmawiać z Jolą, ale szybko z tego pomysłu zrezygnował. W ten sposób mógł ją tylko spłoszyć. Postanowił więc przyjrzeć się uważniej jej zachowaniu.

Strzecha Akademicka, 4 marca 2007

Stara szopa i brat dyrektora. Jego śmiech i krzyk dziewczyny. Otworzył oczy i zerwał się z poduszki. To tylko koszmar. Rozejrzał się. Wieszak na swoim miejscu, zacieki przy oknie i sztuczne kwiaty bez zmian, szafa wciąż w agonii, choć po wczorajszym zderzeniu z jego pięścią zdawała się jakby mniej trzymać pion. Brakowało jeszcze tylko jakiegoś wypchanego zwierzaka na ścianie, żeby dopełnić obrazu nawiedzonego schroniska.

Spojrzał na zegarek, minęło południe. Nie pamiętał, kiedy ostatnio spał tak długo. Jak w ogóle trafił do łóżka? Tego też nie mógł sobie przypomnieć. Chyba zasnął przy biurku i gdy przebudził się w nocy, na wpół przytomny doczłapał po ciemku do poduszki. Tak mu się przynajmniej wydawało.

Potrzebował prysznica.

„Żaden prysznic nie był w stanie potem zmyć z niej brudu ciała obcego mężczyzny” – usłyszał w głowie. Spojrzał na leżący przy biurku brulion i ciarki przeszły mu po plecach. Nie, nie mógł wchodzić w tę historię dalej. Nie chciał, nie był gotowy, nie teraz. Schował brulion do szuflady biurka, a na środek blatu przesunął ksero akt z kontroli NIK-u, które zamierzał przejrzeć po śniadaniu.

Umył się i zszedł do jadalni. Za ladą stała Jola, kilka stolików było zajętych. „Wariaci” – pomyślał Tomek, widząc turystów, których zaśnieżone stroje wskazywały, że przed chwilą dotarli do schroniska. „Kto z własnej woli rusza w góry w taką pogodę?” – zastanawiał się. Po chwili przypomniał sobie swój wyczyn z przedwczoraj i pomyślał, że może ci ludzie tak jak on uwierzyli, że z pogodą nie będzie tak źle. Naiwność w tym wypadku mogła słono kosztować.

Choć dawno była już pora obiadowa, zamówił jajecznicę z chlebem, do tego kawałek masła i kawę.

– Jak idzie pisanie? – zagadnęła Jola i uśmiechnęła się promiennie.

Tomek przyjrzał się jej uważnie.

– Nie najgorzej, trochę już mam... Napisane – odparł wreszcie, choć nie było to do końca zgodne z prawdą.

– A jak te historie miłosne?

– Historie miłosne? – Udał, że nie wie, o co go pyta.

– Z tego zeszytu, co ci pożyczyłam. Przydadzą się do czegoś? – W jej spojrzeniu było coś wyczekującego.

Tomek się zawahał. Może udając brak zainteresowania brulionem, sprawi, że w którymś momencie Jola zdradzi się ze swoimi prawdziwymi intencjami?

– Jeszcze nie zdążyłem ich przeczytać, przepraszam – skłamał po raz kolejny.

– A, w porządku. – Wzruszyła ramionami, ale Tomek czuł wyraźnie bijące z jej głosu niezadowolenie. – Tak zapytałam, z ciekawości.

– Pewnie jeszcze na to spojrzę... – Przeciągał rozmowę. Nagle przeraziła go pewna myśl. A jeśli zapiski należały do Joli, jak założył w pierwszym momencie, gdy wręczyła mu zeszyt? Może to ją kiedyś ktoś krzywdził? Pomyślał o gburowatym kierowniku Strzechy i...

– No trudno, może potem znajdziesz czas – powiedziała Jola i na powrót przybrała pogodny wyraz twarzy. – Twoje śniadanie, smacznego – dodała, stawiając przed nim tacę z jedzeniem. – Jakbyś potem miał ochotę, mogę ci jeszcze zamówić ryż z jabłkami.

– Nie dam rady chyba tyle zjeść.

– Oj, przestań, mężczyzna musi mieć siłę! – Uniosła w górę zaciśnięte pięści. – Jak były czasy, że po Karkonoszach latali pogranicznicy... Żebyś ty wiedział, ile oni jedli. Taka jajecznica to była co najwyżej przystawka. – Zaśmiała się. – Ale trudno się dziwić.

Tomek słuchał w milczeniu. Starał się swoją postawą nienachalnie zachęcić kobietę do dalszego mówienia.

– Przy takich mrozach, jakie kiedyś były... Człowiek palił mnóstwo tych całych kalorii, jak miał wartę. Cały dzień tak obstawiać granicę. Powiem ci, to były naprawdę porąbane czasy. Dobrze, że już minęły.

Pokiwał głową na znak zgody.

– A ja to w ogóle nie lubiłam pograniczników, tak swoją drogą.

– Dlaczego?

– Bo z nich byli podglądacze.

– Proszę?

– Prysznice na pierwszym piętrze, te wspólne. One mają okna od strony południa. I pogranicznicy czasami tam przychodzili po zmierzchu.

– Do tych łazienek?

– Nie, coś ty! Na Złotówkę przychodzili. Tam od południa jest za schroniskiem strome zbocze. Siadali tam sobie, durne chłopy, i podglądali nas, jak się kąpałyśmy. Kiedyś nawet była taka sytuacja, że jeden z żołnierzy chciał podejść bliżej, żeby lepiej widzieć. Krok za krokiem przysuwał się do schroniska, cały czas wpatrując się w okna damskich pryszniców. I nie zauważył, że grunt w pewnym momencie się urywa i jest taki wybetonowany kanał między zboczem a ścianą schroniska. I chłop zleciał do tego kanału, nieźle się poobijał.

– Ty chyba już długo pracujesz w Strzesze?

– Skąd wiesz?

– Przecież Wojska Ochrony Pogranicza rozwiązano w dziewięćdziesiątym pierwszym.

– Czas szybko leci, rzeczywiście... Ale miałam długą przerwę w pracy tutaj. Odeszłam, jeszcze zanim rozwiązali WOP.

– Dlaczego?

– A bo miałam dość tej pracy w ciągłym napięciu.

– Praca w schronisku była tak stresująca?

– Tomek, ty byłeś dzieckiem, nie pamiętasz tych czasów. Praca tutaj... To było przerąbane, powiem ci. Wszystko z powodu granicy. Ze Strzechy do niej jest jakieś półtora kilometra. I przez to wiecznie byliśmy na celowniku takich czy innych służb. Ciągle kontrole, ciągła inwigilacja i pytania od smutnych panów ze Służby Bezpieczeństwa: czy nie pomagasz przemycać ludzi przez granicę? Czy nie handlujesz towarami zza granicy na lewo? Czy sam nie chcesz za granicę zwiać? Granica, granica i jeszcze raz granica. A powiem ci, że bywało tak nie raz. Zatrudnili się kiedyś u nas nowy kucharz i pomocnik kucharza, dostali pokój na drugim piętrze. Parę miesięcy popracowali, ale byli dość specyficzni, dużo po górach chodzili.

– Co w tym dziwnego?

– Tomek, oni po prostu szukali miejsca, gdzie najlepiej przekroczyć granicę na lewo. I w końcu rzeczywiście zniknęli. Rano nie zeszli do pracy, zapukałam do ich pokoju, a tam pusto. Wszystko spakowali i zabrali, łóżka pościelone, ludzi nie ma. I zaraz potem pojawili się smutni panowie w czarnych kapeluszach i zaczęły się przesłuchania. A kiedy, a dlaczego, a kto mógł coś widzieć... Rzygać mi się chciało na widok esbeków, powiem ci. I od momentu, w którym tamci dwaj nawiali z naszej najlepszej socjalistycznej ojczyzny, smutni panowie zaczęli się pojawiać częściej. Jakąś akcję tu sobie prowadzili, chcieli udowodnić, że schronisko to punkt przerzutowy.

– A był tu ten punkt?

– Chuja był, powiem ci. Ale smutni panowie uważali inaczej. Każdy, kto pracował w schronisku, miał w bezpiece teczkę, taka była inwigilacja. Wyobrażasz to sobie? Do IPN-u strach teraz zaglądać, boby się jeszcze człowiek dowiedział, kto z przyjaciół na niego donosił. I ja w końcu w dziewięćdziesiątym roku się zwolniłam. Miałam dość tego miejsca. I alkoholu.

– Alkoholu?

– No. Tu się ciągle piło wódkę. Szklankami. Każda okazja była dobra. Zdarzały się dni, że nikt z obsługi nie był nawet przez chwilę trzeźwy. Ale teraz jak na to patrzę, to myślę, że myśmy pili właśnie przez tych smutnych panów, przez te ciągłe przesłuchania, teczki, donosy, kontrole. Słowem: ze strachu. Bo tak to jest w tym naszym narodzie, powodów do strachu mieliśmy przez ostatnie sto lat bez liku. Można więc było to wszystko obśmiewać. Albo zachlać. W Strzesze działo się to drugie.

– Dlaczego w takim razie wróciłaś?

– W dziewięćdziesiątym pierwszym wyjechałam do roboty do Niemiec. Pieniądze były tam świetne, nie powiem, ale w końcu tęsknota za ojczyzną wygrała. Wróciłam parę lat temu. Teraz jest tu trochę inaczej. Nie ma już wopistów podglądaczy, nie ma smutnych panów, teczek i donoszenia. Mam ochotę na piwko w Czechach? Wkładam buty i idę sobie do Czech. I nikt mnie nie pyta, a po co, a kiedy wrócę, a wiza, a... Sranie w banie, za przeproszeniem! – Jola nagle się zirytowała. – No, lepiej teraz się żyje, to i mogłam tu wrócić. Dobra, bierz tę jajecznicę, bo już ci dawno ostygła. Niepotrzebnie się rozgadałam.

– Wręcz przeciwnie – zaprotestował. – Dzięki za tę opowieść! – Zobaczył za sobą czekającą w kolejce parę turystów. – Do później!

Po śniadaniu wrócił do swojego pokoju.

Znowu biurko. Poczciwy stary rupieć, towarzysz jego niedoli. Westchnął i usiadł przy blacie, a następnie wyciągnął notatnik. Narysował dwa kółka, w jednym napisał „Andrzej" i datę śmierci – 1 I 1992, w drugim zanotował „Stefan i Zbigniew" i datę zaginięcia – X 1947. Te dwie sprawy musiały się łączyć, świadczył o tym chociażby fakt przyjazdu Andrzeja do Strzechy zaraz po lekturze raportu. Czy odkrył tu sekret zaginięcia ojca i wujka? I dlatego sam zginął? Jeśli tak, prawda musiała kryć się w raporcie. Tomek postanowił jeszcze raz uważnie go przestudiować i przy okazji zrobić notatki. Zaczął od ponownej lektury sprawozdania z kontroli.

Z dokumentu wyłaniał się obraz Stefana Czerwińskiego jako cwaniaka i manipulanta. Według kontrolerów tuż po drugiej wojnie światowej zajął on Strzechę Akademicką, zamieszkując tam z żoną i synem. Jak zeznała jedna z pracownic, mężczyzna sterroryzował i zastraszył wciąż pozostającą w obiekcie niemiecką obsługę, grożąc, że jeśli nie wyjawią mu, gdzie poprzedni właściciele ukryli skarby, to wszystkich ich powiesi. Kontrolerom nie udało się ustalić, czy i jakie skarby zdobył Czerwiński.

Zaledwie rok po objęciu Strzechy mężczyzna został awansowany i mianowany szefem Dyrekcji Turystyki Sudeckiej – organizacji powołanej przez Polskie Towarzystwo Tatrzańskie, które kilka lat później połączyło się z Polskim Towarzystwem Krajoznawczym, zmieniając nazwę na PTTK. Zaraz po objęciu funkcji Czerwiński mianował nowego kierownika Strzechy. Powołał na to stanowisko swoją żonę, Janinę. Właśnie wtedy zaczęły się przekręty na dużą skalę i ich opis stanowił główną część sprawozdania.

Czerwińska po objęciu funkcji kierowniczki przygotowała księgę inwentarzową schroniska, w której celowo nie umieszczała na przykład znajdujących się w Strzesze łóżek (przeszło sto dwadzieścia sztuk), a także kilkuset kompletów pościeli, kołder, poduszek i obrusów. Kobieta uznała, że te ruchomości stanowią jej prywatną własność, a samo schronisko łóżek, kołder ani innego wyposażenia nie posiada. Dlatego też po stworzeniu fikcyjnej księgi inwentarzowej napisała pismo do przełożonego, czyli swojego męża, z informacją, że schronisko nie ma na stanie łóżek, pościeli, kołder i tak dalej oraz że prosi dyrekcję o wsparcie. Czerwiński odpisał, żeby poczyniła stosowne zakupy. Kobieta więc wpisała schroniskowe przedmioty do sfabrykowanej księgi Strzechy z adnotacją, że ona te rzeczy – swoją prywatną własność – schronisku sprzedała. Następnie wystawiła Dyrekcji Turystyki Sudeckiej fakturę opiewającą na olbrzymią kwotę. Stefan fakturę przyjął i zlecił księgowym wypłatę należności. Uprawiając ten proceder przez blisko rok, małżeństwo Czerwińskich wyprowadziło z kasy Dyrekcji Turystyki Sudeckiej pokaźne pieniądze. Interes kwitł, księgowane były kolejne lewe faktury. Jednocześnie weryfikacja rozliczeń przez NIK wykazała, że pracownicy Strzechy i innych schronisk nie otrzymywali pensji w terminie, a w momencie prowadzenia kontroli niektórym z nich Dyrekcja Turystyki zalegała z trzema wypłatami albo większą ich liczbą.

Drugim ważnym wątkiem poruszonym w sprawozdaniu był temat postawy Stefana Czerwińskiego wobec innych obiektów podlegających Dyrekcji. Kierownicy schronisk w Karkonoszach skarżyli się kontrolerom, że utrudniał im prowadzenie obiektów. Obcinał dotacje, rzucał pod nogi kłody przy zakupie węgla, pozbawiał na przykład pozostałych w schroniskowych stajniach koni i wozów, przekazując wszystko na rzecz Strzechy Akademickiej. Miał w tym oczywiście swój prywatny interes – co kilka dni korzystał z tych wozów, musiał przecież dojechać ze Strzechy, w której mieszkał, do Jeleniej Góry, gdzie znajdowało się biuro Dyrekcji Turystyki Sudeckiej.

Tomek skończył lekturę miażdżącego sprawozdania i spojrzał na załączone do niego zeznania świadków. Nie zdążył ich wszystkich przeczytać dostatecznie uważnie w Archiwum Państwowym we Wrocławiu i postanowił zrobić to teraz.

Najpierw zapoznał się z relacją Władysława Kowalskiego, palacza ze Strzechy Akademickiej. Zeznał on, że kiedyś odmówił Czerwińskiemu wykonania jakiegoś irracjonalnego polecenia i przez to później tamten zaczął go szantażować. Kowalski nie chciał powiedzieć czym. Gdy szantaż okazał się nieskuteczny, nakazał żonie zwolnić palacza dyscyplinarnie.

– A to drań… – mruknął Tomek pod nosem. Potarł oczy, zmęczone od wpatrywania się w wyblakłe, drobne literki, i postanowił zaparzyć sobie herbaty. Czekając, aż zagotuje się woda w czajniku, zaczął myśleć o Joli. Jej zachowanie, gdy się poznali, było diametralnie różne od tego dzisiaj. Nagle wpadł na pewien pomysł. Złapał za komórkę i wybrał numer do Basi.

– Cześć! Masz chwilę? Chciałem dowiedzieć się czegoś... O numerologii.

– Czy ja dobrze słyszę? Tomasz Wilczur dzwoni pytać o numerologię? Trzymajcie mnie, bo nie uwierzę! – W słuchawce rozległ się śmiech przyjaciółki. – Wszystkiego bym się spodziewała, ale nie tego, że zainteresuje cię coś, co przez tyle lat wyśmiewałeś!

– Basia, to, że coś mnie zainteresowało, nie oznacza jeszcze, że w to uwierzyłem.

– Tak teraz tylko mówisz... Co chcesz wiedzieć?

– Poznałem kogoś, numerologiczna trójka.

– O matko, tylko nie trójka! Nie idź z nią na randkę za żadne skarby świata!

– Nie, to nie chodzi o randkę, ja pytałem...

– Nie musisz mi się tłumaczyć, spokojnie. – Przerwała mu. – Ale uważaj, trójki są bardzo bystre.

– To powód do niepokoju?

– Łatwo się uczą, potrafią być czarujące. Ale są bezwzględne w dążeniu do celu. I doskonale manipulują ludźmi. Trójkom przychodzi to wręcz naturalnie.

– Dobra, będę miał to na uwadze. Dzięki!

Rozłączył się, zaparzył herbatę i wrócił do lektury zeznań kolejnych świadków.

Następną osobą przepytywaną przez kontrolerów był Antoni Pawłowski, jeden z buchalterów Dyrekcji Turystyki Sudeckiej. Przyznał on, że od początku swojej pracy na stanowisku dyrektora Czerwiński faworyzował finansowo Strzechę Akademicką. Pawłowski podkreślił też, że jego przełożony nigdy nie uwzględniał innych, nawet pilniejszych potrzeb zgłaszanych przez kierowników pozostałych schronisk.

Następna była relacja Henryka Trafalskiego – kierownika schroniska Samotnia, który zeznał między innymi, że Czerwiński regularnie utrudniał mu dostęp do koni i wozów. Mężczyzna twierdził, że dyrektor nierzadko w środku nocy wzywał ze Strzechy do Karpacza woźnicę, żeby ten bez stosownego wynagrodzenia, poza godzinami pracy – niczym prywatny szofer – zabrał go spod świątyni Wang na górę po jakiejś suto zakrapianej zabawie w Jeleniej Górze. W tym samym czasie Trafalski musiał sam lub z pomocą pracowników swojego schroniska nosić na plecach węgiel do Samotni. Im bowiem, według Czerwińskiego, konie nie były do niczego potrzebne. Kierownik zeznał też, że Czerwiński, uniemożliwiając mu zaopatrzenie schroniska w opał na zimę 1946/1947, omal nie doprowadził do zniszczenia sprawnej poniemieckiej instalacji centralnego ogrzewania w Samotni. Poza tym według Trafalskiego Czerwiński regularnie rozsiewał na jego temat plotki, a gdy duże wycieczki dzwoniły do Dyrekcji Turystyki Sudeckiej, żeby na przykład zarezerwować w Samotni nocleg, odmawiał im bez wiedzy Trafalskiego, powołując się na jego rzekomą nieudolność w prowadzeniu schroniska i brak możliwości przyjęcia większych grup. Oczywiście zawsze proponował tym grupom nocleg w prowadzonej przez żonę Strzesze Akademickiej.

Później były zeznania dwóch kucharek: Joanny Adamowicz i Wiesławy Dębskiej ze Strzechy Akademickiej. Potwierdziły to, co dyrektorowi Czerwińskiemu zarzucali inni pracownicy. Zeznały też, że do Strzechy Akademickiej często przyjeżdżał Zbigniew Czerwiński, brat Stefana. Twierdziły, że krewny dyrektora składał im niemoralne propozycje oraz sugerował, że w zamian za usługi seksualne załatwi im u brata wypłatę zaległych pensji.

Tomek oniemiał. A więc przeczucia, że opisany w pamiętniku napastnik to brat dyrektora, były słuszne! Z relacji kucharek wyłaniały się poważne zarzuty – jedna z kobiet oskarżyła Zbigniewa Czerwińskiego o czyn, który można było zakwalifikować jako próbę gwałtu. A mimo to ten fakt nie znalazł się w głównym sprawozdaniu. Do bycia molestowanymi przyznały się dwie kobiety! Pewnie było ich więcej, tylko bały się zeznać. A w sprawozdaniu nawet jednego pieprzonego zdania na ten temat! „Ależ to były czasy" – przeszło Tomkowi przez myśl. Stefan okradał państwo – o, to trzeba go powiesić. Zbigniew molestował – oj tam, po prostu gdzieś dotknął, chcąc w ten sposób skomplementować kobiecą urodę. Nikogo takie sprawy wtedy nie obchodziły i rzadko kiedy traktowano je poważnie.

Zamyślił się. W raporcie pojawiło się jakieś brzmiące mu znajomo nazwisko. Spojrzał na zeznania kolejnych osób i zaczął wynotowywać ich nazwiska: Kowalski, Pawłowski, Trafalski, Adamowicz, Dębska... Nagle coś zaczęło mu się przypominać. Wybrał numer Alberta.

– Cześć, mogę cię o coś zapytać?

– Proszę bardzo. Pewnie o Andrzeja Czerwińskiego?

– I tak, i nie. Przeczytam ci listę nazwisk. Wydaje mi się, że jak rozmawialiśmy w Kowarach, to jedno z tych nazwisko padło w jakimś kontekście, nie pamiętam tylko jakim.

– Dobra, dawaj te nazwiska.

– Kowalski, Pawłowski, Trafalski...

– Trafalski. – Albert mu przerwał. – Był komendantem policji w Karpaczu, gdy tam pracowałem.

– O!... – Tomka przeszedł dreszcz. – Jak miał na imię?

– Wojciech.

– A był w jego rodzinie jakiś Henryk?

– Pewnie. Ojciec komendanta miał tak na imię.

– O! – Tomka aż zmroziło. – A ten Henryk jeszcze żyje?

– Nie. Nie dalej niż rok temu był pogrzeb, dlatego imię pamiętam.

– A komendant mieszka dalej w Karpaczu?

– Tak. Ale od kiedy przeszedł na emeryturę, to na zimę zazwyczaj wyjeżdża do swojego syna, nad morze. Trudno mi powiedzieć, czy już wrócił...

A więc miał kolejny haczyk. Ojciec komendanta wyraźnie utrudniającego śledztwo w sprawie śmierci Andrzeja Czerwińskiego sam miał na pieńku ze Stefanem, ojcem denata. Tomek spojrzał do notatek, połączył kółka „Stefan i Zbigniew" oraz

„Andrzej" długą kreską, a nad nią drukowanymi literami zapisał „WOJCIECH I HENRYK TRAFALSCY". Po chwili namysłu połączył Wojciecha dodatkową strzałką z Andrzejem, a Henryka ze Stefanem.

Zostały mu zeznania ostatnich dwóch świadków. Pierwsza była młoda dziewczyna. Na imię miała Małgorzata, ale nazwiska Tomkowi nie udało się odczytać. Dubik? Dabik...? Raporty z przesłuchań były w dużej mierze pisane ręcznie i dość niewyraźnym pismem. Zresztą w przypadku Małgorzaty nie było niczego ciekawego. Pracowała w Strzesze jako pomoc kuchenna od niedawna i zeznała, że nie spotkały jej do tej pory żadne nieprzyjemności ze strony Czerwińskich.

Na koniec był protokół z przesłuchania Marii Kruger, autochtonki, która obciążyła Czerwińskiego zeznaniem, że terroryzował niemiecką obsługę, grożąc tym ludziom śmiercią, jeśli nie pokażą mu, gdzie poprzedni właściciele ukryli skarby.

Tomek uświadomił sobie, że to nazwisko także gdzieś już mu mignęło. Kruger... Zaczął przeglądać swoje notatki. No tak! Helga Kruger, pracująca obecnie w Samotni. Ta od ataku duszności. Według Alberta była jedną z uczestniczek zabawy sylwestrowej, podczas której zginął Andrzej Czerwiński. Tomkowi przyspieszyło tętno. Maria i Helga Kruger były następnymi osobami uwikłanymi w te dwie sprawy: matka, bo Stefan groził jej śmiercią, a córka, gdyż uczestniczyła w feralnym sylwestrze, podczas którego zginął syn Stefana. Narysował więc kolejną linię łączącą kółka „Stefan i Zbigniew" oraz „Andrzej". Zapisał nad nią: „MARIA I HELGA KRUGER".

W tym momencie ktoś energicznie zapukał do jego pokoju. Tomek aż podskoczył na krześle wystraszony niespodziewanym dźwiękiem. Otworzył.

– Dobry wieczór, jak nastrój? – zapytała Maryśka.

– Dobry wieczór – odpowiedział, spoglądając jednocześnie na zegarek. Rzeczywiście, dochodziła szósta. Nawet nie zauważył, że za oknem już się ściemniło, tak pochłonęła go lektura raportu. – Nastrój nie najgorzej.

– Masz ochotę przyjść do mnie na dół? Napijemy się, porozmawiamy?

Tomek wahał się przez chwilę. Wizyta Maryśki sprawiła, że umknęła mu jakaś niespodziewana myśl, która dopiero zaczynała nabierać kształtów.

– Miałem jeszcze pracować nad notatkami do książki, ale… Niech będzie. Zjem od razu kolację – stwierdził.

Zeszli do jadalni, Tomek zamówił zapiekany ryż z jabłkami, na który rano namawiała go Jola, a Maryśka zaczęła swój rytuał ze słoikiem, whisky i jajkami.

Usiadł w mniejszej sali przy piecu kaflowym i spojrzał przez okno. Po raz pierwszy, od kiedy przyjechał, mógłby dziś obserwować ze Strzechy prawdziwy zachód słońca, nieprzesłonięty mgłą i chmurami, gdyby go nie przegapił pochłonięty raportem. Wygląd nieba wciąż jeszcze stanowił dowód, że to musiał być piękny zachód: mieniło się całą paletą ciepłych barw – od czerwieni przez pomarańcz aż po róż. Fenomenalnie kontrastowało to z surową bielą śniegu, który otulał Karkonosze. Dopiero teraz, obserwując widok, Tomek zauważył, że po tej stronie schroniska mieścił się taras, do którego można było wyjść z jadalni.

Gdy przyszła Maryśka ze szklankami i zamówionym ryżem z jabłkami, powiedział, wskazując za okno:

– Fajny musi być ten taras latem.

– A dziękuję, to mój pomysł. Namawiałam do tego Janka przez długi czas. Najpierw w ogóle nie chciał się zgodzić, a potem jak zmienił zdanie, to spieraliśmy się, jak ten taras ma wyglądać. Byłeś kiedyś nad jeziorem Como we Włoszech?

– Nie… – odparł zaskoczony pytaniem.

– Tam jest tak pięknie… Ta przyroda, góry przeglądające się w tafli jeziora… Byłam tam przy okazji pielgrzymki wiele lat temu. Wtedy dziwiłam się Włochom, że położone nad samą wodą kawiarnie mają takie skromne ogródki i tarasy. Żadnych dekoracji, lampek, rzeźb, stoliki proste, może nawet trochę toporne? Zdumiało mnie to, ale potem zrozumiałam. Tam jest tak pięknie, że wszelkie dekoracje są po prostu zbędne. Mogłyby tylko niepotrzebnie rozpraszać gości, którzy przecież powinni przede wszystkim kontemplować widok. Widok, który nie potrzebuje być czymś ulepszany. I tak samo wyobrażałam sobie ten taras. Janek chciał tu od razu zrobić jakieś nie wiadomo co. Ale powiedziałam mu: „Słuchaj, popatrz na te góry. To jest piękno samo w sobie. Prosty taras, krzesła, stoliki. Wszystko inne jest zbędne". W końcu przyznał mi rację.

– I ja ci ją przyznaję – stwierdził Tomek, po czym wskazał na ryż. – Pyszny.

– Też lubię to danie. Wracając do widoku, zauważyłeś tę ciemną łunę?

– Gdzie? Nie widzę.

Maryśka otworzyła okno.

– Wychyl się i spójrz. Bezpośrednio ponad linią horyzontu rozciąga się taki ciemny pas.

– No tak, teraz widzę!

– To jest cień ziemi.

Tomek spojrzał na nią zaskoczony.

– Widzisz, ile rzeczy można zobaczyć z Karkonoszy? – Uśmiechnęła się. – Musi być tylko dobra widoczność i odpowiedni czas: trzydzieści minut przed wschodem albo po zachodzie słońca. Wtedy ziemia ujawnia swój cień: im więcej pyłu w powietrzu, tym lepiej go widać. Dlatego teraz, gdy ludzie grzeją w domach, czasem czym popadnie, i zanieczyszczają atmosferę, cień jest tak wyraźny.

– Straciłem chyba orientację… Tam, gdzie jest ta łuna, to jest zachód?

– Odwrotnie. Słońce chowa się na zachodzie, a w tym czasie na wschodniej części nieba pojawia się popielaty cień. Ten czerwony łuk ponad nim nazywa się ze staropolskiego zarzą górną lub prościej – przeciwzorzą. Zarza unosi się do góry, im bardziej chowa się słońce. Aż w pewnym momencie zaczyna zanikać na coraz ciemniejszym niebie. Wchłania ją noc.

– Coś pięknego.

– Widzisz, ten rozlatujący się psychiatryk ma jednak swoje zalety.

– Jeszcze trochę i polubię to miejsce – zażartował.

– A jak z pisaniem? Jakieś postępy?

Tomek sposępniał.

– Chyba za bardzo zaangażowałem się w próbę odkrycia prawdy o sprawie, o której chcę napisać, a za mało zajmuję się samą książką. Martwi mnie to.

– Dlaczego?

– Bo czas płynie, a ja nie mam napisanej powieści. Wydawnictwo naciska. Straszy, że czytelnicy o mnie zapomną, że książka się nie sprzeda… Przytłacza mnie to. Wiesz, co oni ostatnio wymyślili? Żebym upozorował tu swoje zaginięcie! Wyobrażasz sobie? Bo to zwiększy szum medialny wokół przyszłej książki.

– Czy oni oszaleli? – Maryśka zrobiła wielkie oczy. – Ale rozumiem, że nie zamierzasz…?

– Coś ty! Jeszcze nie upadłem na głowę. Ale myśl, że nie będę miał z czego żyć, też coraz częściej mi towarzyszy. Nie napisałem nic nowego od czasu śmierci Magdy, wypadam z obiegu, pojawiają się nowi pisarze… A ja odchodzę w zapomnienie. Nie ma dla pisarza nic gorszego niż uczucie, że czytelnicy przestają czekać na jego książki. Ostatnio przeczytałem recenzję, w której ktoś napisał, że chyba wreszcie skończyłem z pisaniem. I że to dobra wiadomość, bo moje książki były jednym wielkim marnowaniem papieru. Boję się o przyszłość. I im bardziej się boję, tym bardziej czuję się bezużyteczny.

– Strach o przyszłość… Wiesz, mamy dużo wspólnego: my, starzy, i wy, młodzi. Przede wszystkim właśnie ten strach. On jest bardzo silny w młodości, potem jakby się ucisza... Ale na starość wraca i zostaje z człowiekiem już do końca życia. Zauważyłeś, w jakim miejscu najczęściej spotyka się starych i młodych razem?

– Nie wiem... W kościele? W sklepie?

– A gdzie tam. W barze mlecznym. Kiedyś to zaobserwowałam. Tam nie ma ludzi w średnim wieku, tam są właśnie młodzi i starzy. A bar ich łączy, bo i jedni, i drudzy walczą o przetrwanie. I jednym, i drugim brakuje pieniędzy. Jedni na początku życia, drudzy pod koniec, ale tak samo zagubieni i zmartwieni przyszłością. Szkoda, że ze sobą nie rozmawiają, mogliby sobie nawzajem dodać otuchy.

Tomek się zamyślił.

– Jak to się w ogóle stało, że trafiłaś do zakonu?

– Dobre pytanie. Kiedyś, w młodości, popełniłam kilka błędów. Potem przeżyłam załamanie nerwowe. I wtedy pomyślałam, że w zakonie znajdę spokój i ukojenie. Kościół sprytnie wyłapuje takie jednostki jak ja wtedy: słabe, zalęknione, pełne wyrzutów sumienia i niepewne, jak pokierować swoim życiem, jak wziąć za siebie odpowiedzialność. I Kościół mami takie osoby pięknymi słowami, daje poczucie wartości, wspólnoty, bezpieczeństwa. Zaraża cię wiarą w to, że masz misję do wykonania. Wpaja, że jesteś wartościowy, ale tylko wówczas, gdy będziesz spełniał przypisaną ci przez Kościół rolę. Opowiada przypowieści, takie jak ta o synu marnotrawnym. Znasz?

– Znam.

– Według mnie to jest niesprawiedliwe. Możesz być całe życie pracowity i posłuszny, a potem ojciec i tak wyprawia ucztę, gdy wraca ten, który zmarnotrawił majątek i odwrócił się od rodziny. Nie mogę się z tym zgodzić. Ale jako młoda dziewczyna wzruszałam się tą przypowieścią. Przybrałam zakonne imię Maristella i myślałam, że jestem tą marnotrawną córką, która wraca ku radości ojca. W pewnym momencie pojęłam jednak, że w życiu tak nie jest. I z czasem też zauważyłam, ile zła jest w Kościele. Jak wiele osób pod tym płaszczem pięknych przypowieści ukrywa swoje szemrane interesy. Przez tyle lat w zakonie zrozumiałam, jak się ludzi niszczy. Daje się im na początku poczucie wspólnoty i misji po to, żeby potem pozbawić poczucia własnej wartości. I wolności. Zrozumiałam też, jak się ludźmi poniewiera, jak hierarchia daje ku temu setki narzędzi. I jak władza deprawuje. Im większa, tym bardziej. Widziałam w zakonie kilka rzeczy, których chciałabym nigdy nie zobaczyć. – Urwała i opróżniła szklankę do dna.

Tomek milczał. Cisza sprawiała, że Maryśka czuła potrzebę wypełnić ją swoją opowieścią, więc kontynuowała:

– Spowiednik krzywdził jedną z moich koleżanek. „Krzywdził" mówię, jak to delikatnie brzmi. On ją, kurwa, gwałcił. Dowiedziałam się o tym przez przypadek. Okazało się, że to trwa od dawna... – Maryśka miała łzy w oczach. – A ona znosiła to wszystko z wiarą, że to jest jej krzyż, który musi dźwigać, bo to przecież w wyższych celach. A ten skurwiel tylko pogłębiał w niej to poczucie, bo w ten sposób trzymał ją w ryzach i mógł krzywdzić dalej z poczuciem, że jest bezkarny. Wiesz, nie to jednak było najbardziej przerażające. Dramat wydarzył się, gdy próbowałam zgłosić tę sprawę wyżej, obronić koleżankę, przerwać spiralę zła. I wtedy zobaczyłam prawdziwą twarz mojego Kościoła, w który tak wierzyłam. Nagle wszyscy zwrócili się przeciwko mnie, bo jak to tak, oskarżam dobrego księdza. A on takie piękne homilie wygłasza... – Urwała, ledwo powstrzymując płacz.

– To była wielka odwaga z twojej strony. – Tomek próbował ją pocieszyć.

– To nie była odwaga. Odwaga jest wtedy, kiedy działasz pomimo strachu i świadomości konsekwencji. Bez świadomości nie ma odwagi, jest co najwyżej brawura albo brak myślenia. A gdy zrozumiałam, jakie jest moje położenie – zamilkłam. „Odwaga" się skończyła. Uświadomiłam sobie, że Kościół mnie wchłonął, osaczył, uzależnił od siebie. Zaczęłam pytać się samej siebie: jak wystąpię z zakonu, kim będę? Nikim. Co ze sobą zrobię? Gdzie zamieszkam? Gdzie pójdę do pracy, skoro nic nie potrafię? Wstyd mi było iść do brata i prosić o pomoc... Ale w końcu stamtąd zwiałam, z dnia na dzień, bo myślałam, że się tam uduszę.

– Janek się chyba ucieszył?

– Skąd wiesz?

– Coś takiego powiedział, jak z nim rozmawiałem po przyjeździe...

– On nie mógł mi wybaczyć, że poszłam do zakonu. Między nami jest dziewięć lat różnicy, jak trafiłam do klasztoru, on był jeszcze dzieckiem. Czuł się beze mnie bardzo samotny. Do dzisiaj mam z tego powodu wyrzuty sumienia, że go wtedy zostawiłam. Wiesz, Tomek, to był błąd...

– Popatrz na to z innej strony. Potrafiłaś postawić swoje granice. Stanęłaś w obronie koleżanki mimo grożącego ci ostracyzmu ze strony innych sióstr. To jest szlachetne.

– Bo ja naprawdę wierzyłam w przykazanie miłości bliźniego. W Kościół już nie wierzę. Ale to przykazanie ze mną zostało – dodała, po czym zorientowała się, że ich szklanki są już puste. – Przyniosę jeszcze – stwierdziła i poszła do baru.

Gdy wróciła, Tomek zaproponował:

– A może pójdziemy na dach?

– Na dach?

– Tak. Wczoraj znalazłem sobie takie okienko na strychu. Przyjemnie się tam siedzi.

Gdy kilka minut później usadowili się na parapecie trzy piętra wyżej, Tomek zaczął:

– A ty coś wiesz o tej lawinie z dziewięćdziesiątego drugiego?

– Wiem, że była. I że to się stało w Białym Jarze. Nawiedzone miejsce.

– Dlaczego?

– Nie słyszałeś legendy o powstaniu Białego Jaru?

Tomek pokiwał przecząco.

– Jest taka opowieść z liczącego kilkaset lat zbioru legend o Duchu Gór Johannesa Praetoriusa. Ponoć pewnego razu w okolicach dzisiejszego Domu Śląskiego pojawiła się tajemnicza Leśna Kobieta. Czarownica była cała ubrana w mech, a w Karkonosze, jak twierdził Praetorius, przeniósł ją sam diabeł! Duch Gór wściekł się, że obcy demon pojawił się na jego ziemiach. Wyzwał Leśną Kobietę na pojedynek, który został stoczony na Równi pod Śnieżką. Starcie było wyjątkowo zacięte. Upiorzyca przeklinała Liczyrzepę słowami: „Znikaj, stary psie, zestarzały bożku, człowieku-koźle". Rzucała też w niego łajnem, kłuła cierniami i parzyła pokrzywą. Duch Gór nie pozostawał dłużny i syczał w jej kierunku swoje obelgi: „Milcz potworze, ja ci zerwę twój obrosły mchem moskiewski kożuch". Ciskał też w kobietę piorunami, zesłał na nią gradowe chmury i przeraźliwie silny wiatr. Ostatecznie czarownica została przegnana, a w miejscu stoczonej walki osunęła się ziemia i powstał kocioł Białego Jaru.

– Te legendy o Duchu Gór… – parsknął Tomek. – Jedna dziwniejsza od drugiej.

– Taki już jest władca Karkonoszy. – Maryśka wzruszyła ramionami.

– A wiesz coś może o Andrzeju Czerwińskim, tym facecie, co go znaleźli w lawinie? Wcześniej był tu ponoć na zabawie…

– Tomek, ja w tym czasie byłam w zakonie. Nie wiedziałam w ogóle, co dzieje się na świecie. Janka pytałeś? Może on coś wie?

– Nie wydawał mi się zbyt rozmowny…

– On już tak ma. Ale to bardzo dobry człowiek. Przyjaźnił się z poprzednim dzierżawcą, Wiktorem, po którym przejął schronisko.

– Albert mówił mi, że Wiktor zmarł.

– Tak, chyba dość nagle… Udar miał – dodała, obracając w dłoni szklankę. – Na cukrzycę chorował i na nadciśnienie… Jak to Polacy.

– Nie podoba mi się to schronisko – rzucił nagle Tomek ku własnemu zdziwieniu.

– Dlaczego?

– Nie umiem ci tego wyjaśnić. Wydarzyło się tu dużo złych rzeczy. Czytam o nich teraz i nie mogę pozbyć się wrażenia, że w tym miejscu jest jakaś zła energia, ja ją czuję. Jakby krzywda różnych ludzi, którzy tu kiedyś pracowali, wsiąknęła w te ściany.

– Ja mam inne spojrzenie. Schronisko to jasność. Bezpieczeństwo. Ono opiera się ciemności, która jest wokół.

– Schroniska takie powinny być. Z definicji samego słowa powinny zapewnić człowiekowi schronienie. To kojarzy się z jasnością. Ale ona w tym miejscu w dziwny sposób współgra z mrokiem. Strzecha Akademicka jest dla mnie jak takie yin-yang, dobro i zło osiągnęło tu dziwną harmonię. I to mnie przeraża – wyrzucił z siebie. „O czym ty mówisz?" – zapytał sam siebie w myślach. To wina alkoholu, za bardzo rozwiązywał Tomkowi język i rozbudzał chęć do prowadzenia filozoficznych dysput.

W milczeniu dopili whisky.

– To co, jutro w tym samym miejscu się widzimy? – zaproponowała Maryśka. – Lubię z tobą rozmawiać.

– Czemu nie.

Pożegnał się z kobietą i wrócił do swojego pokoju. Jej opowieść o czasie spędzonym w zakonie podsunęła mu na powrót myśl, która wcześniej mu umknęła. A jeśli pamiętnik prowadziła któraś z kobiet pracujących w kuchni? Jeszcze raz spojrzał na protokoły z przesłuchania Joanny Adamowicz i Wiesławy Dębskiej z nadzieją, że podczas lektury dalszej części pamiętnika znajdzie jakiś element, który naprowadzi go na autorkę. Potem zabrał się do czytania brulionu. Ostatni wpis, na którym skończył, nosił datę drugiego października.

„Ale jemu się spodobało i powiedział, że za tydzień będzie czekał w tym samym miejscu. Żaden prysznic nie był w stanie potem zmyć z niej brudu ciała obcego mężczyzny".

Kolejne dwa wpisy były w odstępie siedmiu dni. Tyle, ile wynosiła przerwa między kolejnymi gwałtami.

9 października
Znowu poszła do szopy i znowu jej to zrobił. Starała się tego nie rozpamiętywać. Robiła to dla Franka, ta myśl trzymała ją przy życiu. Wierzyła, że ten raz będzie ostatni.

16 października
Przecież on miał już wyjechać. Ale dalej był i dziś rano przypomniał jej, że wciąż obowiązuje ją umowa. Poszła więc tam, gdzie zawsze, a on jak zwykle czekał na nią ze spuszczonymi portkami. Liczyła, że to będzie ostatni raz. Zbliża się przecież kontrola i pan dyrektor robi się coraz bardziej nerwowy. Miała nadzieję, że ta kontrola ją uratuje. Że wtedy on na pewno wyjedzie. Ale jest tylko gorzej. On postanowił zostać, żeby wspierać brata, tak mówi. Teraz zrozumiała, że tak będzie już zawsze. On zawsze będzie miał ochotę. Będzie miał też powód, żeby ją zmuszać. Chyba że Franek stanie się bezpieczny. Albo brat pana dyrektora zniknie.

Tomek zatrzymał się. Jest o kontroli! A więc z całą pewnością pamiętnik powstawał w tysiąc dziewięćset czterdziestym siódmym, tuż przed wejściem NIK-u do Dyrekcji Turystyki Sudeckiej…

23 października
Dziś bolało bardziej niż zwykle. Nie potrafił być delikatny jak Franek, a ona, chociaż wiedziała, że musi, nie potrafiła się

otworzyć. On z każdym kolejnym razem robi się brutalniejszy i mniej się nią przejmuje. Zrozumiała, że musi to skończyć.

24 października

W Bogu jedyna nadzieja, więc poszła się modlić. Do Wawrzyńca, na Śnieżkę! Wierzyła, że będzie tam miała bliżej do nieba. Klęczała na kamiennej posadzce, błagała o jakąś podpowiedź. O grom z jasnego nieba. O jego śmierć. Nie stało się jednak nic. Wyszła. Zaczął padać deszcz, więc wróciła do środka, żeby przeczekać ulewę. I wtedy ujrzała tablicę. Olśnienie. To musiał być znak od Boga. Podpowiedź, co robić. Postanowiła wziąć sprawy w swoje ręce.

– Do Wawrzyńca, na Śnieżkę? – wyszeptał Tomek. Domyślił się, że chodzi o słynną w całych Karkonoszach kaplicę. Nie miał jednak pojęcia, o jakiej tablicy była mowa. Co takiego zobaczyła w niej autorka pamiętnika, że uznała to za podpowiedź?

25 października

W Kotle Małego Stawu trwały ćwiczenia wojskowe. Poszła tam i zabrała, co potrzebne.

26 października

Cała Strzecha już wie, że wojsko szuka zaginionego karabinu. Nigdy nie wpadną na to, że to ona go ma. Bo jej nikt nie zauważa. Bo jest młoda, naiwna i bezbronna. Nie, bezbronna już nie jest. Jest tylko jedna rzecz, której się boi, że nie da rady pociągnąć za spust. Poprosiłaby o pomoc Franka, ale nie może go w to mieszać. On już ma za dużo swoich zmartwień.

27 października

Nie da rady, boi się. Nie umie. Nie wie, jak miałaby to zrobić. Zbliża się kolejny raz, a jej śnią się bez przerwy koszmary. Krew.

29 października

Poszła do Franka. Gdy poznał prawdę, chciał iść go zabić. Ale powiedziała mu, że najlepiej zrobić to jak na tablicy ze Śnieżki. Żeby nikt się nie zorientował. Obiecał, że poczeka do jutra.

30 października

Poszła do szopy z Frankiem. On już czekał. Zrobiliśmy to. Co wydarzyło się w Strzesze, zostaje w Strzesze. On już nigdy nikogo nie skrzywdzi.

Na tym wpisie pamiętnik się kończył.

Strzecha Akademicka, 5 marca 2007

Noc nie należała do spokojnych. Szalejący na Złotówce wiatr oplatał Strzechę Akademicką swoimi mackami, wdzierając się do środka przez każdą możliwą nieszczelność. Tomka wielokrotnie budziły przeciągłe świsty i jęki, jakby wokół starego schroniska krążyli przez całą noc Duch Gór i Leśna Kobieta, tocząc ze sobą zażartą walkę.

Gdy wcześnie rano obudził się kolejny raz z rzędu, zrezygnował z próby uśnięcia. Ubrał się, zjadł pospiesznie śniadanie i wyszedł przed schronisko.

Zaklął pod nosem. Śnieg nie tyle padał, ile zacinał w poprzek horyzontu. „Boże, czy to się kiedyś kończy w tych przeklętych górach?" – pomyślał. Widoczność była rzędu pięćdziesięciu metrów. Najwyraźniej Karkonosze nie chciały dać mu się poznać od przyjemniejszej strony. Był jednak zmotywowany na tyle mocno, że chociażby widoczność była zerowa i szykowałoby się natarcie zimy stulecia, nie zamierzał zrezygnować ze swojego planu. Ruszył pod górę szlakiem w kierunku Śnieżki, do kaplicy Świętego Wawrzyńca. Musiał odkryć sekret tablicy, która popchnęła autorkę pamiętnika do zabójstwa Czerwińskiego. Jakie słowa miały taką siłę, że pomogły jej podjąć decyzję o morderstwie?

Schronisko Dom Śląski, 5 marca 2007

Droga do Domu Śląskiego była z powodu panującej pogody trudna, ale mimo wszystko znośna. Prawdziwa walka o przetrwanie zaczęła się kawałek za schroniskiem. Choć od szczytu Śnieżki dzielił Tomka zaledwie kilometr, czuł, że będzie to najtrudniejsze tysiąc metrów w jego życiu. Zawczasu założył raczki, które za radą Maksa kupił przed wyjazdem. W życiu by nie przypuszczał, że ten kawałek łańcucha z kolcami włożony na buty uratuje mu życie. Oblodzony szlak na Śnieżkę był bowiem o tej porze roku dla wędrowców nieposiadających raczków śmiertelnie niebezpieczny.

Rozpoczął mozolną wspinaczkę czerwonym szlakiem i nagle przypomniał sobie utwór *Noc na Łysej Górze* Musorgskiego. Mroczne dźwięki orkiestry symfonicznej wypełniły mu głowę. Śnieżka zdawała się stworzona do roli upiornej Łysej Góry, na której miały się odbywać sabaty czarownic. Potężne podmuchy wiatru wzniecały tumany śniegu, a przesuwające się nad szczytem bez przerwy kłęby ołowianych chmur sprawiały wrażenie, jakby wewnątrz góry tkwiła jakaś nadludzka siła, która przyciąga obłoki i wprawia je w wirowy taniec. Krążąc wokół Śnieżki, zdawały się brać udział w onirycznym spektaklu, oddając hołd potędze natury. Za ich sprawą szczyt co chwilę niespodziewanie ukazywał się oczom wędrujących ludzi, po czym równie nagle znikał. Jak fatamorgana, która spragnionych na pustyni mogła doprowadzić do obłędu.

Wokół najwyższego szczytu Karkonoszy przez setki lat narosło tak wiele mrocznych legend, a jednak dopiero spotkanie z mityczną górą sprawiło, że Tomek zaczął rozumieć, dlaczego to miejsce tak mocno rozbudzało wyobraźnię. O Śnieżce mówiło się, że w jej wnętrzach kryły się wrota do królestwa Ducha Gór czy też – jak kto wolał – do piekła. Sama kaplica Świętego Wawrzyńca, która królowała na szczycie od przeszło trzystu lat, była według niektórych dowodem próby ujarzmienia przez człowieka tego przedchrześcijańskiego czakramu.

Przed wyprawą w Karkonosze Tomek czytał sporo o Śnieżce i jej historii. Nadludzką siłę szczytu niektórzy tłumaczyli magią Ducha Gór, zdarzały się bowiem w tym rejonie nieprawdopodobne wypadki. Opowieść o człowieku, którego zabił piorun, mimo iż schował się przed burzą wewnątrz kaplicy, czy historia woźnicy, którego wóz i konie zostały zepchnięte przez wiatr ze Śnieżki prosto w przepaść – to tylko przykłady ludzkich spotkań z żywiołem gór w tym miejscu. Z drugiej strony można było te zjawiska wyjaśnić znacznie prościej – charakterystyczne położenie masywu Karkonoszy na mapie Europy powodowało tu wyjątkowe anomalie pogodowe, niespotykane w innych górach o podobnej wysokości. Opowieść o Duchu Gór jako surowym władcy tych terenów do wielu przemawiała jednak bardziej.

Tomek wspinał się dalej, walcząc z kolejnymi atakami wiatru, którego siła powodowała, że momentami tracił oddech. Wyjątkowo stroma ścieżka wiła się wąskim grzbietem, lawirując pomiędzy północnym a południowo-zachodnim stokiem Śnieżki. W ten sposób wędrujący na najwyższy szczyt Karkonoszy mogli co chwilę zerkać w głębokie na kilkaset metrów przepaści Kotła Łomniczki i Obřího důlu. Już samo spojrzenie w dół sprawiało, że Tomkowi miękły kolana. Na dodatek ścieżka była skuta lodem, a podmuchy gnającego w poprzek szlaku wiatru niemal ścinały z nóg, jakby chciały pociągnąć śmiałków w stronę przepaści. Mroczną sławę miało zwłaszcza północne zbocze góry, w którym znajdowała się podłużna niecka zwana rynną śmierci. Zimą to właśnie do niej najczęściej spadali zmierzający na szczyt ludzie. Czasem był to nieszczęśliwy wypadek, ale dużo częściej skutek złego przygotowania do wędrówki, braku raczków albo – co najgorsze – wędrówka wbrew zakazom Drogą Jubileuszową. Zimą była ona zamykana właśnie dlatego, że przecinała w poprzek rynnę śmierci i poruszanie się nią było śmiertelnie niebezpieczne. Jedno drobne potknięcie i człowiek leciał nawet kilometr w dół rynną śmierci aż do Kotła Łomniczki. Niewielu było w stanie to przeżyć.

Na tym szlaku doprawdy ujawniała się potęga Liczyrzepy.

Śnieżka, 5 marca 2007

W pewnym momencie naprzeciw niego zarysował się ciemny kształt, który z każdym krokiem nabierał coraz bardziej wyrazistych konturów. Kaplica.

Jej historia również nadawała się na niezłą powieść sensacyjną. Budynek powstał na zlecenie hrabiego Schaffgotscha, który chciał może nie tyle zaznaczyć panowanie chrześcijaństwa nad pogaństwem, ile umocnić swoją pozycję polityczną w górach w obliczu toczących się zażartych sporów z sąsiadami o przebieg granicy. Dawał w ten sposób do zrozumienia właścicielom okolicznych majątków ziemskich, że skoro postawił kaplicę na najwyższym szczycie Karkonoszy, to on jest prawdziwym władcą tych gór.

Budowa, z powodu trudnych warunków atmosferycznych i konieczności wnoszenia wszystkich materiałów budowlanych, od wody po drewno, przez samych robotników, zajęła przeszło dziesięć lat. Podczas trwania prac wichury kilkakrotnie niszczyły powstający budynek, co oczywiście tłumaczono działaniem wysłannika diabła w osobie Ducha Gór. Nieraz też zdarzały się przepychanki między robotnikami hrabiego a nasyłanymi na nich pracownikami zatrudnionymi przez sąsiednich właścicieli ziemskich. W ten sposób polityczny konflikt o panowanie w Karkonoszach przy budowie kaplicy zamieniał się w prawdziwe rękoczyny.

Tomek nacisnął masywną, ręcznie kutą klamkę i wszedł do mrocznego przedsionka kaplicy. Śnieg zaczął wdzierać się do wnętrza, więc natychmiast zamknął za sobą ciężkie drzwi. W pomieszczeniu panowała głucha cisza, przerywana co jakiś czas przeciągłymi jękami. Proste, nieotynkowane, kamienne ściany zdawały się jednak gwarantować bezpieczeństwo niezależnie od siły szalejącej na dworze śnieżycy. Brak okien w przedsionku sprawił, że panował w nim półmrok. Światło wpadało do wnętrza tylko przez niewielkie okienka znajdujące się pod sklepieniem właściwej kaplicy, do której wejścia strzegła solidna krata. Tomek podszedł do niej i rozejrzał się w poszukiwaniu tablicy, która podpowiedziała autorce pamiętnika, jak postąpić z gwałcicielem. Nie dostrzegł jednak niczego, poza małym ołtarzem i dwoma rzeźbami aniołów. Zmartwił się. Czy tablica mogła zostać usunięta?

Spojrzał w bok. Dopiero wtedy zauważył, że w przedsionku, centralnie naprzeciwko drzwi, jest jakaś płyta. To musiała być ona, przecież autorka wspominała, że dostrzegła ją, wchodząc. Nie zauważył jej po wejściu, bo musiała upłynąć chwila, nim jego oczy, wystawione wcześniej na wszechobecną biel, przywykły do ciemnego wnętrza mrocznej kaplicy. Według umieszczonego na tablicy napisu miała ona upamiętniać trzechsetną rocznicę budowy kaplicy w tysiąc dziewięćset osiemdziesiątym pierwszym roku. Zmarszczył brwi. Nie, to nie tę tablicę widziała autorka pamiętnika – ta przecież w czterdziestym siódmym jeszcze tu nie wisiała. Zdenerwował się. Widocznie tablica, o której pisała, została usunięta i zastąpiona tą upamiętniającą rocznicę budowy.

– Cholera… – syknął poirytowany. Jak miał znaleźć tablicę, którą widziała kobieta kilkadziesiąt lat temu? Może znajdzie ją na jakichś starych fotografiach wnętrza kaplicy?

Już miał wychodzić, gdy zobaczył drugą kamienną płytę, także wiszącą w przedsionku, ale z boku, w rogu pomieszczenia. Wykonana z ciemnego marmuru niemal zlewała się kolorem z szarą, kamienną ścianą. Litery na niej były ledwo widoczne, tak płytko zostały wyrzeźbione w kamieniu. Zapalił latarkę i zaczął czytać:

Dla Józefa Odrowąż Pieniążka który w podróży swoiey był i w tem tu Mieyscu, a do Kraju i Rodziney nigdy nie powrócił, od Roku 1828, niepociszona Rodzeństwo prosi o Zdrowaś Marya.

Poniżej znajdował się ten sam tekst przetłumaczony na język niemiecki. Zaskoczyło go to. Dolny Śląsk znajdował się do tysiąc dziewięćset czterdziestego piątego w granicach Niemiec. Skąd więc ponad sto lat wcześniej w kaplicy na Śnieżce znalazła się tablica z polskim tekstem poświęcona jakiemuś zaginionemu mężczyźnie? A może to była nowa, upamiętniająca wydarzenie sprzed lat? Natychmiast odrzucił tę myśl: charakter tekstu wskazywał bowiem, że tablica rzeczywiście mogła pochodzić z dziewiętnastego wieku. Czy to właśnie o niej pisała autorka pamiętnika w czterdziestym siódmym roku?

Strzecha Akademicka, 5 marca 2007

Wszedł do schroniska i omal nie zderzył się z Jankiem. Kierownik Strzechy chyba gdzieś wychodził.

– O, dzień dobry! – rzucił. Zdawał się w lepszym humorze. – Jak warunki na wędrówce, dały popalić?

– Zdecydowanie… – przyznał Tomek.

– Pana ponoć namawiali, żeby upozorował swoje zaginięcie? Maryśka mi mówiła. – Spojrzał na niego z ciekawością.

– Namawiali... – Wilczur machnął ręką. – Ale w życiu nie zrobiłbym czegoś tak głupiego. Swoją drogą, zamierzałem pana szukać.

– Mnie?

– Tak. Chciałem spytać o lawinę z dziewięćdziesiątego drugiego – zaczął, zachęcony dobrym humorem kierownika schroniska. – Maryśka mówiła, że może mi pan coś o tym opowiedzieć.

Janek się skrzywił.

– Tyle że ja... Wtedy jeszcze tu nie szefowałem.

– Ale przyjaźnił się pan przecież z poprzednim kierownikiem, panem Wiktorem... On nigdy o tym nie opowiadał?

– Wiktor nie był zbyt rozmowny.

– Rozumiem. A szopa na siano na Złotówce, po Niemcach, mówi to coś panu?

– No. Jak hrabia Schaffgotsch zarządził budowę kaplicy na Śnieżce, to drzewo na ten cel drwale rąbali właśnie tu, na Złotówce. To było ponad trzysta lat temu, ale nasze schronisko już wtedy stało. I oni przy okazji prac nad kaplicą wybudowali tu taką małą chałupę dla cystersów z Cieplic, którzy mieli się opiekować kaplicą. Mówiło się, że to taka ich plebania. Ale ostatecznie kościelnym i tak został ówczesny właściciel Strzechy Akademickiej. On miał klucze i wszystkiego pilnował. I w pewnym momencie nieużywana chałupa po cystersach zaczęła służyć nam jako magazyn na siano.

– I ta chata gdzieś tu jeszcze jest? Pewnie przykrył ją śnieg...

Janek spojrzał na niego podejrzliwie.

– A czemu szopa pana interesuje?

– Myślę, że może mieć związek z zaginięciem Zbigniewa Czerwińskiego.

– On nie miał na imię Andrzej?

– Tak, ale miał ojca i wujka. Którzy zaginęli tu w czterdziestym siódmym.

– O... – Janek na moment zawiesił głos. Wyglądał na zaskoczonego. – To nie znam sprawy.

– A co z tą szopą?

– Spaliła się kilka ładnych lat temu. Nic z niej nie zostało.

„Ciekawe, czy ten pożar był zwykłym wypadkiem?" – pomyślał Tomek.

– No dobrze... A o Józefie Pieniążku pan słyszał?

– Kto to jest?

– Zaginął w tych górach prawie dwieście lat temu.

– Pan jest niepoważny, skąd ja mam wiedzieć o sprawach z tak dawnych czasów?

– Ma swoją tablicę na Śnieżce, myślałem, że pan o niej słyszał...

– A, to ten z tablicy! To jednak wiem. To był student, przyjechał tu na wakacje dawno temu. I zniknął – odparł Janek.

– Ale coś więcej umiałby mi pan powiedzieć?

– Skoro do dzisiaj nikt nie wie, dlaczego zniknął, to skąd ja miałbym wiedzieć coś więcej?

Tomek się zmieszał.

– W sumie racja. Przepraszam, że zawracałem głowę – powiedział, po czym pożegnał się i ruszył do siebie.

Wszedł do pokoju, rozsiadł się przy biurku i spojrzał na notatki oraz ostatni zapis w pamiętniku. Narysował strzałkę biegnącą od kółka z napisem „Stefan i Zbigniew", po czym zanotował przy niej uwagę:

Prawdopodobnie Zbigniew zabity przez Franciszka i jego ukochaną, autorkę pamiętnika. Miejsce morderstwa: szopa na Złotówce. Inspiracja: zaginięcie Józefa Odrowąż-Pieniążka (?). Gdzie jest ciało? Co stało się ze Stefanem?

Tomka frapowało zwłaszcza ostatnie pytanie. Autorka nie wspominała w pamiętniku o dyrektorze Czerwińskim, poza uwagą, że nie udało jej się powiedzieć mu o postępkach brata.

Wilczur przypomniał sobie wypowiedź Janiny Czerwińskiej, która twierdziła, że jej mąż razem z bratem wyszli w góry. Jeśli wierzyć pamiętnikowi, nie była to prawda. W dniu zaginięcia

Zbigniew nie poszedł na spacer z bratem, lecz do szopy, jak co tydzień. Czy więc Janina Czerwińska kłamała?

Spojrzał na cały stworzony dotychczas schemat. W sprawie pojawiało się coraz więcej wątków i chciał zbadać je po kolei, żeby nie pogubić się w swoim śledztwie. Pieniążek, Trafalscy i Helga Kruger to trzy sprawy, którymi chciał zająć się najpierw. W przypadku tego pierwszego zamierzał poprosić o pomoc Maksa. Kolejni byli Trafalscy. Ojciec – kierownik Samotni, już nie żył; syna – byłego komendanta policji, prawdopodobnie nie było teraz w Karpaczu. Zostawała mu więc Helga Kruger. Kobieta, która, jak twierdził Albert, pracowała w Samotni.

Tomek rzucił okiem na zegarek. Do zmierzchu została jeszcze ponad godzina. Rozłożył mapę. Według niej pokonanie dystansu ze Strzechy Akademickiej do Samotni powinno zająć piętnaście minut.

Część VIII

HELGA KRUGER

*Czy mówiłem już panu, [...] że kłamstwo obiegnie świat dookoła, zanim prawda zdąży wciągnąć buty?**

Terry Pratchett

* T. Pratchett, *Prawda*, tłum. P.W. Cholewa, Warszawa 2010.

Schronisko Samotnia, 5 marca 2007

Gdy dotarł do Kotła Małego Stawu, zrozumiał – mimo kiepskiej widoczności i nadchodzącego zmierzchu – dlaczego jest to jedno z ulubionych przez turystów miejsc w Karkonoszach.

Stojąca nad brzegiem górskiego jeziora otulona śniegiem Samotnia przypominała dom Świętego Mikołaja albo gotowy plan filmowy bożonarodzeniowej komedii romantycznej. Swoim stylem mocno różniła się od innych schronisk w tych górach: zamiast potężnych fasad, murowanych ścian i kilku pięter nad Małym Stawem znajdowała się niska, drewniana chata z charakterystyczną wieżyczką. Idąc wzdłuż schroniska w stronę wejścia, Tomek obserwował przez okna wnętrze Samotni, które z tej perspektywy wyglądało bardzo przytulnie.

Wszedł do środka. W powietrzu unosił się przyjemny zapach domowego obiadu. Poczuł skurcz żołądka. Dopiero wtedy uświadomił sobie, jak dawno nic nie jadł. Zamówił przy barze naleśniki z serem i już po chwili pochłaniał je ze smakiem. Jedząc, obserwował stojącą za ladą młodą kobietę. Poczekał na moment, gdy skończy się kolejka zamawiających, i podszedł.

– Coś jeszcze do naleśniczków? – zapytała.

– Dziękuję. Prawdę mówiąc, mam nietypowe pytanie... – Tomek się zawahał. – Czy pracuje tu może pani Helga Kruger?

– Helcia? No pewnie, że pracuje. Na pół etatu, ale dalej nam pomaga. A czemu pan o nią pyta?

– Chciałem z nią chwilę porozmawiać, mam sprawę... Jest może teraz w schronisku?

– Powinna jeszcze być. Proszę usiąść przy stoliku, poszukam jej.

Po dłuższej chwili dziewczyna wróciła ze starszą kobietą i wskazała jej Tomka.

– Dzień dobry. – Kruger podeszła do stolika. Siwe włosy miała zaplecione w niedbały warkocz. Wysokie czoło i surowe rysy twarzy sprawiały, że przypominała arystokratkę z dawnej epoki. Była przy tym wyjątkowo wysoka i szczupła, nie ukrył tego nawet gruby sweter z wywijanym kołnierzem, który miała na sobie. – Nie kojarzę pana…

– Dzień dobry. Bo my się jeszcze nie poznaliśmy. Nazywam się Tomasz Wilczur, jestem pisarzem.

– I na pewno mnie pan szuka? – spytała kobieta z nutą powątpiewania w głosie, ale usiadła przy stoliku.

– Tak. Piszę kryminał.

– O Boże, to straszne. – Kruger spojrzała na niego ze zdziwieniem. – To znaczy źle się wyraziłam… Chciałam powiedzieć, że przykro mi, ale ja nie czytam takich rzeczy. Potem nie mogę spać.

– Spokojnie, nie zamierzam namawiać pani do czytania. Ale chciałbym poprosić o podpowiedź w sprawie, o której teraz piszę.

– Ja miałabym panu jakoś pomóc? – Uniosła brwi.

– Tak. Pani matka pracowała kiedyś w Strzesze Akademickiej, jeszcze za Niemców, prawda?

Kruger zacisnęła usta w kreskę.

– I co panu do tego? Ja jestem Polką. A mama była autochtonką, a nie Niemką! Została tu po wojnie legalnie!

– Ale ja niczego złego nie chciałem sugerować, proszę mi wybaczyć… – zapewnił Tomek. Zrozumiał, że już na początku zaliczył potknięcie i wzbudził nieufność kobiety. Pewnie Helga Kruger wielokrotnie musiała tłumaczyć się ze swojego pochodzenia i dlatego zareagowała nerwowo.

– Czytałem akta z kontroli NIK-u w karkonoskich schroniskach w czterdziestym siódmym. Pani mama zeznała tam, że Stefan Czerwiński groził jej śmiercią.

– Tak było – odparła. – Mam nadzieję, że ten zwyrodnialec zdychał w męczarniach.

– Pani go znała?

– Ja się urodziłam rok po tym, jak go zabili.

– Zabili? – powtórzył Tomek. – Przecież on zaginął... Ciała nigdy nie znaleziono.

– Pan nie ma pojęcia, co to był za podły charakter. Potrafił wykorzystać każdą słabość drugiego człowieka, byleby coś na tym dla siebie ugrać. Jak taki ktoś znika, to wiadomo, że w końcu trafił na silniejszych od siebie, takich, którzy będą w stanie go zatłuc – stwierdziła, jakby to była najbardziej oczywista rzecz pod słońcem. – Zresztą słusznie, sama bym się do takiego linczu przyłączyła – dodała niemal szeptem, spoglądając na boki, jakby bała się, że ktoś ją usłyszy. – On bardzo skrzywdził moją mamę. Jeszcze wiele miesięcy po tym, jak zniknął, mama nie mogła spać spokojnie. Tak bardzo się go bała.

– A Zbigniew Czerwiński? Czy także w jakiś sposób ją skrzywdził?

– Mama nigdy nie wspominała o bracie dyrektora.

– Rozumiem. Mnie jednak interesuje przede wszystkim sprawa jego syna, Andrzeja. On zginął tutaj w dziewięćdziesiątym drugim. Słyszała pani?

– Coś tam obiło mi się o uszy.

– Ponoć przed śmiercią bawił się na sylwestrze w Strzesze Akademickiej. Zastanawiam się, czy może ktoś postanowił pomścić na nim krzywdy zaznane od jego ojca.

Kruger zmarszczyła brwi i przez chwilę milczała.

– No może tak było. A może nie? Skąd ja mam to wiedzieć. Nie widziałam nigdy człowieka na oczy.

– Chyba jednak go pani widziała – delikatnie zasugerował Tomek. – Przecież w tamtym czasie pracowała pani w Strzesze Akademickiej.

– Tak... – potwierdziła z lekkim ociąganiem, po czym potarła nadgarstki. – Ale ja miałam wtedy wolne, jak on przyjechał.

– Pani Helgo, wiem, że pani też była na tej zabawie sylwestrowej.

Kruger zrobiła wielkie oczy. Kilka razy nabrała powietrza i je wypuściła.

– Kto pana przysłał?

– Nikt – odparł tak spokojnie, jak tylko potrafił. – Piszę książkę. Chciałbym dowiedzieć się, co się stało z Andrzejem Czerwińskim.

– No to ode mnie niczego się pan więcej nie dowiesz. Ja nic nie wiem. Co było w Strzesze, zostaje w Strzesze, rozumie pan?

– Andrzeja ktoś zabił na tym sylwestrze, prawda? – Spróbował ostatni raz. Nie oczekiwał, że kobieta powie prawdę, ale zorientował się, że nie umiała kłamać. Dlatego liczył, że z jej zachowania będzie w stanie domyślić się, czy mówi prawdę.

– Nie – odpowiedziała. Znowu potarła nadgarstki.

Tomek wiedział, że stres można próbować ukryć: wyćwiczyć mimikę, wyzbyć się drżenia głosu, nie uciekać wzrokiem przed rozmówcą. Ale nie da się zapanować nad ruchami źrenic, zmianą ciśnienia czy chociażby tętna. A oczy Helgi Kruger, gdy zaprzeczyła, niemal zrobiły się czarne – tak bardzo poszerzyły się ich źrenice. Kłamała.

Wstała od stołu, po czym zawahała się i usiadła z powrotem.

– Na pana miejscu byłabym bardziej ostrożna – dodała niemal szeptem po chwili namysłu. – Jeśli innych obcych ludzi rozpytuje tak obcesowo jak mnie przed chwilą, to może się źle dla niego skończyć. W życiu trzeba uważać, wobec kogo jest się szczerym, mama mnie tego nauczyła jeszcze za dzieciaka. Bo ktoś będzie sprawiał wrażenie, że jest przyjacielem, a potem wbije nóż w plecy, gdy tylko pan się odwróci. Rozumie mnie?

Tomek pokiwał głową.

– Niech więc lepiej tyłem się nie odwraca – to raz. A dwa – niech się nie przyznaje, czym się interesuje. Bo nie każdy będzie życzliwy jak ja, gdy się dowie, w czym grzebie. Pan nie stąd, dobrze myślę?

– Nie, z Wrocławia.

– Właśnie – prychnęła Kruger. – Przyjechał taki z wielkiego miasta i biznes chce robić na naszych nieszczęściach, książkę pisać. Ducha Gór zna?

– Liczyrzepę, tak. Znam.

– No właśnie... – znowu prychnęła, spoglądając na niego z politowaniem. – Tak, właśnie słyszę, jak zna. Najważniejsza prawda o Duchu jest taka, że nie należy go drażnić i ośmieszać, na przykład mówiąc o nim „Liczyrzepa". Bo gdy się wścieknie, potrafi być nieobliczalny.

– Będę pamiętał o tym ostrzeżeniu – odparł Tomek ze spokojem.

– To teraz jeszcze ode mnie ostrzeżenie. Starych spraw lepiej nie ruszać, śpiących demonów nie budzić, bo nie wiadomo, kogo pożrą. Mnie czy pana? – Wstała od stołu i wyszła z jadalni, zostawiając go z pytaniem, które zabrzmiało trochę jak groźba.

Stojąca za ladą dziewczyna od dłuższej chwili przyglądała im się ukradkiem.

– Ja już będę szedł, dziękuję. – Tomek się pożegnał zakłopotany.

Drogę powrotną do Strzechy Akademickiej pokonywał już po zmierzchu.

Rozmowa z Helgą Kruger, mimo iż przebiegała w nerwowej atmosferze, dużo mu dała. Choć kobieta nie chciała dzielić się z nim informacjami, nieświadomie to zrobiła.

Po pierwsze, potwierdziła, że Stefana Czerwińskiego ktoś zabił. Kruger mogła zarzekać się, że to tylko jej przypuszczenia. Ale nawet jeśli to były rzeczywiście przypuszczenia, na czymś je oparła – co do tego Tomek nie miał wątpliwości. I drugie, najważniejsze. Helga Kruger swoimi wypowiedziami sugerowała, że w sprawę śmierci Andrzeja Czerwińskiego było zaangażowanych więcej osób. „Na naszych nieszczęściach", mówiła w liczbie mnogiej i raczej nie był to wynik jakiejś maniery czy przypadku. To zresztą pokrywało się z tym, co powiedział mu wcześniej Albert – telefonujący anonim też sugerował, że było to działanie większej liczby osób. Po głowie chodziły mu dwa łączące się ze sobą słowa: *zatłukli* i *lincz*. To pierwsze pojawiło się w opowieści Alberta o tajemniczym anonimie, użyła go także Helga Kruger. Przypadek? A może wręcz przeciwnie, klucz do rozwiązania zagadki? Drugie słowo było niejako pochodną pierwszego.

Przeraził się. A jeśli była to sprawa podobna chociażby do słynnej zbrodni połanieckiej? Tamte wydarzenia sprzed przeszło trzydziestu lat nieustannie inspirowały autorów kryminałów.

W noc wigilijną w kościele w Połańcu odbywała się pasterka, na którą wynajętym autobusem dotarli między innymi mieszkańcy sąsiedniego Zrębina. Wśród uczestniczących we mszy było rodzeństwo Kalitów: nastoletni Mietek, jego starsza ciężarna siostra Krystyna i jej mąż. Ktoś wszedł w trakcie nabożeństwa do kościoła i zaalarmował Kalitów, że ich ojciec upił się w Zrębinie i robi tam awanturę. Rodzina więc opuściła mszę przed jej końcem i poszła pieszo do swojej wsi. Wkrótce spod kościoła ruszyły ich śladem samochód osobowy i dwa autobusy, którymi przywieziono mieszkańców na pasterkę. Pojazdy były pełne pasażerów – niektórzy bowiem, zamiast rzeczywiście udać się do kościoła, urządzili sobie w autobusie libację. Na polecenie nieoficjalnego „króla wsi" Jana Sojdy, który był skonfliktowany z Kalitami, autobus dogonił kobietę i dwóch mężczyzn. Wtedy rozegrało się piekło. Osobówka, którą prowadził zięć Sojdy, potrąciła Mietka. Gdy Krystyna z mężem próbowali udzielić mu pomocy, obok zatrzymał się jeden z autobusów. Wysiedli z niego Sojda i jego szwagier, którzy następnie na oczach kilkudziesięciu pasażerów autobusu zatłukli kluczami do kół samochodowych młode małżeństwo. Ponieważ nastoletni Mietek nadal żył, zięć Sojdy przejechał po nim samochodem, żeby dobić chłopaka.

Mimo że świadkami makabrycznego wydarzenia było kilkadziesiąt osób, sprawę udało się wyciszyć, a oprawcy przez kilka miesięcy pozostawali bezkarni. Zastraszyli świadków, zmuszając ich do przysięgania na krzyż, że nigdy nie wyjawią prawdy o tym, co widzieli. Wiele osób zostało też odpowiednio opłaconych. Gdyby nie zeznania jednego chłopaka, który wyłamał się ze zmowy milczenia, pewnie zagadka zabójstwa w wigilijną noc nie zostałaby nigdy wyjaśniona.

Tomek wzdrygnął się na wspomnienie reportażu o zbrodni połanieckiej, który czytał kilka lat temu. Prawdą jest, że żaden pisarz nie jest w stanie wymyślić bardziej przerażającej fabuły kryminału niż sprawcy prawdziwych zbrodni.

„Co było w Strzesze, zostaje w Strzesze" – po głowie wciąż chodziły mu słowa Helgi Kruger.

Spomiędzy drzew niespodziewanie wyłoniła się Strzecha Akademicka. Przysypane śniegiem monumentalne schronisko ciemnym konturem odgraniczało się na tle mglistego nocnego nieba. Światła palące się w niektórych oknach nie dawały mu jednak poczucia, że jest to przytulne i bezpieczne miejsce. Wręcz przeciwnie - sprawiały upiorne wrażenie. A jeśli tu także panuje zmowa milczenia? Może tyle osób zasłania się niepamięcią, ale tak naprawdę wszyscy wiedzą, co tu się stało tego feralnego sylwestra kilkanaście lat temu? Czy ktoś ich zastraszył? Przekupił? Jeśli tak, musiała to być osoba o bardzo silnej pozycji.

Przez chwilę Tomek mierzył wzrokiem ponury budynek schroniska, po czym zacisnął zęby. Nawet jeśli panuje tu zbiorowe milczenie, przykłady różnych zbrodni dowodzą, że wystarczy trafić na jedno słabe ogniwo, jednego świadka, który zdecyduje się mówić, a wtedy cała misterna układanka zaczyna się sypać. Im dłużej o tym myślał, tym bardziej zaczynał wierzyć, że prędzej czy później znajdzie ten wrażliwy element, który doprowadzi go do rozwiązania sprawy.

Strzecha Akademicka, 5 marca 2007

Telefon zawibrował, gdy Tomek wchodził do swojego pokoju. Dzwonił Maks.

– No halo! Mógłbyś się czasem odezwać… A tu cisza, w ogóle nie dajesz znać, jak ci u nas w Karkonoszach.

– Zimno, to przede wszystkim. Śnieżnie. Mroźnie. Wietrznie. I ponuro – dodał Tomek po chwili namysłu.

– Co tu dużo mówić, trafiłeś w nie najlepszy okres… Wyjątkowo surową zimę mamy w tym roku. Marta mówi, że tak intensywnych opadów śniegu nie pamięta w ciągu ostatnich dziesięciu lat.

– Ja nie widziałem takich w ciągu całego swojego życia – skontrował Tomek.

– A jak Strzecha?

– Dziwne miejsce. Ta sprawa śmierci Czerwińskiego, a w zasadzie trzech Czerwińskich, jest bardziej skomplikowana, niż mogłem przypuszczać.

– Trzech?

– Tak, bo kilkadziesiąt lat przed Andrzejem zaginął pierwszy powojenny kierownik Strzechy, późniejszy dyrektor w Dyrekcji Turystyki Sudeckiej. Facet nazywał się Stefan Czerwiński i był ojcem Andrzeja. W tym samym czasie zniknął też brat Stefana, Zbigniew Czerwiński.

– Co ty mówisz! – Głos Maksa zdradzał podekscytowanie. – To niezła zagadka kryminalna.

– Tu akurat muszę ci przyznać rację.

– Słuchaj, chciałbyś się może spotkać, pogadać? Po to w sumie dzwonię, żeby zaproponować jakąś wspólną kawę... Początkowo chciałem cię zaprosić, żebyś wpadł do nas na Śnieżne Kotły, ale domyślam się, że droga przez góry w tę pogodę nie jest szczytem twoich marzeń?

– Ależ z przyjemnością! – krzyknął Tomek, udając entuzjazm, po czym się zaśmiał. – A tak całkiem na poważnie, to wykluczone. Podczas moich wędrówek w ostatnich dniach mam wrażenie, że za każdym razem ocieram się o jakieś nieszczęście. Warunki są tragiczne.

– Myślisz, że u was są tragiczne... – powiedział Maks z pobłażaniem. – A nie wiesz, co dzieje się na Śnieżnych Kotłach. To jest jeszcze przeszło dwieście metrów wyżej niż Strzecha Akademicka.

– Czy to znaczy, że jest u was dwieście razy gorzej?

– Można tak to ująć. No dobrze, to może spotkamy się gdzieś na dole. W Karpaczu?

– Czemu nie – odparł Tomek, po czym zajrzał do swoich notatek. – Wiesz, mam taką sprawę... Na Śnieżce w kaplicy jest tablica poświęcona jakiemuś zaginionemu przed dwustu laty facetowi, Odrowąż-Pieniążek się nazywał. Wiesz o tej sprawie coś więcej?

– Niestety nie... – przyznał Maks, po czym bez chwili namysłu dodał: – Ale znam kogoś, kto na pewno będzie wiedział! Pamiętasz, jak opowiadałem kiedyś o historyku z muzeum Hauptmanna w Jagniątkowie?

– Tym nawiedzonym?

– O Jacku Węglorzu. Już po tym, jak swego czasu mi pomógł, nabrałem dużego szacunku do jego wiedzy i doświadczenia. Ale gdy w zeszłym roku dołożył swoją cegiełkę do rozwiązania zagadki schroniska Odrodzenie, doszedłem do wniosku, że to prawdziwy geniusz. W mgnieniu oka rozpoznał na zdjęciu zbrodniarza wojennego, wyobrażasz sobie?

– Nieźle... To jak, dasz mi do niego numer?

– Zrobimy inaczej. Spotkajmy się po prostu w Jagniątkowie jutro koło południa. Pójdziemy do muzeum Hauptmanna, ja nas wcześniej zapowiem. Jacek na pewno się ucieszy, że będzie mógł cię poznać. Pogadasz sobie z nim na interesujący cię temat, a potem wybierzemy się gdzieś razem na obiad.

Samotnia, 5 marca 2007

Helga Kruger wyszła przed schronisko. Już dawno minęły piękne lata dziewięćdziesiąte i palenie wewnątrz nie było dobrze widziane. Nie chciała też, żeby rozmowa telefoniczna, którą zamierzała przeprowadzić, miała jakichś niepowołanych świadków.

Wyciągnęła papierosa, pstryknęła zapalniczką i z uczuciem ulgi zaciągnęła się dymem. Jej oczy po chwili przyzwyczaiły się do panującej na dworze ciemności. Ruszyła w stronę barierek oddzielających plac przed schroniskiem od Małego Stawu. Jezioro było skute lodem i przysypane solidną warstwą śniegu. Przypomniała sobie opowieść mamy, że kiedyś, za jej młodości, zimą na tafli Małego Stawu organizowano cieszący się dużą popularnością tor łyżwiarski. Te czasy minęły już jednak bezpowrotnie. Helga dopaliła papierosa do połowy i wybrała numer mężczyzny, z którym wolałaby nie mieć nic wspólnego. Odebrał po kilku sygnałach.

– Dobry wieczór, przepraszam, że przeszkadzam... – zaczęła nieśmiało, po czym zakasłała.

– Kruger? Co się dzieje?

– Był u mnie pisarz, słyszał pan już o nim?

– Jeden życzliwy mi doniósł, że kręci się jakiś tutaj...

– Ja się boję, że on się domyśli, co... Co... Co się stało z Andrzejem – wyszeptała, jąkając się. Rozejrzała się wokół, czy na pewno nikt jej nie słyszy. Po zmroku Kocioł Małego Stawu sprawiał upiorne wrażenie.

– Uspokój się, Kruger. Niczego się nie domyśli, jak sama pary z ust nie puścisz, tak?

– Ale pan obiecał, że już nikt nigdy nie będzie o to pytał…

– Niczego nie obiecywałem.

– Ale…

– Już, już, Kruger. Spokojnie. Ja go obserwuję. W Strzesze już mi powiedzieli, że węszy. Ale spokojnie, jeszcze go nastraszymy tak, że mu się odechce. Może być Kruger spokojna.

Część IX

HISTORIE Z PRZESZŁOŚCI

Śnieg rzadko topnieje tam całkowicie, co można zobaczyć po liściach tych kwiatów i drzew, jak z roku na rok nań padają. Zimą wzdłuż drogi ustawiane są długie tyczki, dłuższe niż tyczki chmielowe. Zanim śnieg stwardnieje, ludzie przywiązują sobie do stóp koła [...] *i chodzą w nich. W przeciwnym wypadku zapadają się w śnieg**.

Johannes Praetorius

* J. Praetorius, *Daemonologia Rubinzalii Silesii* (1662); cyt. za: P. Wiater, *Pionierzy nart u Ducha Gór. Początki narciarstwa w Karkonoszach i Górach Izerskich*, Jelenia Góra 2022.

Strzecha Akademicka, 5 marca 2007

Tomek rozsiadł się przy biurku i ponownie zaczął przeglądać notatki. Przez chwilę patrzył na schemat z dwoma kółkami, po czym postanowił stworzyć go od nowa, ale tym razem przyjął inną koncepcję.

Zbigniewa zabiła autorka pamiętnika przy współudziale niejakiego Franka – to uznał za pewnik. Wrócił do pytania, które postawił sobie po raz pierwszy dzień wcześniej, jeszcze w trakcie lektury zapisków z brulionu: czy ich autorką mogła być Joanna Adamowicz albo Wiesława Dębska? Spojrzał po raz kolejny na protokoły z przesłuchań. Z danych kobiet wynikało, że każda miała w momencie kontroli przeszło trzydzieści lat i obie były już mężatkami, pamiętnik zaś pisała raczej młodsza dziewczyna, z pewnością niezamężna.

Zasępił się. Dalej nie wiedział, dlaczego dziewczyna ukrywała swojego chłopaka na strychu. Historia z pociągiem i ważnym Rosjaninem także wciąż była dla niego zagadką.

Wrócił do brulionu. Motyw zabójstwa Zbigniewa był dla niego jasny. Co jednak stało się ze Stefanem i Andrzejem? Może to były dwie niezależne sprawy? Tomek postanowił spróbować odsunąć temat Zbigniewa na bok i przeanalizować jeszcze raz to, czego dowiedział się o dawnym dyrektorze Dyrekcji Turystyki Sudeckiej i jego synu.

Na jednej kartce zapisał u góry w dużym prostokącie hasło „KONTROLA NIK", na drugiej w analogiczny sposób wykaligrafował słowo „SYLWESTER".

Kontrola musiała wiązać się w jakiś sposób ze śmiercią Stefana, sylwester – ze śmiercią Andrzeja. Zaczął intensywnie myśleć.

Pod pierwszym hasłem wypisał z raportu NIK-u osoby zeznające przeciwko Stefanowi i po myślniku dopisywał ewentualny motyw, dla którego mogli chcieć zabić kierownika Strzechy:

Maria Kruger – bo groził, że ją zabije

Palacz Kowalski – bo go szantażował

Henryk Trafalski – bo utrudniał mu prowadzenie Samotni i go upokarzał

Joanna Adamowicz i Wiesława Dębska – bo nie wypłacał im pensji na czas.

Spojrzał teraz na hasło „SYLWESTER".

– Dlaczego zginął Andrzej? – zapytał sam siebie, mrucząc pod nosem.

Znalazł dwie, w swoim mniemaniu rozsądne odpowiedzi. Pierwsza możliwość: Andrzej odkrył, kto zabił ojca, i dlatego został zamordowany. Druga możliwość: ktoś tak bardzo nienawidził Stefana, że zemsta bezpośrednio na nim mu nie wystarczyła i postanowił, korzystając z okazji, wymierzyć karę za grzechy ojca także synowi. Ale czy pragnienie zemsty mogło być tak silne przez tyle czasu? Między jedną a drugą sprawą upłynęło przecież przeszło czterdzieści lat. Wykluczył więc tę możliwość.

Pozostawała zatem pierwsza myśl: Andrzej zginął, bo odkrył prawdę. Gdyby przyjąć tę wersję, można byłoby założyć, że morderca Stefana i Andrzeja to ta sama osoba. Nie miał jednak żadnego poparcia dla tej tezy. Wiedział, że jest obarczona dużym ryzykiem błędu, a mimo to intuicja podpowiadała mu, żeby spróbować pójść dalej tym tropem.

Raz jeszcze popatrzył na hasło „SYLWESTER". Wypisał pod spodem listę osób, które ponoć były wtedy w Strzesze Akademickiej:

Helga Kruger

Andrzej Czerwiński.

Na tych dwóch nazwiskach kończyła się jego wiedza. Bardzo żałował, że nie ma listy gości sylwestrowych. Może znalazłby wśród nich jakąś osobę, która niegdyś zeznawała przeciwko Stefanowi? Zaklął pod nosem. To wszystko było jednak jak szukanie igły w stogu siana. Siano... Szopa. Gwałcona dziewczyna. Nagle Tomka olśniło. Złapał za ksera akt i przejrzał je jeszcze raz, gorączkowo poszukując jednego imienia.

Małgorzata, pomoc kuchenna. Jak mógł od razu nie zwrócić na nią uwagi! Spojrzał na datę urodzenia, tysiąc dziewięćset dwudziesty dziewiąty. Czyli w momencie kontroli miała jakieś osiemnaście lat. Tomek wstrzymał oddech. Wiekiem pasowała na autorkę pamiętnika. Niezamężna. Spojrzał na jej zeznania. Jak mógł wcześniej tego nie zauważyć! Małgorzata była jedyną osobą, która nie obciążyła ani dyrektora Dyrekcji Turystyki Sudeckiej, ani jego brata swoimi zeznaniami. Gdy czytał protokół z jej przesłuchania, nie zwrócił na nią najmniejszej uwagi, naiwnie zakładając, że dziewczyna powiedziała prawdę. A ona mogła być po prostu tak zastraszona, że kłamała podczas przesłuchania. Zbigniew Czerwiński przecież regularnie zmuszał ją do seksu, szantażował przez długi czas, że ujawni, kogo ukrywa na strychu schroniska...

Po chwili jego entuzjazm opadł. Coś się w tym wszystkim nie zgadzało... Nerwowo przerzucał kolejne kartki swoich notatek, nie mogąc znaleźć właściwej strony. W końcu trafił na informację, której szukał. Kontrola rozpoczęła się drugiego listopada. Jeśli wierzyć pamiętnikowi, Zbigniew już w tym czasie nie żył, dlaczego zatem Małgorzata nie przyznała się, że brat dyrektora ją krzywdził? Może ze wstydu? Chyba że... Jeśli dziewczyna myślała rozsądnie, musiała brać pod uwagę możliwość, że ktoś znajdzie zwłoki Czerwińskiego. Na kogo wtedy padłyby podejrzenia? Oczywiście na skonfliktowanych z nim ludzi.

– Byłabyś aż tak przewidująca? – szepnął pod nosem sam do siebie. Składając takie zeznania, dziewczyna już na początku ewentualnego śledztwa wykluczała siebie z grona podejrzanych. Milicja przyglądałaby się z pewnością Dębskiej i Adamowicz, kucharkom. Ale Małgorzacie? Skoro Zbigniew Czerwiński w niczym jej nie wadził, dlaczego miałaby go zabijać...

Zapisał w notatkach: *Zbigniew Czerwiński – zabity przez autorkę pamiętnika, Małgorzatę*. Po chwili westchnął. Nadal nie miał pomysłu, co się mogło stać ze Stefanem i Andrzejem.

Zaczął analizować sytuację z sylwestra. Z relacji Alberta szczególnie zapamiętał postawę komendanta Trafalskiego. Facet ewidentnie nie chciał się zajmować tą sprawą. Z jakiego powodu? Teoretycznie mógł nie chcieć babrać się w śledztwie skazanym na niepowodzenie. Ale on, według Alberta, był wręcz wściekły, gdy Zalewski złożył zawiadomienie. Możliwe więc, że Trafalski znał mordercę Andrzeja i chciał go kryć. Tomek uświadomił sobie, że musi porozmawiać z jeszcze jedną osobą, Pawłem Zalewskim. Wybrał numer Maksa.

– Cześć, to znowu ja – zaczął. – Miałbym do ciebie jeszcze jedną gorącą prośbę...

– Czego potrzebujesz?

– Znasz może Pawła Zalewskiego? On jest ponoć ratownikiem GOPR-u.

– Wszyscy go tu znają, fajny facet. Jest szefem grupy karkonoskiej pogotowia od paru lat. Chciałbyś do niego kontakt?

– Czytasz mi w myślach.

– Podeślę ci zaraz esemesem numer do niego. Powołaj się na mnie. Paweł z pewnością chętnie odpowie na twoje pytania.

Gdy chwilę później Tomek otrzymał wiadomość, od razu zadzwonił do Zalewskiego.

– Zalewski, słucham. – Mężczyzna miał twardy głos.

– Dzień dobry, Tomasz Wilczur. Panie Pawle, dostałem numer od Maksymiliana...

– Ze Śnieżnych Kotłów? – Mężczyzna wszedł mu w słowo.

– Tak. Piszę książkę o sprawie śmierci Andrzeja Czerwińskiego – zaczął niepewnie. Doświadczenie mówiło mu, że ludzie w Karkonoszach reagowali na to nazwisko zazwyczaj z dużym dystansem albo jawną niechęcią. Zalewski jednak milczał, więc Tomek odważył się od razu przejść do rzeczy. – Może miałby pan chęć i chwilę, żeby odpowiedzieć mi na kilka pytań?

– Z przyjemnością – odparł tamten krótko.

Tomek oniemiał.

– To nie będzie problem?

– Wręcz przeciwnie. Tak mnie to wkurza, że przez tyle lat nikt się nie zajął tym na poważnie, że pana prośba nawet mnie cieszy. W tej sprawie było tyle smrodu, jeśli wie pan, co mam na myśli... Proszę przypomnieć mi swoje nazwisko.

– Wilczur. Tomasz.

– Pan nie stąd?

– Nie.

– Jeszcze lepiej.

– Dlaczego?

– Przy sprawie Czerwińskiego zadziałał jakiś zamknięty układ. Ręka rękę myła, ja to czułem. A mnie takie układy doprowadzają do szału. Udusić się idzie. W każdym razie jak pan nie jest stąd, to tylko lepiej, bo nie jest pan skażony żadnymi powiązaniami. Nie będzie pan potem starał się tego czy tamtego wybielić przez wzgląd na koneksje, zależności i tak dalej. Takie zamknięte układy da się rozwalić, ja w to wierzę. Ale musi to zrobić ktoś z zewnątrz. Może panu się uda.

– Mógłbym zatem jutro się z panem spotkać?

– Pewnie. Proszę wpaść po południu do siedziby GOPR-u przy Sudeckiej, będę tam jutro cały dzień.

– Dziękuję! Do zobaczenia! – Tomek rozłączył się uradowany. A więc ma kolejny punkt zaczepienia!

Wstał i podszedł do parapetu, opierając się o ciepły grzejnik. Uchylił okno. Dochodzące z dworu pojękiwanie wskazywało, że śnieżny demon dalej był w natarciu. Zamknął okno i przysunął nos do szyby. Światło z jego pokoju rzucało przeciągłą smugę na zalegające na dachu schroniska hałdy śniegu. Ciemność mieszała się z jasnością: yin-yang.

Pukanie wyrwało go z zamyślenia. Przeczuwał, że to Maryśka. Otworzył drzwi. Tym razem kobieta przyszła już przygotowana, ze szklaneczkami pełnymi ich tradycyjnego drinka.

– Może dzisiaj usiądziemy u mnie? – zaproponował.

– Ubieraj się, Tomaszek! Idziemy na dach, tak jak wczoraj – zakomenderowała. – Spodobało mi się tam, będziemy jak Samuel Steiner.

Tomek bez słowa protestu włożył zimową kurtkę i buty.

– A kim jest Samuel Steiner? – zapytał, gdy byli w drodze na strych.

– Jednym z najdawniejszych gospodarzy tego schroniska. Zapewne nie wiesz, że tradycje tego miejsca sięgają mniej więcej tysiąc sześćset dwudziestego roku. To kawał historii, blisko czterysta lat!

– Już wtedy przyjeżdżali tu turyści?

– A gdzie tam. To była najpierw zwykła buda pasterska. Ta łąka, Złotówka, była miejscem wypasu, a niejaki Daniel, pasterz oczywiście, postawił tu sobie skromną chałupę, żeby mieć gdzie spać. Szybko zaczął też przyjmować w gościnę pierwszych wędrowców, dlatego przez lata zwano ją baudą Daniela. Potem mówiono też bauda Samuela, bo zmienił się gospodarz. A jeszcze później zwykło się mówić Ostatnia Bauda.

– Ostatnia? Dlaczego?

– Gdy kilkadziesiąt lat później zbudowali kaplicę na Śnieżce i wyprawy na tę przeklętą górę zrobiły się modne, trasa wędrówek wiodła koło naszej chałupy, mniej więcej tak jak dzisiaj. Tyle że wtedy ta bauda była ostatnią po drodze na górę. Ostatnie miejsce, które oferowało wędrującym schronienie i posiłek. Potem już były tylko dzika przyroda, mróz, śnieżyce, wichury i Bóg wie co jeszcze. Stąd nazwa.

W międzyczasie dotarli do okna, gdzie ponownie umościli sobie na parapecie wygodne miejsce.

– Naprawdę ludziom tak bardzo chciało się wędrować na Śnieżkę trzysta lat temu?

– A pewnie. U nas w schronisku zaczęto nawet wystawiać tak zwane Koppenbuchy*, czyli Księgi Śnieżki. Goście zmierzający na górę wpisywali tutaj w drodze powrotnej swoje refleksje i wspomnienia z podróży. Część tych ksiąg się zachowała. Zdziwiłbyś się, kto nas odwiedzał. Chociażby Józef Wybicki...

– Ten od hymnu Polski?!

– Tak. Albo na przykład John Quincy Adams, późniejszy prezydent Stanów Zjednoczonych... Ile w Koppenbuchach można znaleźć wpisów w najróżniejszych obcych językach! Pod koniec osiemnastego wieku do księgi wpisał się nawet jakiś podróżnik z Grenlandii.

– Dalej nie powiedziałaś mi, o co chodziło ci z tym Samuelem na dachu.

– A właśnie. W pewnym momencie w schronisku gospodarzył Samuel Steiner. Wiesz, wtedy to był parterowy budynek, prosta chata. A wędrowców na Śnieżkę było zdecydowanie mniej niż dzisiaj. I Samuel, chcąc uczcić ich wizytę w swojej skromnej baudzie, gdy widział nadchodzącego turystę, wchodził na dach swojego schroniska i zaczynał grać na rogu. To się nazywa gościnność!

---

* Koppenbuchy (z niem. *Koppen Bücher*) po raz pierwszy w Ostatniej Baudzie (dzisiejszej Strzesze Akademickiej) wystawiono w 1696 roku. Księgi z lat 1710–1840 są przechowywane do dziś w Bibliotece Uniwersyteckiej we Wrocławiu i w Muzeum Karkonoskim w Jeleniej Górze. Stanowią unikatowe źródło wiedzy o turystyce w Karkonoszach w ubiegłych wiekach. Zawierają tysiące odręcznie wykonanych wpisów osób, które na przestrzeni lat wędrowały na Śnieżkę trasą obok Strzechy Akademickiej. Wśród autorów wpisów są m.in. poeta Johann Wolfgang Goethe, król Fryderyk Wilhelm III czy filozof Arthur Schopenhauer.

– Wyobrażam to sobie – powiedział Tomek i nagle zaczął się śmiać. – Przyjeżdżam do was, a ty lecisz na dach i grasz coś dla mnie na trąbce. Super!

– Gdybym umiała grać, mógłbyś na to liczyć. – Maryśka też zaczęła się śmiać, po czym wyciągnęła spod kurtki butelkę whisky i postawiła w śniegu na dachu. – Chyba mocniejsze mi dzisiaj wyszły te drinki, tak coś czuję... Ale jakbyś chciał dokładkę, to tutaj, zmrożona szkocka, bardzo proszę, częstuj się. Swoją drogą, ty w ogóle byłeś kiedyś na Śnieżce?

– Dzięki. Dzisiaj nawet byłem. Myślałem, że zamarznę po drodze. – Tomek znów zaczął się śmiać.

– Przestań, to akurat nie jest śmieszne. – Maryśka spoważniała. – W tych górach co roku ktoś zamarza.

– Mówisz o dawnych czasach?

– Nie, Tomek, mówię i o dawnych czasach, i o współczesnych. Każdej zimy ktoś ginie w Karkonoszach. Tej zimy też. Już dwie osoby zginęły. I na tym raczej się nie skończy. Żeby zadość stało się statystykom, jeszcze ze trzy osoby powinny pożegnać się tu z życiem. – Głos kobiety zrobił się ponury.

– Dwie osoby?

– Pierwszą ofiarą była kobieta, szła na nartach biegowych Drogą Jubileuszową. To ten szlak na Śnieżkę, który zimą jest zamykany z powodu ryzyka lawin i zsunięcia się stamtąd do rynny śmierci, newralgicznego punktu na tej drodze. Łatwo tam o tego typu nieszczęście. Ale niestety, jak ktoś idzie z przełęczy Okraj w naszą stronę, to zimowa, bezpieczna wersja tego przejścia jest tylko jedna: musi wspiąć się na Śnieżkę szlakiem czerwonym i potem z drugiej strony na dół znowu czerwonym. A nie każdemu się chce. Więc skracają sobie drogę, obchodząc Śnieżkę Drogą Jubileuszową, która biegnie w poprzek północnego zbocza. I ta kobieta tak zrobiła. Na dodatek na nogach miała buty do nart biegowych, a one mają idealnie płaskie, plastikowe sztywne podeszwy. Poleciała w dół, jeszcze małą lawinę tym wywołała. Jak goprowcy ją znaleźli, już nie żyła... – Urwała. Sięgnęła po whisky i nalała sobie do pustej już szklanki. Tomek milczał.

– Drugą ofiarą był facet. Zginął w okolicy Bożego Narodzenia. Potknął się tuż przed Domem Śląskim, uderzył głową o coś twardego i stracił przytomność. A że była już noc, a on szedł sam, to znaleźli go dopiero pracownicy schroniska, gdy rano wyszli na papierosa. Leżał jakieś sto metrów od wejścia, był już zimny. Wyobrażasz sobie? W Domu Śląskim spokojnym snem spało kilkadziesiąt osób, a tuż obok nich facet także zasnął, tyle że na zawsze.

– To rzeczywiście jest tragedia... Ale ta pierwsza historia to jednak głupota.

– Tu ocena wydaje się prosta. Ale jest jeszcze przypadek sprzed kilku dni, który może niedługo zasilić grono ofiar. Ojciec zabrał syna, niepełnoletniego, na narty skiturowe w teren lawinowy, do Kotła Łomniczki. I co się stało? Oczywiście podcięli nartami lawinę.

– Podcięli?

– Jak na zboczu góry leży hałda śniegu i przejedziesz po niej w poprzek, zostawiasz ślad nartami. Struktura takiego nawisu zostaje naruszona i hałda może ruszyć w dół. Dlatego mówi się, że lawina zostaje podcięta. I w tym wypadku tak się stało. Ojciec jest tylko poobijany, dzieciak walczy o życie. Dlatego mówię, że może dołączyć do grona ofiar...

– Jak cię słucham, to cieszę się, że jestem cały i zdrowy.

– To taka mroczniejsza strona zimy w Karkonoszach. Zawsze są jakieś ofiary. Nierzadko z głupoty, ale czasem jest to po prostu pech. Był taki właściciel Luční boudy, Renner się nazywał. Jego rodzina prowadziła to schronisko od lat, znał Karkonosze doskonale. A mimo to któregoś razu podczas potężnej burzy śnieżnej zbłądził koło własnego schroniska. I zamarzł. Jak go potem znaleźli, okazało się, że leżał jakieś trzysta metrów od budynku. Postawili mu tam krzyż na pamiątkę, tyle zostało po tej tragedii...

– Widziałem ten krzyż! – zawołał Tomek. – Zastanawiałem się, co tam się stało.

– Ale jest jeszcze jeden szczegół. On nie zbłądził nocą. To było w południe.

– Co?!

– Facet zamarzł w środku dnia, koło własnego domu, w miejscu, które przecież dobrze znał. Wyobraź sobie, jakie tam musiały być warunki.

– Przerażająca jest zima w tym miejscu.

– Zima? To było w połowie kwietnia!

– Ja pierdolę – wyrwało się Tomkowi.

– A o Stefanie Dixie słyszałeś?

– Nie.

– Naprzeciwko Domu Śląskiego stało kiedyś drugie schronisko, nazywało się Obři bouda. Stefan Dix mieszkał w nim razem z żoną i synem, bo miał tam fuchę jako zimowy strażnik. W tysiąc dziewięćsetnym bodajże, gdzieś w marcu, jego żona zmarła. Poszedł więc na dół, w stronę miasteczka Pec pod Śnieżką, żeby zorganizować pogrzeb. Kondukt, który miał zabrać ze schroniska ciało kobiety, wyruszył z Peca w górę, ale ku ich nieszczęściu zaczęła się burza śnieżna. Droga była tak trudna, że porzucili w końcu przy szlaku trumnę i postanowili wejść bez niej, ciało nieboszczki znieść na dół i tam dopiero zapakować do trumny. Warunki pogorszyły się jednak jeszcze bardziej, tak że w końcu cały kondukt zawrócił. Stefan Dix był zrozpaczony, mimo burzy wrócił jakoś do schroniska sam. A tam wciąż leżała zmarła żona. Z początkiem kwietnia śnieżyce ustały, więc Dix z synem ruszyli odśnieżać szlak, żeby umożliwić zniesienie ciała kobiety na dół. I zeszła lawina, porwała ich obu. Syn jakoś się wygrzebał, ale gdy odkopał ojca, tamten był już martwy. W ten sposób w jedną zimę stracił oboje rodziców…

– I oba te dramaty w kwietniu. Mam na myśli Dixa i Rennera.

– I tu odkrywasz największą i najważniejszą tajemnicę karkonoskiej zimy.

– Że kwiecień?

– Marzec i kwiecień. Wtedy jest najwięcej zamarznięć, lawin, zaginięć... Dlatego powiedziałam, że jeszcze pewnie przybędzie kilka ofiar.

– Dlaczego tak się dzieje? Ludziom na dole wydaje się, że o tej porze roku w górach już też jest wiosna?

– Poniekąd pewnie tak. Ale drugi powód jest taki, że wtedy dochodzi do swego rodzaju kumulacji zimy. W najwyższych partiach gór to właśnie w marcu pokrywa śnieżna jest najgrubsza. I jeszcze jest ten paradoks, że luty w większości miejsc w Karkonoszach jest najuboższym w opady miesiącem w roku. A potem w marcu słupki skaczą w górę.

– I pada więcej, coś tam chyba zauważyłem – podsumował Tomek, po czym odkręcił oblepioną śniegiem butelkę whisky i nalał im do pustych szklanek. – A mówiąc już bez sarkazmu, straszne są te zimowe opowieści. Domyślam się, co mógł czuć ten chłopak, który odkopywał ojca. Nagła utrata ukochanej osoby boli bardzo. I długo.

– Myślałam trochę o tym, co powiedziałeś wczoraj. Że w Strzesze jest coś mrocznego – zaczęła Maryśka. – Może masz trochę racji? Ja jestem tu od niedawna, pomagam Jankowi w niektórych sprawach i pewnie dlatego inaczej na to patrzyłam. Ale spróbowałam bardziej przyjrzeć się jego położeniu, przypomniałam sobie rozmowy z nim o doświadczeniach z pracy tutaj. Wiesz, Janek szefem jest od kilku lat, ale już wcześniej pracował jako zastępca Wiktora, poprzedniego kierownika. I powiem ci, że w gruncie rzeczy życie w schronisku to jest trochę jak syndrom sztokholmski. Przywiązujesz się do miejsca, które zabiera ci całe życie. A potem, nawet jak chcesz wrócić na dół, to nie umiesz już nauczyć się od nowa życia tam, na nizinach. Na wolności. Tu jest o wiele trudniej niż w zakonie, naprawdę. Bo w klasztorze, jak masz zły dzień, to zostajesz w celi i się modlisz. A tu nie ma wymówek. Jest praca, która na ciebie czeka. Dopiero teraz na starość, tu, w górach, nauczyłam się szybkiej reorganizacji swojego czasu. Błyskawicznej zamiany tego, co miałam w planach, na to, czego w życiu bym nie planowała.

– Jeśli już rozmawiamy o mroku tego miejsca... – zaczął Tomek. Miał nie dzielić się z nikim więcej tym odkryciem, ale po alkoholu zrobił się bardziej wygadany. – Widzę, że znasz historię Strzechy... A mnie zastanawia jedno takie miejsce. Tu na Złotówce była kiedyś szopa, po cystersach bodajże.

– Była. Geistliche Baude się nazywała. Można to chyba przetłumaczyć jako Księżowska bauda? Albo coś w tym stylu. Cystersi korzystali z niej jak z takiej plebanii dla kaplicy Świętego Wawrzyńca. Gdy odprawiali na Śnieżce obrzędy, wówczas tutaj zatrzymywali się na noc. Ale nie trwało to długo, potem i tak wszystkim zajmowała się Strzecha, nawet klucze do kaplicy były tutaj. Można powiedzieć, że gospodarze tego schroniska byli jednocześnie takimi „kościelnymi" dla kaplicy.

– Tak, mówił mi o tym Janek... Ta bauda spaliła się niedawno, prawda?

– Parę lat temu... A czemu o nią pytasz?

– Tam kiedyś stało się coś złego.

– Co takiego?

– Wujek Andrzeja Czerwińskiego gwałcił tam jakąś dziewczynę – wypalił Tomek. – Mogła mieć na imię Małgorzata.

Maryśka milczała przez dłuższą chwilę. Wyglądała na zupełnie zaskoczoną.

– O czym ty mówisz?

– Tak było. Przeczytałem jej pamiętnik. Tej dziewczyny.

Maryśka znów przez dłuższą chwilę nic nie mówiła.

– Tomek, po co w tym grzebiesz? – zapytała w końcu.

– Zbieram materiał, a ten pamiętnik wpadł mi w ręce przez przypadek. Wiesz, ta dziewczyna ukrywała tu chyba kogoś na strychu...

– Miałeś napisać po prostu książkę. – Przerwała mu zdenerwowana. – Zainspirować się trochę historią, ale nie wygrzebywać nie wiadomo jakie syfy z przeszłości.

– Dlaczego mam nie szukać?

– Bo nie daj Boże jeszcze się do tej prawdy dokopiesz!

– I z jakiej racji miałbym jej nie odkopywać?

Wzruszyła ramionami.

– Bo może cię rozczarować? Bo może okazać się prozaiczna i nudna. Życie to nie powieść kryminalna.

– Ty znasz tę historię! Wiesz, co tam się wydarzyło, prawda? – zapytał.

Zabrzmiało to w jego ustach jak oskarżenie, choć wcale tego nie chciał.

– Nie wiem. – Spojrzała mu prosto w oczy. – I nie chciałabym się dowiedzieć.

Część X

OBLICZE DUCHA GÓR

Góra, która stanowi granicę Czech, nazywana jest przez ludność okoliczną – Olbrzymią. Ponad jej szczytem unosi się najsławniejsze z widziadeł […], *a imię jego zwykle używane to Riebenzahl. Widmo to pozwala się widzieć raz w habicie mnicha pobożnego, to znów w zabawnej postaci starego górnika albo zwyczajem wielkiej żaby bądź byka. Doprawdy, wzburzona cieśnina bardziej jest stałą niż owo widmo*[*].

Carl Ortlob

---

[*] C. Ortlob, *Disputatio de spectris (rozprawy o widziadłach)*; cyt. za: K. Zacher, *Źródła pisane dotyczące Ducha Gór z Karkonoszy od średniowiecza do końca XVII wieku*, Jelenia Góra 2023.

Jagniątków, 6 marca 2007

Nie odważyłby się powiedzieć, że pokochał góry. Przebywał jednak w tej zimowej krainie już niemal tydzień i przez ten czas zdążył – ku własnemu zdziwieniu – nieco oswoić się z tym miejscem. Z pogodą może mniej, do niej trudno było się przyzwyczaić, ale przynajmniej nie robiła na nim już takiego wrażenia. Czuł się z tym dziwnie: jakby wreszcie przyjął, że w Karkonoszach zimą po prostu tak jest i być musi. Dlatego też z samego rana nie prosił o podwózkę któregoś z pracowników schroniska, lecz wybrał się pieszo ze Strzechy Akademickiej do Karpacza. Tam zaś jak zwykle spędził dłuższy czas na odkopywaniu zasypanego śniegiem samochodu, po czym ruszył w stronę Jagniątkowa.

Po drodze zastanawiał się nad reakcją Maryśki. Wczorajsza rozmowa w pewnym momencie przestała się kleić. Miał wrażenie, że kobieta po wspomnieniu tematu starej szopy zrobiła się jakaś nieswoja. Może po prostu poruszył ją temat gwałtu? Mógł przecież obudzić wspomnienia z czasu, gdy była w zakonie i próbowała stanąć w obronie krzywdzonej przyjaciółki? Trudno mu było ocenić.

Pół godziny później znalazł się przed domem Gerharta Hauptmanna. Znał to miejsce. Zwiedził muzeum dwa lata temu w drodze do Wrocławia, gdy wracał z uroczystości otwarcia schroniska Nad Śnieżnymi Kotłami. Pamiętał, jak szczęśliwym człowiekiem był wtedy Maksymilian, gdy z Martą u boku przecinali czerwoną wstęgę przed wejściem do budynku. Tomek był na tej uroczystości z Magdą. Wtedy wydawało mu się, że u niego w życiu jest po prostu normalnie. Dzisiaj wiedział, że był w tamtym czasie najszczęśliwszym człowiekiem pod słońcem. Każde wspomnienie, w którym pojawiała się ukochana, jawiło się jako najpiękniejszy dzień życia.

Zamyślony wszedł do muzeum i omal nie zderzył się z mężczyzną, którego twarz kojarzył z uroczystości otwarcia schroniska.

– Jest już nasz gość! Gdy zobaczyłem, jak pan parkuje, zszedłem na dół, żeby się od razu przywitać. Tak się cieszę, dzień dobry! Może mnie pan pamięta? Doktor Jacek Węglorz, spotkaliśmy się w schronisku Nad Śnieżnymi Kotłami… – Mężczyzna pełnym podekscytowania głosem wyrzucał z siebie kolejne zdania, nie robiąc między nimi nawet najkrótszej pauzy.

– Tak, pamiętam. Dzień dobry – odparł Tomek i uścisnął mu dłoń.

– Mów mi na ty! Jacek jestem! Gerhart, przywitaj się – spojrzał w stronę zawieszonego w przedsionku portretu noblisty, po czym zaśmiał się z własnego dowcipu. – Wybacz, Gerhart bywa mało gościnny…

„Dobrze zapamiętałem, że Węglorz jest nawiedzony" – pomyślał Tomek i przez grzeczność się uśmiechnął.

Historyk poprowadził go przez Halę Rajską na piętro, gdzie znajdował się jego gabinet.

Na biurku czekał już stosik ciasteczek i dzbanek z parującą kawą.

– Częstuj się, śmiało! I powiedz, co cię do mnie sprowadza. Jestem taki podekscytowany twoimi odwiedzinami. Nie na co dzień mam przyjemność spotykać się z pisarzami! Poza tym, a może przede wszystkim, zawsze jak Maks mi kogoś podsyła na konsultację, to wiem, że wyniknie z tego jakaś ciekawa sprawa.

– Nie wiem, czy moja będzie aż tak niezwykła…

W tym momencie ktoś zapukał do drzwi.

– Proszę! – krzyknął Węglorz i podskoczył na krześle. Tomek pomyślał, że musi potem zapytać historyka, jakie tabletki bierze, bo też chciałby mieć w sobie tyle optymizmu i zdolności ekscytowania się drobnymi rzeczami.

W drzwiach stanął Maksymilian.

– Cześć, Tomek! Cześć, Jacek! Przepraszam za spóźnienie...

– Ależ nic nie szkodzi, wchodź, siadaj! – Węglorz zrobił zachęcający gest ręką. – Właśnie miałem pytać naszego pisarza, co go do mnie sprowadza! Bo jak kogoś podsyła mi Maks Rajczakowski, to z tego zawsze potem jest niezła afera!

– Jeśli to problem... – Tomek się zmieszał.

– Wręcz przeciwnie! – Węglorz znów podskoczył na krześle. – Wręcz przeciwnie! Gdyby nie Maks, umarłbym tu z nudów. Zresztą, ja lubię afery!

– Chyba mnie trochę przeceniasz, Jacku... – Maks się zaśmiał.

– W żadnym razie! No, do rzeczy! Co tam mamy? – Węglorz spojrzał na Tomka, który wyciągnął ze swojego plecaka stary brulion.

– Znalazłem, znaczy się dostałem do przeczytania pewien pamiętnik – zaczął Wilczur. – Prawdopodobnie pisała go dziewczyna pracująca w Strzesze Akademickiej pod koniec lat czterdziestych ubiegłego wieku.

– Polka, Niemka? – zapytał Węglorz, nalewając sobie do filiżanki kawy z dzbanka. – Tam po wojnie jeszcze jakiś czas pracowała niemiecka obsługa.

– Polka. Sądząc po tekście, myślę, że bardzo młoda. Dziewczyna opisała w pamiętniku dziwną sytuację, która mnie nurtuje. Maks powiedział, że możesz mi coś na ten temat podpowiedzieć...

– Z przyjemnością! Jeśli tylko będę potrafił! Czytaj, co tam masz!

– Wpis, który mnie zastanawia, jest z dwudziestego drugiego września. Nie ma podanego roku, ale sądzę, że to był tysiąc dziewięćset czterdziesty siódmy. Dotyczy ukochanego autorki pamiętnika. – Tomek otworzył brulion i zaczął czytać. – *Przez stację kolejową jechał specjalny pociąg, a w nim ważny człowiek, rusek. Mój luby wpadł na głupi pomysł, że pokaże mu, co o nim myśli. Gdybym tam wtedy była i zdążyła złapać go za rękę, nim rzucił tym węglem… Teraz przyszło nam za jego przypływ odwagi słono zapłacić. Mateńko przenajświętsza, tak się o niego boję, ruscy go szukają, chcą zemsty…* – Urwał, spoglądając na Węglorza.

– Dziwny tekst. – Historyk zmarszczył czoło. – I co ja miałbym ci powiedzieć?

– Pomyślałem, że może będziesz wiedział, o co chodziło. Rosjanie, zemsta, jakiś pociąg specjalny…?

– Nic mi na razie nie przychodzi do głowy… – powiedział zmartwiony Węglorz, po czym wstał od biurka i zaczął chodzić po gabinecie. W oczach Tomka dostrzegł rozczarowanie. – No, ale przeczytaj jeszcze raz. Muszę się skupić. Może jeszcze na coś wpadnę.

– Dwudziesty drugi września tysiąc dziewięćset czterdziestego siódmego – zaczął Tomek.

Maks słuchał w milczeniu, sprawiając wrażenie zaintrygowanego. Przerwał mu czytanie:

– Podaj mi jeszcze raz tę datę, ona coś mi mówi.

– Dwudziesty drugi września tysiąc dziewięćset czterdziestego siódmego – powtórzył Tomek.

– Jacek, kojarzysz? Rosjanie i ten rok. Wtedy chyba była w Szklarskiej Porębie jakaś rosyjska konferencja… – Maks zaczął się zastanawiać. – Marta mi o tym kiedyś opowiadała.

– Zaraz, zaraz… – Węglorz wzdrygnął się i podbiegł do biurka. Usiadł przy komputerze i zaczął klepać w klawiaturę, mrucząc pod nosem: – Konferencja w Szklarskiej Porębie tysiąc dziewięćset czterdzieści siedem.

Przez chwilę przeglądał jakąś internetową encyklopedię, po czym podskoczył na krześle.

– Mam! Mam! Kominform! Jak mogłem zapomnieć, że to było właśnie w czterdziestym siódmym!

– Co? – Tomek spojrzał na niego zdziwiony.

– Kominform! Dwudziestego drugiego września czterdziestego siódmego na polecenie Stalina w Szklarskiej Porębie rozpoczęła się konferencja – zaczął opowiadać podekscytowany, co jakiś czas zerkając na ekran komputera. – Przyjechały na nią najwyższe władze partii komunistycznych z ZSRR, Polski, Węgier, Rumunii, Bułgarii, Jugosławii, Czechosłowacji, Włoch i Francji. Konferencja miała tajny charakter, dopiero piątego października opublikowano przyjętą podczas zjazdu deklarację. Była to odpowiedź Stalina na plan Marshalla i wzbudziła na Zachodzie duże zdziwienie i niepokój. Deklaracja obwieszczała bowiem powołanie do życia Kominformu, czyli Biura Informacyjnego Partii Komunistycznych i Robotniczych.

– Nie brzmi to jakoś groźnie – zauważył Tomek.

– Z pozoru tak. – Węglorz przyznał mu rację. – Gdyby nie przyjęte podczas konferencji ustalenia co do charakteru organizacji i prowadzenia dalszej polityki komunistów w Europie. Otóż zachodnie partie komunistyczne miały za zadanie od teraz wszelkimi sposobami przyczyniać się do rozpadu relacji tworzących się między państwami Europy Zachodniej. W ten sposób Stalin chciał uniemożliwić realizację planu Marshalla i jednoczenie się Zachodu. To bowiem krzyżowało mu plany i marzenia o dalszej ekspansji. Natomiast kraje Europy Środkowej pozostające w strefie wpływów Rosji, jak na przykład Polska, miały jeszcze mocniej zjednoczyć się z ZSRR. Stalin zamierzał przekształcić je w jeden, ściśle podległy Kremlowi blok, w którym będą wdrożone sowieckie rozwiązania ustrojowe. Rozumiesz, Tomek? On chciał podporządkować sobie całkowicie Europę Środkową! Wszystkie dziedziny życia miały pozostawać pod kontrolą partii komunistycznej.

– I gdyby postanowienia tej konferencji udało się wprowadzić w życie, Stalin ruszyłby potem ze swoją wizją dalej na zachód... – podsumował Maks.

– Otóż to! – Głos Węglorza zdradzał podenerwowanie.

– I to wszystko zamanifestowano w Szklarskiej Porębie? – Tomek nie dowierzał.

– Wybór Szklarskiej Poręby na miejsce obrad nie był przypadkowy. Zapomniane, wyludnione miasteczko na granicy Karkonoszy i Gór Izerskich było tak dobrym kamuflażem, że gdy po Zachodzie rozchodziły się pierwsze doniesienia o tajnej konferencji, niektórzy dyplomaci z Francji i Stanów Zjednoczonych pisali do siebie w tajnych depeszach, że spotkanie komunistów odbyło się w Warszawie, inni, że w jakiejś bliżej nieokreślonej części Polski. Nikt nie podejrzewał, że najważniejsi przywódcy partii komunistycznych z całej Europy spotkali się potajemnie na rubieżach Dolnego Śląska.

– Nieźle. Czyli ten pociąg specjalny, o którym pisze autorka pamiętnika, prawdopodobnie wiózł Rosjan na tę konferencję. Data by się zgadzała – stwierdził Tomek.

– Boże! – krzyknął niespodziewanie Węglorz i podskoczył na krześle tak bardzo, że omal z niego nie spadł. – Ja już wiem, o jaką dokładnie stację kolejową chodzi!

Maks i Tomek wbili w niego wyczekujące spojrzenie.

– Cieplice Śląskie-Zdrój! – Węglorz zamrugał oczami. – Znam tę historię! Opowiedziała mi ją kiedyś Chwalińska, świętej pamięci dyrektorka liceum Norwida w Cieplicach. Wiele lat temu, zanim zmarła. Otóż niedługo po wojnie na stacji doszło do incydentu. I ten opis z pamiętnika, jak teraz myślę, to, ogólnie rzecz ujmując, pasuje! Uczniowie liceum którejś jesieni w ramach czynu społecznego nosili ze stacji kolejowej do szkoły węgiel. Na jednym z torów zatrzymał się w tym czasie radziecki pociąg. I jakiś uczeń ponoć zaczął rzucać w ten pociąg kawałkami węgla. W ślad za nim poszli kolejni. Nie wiedzieli, że pociągiem jedzie ktoś ważny. Po kilku sekundach z wagonów zaczęli wyskakiwać funkcjonariusze NKWD, na stacji zrobiła się niezła awantura.

– Kiedy dokładnie to się wydarzyło? – dopytywał Tomek.

– Chwalińska mówiła tylko, że zaraz po wojnie, niedługo po uruchomieniu szkoły. Więc to musiał być jakiś czterdziesty szósty, maksymalnie czterdziesty dziewiąty rok. Historia, którą mi opowiedziała, nigdy nie została opisana w żadnej książce czy gazecie, ona robiła wszystko, żeby to nie wypłynęło przez wiele kolejnych lat.

– Dlaczego? – zapytał Tomek.

– No jak to: „dlaczego"? Chodziło o życie tego chłopaka. Przecież to był tylko nastoletni wygłup, ale Rosjanie uznali go za zamach na jedyną słuszną władzę, sowiecki ustrój i tak dalej. Ogólnie rzecz ujmując, sytuacja miała zadatki na niezły skandal dyplomatyczny. Rosjanie chcieli znaleźć tego ucznia, który pierwszy zaczął rzucać węglem w pociąg. Możecie się domyślać, że nie chodziło o to, żeby go publicznie skarcić czy pouczyć. Oni by go po prostu zatłukli. „Każdy prowokator czy szaleniec, któryodważy się podnieść rękę przeciw władzy ludowej, niech będzie pewien, że mu tę rękę władza ludowa odrąbie" – to chyba Cyrankiewicz powiedział?

– I znaleźli go? – zapytał Maks zaintrygowany.

– Nie wiadomo – odparł Węglorz. – Chwalińska powiedziała mi, że ostrzegła tego ucznia, że musi wiać z Cieplic. Zniknął jeszcze tego samego dnia, dosłownie zapadł się pod ziemię. Nigdy nie dowiedziała się, czy rzeczywiście chłopak szczęśliwie uciekł, czy też NKWD dopadło go i po cichu wykończyło.

– Uciekł szczęśliwie – wydusił z siebie Tomek, gdy uświadomił sobie, jaką prawdę kryje pamiętnik.

– Skąd wiesz? – zapytali niemal jednocześnie Maks i Węglorz.

– Z tego pamiętnika. Po incydencie na stacji chłopak ukrywał się przez kilka tygodni na strychu Strzechy Akademickiej, pomogła mu jego ukochana, która tam pracowała. Z jej zapisków wynika, że nie został znaleziony przez Rosjan.

– A to historia! Niesłychane! Te góry nigdy nie przestaną mnie zaskakiwać! – Historyk był coraz bardziej podekscytowany. –

A co potem się z nim stało, wiesz? Przecież nie ukrywał się tam przez całe życie…

– Nie mam pojęcia. – Tomek westchnął. – Pamiętnik urywa się z końcem października czterdziestego siódmego. Ale mam jeszcze jedno pytanie. Autorka tych wspomnień prawdopodobnie zabiła Zbigniewa Czerwińskiego, który wykorzystywał ją seksualnie. I groził, że jeśli nie będzie posłuszna, to doniesie, że ukrywa chłopaka na strychu.

– Co? – Węglorz wytrzeszczył oczy. – Chodzi o tego Czerwińskiego od Dyrekcji Turystyki Sudeckiej, co zaginął kiedyś tam?

– Chodzi o jego brata. Nie wchodząc w szczegóły, przypuszczam, że *modus operandi* tej dziewczyny wiąże się w jakiś sposób z treścią tablicy, która wisiała w kaplicy Świętego Wawrzyńca. I tego właśnie dotyczy moje drugie pytanie. Poszedłem na Śnieżkę i znalazłem dwie tablice: jedna, naprzeciwko drzwi, poświęcona którejś tam rocznicy budowy kaplicy. W czterdziestym siódmym jeszcze nie wisiała.

– I druga, z boku, poświęcona Józefowi Odrowąż-Pieniążkowi – dokończył Węglorz.

– Właśnie. Wiesz może, czy ona wisiała w kaplicy w czterdziestym siódmym?

– Wisiała. Tę historię znam doskonale, pisałem o tym jakiś czas temu artykuł do jednej z gazet. Tablica Pieniążka liczy blisko dwieście lat i jest naprawdę wyjątkowa, bo przetrwała niezniszczona przeszło sto lat niemieckiego panowania na tych ziemiach: od Królestwa Prus przez Cesarstwo Niemieckie aż po Trzecią Rzeszę.

– Polska tablica w niemieckiej kaplicy? – zdziwił się Maks. – I w czasach Hitlera nikt na to nie zwrócił uwagi?

– Widocznie to była już tak stara historia i ludzie na tyle do tej tablicy przywykli, że postanowili nic z nią nie robić. Zwłaszcza że jest na niej także tekst w wersji niemieckiej – wyjaśnił

Węglorz. – W każdym razie tablica wisiała kiedyś naprzeciwko drzwi, centralnie na wprost wejścia.

– To by pasowało do opisu z pamiętnika! – ucieszył się Tomek. – Bo wynikało z niego, że tablica była łatwa do zauważenia.

– Tak było. Ale potem, w latach osiemdziesiątych, jak była trzechsetna rocznica budowy kaplicy, ktoś wpadł na niezbyt mądry pomysł, żeby ją przewiesić. I trafiła na boczną ścianę, w takie miejsce, gdzie jest prawie niewidoczna. Szkoda, bo to wyjątkowy zabytek! A zamiast niej naprzeciwko wejścia pojawiło się to, co widać.

– No dobrze. Mnie zatem interesuje, czy w historii Pieniążka jest jakiś motyw, którym mógłby zainspirować się przyszły zabójca? – dopytywał Tomek.

Węglorz milczał.

– Owszem – stwierdził po chwili. – Myślę, że tak. Historia Pieniążka jest dość ciekawa, powszechnie znana od lat, ale do dziś nie w pełni wyjaśniona. To był student, pochodził z hrabiowskiej rodziny. Przyjechał w Karkonosze z Warszawy na wakacje w tysiąc osiemset dwudziestym ósmym. I zniknął. Na pewno był w kaplicy, która już od kilkunastu lat nie pełniła funkcji sakralnych, tylko została zamieniona w schronisko. A potem poszedł gdzieś w okolice Równi pod Śnieżką i prawdopodobnie tam utonął.

– Utonął? – Tomek uniósł brwi.

– Na Równi są olbrzymie połacie podmokłych terenów, wielkie torfowiska. Dlatego szlak, który tamtędy przechodzi, niebieski bodajże, na dużym odcinku biegnie drewnianymi kładkami. W czasach Pieniążka prawdopodobnie jeszcze ich nie było, chłopak zbłądził, wpadł w bagno i utonął. A dokładniej rzecz ujmując, pochłonęło go torfowisko. Niestety, to tylko hipoteza, dość popularna, ale niepotwierdzona. Bo ciała nigdy nie znaleziono.

– Nie wypłynęło? – dopytał Tomek.

– Torfowisko tym się różni od jeziora, że ciała nigdy z niego nie wypływają – wyjaśnił Węglorz. – Jeśli więc, jak mówisz, autorka pamiętnika nawiązała swoją zbrodnią do tablicy, to moim zdaniem właśnie do tego elementu.

– To by wyjaśniało, dlaczego Zbigniewa Czerwińskiego nigdy nie znaleziono... – mruknął pod nosem Tomek. – Bo wrzuciła ciało do torfowiska...

Jelenia Góra, 6 marca 2007

Na jeleniogórskiej starówce zaczynało powoli brakować miejsca. Zalegające wzdłuż ulic potężne zaspy, które z dnia na dzień robiły się coraz większe, utrudniały pieszym poruszanie się po chodnikach. Maks i Tomek nie zwrócili jednak na to najmniejszej uwagi, tak bardzo zajęci byli rozmową. Przemierzali spowite mgłą uliczki i po kilku minutach marszu dotarli na plac Ratuszowy. Choć choinka zniknęła z niego już dość dawno, za sprawą przyprószonych śniegiem kolorowych kamienic wciąż było w tym miejscu coś, co przywodziło na myśl bożonarodzeniowy nastrój.

Usiedli w restauracji naprzeciwko ratusza i zamówili obiad, po czym Tomek wrócił do opowieści o swoich podejrzeniach dotyczących zagadki śmierci Czerwińskich. Streścił przyjacielowi wszystko, czego dowiedział się od pracowników Strzechy Akademickiej, a także od Helgi Kruger i Alberta.

Maks słuchał go z zaciekawieniem, po czym w milczeniu zaczął czytać ostatnie strony pamiętnika.

– Przerażające... – powiedział, gdy skończył.

– Nie wiem, co dalej z tym robić, Maks.

– Szukajcie, a znajdziecie.

– Teraz to mi pomogłeś... – prychnął Tomek. – Dzięki stary, właśnie na taką poradę liczyłem.

– Ta sprawa przypomina mi trochę z charakteru Ducha Gór.

– Mówisz o autorze wysyłanych do ciebie kiedyś pogróżek? – Tomek nawiązał do sytuacji, w jakiej dwa lata wcześniej znalazł się jego przyjaciel.

– Nie. Mówię o samym duchu. Tajemniczość tych gór, nie bez powodu zwanych „olbrzymimi", od wieków fascynowała ludzi. Popatrz na twoje spotkanie z Karkonoszami. Chociaż wiesz, że to nie są wcale najwyższe góry Europy, ba, nawet nie są najwyższe w Polsce, to chyba przyznasz, że w ciągu kilku dni pobytu tutaj już parę razy napędziły ci niezłego strachu.

– Tak... Ale to przez warunki, jakie mnie tu spotkały.

– Dotknąłeś sedna sprawy, Tomek. Bo te warunki to nie jest nowe albo bardzo rzadkie zjawisko. Tu było tak zawsze. Skoro ciebie to przeraziło czy zaskoczyło, to co dopiero ludzi kilkaset lat temu. Gdy nie było tylu schronisk, dokładnych map, znakowania szlaków, tyczek, GPS-ów, ratownictwa górskiego... Wyobraź sobie, że teraz coś złego spotyka cię w górach i nie masz telefonu.

– Właśnie to mi się przytrafiło, opowiadałem ci przecież...

– No tak. A kiedyś ludzie sami musieli mierzyć się z potęgą i nieprzewidywalnością tych gór. Raz są piękne, słoneczne, niemal bajkowe. A kilka chwil później załamanie pogody, nagła zmiana warunków i te same Karkonosze stają się tak niewyobrażalnie groźne, że są w stanie cię zabić. Ludzie stąd już dawno starali się w jakiś sposób wyjaśniać ten fenomen.

– I doszli do Ducha Gór?

– Tak. Przyznasz, że jest w tym jakaś logika: piękną i pełną skarbów ziemią, ale jednocześnie niebezpieczną i niezbadaną musiał władać potężny byt. Czyli Rzepiór, Duch Gór.

– Czytałem przed wyjazdem dużo legend o nim. I powiem ci, że trudno mi było momentami się w nich połapać.

– Dlaczego?

– Powiedzmy, że były pisane według pewnych reguł: zazwyczaj Duch Gór obsesyjnie strzegł swoich skarbów i tajemnic, tego słynnego diabelskiego ogrodu i tak dalej… Poza tym starał się pomagać dobrym ludziom, a karać złych i zuchwałych. Ale część legend wyłamywała się z tego schematu dość mocno. Raz Liczyrzepa wydawał mi się szlachetny i pomocny ludziom, raz okrutny i niesprawiedliwy. Czasem złośliwy, czasem zabawny. Raz przybiera postać mnicha, innym razem starego górnika, żaby, sowy i cholera wie czego jeszcze. To bez sensu…

– Nie, Tomek, to ma sens. Pamiętaj, że legenda władcy Karkonoszy była pisana przez dziesiątki pokoleń i według niektórych badaczy liczy tyle lat, co chrześcijaństwo. Nie zapominaj też, że opowieść o tym duchu tworzyli mieszkańcy Karkonoszy. Sam słynny Johannes Praetorius w napisanej przeszło trzysta lat temu i poświęconej Liczyrzepie *Demonologii* nierzadko powoływał się na opowieści ludzi stąd. I właśnie dlatego Duch Gór jest taki, jak powiedziałeś, czyli niejednoznaczny. Trudny do oceny. Kapryśny i nieprzewidywalny. Bo właśnie takie bywają Karkonosze.

– To w sumie ciekawy punkt widzenia. Ale jak to się niby ma do mojej sprawy?

– Tak jak powiedziałem, jest podobna z charakteru, czyli: niejednoznaczna i trudna do zgłębienia. Dużo ludzi, o których mi opowiadałeś, potrafi prawdopodobnie przybrać różne maski, niemal jak Duch Gór. I dlatego trudno ci ocenić to, co mówią.

– Myślę, że to wynika z czegoś innego. Po pierwsze, wokół tematów, które badam, panuje jakaś zmowa milczenia. Po drugie, każde wspomnienie, jeśli jest wielokrotnie przywoływane, zostaje nadbudowywane nowymi interpretacjami. Nasza wyobraźnia przeinacza pewne fakty, próbując je na nowo przywołać. A to zniekształca prawdę.

– A ja myślę, że powinieneś popatrzeć na tych ludzi jak na Ducha Gór. Przybierają różne postacie. A kim byli kiedyś?

– Co chcesz przez to powiedzieć?

– Myślę, że hipoteza o Małgorzacie, tej pracowniczce, która nie zeznała przeciwko Czerwińskiemu, może być ślepym zaułkiem. Zgadzam się, że opisanym w pamiętniku gwałcicielem jest Zbigniew. Natomiast co do Małgorzaty... Tu jest za dużo przypuszczeń. A twój jedyny dowód na to, że ona jest autorką zapisków, to fakt, że nikogo o nic nie oskarżyła w swoich zeznaniach...

Tomek sposępniał.

– Wydaje mi się, że z tą twoją sprawą może być trochę jak z zagadką, z którą mierzyłem się nad Śnieżnymi Kotłami, gdy przyjechałem w Karkonosze. Musisz przestać wierzyć, że każdy jest tym, za kogo się podaje. I zacząć szukać prawdziwych powiązań między ludźmi. To małe góry, tu prędzej czy później każdy jest czyimś chrzestnym, ojcem, żoną, kochankiem i tak dalej. Tu się w gruncie rzeczy większość ludzi zna, osobiście albo ze słyszenia.

– Maks, ty powinieneś zostać filozofem! – Tomek się uśmiechnął. – Super to powiedziałeś, ale... Nie wiem, co konkretnie masz na myśli. Według ciebie coś przeoczyłem?

– Zastanawiam się właśnie nad jedną możliwością... Wydaje mi się, że warto byłoby spróbować poszukać dzieci...

– Jakich dzieci?

– Do tych gwałtów dochodziło wielokrotnie, prawda?

– Tak.

– Dziewczyna była młoda...

– Myślisz, że zaszła w ciążę?

– To daleko posunięta teza, pewnie jestem trochę już skrzywiony z powodu historii mojej rodziny. Ale sam przyznasz, że to możliwe.

– W sumie...

– A skoro gwałty miały miejsce w czterdziestym siódmym... – Maks zastanawiał się na głos. – Nie masz wśród podejrzanych nikogo, kto urodził się niecały rok później, w czterdziestym ósmym?

– Nie. – Tomek machnął ręką, po czym nagle skamieniał.

– Co? – Maks uniósł brwi.

– Maria Kruger. – Wilczura aż przeszły ciarki. – Pracowała wtedy w Strzesze, za czasów Stefana i Zbigniewa Czerwińskich. A jej córka, Helga, urodziła się mniej więcej rok po ich zaginięciu.

– Matka i córka. Helga, jak mówiłeś, była na tym nieszczęsnym sylwestrze. I masz od razu powiązanie między wydarzeniami z czterdziestego siódmego a zaginięciem Andrzeja w dziewięćdziesiątym drugim.

– Cholera! Jak mogłem tego wcześniej nie zauważyć...

Jelenia Góra, 6 marca 2007

Siedziba GOPR-u mieściła się w brzydkim gmachu z lat siedemdziesiątych przy ulicy Sudeckiej i nawet olbrzymia ilość śniegu nie była w stanie ukryć prawdziwego wyglądu budynku pogotowia.

Tomek wszedł do środka. Głowę wciąż miał zajętą hipotezą podsuniętą mu przez Maksa. Matka i córka. Czy istniała w przyrodzie silniejsza więź? Przypomniał sobie, że jakiś czas temu czytał nawet o badaniach, które dowiodły, że matki i córki mają podobną budowę obszaru mózgu, który odpowiada za emocje. A jako autor kryminałów, który śledził sprawy wielu zabójstw, do jakich dochodziło na terenie Polski, wiedział doskonale, że emocje były jednym z głównych motywów zbrodni. O ile mężczyźni dokonywali ich przede wszystkim kierowani chęcią zemsty i zazdrością, u kobiet dominowało poczucie krzywdy i zagrożenia.

Czy Maria mogła być autorką pamiętnika? I zabić z poczucia zagrożenia? Zbigniew ją gwałcił, Stefan, jak wynikało z akt NIK-u, groził jej śmiercią. Czy więc mogła wykończyć ich obu? A dlaczego jej córka miałaby zabić Andrzeja? Z chęci ochrony matki? Czy Maria Kruger żyła jeszcze, gdy w Strzesze odbywał się pamiętny sylwester na przełomie dziewięćdziesiątego pierwszego i drugiego?

Z tymi pytaniami dotarł do właściwego pokoju. „Paweł Zalewski – naczelnik grupy karkonoskiej GOPR-u" – głosił napis na drzwiach. Zapukał.

Po chwili otworzył mu postawny, około czterdziestoparoletni mężczyzna. Rozmawiał z kimś przez telefon, ale zrobił zapraszający gest ręką. Tomek usiadł więc w fotelu naprzeciwko biurka i ukradkiem przyglądał się mężczyźnie, który mówił o złych warunkach pogodowych w Karkonoszach i o dalszych prognozach. Miał kruczoczarne błyszczące od żelu włosy z prosto zaczesanym przedziałkiem i równo przystrzyżony gęsty zarost. W jego postawie, tembrze głosu i surowych rysach twarzy był ten trudny do uchwycenia element, za sprawą którego wyglądał na człowieka gór. Tak jakby obcowanie z Karkonoszami było w jakiś sposób wypisane na jego twarzy. Tomek zastanawiał się, czy Zalewski wyglądał tak zawsze, czy też dopiero lata życia w górach i służba w GOPR-ze tak wpłynęły na jego fizjonomię.

W końcu mężczyzna odłożył słuchawkę.

– Przepraszam, miałem ważny telefon. Paweł Zalewski. – Podał Tomkowi rękę. Miał żelazny uścisk. – Pana telefon bardzo mnie zaintrygował. Kawy?

– Dziękuję, nie. Przepraszam za wścibstwo, ale słyszałem, że rozmawiał pan z kimś o pogodzie. Rozumiem, że będzie jeszcze gorzej?

– Szkoda słów. – Zalewski westchnął. – Bardzo wszyscy czekamy na poprawę warunków.

– A zapowiada się taka?

– Zależy o jakiej poprawie mowa. Jeśli chodzi o pogodę, coś powinno drgnąć za dwa dni, nadciąga ponoć wyż, który trochę zmieni sytuację. Ale jeśli idzie o śnieg, to mamy obecnie czwarty stopień zagrożenia lawinowego i szczerze mówiąc, nie pamiętam, kiedy ostatnio taki był. I to niestety nie jest sytuacja, która może zmienić się z dnia na dzień na lepsze. Po chwilowym ociepleniu temperatura znowu spadła, pokrywa śnieżna jest coraz grubsza, słabo związana. A dodatkowo silny wiatr nawiał potężne nawisy śnieżne, które przy zapowiadanej wyżowej słonecznej pogodzie ruszą natychmiast. I jeszcze ciągle ta przeklęta mgła. Oglądał pan może horror pod tytułem *Mgła*?

– Nie.

– Akcja toczy się w małym miasteczku nad morzem. Pewnej nocy z wody zaczyna się tam znienacka wyłaniać mgła, której pojawienie się jest wbrew wszelkim prognozom i meteorologicznej logice. Opary zalewają miasteczko i zaczynają się tam dziać dziwne rzeczy: psują się sprzęty, z morza wyłaniają się upiory, a niektórzy ludzie umierają w podejrzanych okolicznościach. Wszystko trwa tak długo, aż mgła nie ustąpi. Ja myślę, że w Karkonoszach mamy podobnie.

– Z gór wychodzą upiory?

– Niekoniecznie. Albo powiem inaczej: nikt żywy ich nie widział, żeby mógł to panu potwierdzić. Ale w czasie, gdy Karkonosze zasnuwa mgła, zdarza się dużo wypadków. Czasem bardzo dziwnych, trudnych do wyjaśnienia. Niektórzy ludzie wykorzystują tę sytuację i pozorują swoje zaginięcia. Nazywamy to cichymi zaginięciami. Zostawiają samochód na dole, idą w góry, gdzieś poza szlakiem wyrzucają swój telefon. Zanim go namierzymy i znajdziemy, mija sporo czasu. I okazuje się, że człowieka tam nie ma. A ostatecznie wychodzi na to, że on to zrobił celowo, bo po prostu postanowił upozorować swoje zaginięcie. Sam jestem ciekawy, jak silną muszą ci ludzie mieć motywację, żeby robić coś takiego.

– Od kiedy przyjechałem do Strzechy Akademickiej kilka dni temu, mgła jest niemal bez przerwy. Powinienem się bać? – zapytał Tomek półżartem.

– Im wyżej, tym bardziej jest to normalne.

– Proszę?

– Warunki w Karkonoszach nie różnią się praktycznie na wschodzie i na zachodzie, jest natomiast różnica między północnymi, czyli polskimi stokami, a południowymi, czyli czeskimi. Ale najbardziej podstawowa dla klimatu w naszych górach jest jego piętrowość. Czyli, mówiąc prościej, warunki zależą od wysokości. Na Śnieżce mgła pojawia się przez prawie trzysta dni w roku, niżej, w Szklarskiej Porębie, to będzie ledwie trzydzieści, a jeszcze niżej, w Jeleniej Górze, znowu mgły jest więcej, jakieś siedemdziesiąt.

– A w Karpaczu?

– Karpacz jest dziwny. Podobna wysokość jak Szklarskiej Poręby, a frekwencja mgły dwa razy większa. Marzec to już w ogóle najbardziej mglisty z zimowych miesięcy.

– A w dziewięćdziesiątym drugim, gdy zeszła ta słynna lawina w Białym Jarze, też była mgła? – zapytał Tomek, próbując naprowadzić ratownika na interesujący go temat rozmowy.

– Mgły nie było, ale… Cholera, co tam się działo… – Zalewski westchnął. – Pamiętam, jakby to wydarzyło się wczoraj. To była moja pierwsza akcja lawinowa, na dodatek ja jako pierwszy dotarłem na miejsce zdarzenia. Niech mi pan wierzy… Tego się nie da opisać, jeśli wcześniej się czegoś takiego nie widziało. Mam kumpla, reportera, był na wojnie na Bałkanach w latach dziewięćdziesiątych. Kiedyś usiedliśmy razem przy wódce i zeszło na te wspomnienia, przed którymi człowiek na co dzień ucieka. Od słowa do słowa wyszło nam, że to, co czułem, wchodząc na lawinisko, było podobne do tego, co on przeżywał, wchodząc do wyzwalanego miasta. Przerażające zniszczenie, przytłaczająca cisza i świadomość, że gdzieś tam pod spodem mogą być jeszcze żywi ludzie. To jest masakra. Takie coś śni się potem po nocach jeszcze przez długi czas.

– Pan dotarł tam jako pierwszy, bo był najbliżej?

– Tak. To były jeszcze te czasy, że ratownicy GOPR-u dyżurowali w niektórych schroniskach. Tamtej nocy, gdy zeszła lawina, mnie właśnie przypadł dyżur w Strzesze Akademickiej. A to jest rzut beretem od Białego Jaru.

Zadzwonił telefon. Zalewski spojrzał na wyświetlacz, mruknął coś pod nosem niezadowolony i po chwili wahania odebrał.

– Zaraz wrócę – powiedział do Wilczura i wyszedł z gabinetu, tłumacząc coś swojemu rozmówcy przyciszonym głosem.

Tomek w tym czasie wyciągnął zeszyt z notatkami i cierpliwie czekał. Po kilku minutach Zalewski wpadł z powrotem do pokoju. Wydawał się poirytowany.

– Przepraszam raz jeszcze, nie dają człowiekowi chwili spokoju.

– Proszę się nie tłumaczyć, wszystko w porządku. Ma pan teraz chyba ważniejsze sprawy na głowie, może jednak zajrzę innym razem?

– Nie, nie. Rozmawiajmy. Pan chce wiedzieć, co stało się z Andrzejem Czerwińskim. Powiem tak. Uważam, że jedno jest pewne: on zmarł w tym schronisku. Czy ktoś go zabił, czy to był jakiś nieszczęśliwy wypadek, trudno mi wyrokować. Nie byłem przy tym, za rękę nikogo nie złapałem. Ale tam na pewno coś się wydarzyło. I to musiała być jakaś śliska sprawa, skoro zdecydowali się pozbyć ciała.

– Sądzi pan, że ciało zostało podrzucone do lawiny?

– Nie o to chodzi, że ja tak sądzę. – Zalewski lekko się obruszył. – Tak po prostu było. Gdy wychodziłem na akcję, Andrzej Czerwiński był jeszcze w schronisku. Żywy.

– Zastanawiam się, dlaczego pan go zapamiętał. Przecież tam pewnie bawiło się dużo ludzi?

– Myślę, że było ze dwadzieścia osób, głównie obsługa schroniska… Andrzeja Czerwińskiego zapamiętałem z powodu pewnego incydentu, a nawet dwóch.

– To po kolei poproszę.

– Dobrze. W sylwestra po południu Kruger zawołała mnie do pomocy.

– Helga Kruger? – Tomek się ożywił. – Córka Marii Kruger?

– Tak, ona. Powiedziała, że jakiś gość potrzebuje pomocy. Facet był w Strzesze przez kilka ostatnich dni, po czym wymeldował się w sylwestra i miał schodzić do Karpacza. W drodze powrotnej pobłądził we mgle i skręcił nogę. Szczęśliwie nie uszedł daleko i udało mu się wrócić do schroniska. Więc ja i Wiktor, kierownik Strzechy, pomogliśmy temu facetowi wejść po schodach do schroniska. Nic wielkiego mu się nie stało, ale był bardzo wystraszony, bo jak zbłądził, to wpadł w panikę, że zamarznie i takie tam. No i nogę miał skręconą.

– Rzeczywiście, było w protokole z sekcji o urazie nogi – przypomniał sobie Tomek.

– Chciałem wezwać chłopaków z Bacówki w Karpaczu, żeby zwieźli go na dół, ale wtedy była jakaś inna duża akcja. I dlatego nikt nie miał czasu zająć się tym gościem od razu, tym bardziej że nie wymagał pilnej pomocy. Więc ktoś tam ze Strzechy zaproponował, żeby został w schronisku, bo już się robił wieczór. I obiecali, że w Nowy Rok z rana ktoś z obsługi zwiezie go na dół. Gość się zgodził. I tyle. Wtedy nawet nie wiedziałem, że ma na nazwisko Czerwiński.

– Mówił pan, że były dwa incydenty.

– Drugi był taki, że jak wybiegałem ze schroniska na akcję ratunkową po zejściu lawiny, to wpadłem na tego faceta. Wracał właśnie z papierosa.

– I dlatego pan go zapamiętał... – Tomek raczej stwierdził, niż zapytał. Opowieść Zalewskiego nabierała sensu i wiarygodności.

– Tak. Kuśtykał z powodu tej skręconej nogi. Więc jak mi policja zaczęła pieprzyć, że on poszedł do tego Białego Jaru między lawinami...

– Między lawinami?

– Tak, bo zeszła pierwsza lawina, porwała grupę ludzi. A potem, jak zaczęliśmy akcję ratunkową, zeszła lawina wtórna. Musieliśmy się na jakiś czas wycofać. I policja przyjęła wersję, że niby zeszła lawina, ja go może rzeczywiście widziałem w schronisku, poszedłem na ratunek, a on potem poszedł do Białego Jaru i tam go porwała druga lawina. Ale to się kupy nie trzyma. Gdzie on by z tą chorą nogą tam się pakował? Po co?

– Rzeczywiście, to bez sensu.

– Zresztą on się bawił w tym schronisku bardzo dobrze, po co miałby wychodzić?

– Skąd wniosek, że dobrze się bawił? – dopytywał Tomek.

– A bo pijany był w cholerę. Jak wybiegałem, to ich trochę potrąciłem, bo szli całą szerokością korytarza. A raczej się zataczali. Coś tam za mną krzyczeli, wie pan, jak to pijani ludzie na zabawie. I nawet wtedy pomyślałem sobie, że ten Czerwiński jeszcze parę godzin temu trząsł się ze strachu, a tu nagle po alkoholu taki z niego chojrak. Prawdę mówiąc, trochę mnie zdenerwował, bo coś tam do mnie przeklął pod nosem, jak ich potrąciłem.

– „Ich potrąciłem"? A z kim on był na tym papierosie?

– Z kimś z obsługi. To znaczy... – Zalewski się zawahał, po czym przymknął oczy. – To na pewno byli trzej mężczyźni, dlatego zajęli mi całą szerokość korytarza. Jeden to Czerwiński, drugi chyba Edek, a trzeciego nie pamiętam.

– Edek? Ten kierowca?

– Tak.

Tomek poczuł znajomy dreszcz. Właśnie znalazł niespodziewanie kolejny brakujący puzzel do swojej misternej układanki. Wyciągnął notatnik i pod hasłem „SYLWESTER" do listy gości, obok Helgi Kruger i Andrzeja Czerwińskiego, dopisał:

Edward (kierowca) – był z Andrzejem na papierosie tuż przed śmiercią. Razem z nimi wyszedł trzeci mężczyzna. Kim jest trzeci mężczyzna!?

– Dobrze... – Na moment zawiesił głos, układając sobie w głowie kolejne informacje. – Chciałbym jeszcze o coś zapytać. Czy gdy już odkopano ciało Andrzeja Czerwińskiego, coś zwróciło pana uwagę? Na przykład jakiś szczegół w ubiorze? A może były przy nim jakieś przedmioty?

Zalewski myślał przez chwilę.

– Na pewno zwróciłem uwagę na to, że nie oddychał.

– No tak, to już wiem, że nie żył...

– Nie rozumie mnie pan. Chodzi o to, że on w tym śniegu w ogóle nie oddychał.

Tomek spojrzał na niego pytająco.

– Zazwyczaj jak znajdujemy w śniegu ofiarę, która po zejściu lawiny jeszcze chociaż przez kilka minut oddychała, to wokół jej ust robi się tak zwana kapsa lodowa. Taka mała jamka wyścielona lodem – zaczął tłumaczyć. – Powstaje na skutek kontaktu z ciepłym powietrzem, które wydycha w śnieg ofiara. W przypadku Czerwińskiego kapsy nie było. Oznacza to, że jak przykrył go śnieg, już nie oddychał.

– Rozumiem! Czyli w takim wypadku jedyna ewentualność, przy założeniu, że zabiła go lawina, to na przykład poważny uraz czaszki czy kręgosłupa w momencie zejścia lawiny. Wtedy kapsa by nie powstała.

– Zgadza się. Gdyby się udusił czy zamarzł, mielibyśmy kapsę. Skoro jej nie było, to musiałby w tej lawinie umrzeć nagle.

– Ale śladów po urazach nie było, tak wynika z sekcji – stwierdził Tomek.

– No właśnie. Wniosek nasuwa się sam, prawda?

– Ktoś go tam podrzucił martwego. W takim razie mam jeszcze jedno pytanie. Czy przychodzi panu do głowy, kto mógł mieć powód, żeby go zabić?

– Nie mam zielonego pojęcia. – Zalewski rozłożył ręce. – Dopiero później dowiedziałem się, że tam był jakiś smród ze sprawą jego ojca i tak dalej. Ale nie znam szczegółów.

– A pamięta pan może jakichś uczestników tamtej zabawy sylwestrowej? Wiem na razie tylko, że byli Helga Kruger, Edek i Czerwiński. A listy pozostałych gości nie ma, bo akta sprawy zostały zniszczone.

– Niestety, nie pamiętam... Wie pan, nikt mnie nigdy o to nie pytał. Zresztą ja cały wieczór siedziałem u siebie w dyżurce, a nie w jadalni, gdzie trwała zabawa. Owszem, zajrzałem tam do nich, żeby powiedzieć, że zeszła lawina... Ale wszyscy już byli pijani w sztok, więc zaraz wyszedłem. Czerwińskiego i Edka zapamiętałem, bo na nich bezpośrednio wpadłem, wychodząc. Ale reszta? Ja wtedy myślami byłem już gdzie indziej, to była moja pierwsza akcja lawinowa…

– Rozumiem. Nie będę w takim razie zabierał panu dłużej czasu. Dziękuję za pomoc. – Tomek wstał i podał mężczyźnie rękę, po czym zaczął zbierać się do wyjścia.

– Ja sam nie pamiętam więcej uczestników… – zaczął nagle Zalewski. – Ale jest jeszcze jedna sprawa. Ludzie potem gadali, że na tej zabawie był stary Trafalski. I o nim mówiło się chyba dużo, bo usłyszałem to kilka razy od różnych osób.

– Kierownik Samotni? – Tomek podłapał w mig.

– Tak… – Zalewski podrapał się po brodzie. – Wie pan, taka myśl mi chodzi po głowie… Nie dzieliłem się nią nigdy z nikim, bo nie lubię rzucać oskarżeń bez potwierdzenia. Dlatego to, co powiem, musi zostać między nami. Żeby pan tego do książki nie wrzucał…

– Ma pan moje słowo.

– W porządku. Ja wtedy, po lawinie, jak się dowiedziałem, że tam był stary Trafalski, to pamiętam, że pomyślałem sobie, że to właśnie on mógł mieć ze śmiercią Czerwińskiego jakiś związek. Bo wie pan, jak zgłosiłem sprawę w komisariacie, to ten kretyn, komendant…

– Wojciech Trafalski?

– Tak. On starał się zrobić wszystko, żeby w ogóle sprawą Czerwińskiego się nie zająć. Żeby nie został po niej żaden ślad w papierach. I ja się potem zastanawiałem, dlaczego tak mu na tym zależało? Czy się czegoś bał? Muszę przyznać, że nie wyglądał na człowieka, któremu brakuje odwagi. A więc może kogoś krył? I wtedy, jak zestawiłem to z plotkami, że ojciec komendanta też był na tym sylwestrze… Pomyślałem, że może po prostu Wojciech Trafalski krył swojego ojca, Henryka. I dlatego tak bardzo starał się tę sprawę zatuszować? No bo z jakiego innego powodu…?

Część XI

SEKRET GEISTLICHE BAUDE

Nadto zaś góry te chłodem swym i śniegiem wszystkie inne w całych Czechach wyprzedzają. Tu też zasada niniejsza ma zastosowanie: trzy czwarte roku leży śnieg i pół roku zima panuje. Czasem istotnie zima już we wrześniu się rozpoczyna, gdy liczne i gwałtowne nadchodzą wichury i mrozy dotkliwe […]. *Śnieg w Karkonoszach leży zazwyczaj do maja i czerwca, ale i w lipcu czy w sierpniu znaleźć go można na dnie Śnieżnych Kotłów* […]*.

Jan Buchar

---

* Fragment prelekcji J. Buchara, czeskiego nauczyciela oraz pioniera narciarstwa i turystyki górskiej w Karkonoszach, wygłoszonej podczas spotkania Klubu Czeskich Turystów w Pradze w 1898 r.; cyt. za: P. Wiater, *Pionierzy nart u Ducha Gór. Początki narciarstwa w Karkonoszach i Górach Izerskich*, Jelenia Góra 2022.

Karpacz, 6 marca 2007

Marzec zdawał się dla Karpacza jednym z najbardziej ponurych miesięcy w roku. Zima wciąż trzymała to miejsce w mroźnych objęciach i daleko było jeszcze do pierwszych oznak wiosny. Z gór znikali już narciarze, a nie nadszedł jeszcze czas na turystów, więc część lokali gastronomicznych aż do majówki zamykano.

Gdy Tomek dotarł do centrum, już zmierzchało. Z powodu pustych ulic miasto zdawało się wręcz wymarłe, jakby pogrążyło się w mrocznym letargu. „Najbardziej mglisty z zimowych miesięcy" – Tomek przypomniał sobie słowa Zalewskiego. Facet miał rację. Z gór coraz niżej schodziły opary mgły, żeby razem ze zbliżającym się mrokiem powlec miasto przygnębiającą nocną aurą.

Nie uśmiechało mu się wędrować po zmierzchu samemu do schroniska. Dlatego zaraz po wyjściu z siedziby GOPR-u zadzwonił do Janka z pytaniem, czy ktoś będzie jechał w najbliższym czasie do Strzechy Akademickiej i mógłby go ze sobą zabrać spod Wangu. Niestety, okazało się, że Edek wrócił już z towarem na górę i nie miał czasu, żeby zjeżdżać na dół po raz kolejny, a Janek gdzieś wyjechał na dłużej i zamierzał wrócić dopiero następnego dnia. Tomkowi pozostawało więc wjechanie wyciągiem narciarskim na Kopę. Stamtąd droga do Strzechy Akademickiej wiodła z górki, a ponadto była o wiele krótsza niż trasa z Karpacza. Spojrzał na zegarek. Do zamknięcia wyciągu zostało prawie pół godziny. Zostawił samochód przy Olimpijskiej i ruszył w stronę dolnej stacji kolei linowej. Na co dzień bardzo ruchliwa droga wiodąca z parkingu do wyciągu teraz była zupełnie pusta. Jarzące się wzdłuż niej lampy uliczne dawały mdły blask, który rozmywał się w gęstej mgle.

Przed kasą biletową również panowały pustki, nie licząc pary, która głośno się o coś sprzeczała.

– Gdzieś ty mnie zabrał, Bernard? – Kobieta wyglądała na rozsierdzoną. – To ma być ta twoja romantyczna niespodzianka? Tu wszędzie jest tylko przeklęta mgła. Nawet cholerny wyciąg nie działa! Co niby zamierzasz tu ze mną robić przez kolejne dwa dni? Nacierać się śniegiem?

– Kasia, uspokój się i nie rób awantury przy ludziach!

– Przy ludziach? Nie rozśmieszaj mnie, widzisz tu jakichś ludzi wokół? Tu nikogo nie ma, bo nikt normalny o tej porze roku tu nie przyjeżdża!

Tomek mimowolnie się uśmiechnął.

– A skąd ja miałem wiedzieć, że będzie tak zła pogoda?! – odparł tymczasem mężczyzna podniesionym głosem.

– Trzeba mnie było zabrać do ciepłych krajów, tam jest zawsze ładna pogoda! – odpowiedziała przez zaciśnięte zęby, po czym odwróciła się na pięcie i ruszyła w stronę miasta. Jej buty na wysokim obcasie stukały o chodnik. Minęła Tomka, nawet go nie zauważając, po czym fuknęła pod nosem: – Mężczyźni!

– Kasia… – Bernard wyraźnie spuścił z tonu i pobiegł za kobietą. – Kasia! Nie rób scen… Poczekaj…

Tomek podszedł do kasy biletowej. W okienku świeciło się światło, ale na szybie rzeczywiście wisiała kartka „wyciąg nieczynny".

– Pan też chciał na górę? – Na schodach prowadzących na peron kolejki pojawił się mężczyzna wyglądający na pracownika obsługi wyciągu.

– Chciałem… – Tomek westchnął.

– To jeszcze przez parę dni prawdopodobnie nie będzie możliwe.

– Co się stało? Wyciąg się zepsuł?

– A wie pan, jaką mieliśmy pogodę przez ostatnie dni? – Pytanie zabrzmiało jak oskarżenie.

– Wiem.

– No właśnie. Cały wyciąg skuło cholernym lodem, wyobraża pan sobie? Słupy, liny, koła… Teraz nie idzie go uruchomić, to zbyt niebezpieczne, bo wszystko może szlag trafić. A to nowiutka inwestycja! My jako obsługa mamy przechlapane. Próbowaliśmy gumowymi młotkami obtłukiwać ten pieprzony lód, ale to syzyfowa praca. Uwolni się jakiś fragment liny, przesuwamy się dalej, obtłukujemy kolejny kawałek, a w tym czasie to, co zrobiliśmy wcześniej, znowu pokrywa się lodem.

– Wyciąg nie jest przygotowany na takie warunki?

– Panie, pan nie wiesz, co mówisz! Przyjechali dzisiaj dwaj przedstawiciele ze Szwajcarii, z tej firmy, co nam wyciąg robiła. I oni też rozkładają ręce, ponoć nigdy czegoś takiego u siebie w górach nie widzieli. Wyciąg stoi już drugi dzień, myśmy jeszcze dzisiaj próbowali go rozruszać. Tyle że to latanie po oblodzonych słupach i drabinach przy tej sile wiatru jest w cholerę niebezpieczne. I mówi się to turystom takim jak tamci, co tu się darli, ale to jak grochem o ścianę. Szef też niezadowolony, chciałby, żeby wyciąg ruszył, bo turyści poirytowani, bo końcówka sezonu, bo straty są… Pieprzenie… – Machnął ręką. – Wszyscy muszą poczekać na poprawę pogody.

– Racja – przyznał Tomek. – No nic, dziękuję! Do widzenia.

Wrócił do samochodu, podjechał na parking koło świątyni Wang i stamtąd ruszył pieszo do Strzechy Akademickiej. Szczęśliwie w aucie miał zapasową latarkę, którą wziął teraz na szlak, żeby oświetlić sobie drogę, jak już się całkiem ściemni.

Spowity mgłą las po zmroku – czy mogło być bardziej ponure i budzące niepokój miejsce? Tomek starał się nie rozglądać, bo to napawało go jeszcze większym lękiem. Skupił się więc na patrzeniu pod nogi i układaniu sobie w głowie tego, czego dowiedział się od Zalewskiego. Jego rozmyślania przerwał dzwonek telefonu. Odebrał.

– Tomek? Albert z tej strony.

– O, cześć – odparł Wilczur zdyszany. Szlak piął się ostro pod górę.

– A ty gdzie tak pędzisz?

– Nigdzie, po prostu zmęczyłem się podejściem. Do Strzechy wracam.

– Sam, tak po nocy? To trochę niebezpieczne...

– Dlaczego?

– No wiesz, po zmierzchu różne rzeczy się dzieją... W każdym razie uważaj na siebie.

– Nie przesadzaj z tą troską – odparł Tomek oschle. – A swoją drogą, miałem do ciebie dzwonić. Dlaczego nie powiedziałeś mi, że na tamtym sylwestrze był też Henryk Trafalski, ojciec komendanta? Przecież to ważna informacja!

Po drugiej stronie przez moment panowała cisza.

– Bo nie wiedziałem, czy to prawda. Chodziła taka plotka, rzeczywiście. Ale nikt z uczestniczących w zabawie tego nie potwierdził. A ja starałem się przedstawić ci to, co wydało mi się wiarygodne.

Wilczur milczał.

– Tomek, gdybym miał przekazywać ci każdą możliwą plotkę, to moglibyśmy jeszcze kilka godzin rozmawiać o tamtych wydarzeniach – kontynuował Albert. – A mnie się wydawało, że tobie zależy na wiarygodnych informacjach. Czy się myliłem?

– Nie, nie myliłeś się.

– I właśnie dlatego do ciebie dzwonię. Szukasz osób, które były na tamtym sylwestrze. Przypomniałem sobie, że jest ktoś jeszcze, kto na pewno był wtedy w Strzesze. Chodzi mi o zastępcę Wiktora, ówczesnego kierownika schroniska.

– I on jeszcze żyje? Czy tak jak Wiktor i stary Trafalski wącha już kwiatki od spodu?

– Nie, nie. On akurat żyje i ma się dobrze.

– To daj mi na niego namiary.

– Przecież go poznałeś. To Janek, brat Maryśki.

Stara Polana, 6 marca 2007

Gdy minął Polanę, było już zupełnie ciemno. W głowie wciąż brzmiała mu informacja, którą usłyszał od Alberta: Janek był na sylwestrze! To wyjaśniało, dlaczego brat Maryśki odnosił się do Tomka i jego pracy nad książką z wyraźną niechęcią.

Szlak był zupełnie pusty. Tomek minął Kozi Mostek i po kolejnych kilkuset metrach się zatrzymał. Droga w tym miejscu się rozwidlała. Którędy do Strzechy? Oświetlił latarką stojący przy szlaku znak. Był oblepiony śniegiem. Podszedł do słupka, podskoczył i uderzył w tabliczkę ręką. Lodowa pokrywa spadła, odsłaniając informacje o odległości i czasie przejścia. Tomek bez wahania wybrał krótsze dojście do Strzechy Akademickiej; chciał jak najszybciej znaleźć się w schronisku. Robiło się coraz zimniej, a w dodatku samotna wędrówka po górach nocą nie należała do przyjemnych. Nie chciał przyznać się przed sobą, ale rzeczywiście trochę się bał.

Ruszył w dalszą drogę, gdy usłyszał za sobą narastający hałas. Odwrócił się. Z oddali nadjeżdżał skuter śnieżny. Jego światło oślepiało Tomka tak, że nie widział kierowcy. Zszedł na pobocze, żeby nie blokować przejazdu. Po dłuższej chwili marszu znowu się odwrócił. Skuter jechał bardzo powoli, jakby nie chciał go wyprzedzić. W pewnym momencie pojazd się zatrzymał. Tomek dostrzegł ciemną sylwetkę kierowcy odróżniającą się na tle bieli śniegu. Tamten zgasił silnik, zapanowała cisza.

Wilczur chciał ruszyć dalej w drogę, ale czuł, że to bez sensu.

– Dobry wieczór – odezwał się po chwili namysłu. – Jakiś problem?

Kierowca stał na skuterze i wciąż milczał. Tomek skierował na niego latarkę, ale tamten niemal w tym samym momencie zapalił światła skutera.

– A, chrzanić cię – mruknął Wilczur i ruszył w stronę Strzechy. Usłyszał warkot odpalanego ponownie silnika, skuter ruszył w jego stronę. Odgłos nagle zaczął bardzo przybierać na sile, tak samo jak intensywność świateł pojazdu. Wilczur odwrócił się gwałtownie, skuter pędził wprost na niego. W ostatnim momencie uskoczył na pobocze, lądując w śniegu. Latarka wypadła mu z ręki i zniknęła pod białym puchem. Kierowca tymczasem wyhamował, nawrócił i skierował światła skutera na leżącego przy szlaku Tomka. W pewnym momencie w jego ręce pojawił się jakiś przedmiot, błysnęło czerwone światełko. Krwawy punkcik przez ułamek sekundy błądził wokół Wilczura, aż trafił wprost na niego.

– Co? Nie, błagam... – wysapał Tomek, podnosząc się na rękach. Wiedział, że musi zniknąć z pola widzenia. Zaczął czołgać się w kierunku lasu, gdy padł strzał. Potem drugi i trzeci. Czerwone światełko zgasło, silnik zawył i skuter zaczął błyskawicznie oddalać się w kierunku Karpacza. Wokół Tomka zapanowała ciemność.

Strzecha Akademicka, 6 marca 2007

Maryśka stała za ladą bufetu. Jola niespodziewanie się przeziębiła i ktoś musiał ją zastąpić, Edek miał wolny wieczór i poszedł na piwo do znajomego z Samotni, a Janek wyjechał gdzieś koło południa i miał wrócić dopiero jutro.

Rozejrzała się po pustej sali. Panująca od dłuższego czasu niepogoda skutecznie wypłoszyła i tak nielicznych w marcu turystów.

Długie zimowe wieczory w schronisku bywały przygnębiające, zwłaszcza gdy brakowało gości. Zaczęła się zastanawiać, gdzie jest Tomek. Mrok spowił góry już przeszło godzinę temu, a jego wciąż nie było...

Spojrzała w stronę starego kaflowego pieca. W jego sąsiedztwie jeszcze niedawno stała piękna żywa choinka. Jej zapach, kolorowe światełka i staromodne bombki dodawały pomieszczeniu wiele uroku, którego brak bardzo teraz odczuwała. Po chwili namysłu poszła na zaplecze. Wśród zalegających tam rupieci znalazła kilka nadpalonych świeczek. Postawiła je na ladzie i zapaliła. Wnętrze jadalni od razu wydało jej się bardziej przytulne.

Za oknami schroniska wiatr wygrywał ponurą symfonię. Przeciągłe zawodzenie, jak się na nim człowiek skupił, mogło doprowadzić do obłędu. Świsty przywodziły momentami na myśl szelest kartek, a szum do złudzenia przypominał ludzkie jęki. Jakby nocą z nieprzeniknionej ciemności karkonoskich lasów, jaskiń, górskich jezior i potoków wyłaniały się upiory, które pędziły w stronę Śnieżki, epicentrum mrocznej siły natury, żeby tam oddać hołd Duchowi Gór. A że na północno-zachodniej trajektorii wiatru znajdowała się Strzecha Akademicka, wszystkie gnające tą drogą duchy przenikały do starego schroniska, wypełniając je swoją ponurą energią. Najgorsze było to, że ta spirytualna aura udzielała się ludziom. Głowa Maryśki pełna była niepokojących myśli.

Przysiadła na krześle pod ścianą, nakryła się wysłużonym kocem i zatopiła w lekturze książki, którą niedawno dostała w prezencie od Janka. *Kilka upalnych nocy*, powieść Ani Szczypczyńskiej, mieszkanki Szklarskiej Poręby, opowiadała o przeżyciach i rozterkach kobiety, którą porzucił ukochany. Zraniona i samotna, nie potrafiła odnaleźć się w nowej rzeczywistości, gdzie nagle stała się zdana wyłącznie na siebie.

Po zmarszczonym policzku Maryśki pociekła łza. Choć bohaterka książki była od niej o parędziesiąt lat młodsza, doskonale rozumiała, co tamta czuje. Nieszczęśliwa miłość i rozstanie były dla wrażliwej duszy jak rozległa, źle zagojona blizna – potrafiła nieoczekiwanie rozboleć, nawet po wielu latach.

Pomyślała o swojej utraconej miłości i kolejna łza skapnęła na książkę, którą trzymała przed sobą na kolanach. Czy to za sprawą ponurej pogody, czy lektury niespodziewanie obudziły się w niej wspomnienia sprzed lat.

Do jadalni wpadł zdyszany Tomek. Maryśka szybko otarła rękawem łzy.

– O, jesteś! – Podniosła się z krzesła. – Już się martwiłam... Janek mówił, że nie miał kto cię podwieźć na górę...

– Skurwysyn... – wysapał Wilczur.

– Kto?

– Nie mam pojęcia!

Dopiero wtedy kobieta dostrzegła czerwoną plamę na jego ubraniu.

– Co się stało? Ty krwawisz!

– Słucham? – Tomek powiódł za jej wzrokiem i zobaczył plamy na swoich ubraniach. – A! To nie jest krew.

– Jak to?

– Paintball! I pieprzona farba! Ktoś chciał mnie nastraszyć! Jechał za mną skuterem śnieżnym, gdy wracałem do Strzechy. Prawie mnie potrącił, a potem zaczął strzelać do mnie z tego badziewia.

– O matko, dlaczego?

– A skąd mam wiedzieć? Widać nadepnąłem komuś na odcisk! Nie wiem, twojemu bratu, Edkowi, Heldze Kruger z Samotni, komendantowi Trafalskiemu, Albertowi i chuj wie, komu jeszcze?! – Skronie pulsowały mu z wściekłości.

Maryśka posmutniała.

– Strasznie mi przykro... Przepraszam cię, Tomek – powiedziała przygnębionym głosem.

– Ale to nie twoja wina. – Wilczur się zmieszał.

– Moja. Jak Maks wymyślił, żebyś napisał książkę o zagadkach Strzechy, to ja go namawiałam, żeby cię do tego zachęcił. Nie przypuszczałam, że to może tak się skończyć. Ja... Po prostu wierzyłam, że ty posłuchasz trochę opowieści o historii schroniska i wymyślisz z tego jakąś kryminalną fabułę. Nie przypuszczałam, że zaczniesz w tym tak bardzo grzebać. I że możesz kogoś tym rozdrażnić.

– Właśnie. Ciekawe, kto się tak zdenerwował, prawda? – Tomek zawiesił głos, po czym dodał: – Twój brat był na tamtym feralnym sylwestrze.

– Janek?

– A masz innych braci?

Maryśka wyglądała na zdziwioną.

– Tomek, mówisz to w taki sposób, że brzmi to jak oskarżenie.

– Może to miało tak zabrzmieć? Janek był na sylwestrze i mi się do tego nie przyznał. Dlaczego?

– Skąd mam wiedzieć? Zresztą, nie zauważyłeś jeszcze, jaki on jest? Nigdy nie należał do rozmownych. Może nie dopytywałeś? Więc i on się nie wychylał.

– A ty wiedziałaś, że był na tej zabawie?

– Nie – szepnęła, a po chwili dodała pewniejszym głosem: – Nigdy z nim o tym nie rozmawiałam. Jak opuściłam zakon, było już kilkanaście lat po tamtym wydarzeniu...

– No właśnie. Wy wszyscy tutaj niby ze sobą nie rozmawiacie, a ja mam wrażenie, że każdy z was tak naprawdę wie, co się tu wtedy wydarzyło.

– Mówiłam ci, że nie warto aż tak bardzo w tym grzebać, wystarczyło, żebyś po prostu trochę się zainspirował i coś napisał...

– Oj tak, bardzo się zainspirowałem. – Przerwał jej. – Ktoś do mnie strzelał! Wiesz, jak się wystraszyłem? Chcę stąd wyjechać, najlepiej natychmiast. Jest Edek?

– Poszedł na piwo do znajomego z Samotni...

– Aha. A ktoś inny mógłby mnie zwieźć na dół?

– Tylko Janek, ale jego nie ma... – Maryśka rozłożyła bezradnie ręce.

– W takim razie wyjadę jutro. Przekaż Edkowi, jak wróci, że bardzo proszę, żeby zwiózł mnie na dół z samego rana – odparł i skierował się do wyjścia z jadalni.

– Czekaj, dlaczego tak pochopnie…

– Dobranoc – rzucił, nawet się nie odwracając.

Wrócił do swojego pokoju ze świadomością, że to będzie ciężka noc. Doskonale wiedział, że po tym, co się wydarzyło, nie zmruży oka. Za bardzo się bał. Kto wie, kiedy kierowca skutera postanowi przejść od ostrzeżeń do działania i załaduje prawdziwą broń? Tomek aż się wzdrygnął. Zamknął drzwi na klucz i usiadł przy biurku. „Nie w takich tarapatach już bywałem" – próbował się pocieszać. „Wezmę długi prysznic, rozgrzeję się, spakuję i będę po prostu czuwał przez noc, żeby nikt i nic mnie nie zaskoczyło".

Marzył, żeby uciec ze schroniska jak najszybciej, bo budziło w nim coraz więcej obaw. Powiódł wzrokiem po pokoju. Rozpadająca się szafa, zacieki na ścianie, sklejkowa boazeria i zniszczony wieszak – wszystko na swoim miejscu. Dotychczasowe rozbawienie absurdalnym wyglądem tego wnętrza ustąpiło miejsca zupełnie innemu uczuciu. Zaczął bowiem rozumieć, że nie jest tutaj bezpieczny. I że jeśli ktoś chciałby zrobić mu krzywdę, to właśnie tu ma najlepszą ku temu sposobność. Pomyślał o wydarzeniach sprzed godziny. Gdyby to były prawdziwe naboje, byłoby już po nim. A do rana, nim jacyś ludzie pojawiliby się na szlaku, przykryłaby go pewnie półmetrowa warstwa śniegu. Wzdrygnął się.

Spojrzał w stronę okna. Śnieżyca przybierała na sile, tak jakby natura postawiła sobie za cel zasypać przez noc schronisko po sam dach. Jak mógłby dostać się na dół już teraz? W schronisku nie było żadnego kierowcy. Edek, nawet gdy wróci, będzie wstawiony. Zejście pieszo było zbyt ryzykowne: raz, że pogoda, a dwa – kto wie, czy kierowca skutera nie zechciałby zapolować na niego jeszcze raz. Może więc zadzwoni na policję? Wahał się przez moment. Nie miał bladego pojęcia, kto tam teraz pracuje. Jeśli jednak założyć, że w sprawę był zamieszany dawny komendant, Trafalski, istniało ryzyko, że ma wciąż na posterunku swoich ludzi. Tomka przeszedł dreszcz. Poczuł się, jakby został w Strzesze uwięziony. Układ, o którym mówił mu Zalewski, zaczynał go osaczać. Najgorsze było jednak to, że nie miał pojęcia, kto kierował skuterem i dlaczego próbował go zastraszyć. Liczba podejrzanych, zamiast maleć, rosła.

Podszedł do okna. Światło z jego pokoju rozpraszało się w gęstej mgle, a przesuwające się za szybą obłoki chmur i tumany śniegu świadczyły o tym, że wiatr szalał w najlepsze. Otworzył okno i momentalnie usłyszał dochodzące od strony drzwi jęczenie. Znał już ten charakterystyczny odgłos przeciągu. Wiatr wdzierał się do starego budynku i sobie tylko znanymi drogami przemykał przez wszystkie możliwe szczeliny, generując upiorne odgłosy. Tomek wychylił się, przysiadając na parapecie. W pojedynczych oknach schroniska także paliło się światło. Dobywający się z nich mdły blask sprawiał, że z tej perspektywy budynek przypominał nieco obiekt UFO. Nieregularna bryła migotała mniejszymi i większymi światłami o różnej barwie i natężeniu, które odbijały się w przypominającym księżycowy pył śniegu.

Zszedł z parapetu, gdy nagle w jego pokoju zgasło światło. Zamarł na moment, a potem wychylił się ponownie zaniepokojony. Jego złe przeczucie się potwierdziło: musiało zabraknąć prądu, bo we wszystkich oknach schroniska zapanowała ciemność. Stwierdzenie, że był tu odcięty od świata, nabierało jeszcze głębszego znaczenia. Teraz bowiem od cywilizacji oddzielały go już nie tylko odległość, śnieżne zaspy, czarna noc, lecz jeszcze brak prądu.

Postanowił zadzwonić do Maksa. Drżącymi palcami wybrał numer, ale komórka nie odpowiadała. Spojrzał na wyświetlacz. No tak, brak zasięgu. Spróbował wychylić się przez okno i zadzwonić jeszcze raz. Bez rezultatu.

Przez chwilę wpatrywał się w noc, ale nie dostrzegł za oknem żadnego źródła światła. Mgła zdawała się przejść do natarcia i przy akompaniamencie przeciągłych jęków wiatru zaczęła pochłaniać schronisko. Przetarł oczy ze zdumienia. A może to wszystko mu się śni?

– Cholera... – szepnął. Zamknął okno i po omacku dosięgnął włącznika. Pstryknął raz i drugi, ale nic się nie wydarzyło. Przez chwilę próbował w ciemności znaleźć plecak, w którym miał latarkę.

Wtem rozległo się ciche pukanie.

– Kto tam? – rzucił niepewnie.

– Maryśka. Otworzysz?

Wahał się przez chwilę.

– Przyniosłam ci świeczkę, żebyś nie siedział po ciemku...

Podszedł do drzwi i przekręcił klucz. Długi korytarz wypełniała ciemność, a postać Maryśki rozjaśniało tylko światło świec trzymanych przez nią w obu dłoniach. Ich blask odbijał się od jej policzków i czoła, rzucając na jej twarz podłużne cienie. Te zaś sprawiały, że oczy kobiety tonęły w mroku.

Podała mu jedną ze świeczek.

– Wpuścisz mnie? – zapytała, bo Tomek zasłonił całym sobą przestrzeń między futryną a drzwiami. Świeczka w jego ręce zasyczała.

– Po co?

– Muszę ci się do czegoś przyznać.

Wilczur wahał się przez chwilę, po czym bez słowa odwrócił się i wszedł do pokoju, zostawiając za sobą otwarte drzwi. Maryśka podążyła jego śladem.

– Miałam przeczucie... – Westchnęła. – Byłam niemal pewna, że tej nocy stanie się coś złego.

– Chodzi ci o awarię?

– Nie. – Machnęła wolną ręką. – O tego złego człowieka, który na ciebie napadł. W Strzesze dawno nie było tak ponuro jak dzisiejszego wieczoru. To pewnie przez ten wiatr...

– Pogoda nie ma nic do tego. Po prostu dla kogoś stąd jestem *persona non grata*.

– Skąd wiesz, że to ktoś stąd?

– Przeczucie graniczące z pewnością – odpowiedział z przekąsem.

Maryśka przysiadła na krześle pod ścianą, a trzymaną dotychczas w rękach świeczkę postawiła na blacie biurka. Płomień zadrżał, syknął i przygasł, podtopiony płynnym woskiem. Po chwili odzyskał siłę.

– Często macie takie awarie? – zapytał.

– Zdarzają się, jak mocno wieje.

– I co teraz?

– Nic. Czekamy, aż naprawią.

– Linia do was idzie pod ziemią?

– I tak, i nie. Czasem jest pod, a czasem na powierzchni. Czytałeś kiedyś *Pana Tadeusza*?

– Oczywiście. – Wzruszył ramionami – A skąd to pytanie?

– Spowiedź księdza Robaka, bardzo mnie poruszyła ta scena.

Tomek milczał. Blask ognia pląsał po ścianach pokoju.

– Ja chyba nie mam dzisiaj ochoty i nastroju na rozmowy o literaturze – stwierdził w końcu.

– To nie będzie rozmowa o literaturze. Czuję, że muszę ci się z czegoś wyspowiadać... – kontynuowała. – Będziesz pierwszy, który się o tym dowie. To ja spaliłam szopę.

– Tę, w której zgwałcono tamtą dziewczynę?

– Tamtą dziewczynę... – powtórzyła z namysłem. – Wiesz, myślałam dużo o naszej ostatniej rozmowie na dachu. Odniosłam wtedy wrażenie, że ty już znasz prawdę i po prostu bierzesz mnie pod włos. Jakbyś chciał sprawdzić, czy się przyznam.

W zdziwionych oczach Tomka odbijał się płomień wciąż trzymanej przez niego świeczki.

– Ale zrozumiałam, że chyba jednak się myliłam i ty nie wiesz, co się stało w czterdziestym siódmym w Strzesze.

– O czym mówisz?

– Naprawdę nikt ci nie powiedział, jak miałam na imię, zanim wstąpiłam do zakonu?

– Marysia?

– Nie. Janek nie cierpiał imienia Maristella, którego używałam w zakonie, więc zaczął do mnie mówić Maris, potem Maryś albo Maryśka. Kiedy uciekłam z klasztoru, na tyle już przywykliśmy oboje do tego imienia, że przy nim pozostałam. Tak się przedstawiałam ludziom po wyjściu z zakonu. Uznałam, że skoro zaczynam nowe życie, to przysługuje mi też nowa tożsamość, rozumiesz? Ale prawda jest taka, że imię, które nadali mi rodzice, to, które mam w dowodzie, jest inne. Ale ja go nie używam, bo... Budzi we mnie złe wspomnienia. Odcięłam się od swojego poprzedniego życia, uznałam, że nie ma do niego powrotu, dlatego nie wróciłam też do starego imienia.

– Czy... – Wilczur zmarszczył czoło i wytrzeszczył oczy. Maryśka nachyliła się nad świeczką i zaczęła się bawić miękką strużką nie w pełni zastygłego wosku. Jej policzki błyszczały od łez.

– Mam na imię Małgorzata. A to... – wskazała na leżący na biurku brulion – mój pamiętnik. Ja jestem „tamtą dziewczyną".

Tomek zaniemówił.

– Czekaj, ale... Ty nie masz na nazwisko Winnicka, tak jak Janek?

– Nie. Mieliśmy różnych ojców. Janek jest Winnicki, ja jestem Dubik, a Zbigniew Czerwiński to był kawał skurwysyna... A ja... – wydusiła z trudem. Podbródek jej się trząsł. – Tak kochałam mojego Franka! Uwierz mi, błagam, nie chciałam tak tego rozwiązywać, do tej pory mam wyrzuty... Ale musiałam coś zrobić, musiałam ratować swojego chłopaka... Czerwiński prędzej czy później doniósłby na niego, to był taki typ, nie można mu było wierzyć na słowo – mówiła niewyraźnie, przełykając łzy.

– Zabiliście go?!

– Tak... – wyszeptała. – W Kotle Małego Stawu były ćwiczenia wojskowe... Podebrałam im karabin, przez dłuższy czas nawet się nie zorientowali, że im jednego brakuje… A potem umówiłam się z Czerwińskim, jak co tydzień, w tej przeklętej szopie. Dałam Frankowi broń… I on czekał tam w ukryciu. Jak tylko Czerwiński przyszedł, nim w ogóle mnie dotknął, Franek go zastrzelił.

Tomek skamieniał. Pokój wypełniał tylko cichy płacz Maryśki.

– A Stefan, co z nim się stało?

Szloch kobiety przybrał na sile.

– To… To… To był wypadek! – jąkała się. – Miał zginąć tylko Zbigniew… Ale tego feralnego dnia pan dyrektor go śledził. Poszedł za nim do tej szopy, chyba zorientował się, że tamten coś przed nim ukrywa. I wpadł do środka zaraz po tym, jak Franek zabił jego brata. Ja… Nie wiedziałam, co robić! Pan dyrektor zaczął krzyczeć, bardzo głośno… Ja chciałam mu wytłumaczyć, że… Ale nim cokolwiek powiedziałam… – Znowu zaniosła się głośnym płaczem.

– …Franek go zastrzelił – dokończył za nią Tomek. – Co z ciałami, ukryliście je w torfowisku?

– Skąd wiesz?

– Pisałaś w pamiętniku o tablicy na Śnieżce. Poszedłem ją zobaczyć.

– Przeczytałam tę historię w gazecie. I jak spojrzałam na tablicę, to wszystko mi się przypomniało: że ciała Pieniążka nie znaleźli, bo te torfowiska w naszych górach wciągają bezpowrotnie. A poniżej szopy, w dolnej części Złotówki, było takie bagniste miejsce… I tam ich po wszystkim zatargaliśmy – dodała i zamilkła.

Wiatr za oknem przybierał na sile.

– Nie mogłam z tym potem żyć. Franek musiał dalej uciekać, szukali go, w schronisku zaczęła się kontrola, zrobiło się gorąco. A ja miałam tak straszne wyrzuty, nie mogłam spać po nocach. Widziałam ciągle martwych Czerwińskich, jak ciągniemy ich z Frankiem do tego bagna… I postanowiłam odpokutować za swoje winy.

– Dlatego poszłaś do zakonu… – Tomkowi wszystko zaczęło się składać w logiczną całość. – To nie było powołanie, tylko…

– Kara, którą sama postanowiłam sobie wymierzyć – dokończyła. – Ale w pewnym momencie nie dałam rady. Nie mogłam patrzeć, jak ten zwyrodnialec gwałci tamtą siostrę. I jak ona się na to godzi, a reszta milczy. Na ustach w Kościele piękne słowa, a w duszach gówno. Ona przypominała mi dawną mnie, z tej szopy. Po całym skandalu tamten ksiądz nie poniósł żadnych konsekwencji. Zrozumiałam, że jeśli stamtąd nie odejdę, to w pewnym momencie pęknę i sama wymierzę sprawiedliwość. Ja po prostu jestem kobietą, która… Nienawidzi mężczyzn. Jak w tytule tej szwedzkiej książki, tylko na odwrót.

– Janek wie?

– Nie! – Maryśka się podniosła. – I nie może się dowiedzieć, słyszysz?

– Dobrze.

– Przysięgnij!

– Masz moje słowo.

– Prawdę znają tylko trzy osoby. Ty, ja i Franek.

– A gdzie on teraz jest?

– Nie wiem. Kiedy wstąpiłam do zakonu, nie miałam już z nim kontaktu. Nie chciałam, żeby mnie szukał. I on tego chyba nie robił. Uznałam, że też nie chce wracać do tego, co było między nami. Dwa razy do tej samej rzeki się nie wchodzi, prawda? Pomyślałam, że samotność będzie dla mnie karą. Pokutą za grzechy.

– Jak mogłaś tak siebie skrzywdzić?

– Tomek, przecież… Ja jestem morderczynią.

– Maryś… Małgorzato… – Przerwał jej. – To on ciebie skrzywdził. I nie tylko ciebie. Nie bądź dla siebie taka surowa.

– Wina jest winą.

– W tej twojej katolickiej teologii nie ma przypadkiem definicji, że grzech jest wtedy, jak czynisz zło świadomie i dobrowolnie? Ty nie zrobiłaś tego dobrowolnie. Byłaś regularnie krzywdzona. To ty jesteś ofiarą, nie odwrotnie. Poza tym próbowałaś ratować swojego ukochanego. Poświęciłaś dla niego wszystko...

– Stefan był złodziejem, ale... Ja naprawdę nie chciałam zrobić mu krzywdy, wierzysz mi? On po prostu się znalazł w niewłaściwym miejscu i czasie... A to wszystko przez Zbigniewa... – Maryśka znowu zaczęła płakać.

Tomek zmieszał się, po czym podszedł do niej i ją przytulił.

– Odpokutowałaś kilkakrotnie – powiedział cicho. – Popatrz, nawet prokuratura już by się tym nie zajęła, zabójstwo przedawnia się po bodajże trzydziestu latach.

– To i tak nie ma znaczenia, bo ja umrę z poczuciem winy. Przeze mnie zginęło dwóch ludzi, rozumiesz?

– Oni sobie na tę śmierć poniekąd zasłużyli. Jeden szantażował, groził innym śmiercią, okradał, drugi gwałcił... A ty skrzywdziłaś się podwójnie. Poszłaś do zakonu z wielką traumą. W zakonie się milczy, a trauma uwielbia milczenie. Ale to nie jest droga do uwolnienia się od tego, co przeżyłaś. To trzeba opowiedzieć, przerwać milczenie. Co najbardziej cię przeraziło w sprawie tej siostry? Powiedziałaś przed chwilą...

– Że był bezkarny? – Maryśka wciąż była roztrzęsiona.

– Że wszyscy milczeli, widząc jej krzywdę. A ty przez całe życie patrzyłaś na tę krzywdzoną Małgosię i także milczałaś – podsumował. – Przy takiej olbrzymiej krzywdzie nie znajdzie się ukojenia w ciszy. Nie przestaniesz cierpieć, póki nie zaczniesz mówić.

– Zapalisz ze mną? – zapytała, ocierając łzy. Wyciągnęła z kieszeni paczkę papierosów i zaczęła obracać ją w trzęsących się rękach. Wiatr na dworze wył nieustannie, jedna ze świeczek co jakiś czas cicho trzaskała.

– Zapalę.

Podeszła do okna i je otworzyła. Przeciąg zgasił natychmiast obie świeczki i w pokoju znowu zrobiło się ciemno. Maryśka pstryknęła zapalniczką. Chwilę później oboje zaciągali się dymem, wypuszczając na dwór tytoniowe obłoki. Przez długi czas żadne z nich się nie odzywało.

– Tam – Maryśka wskazała w pewnym momencie na mgłę – stała Geistliche Baude. Czyli szopa.

– Dobrze, że ją spaliłaś. Popierdolone miejsce.

– Dobrze, że się pojawiłeś – odpowiedziała. – Że mnie wpuściłeś. I wysłuchałeś.

Powiew wiatru poderwał z dachu schroniska śnieg i zaczął wprawiać białe płatki w wir.

– Ja już nie miałam siły nosić tego ciężaru – dodała. Jej drżący głos z każdym kolejnym zaciągnięciem się papierosem brzmiał spokojniej. – Trauma chyba rzeczywiście uwielbia milczenie.

– Właśnie. Ale to jest związek zabójczy, musisz mieć tego świadomość. Ja też chciałem zabić swój smutek milczeniem. I wylądowałem nad przepaścią.

– Ten pamiętnik był moim jedynym powiernikiem. On mi zginął, wtedy, w czterdziestym siódmym. Nie miałam pojęcia, że gdzieś tu jest. I że Jola go znalazła…

Tomek wziął brulion, aby go jej podać. Trwał chwilę w bezruchu, ale Maryśka nie wyciągnęła po niego ręki.

– Jest twój. Zostaw go sobie albo zniszcz. Nie byłabym w stanie przeczytać tego, co tam jest napisane. Wiesz, najlepiej go spal.

– Masz moje słowo – odpowiedział i dokończył papierosa.

Chwilę później Maryśka zamknęła okno i zapaliła świeczki.

– Masz dzieci? – zapytał Tomek niespodziewanie.

– Ja? Nie… Skąd taki pomysł?

– Pomyślałem, że może… W tym czterdziestym siódmym, po… – Przełknął ślinę, szukając właściwego słowa. – Po gwałtach zaszłaś w ciążę.

– Dzięki Bogu nie. – Maryśka przecząco pokiwała głową. – Będę chyba już się zbierać.

– Poczekaj… – Tomek zaryzykował. – Skoro już rozmawiamy szczerze… Odpowiedz mi na ostatnie pytanie. Co się stało z Andrzejem?

Maryśka się zatrzymała.

– Tego naprawdę nie wiem. Możesz mi wierzyć albo i nie, ale nie mam pojęcia. Mnie tu wtedy nie było, mówiłam ci.

– Ale Janek był.

– On też nie wie. Gdyby było inaczej, na pewno by mi się do tego przyznał.

– To co, zapomniał, co się działo na tej imprezie?

Maryśka po chwili zawahania pokiwała głową.

– Myślę, że trafiłeś w sedno. Był pewnie wtedy pijany w sztok… – Westchnęła. – Bo Janek ma z tym trochę problem… Znaczy się, miał. Na co dzień nie pił, ale jak już była jakaś okazja… Często kończył nieprzytomny. Pomogłam mu z tym skończyć, gdy wyszłam z zakonu. Od kilku lat nie zajrzał do kieliszka…

– Rozumiem.

– Dziękuję ci za wszystko, Tomek. I przepraszam. Mam nadzieję, że mimo tego incydentu dzisiaj nie będziesz wspominał Strzechy tak źle… – dodała i zatrzymała się w drzwiach. – Czy mogłabym mieć do ciebie jeszcze jedną prośbę?

– Jasne.

– Pamiętasz, jak powiedziałam, że relacja ze schroniskiem jest trochę jak syndrom sztokholmski?

– Tak.

– Jest jeszcze jedna najgorsza rzecz związana z pracą w schronisku, o której wcześniej ci nie wspominałam. Mianowicie to, że większość znajomości jest przelotna. To dla mnie najbardziej przykre. Człowiek siedzi tu całymi dniami, ale czasem pojawiają się fajni, dobrzy ludzie… Toczą się cudowne rozmowy… A potem oni znikają, a ja zostaję tu sama. I zapominają o mnie bardzo szybko. Nawet kartki nie wyślą na święta, nic… Proszę cię… – Podeszła do biurka, wzięła długopis i w rogu jednej z kartek z notatkami Tomka zapisała ciąg cyfr. – To jest mój numer. Zadzwoń do mnie czasami pogadać. Zapytać, czy żyję, co słychać… Nie zapominaj o mnie. I daj jutro znać, jak już będziesz we Wrocławiu…

Część XII

KOMPLIKACJE

Gdy wróciliśmy do miejsca, gdzie napotkaliśmy ślady, mój przewodnik był tak zdezorientowany, że poprosił mnie, bym spokojnie stał w miejscu, podczas gdy on sam zaczął krążyć wokoło w poszukiwaniu jakiegoś znaku, który naprowadziłby nas na właściwą drogę. Sytuacja była bardzo nieprzyjemna, bo zdałem sobie sprawę, że tymczasem śnieg zasypał nasze własne ślady [...]. *Wysoko w górach, całkiem śniegiem przykrytych i nieprzeniknioną mgłą zasnutych, gdzie nie ma drogowskazów w postaci wież kościelnych czy wyniosłych drzew, gdzie szczyty tylko momentami ukazują się oślepionym przez śnieżną kurzawę oczom, a najpewniejsza busola, czyli słońce, całkiem zniknęła, brakuje jakichkolwiek sposobów zorientowania się w terenie.* [...] *Dobitny przykład tego, że chmury gromadzą się nad grzbietem, w wyniku czego następują tam opady śniegu i deszczu, podczas gdy w dolinach utrzymuje się ładna pogoda, ostrzegający, by w pochmurną pogodę nigdy w góry nie wyruszać*[*].

Gustav Bischof

---

* Fragment relacji podróżnika, który odwiedził Karkonosze we wrześniu 1842 r.; cyt. za: H. Rohkam, *Baudy i ich mieszkańcy. Historia schronisk zachodnich Karkonoszy*, tłum. M. Wawrzyńczak, Chromiec 2021.

Strzecha Akademicka, 7 marca 2007

Obudziło go pukanie do drzwi. Zerwał się z łóżka i nieprzytomnym wzrokiem rozejrzał po pokoju. Najwidoczniej musiał jednak przysnąć, znużony nocnym czuwaniem...

Spojrzał na zegarek, dochodziła siódma rano. Śnieg przez ostatnich kilka godzin znowu pokrył okno szczelną powłoką, przez którą teraz z trudem próbowała się przebić jasność dnia. Na biurku dogorywała świeczka. Przypomniała mu o wczorajszej rozmowie z Maryśką.

Znowu pukanie, tym razem bardziej natarczywe. Otworzył.

– Dobry. Szefowa powiedziała mi wczoraj, że mam pana zwieźć. Gotowy? – Edek wydawał się zniecierpliwiony.

– Tak... – Tomek przetarł oczy. – Zaraz zejdę na dół.

Pospiesznie wrzucił do torby ostatnie rzeczy, których nie spakował w nocy. Zaścielił łóżko, zdmuchnął świeczkę. Strużka szarego dymu zaczęła unosić się z knota i wirować w powietrzu. A więc koniec górskiej przygody? Wszystko na to wskazywało. Zagadka zniknięcia Zbigniewa i Stefana została rozwiązana. A Andrzej? Tomek westchnął. To śledztwo jednak go przerosło.

Chwilę później siedział już w samochodzie z logiem Strzechy Akademickiej. Ruszyli w drogę na dół.

– Czemu nie jedziemy ratrakiem? – zapytał z ciekawości.

– Bo ratrak się wziął i, za przeproszeniem, spierdolił. Próbowałem naprawić, ale to jakaś grubsza sprawa, musi mechanik na to spojrzeć. Dlatego jedziemy samochodem, chociaż przy tej pogodzie to nie najlepszy pomysł. Ale szefowa mówiła, że pan musi pilnie na dół, więc wzięliśmy to, co mamy. I tak dobrze, że pan Janek wrócił w nocy, to pojedziemy jego samochodem, on ma lepszy silnik.

– A damy radę?

– Panie, a skąd mam wiedzieć… To się okaże. Trochę nas jednak przez tę noc odcięło od świata.

– No tak, tyle śniegu…

– A gdzie tam. – Edek machnął ręką. – Z tym jest tak co roku. Chodzi mi o żółty szlak. Ze schroniska można zjechać na dół drogą, na której teraz jesteśmy, ale zawsze awaryjnie zostaje nam drugi szlak, czyli żółty, stary tor saneczkowy. Od wczoraj leżą tam drzewa wyrwane przez wiatr. Dostałem już ostrzeżenie z parku, że trasa nieprzejezdna. Trzeba czekać, aż zorganizują jakichś leśników, którzy to potną i usuną, a przy tej pogodzie spieszyć się raczej nie będą.

– Czyli droga, którą jedziemy na dół, jest jedyna?

– No.

Przez dłuższą chwilę żaden z nich się nie odzywał. Za oknem sypał śnieg, wiatr wdzierał się do samochodu wszystkimi możliwymi szczelinami. Auto sunęło w miękkim, nieubitym śniegu, co jakiś czas kołysząc się, jakby płynęło po falującym morzu.

– Ale jutro pogoda ma się poprawić – bąknął Edek niespodziewanie.

– O, akurat wtedy, gdy mnie już nie będzie.

– Chyba Duch Gór pana nie polubił, za przeproszeniem.

– Mało kto mnie tu chyba polubił.

Edek nie odpowiedział.

– A skoro już tak sobie rozmawiamy, pewnie ostatni raz, to może mi pan powie teraz wreszcie prawdę, jak było z tamtym sylwestrem?

– Prawdę? Coś się pan tak uczepił tego tematu… Już mówiłem ostatnio.

– Ostatnio to mnie pan okłamał, mówiąc, że nie pracował jeszcze w tamtym czasie w Strzesze Akademickiej. Sprawdziłem to, pracował pan. Powiem więcej, był pan na tamtej zabawie sylwestrowej. I jeszcze jedno. Prawdopodobnie był pan jedną z ostatnich osób, które widziały Andrzeja Czerwińskiego żywego. Wyszliście razem na papierosa po północy! Pan, Czerwiński i jeszcze ktoś trzeci... Zastanawiam się, kto to był.

– Kurwa mać! – warknął Edek wściekły i wysiadł z samochodu.

– Gdzie pan idzie?

– Nigdzie! Patrz pan, co tu się odpierdoliło, za przeproszeniem. – Wskazał na drogę. Tomek powiódł wzrokiem za jego ręką. Szlak na odcinku kilkudziesięciu metrów zalany był śnieżno-wodnistą breją, gdzieniegdzie zamienioną już w lód.

– Co tu się stało? – Tomek również wysiadł z samochodu. – Tu chyba normalnie jest most, prawda?

– Tak, tu płynie Biały Potok i na nim jest mostek. Musiał się pod nim zrobić zator, coś takiego już się kiedyś zdarzyło. Bryły lodu zablokowały przepływ pod spodem, woda się spiętrzyła i poszła cholera górą. Teraz szlakiem się leje, do jasnej...

– Nie przejedziemy? – Tomek się zmartwił.

– A jak niby? Chce pan wjechać na taką wodną ślizgawkę, gdzie na dodatek woda zapierdala, za przeproszeniem, w poprzek? Wpadniesz pan w poślizg po przejechaniu dwóch metrów i zepchnie nam samochód do rowu. Potem zaleje go woda, zamrozi, a szef urwie mi jaja. Dziękuję bardzo.

– Co w takim razie?

– Nic. – Edek wzruszył ramionami. – Wracamy na górę. Chyba że chcesz pan pieszo z torbami leźć po zamarzającej, wkurwionej, za przeproszeniem, rzece, to proszę. Ale ja pana ratować nie będę, jak się pan wypierdolisz i zaczniesz z nurtem rzeki zasuwać na dół. Już nie mówiąc o tym, że patrząc na tę breję, trudno powiedzieć, jak tu jest głęboko. Pół metra? Metr? Chcesz pan sam sprawdzić? Suchą nogą tego się nie przejdzie, to mogę zagwarantować.

Tomek rad nierad wsiadł do samochodu. Edek zawrócił i ruszyli z powrotem pod górę. Gdy niedługo później z mgły wyłoniła się ponura, zaśnieżona sylwetka Strzechy Akademickiej, Tomek poczuł się niemal jak uczestnik horroru, w którym bohaterowie próbują opuścić jakieś przeklęte miejsce, ale po wielu próbach i błądzeniu w terenie ostatecznie znowu wracają do punktu wyjścia. Potężna bryła zdawała się obojętna na panujące wokół warunki atmosferyczne i ze stoickim spokojem obserwowała wirujący wokół niej śnieg. „Schronisko. Co za ironia" – pomyślał Tomek. Jemu to miejsce kojarzyło się raczej z siedliskiem mroku.

Zaparkowali przed wejściem.

– To jak z tym sylwestrem było? – Tomek znowu podjął temat.

– Panie! – Edek doskoczył do Wilczura i złapał go za kurtkę. – Pan kiedyś sobie nabijesz guza przez ten swój niewyparzony jęzor. Nie było mnie tam, zrozumiesz to pan w końcu? Po południu możemy spróbować jeszcze raz zjechać na dół. I niech pan już spierdala do tego swojego Wrocławia. Za przeproszeniem – dodał i puścił ubranie Tomka, a potem poszedł na tył schroniska.

Wilczur odprowadził go wzrokiem, a potem wyjął z bagażnika swoją torbę oraz plecak i poszedł w stronę schroniska. Od opuszczenia przez niego budynku do powrotu minęło może nieco ponad pół godziny, a w tym czasie zdążyło już nawiać tak dużą śnieżną zaspę przed drzwiami, że z trudem je otworzył.

Wtargał bagaże schodami na parter i przysiadł na ławce w korytarzu. Co robić? Wyciąg z Kopy do Karpacza ponoć dalej pozostawał zamknięty, główna droga na dół była zalana… Nie zamierzał spędzać w Strzesze kolejnego dnia, a tym bardziej nocy, w oczekiwaniu na udrożnienie szlaku. W końcu podjął decyzję. Zostawi większość bagaży w schronisku. Niech mu je przechowają do wiosny albo wyrzucą w cholerę. Zabierze tylko najpotrzebniejsze rzeczy do plecaka i zejdzie do Karpacza starym torem saneczkowym. Powalone drzewa były problemem dla samochodu, ale nie dla pieszego.

Gdy przepakowywał bagaże, poczuł burczenie w brzuchu. Choć nie chciał zostawać w schronisku ani chwili dłużej, głód zwyciężył. Zresztą, spodziewając się trudnej drogi na dół, rozsądnie byłoby posilić się przed wędrówką. Z tą myślą ruszył pustym korytarzem w stronę biura. Liczył, że zastanie tam Maryśkę albo Janka, poprosi o przechowanie bagażu, a potem pójdzie do jadalni zamówić coś do jedzenia.

Minął wejście do bufetu, wymienił spojrzenie z drewnianą sową i skierował się do ciemnego korytarzyka, w którym znajdowało się biuro. Drzwi były uchylone. Zapukał.

– Dzień dobry, mam pytanie... – zaczął, wchodząc do środka. W pomieszczeniu było jednak pusto. „Dziwne, że zostawiają drzwi otwarte" – pomyślał. – „A z drugiej strony, kto miałby ich tu z czego okradać, skoro w schronisku byli teraz praktycznie wyłącznie sami swoi?" Poza Tomkiem oczywiście, on nie był swój. Poczuł się niepewnie. Mimo iż w półmroku korytarza nikogo nie dostrzegał, czuł, jakby ktoś go śledził. Rozejrzał się, ale nie zauważył niczego niepokojącego. Najchętniej zapaliłby światło, nie wiedział jednak, gdzie znajduje się włącznik. Nagle usłyszał jakiś szelest dochodzący od strony biura. Postanowił zajrzeć tam jeszcze raz. Tym razem wszedł głębiej i spojrzał za drzwi. Stał tam jakiś mężczyzna, którego nie znał. Przez ułamek sekundy mierzyli się wzrokiem. Nim Tomek zdążył cokolwiek powiedzieć, usłyszał za sobą ruch i w tym samym momencie poczuł uderzenie w potylicę.

Główny Szlak Sudecki, 7 marca 2007

Mężczyzna zatrzymał się i zsiadł ze skutera śnieżnego. „Pieprzony pisarzyna" – pomyślał. Dobrze, że w końcu problem zostanie ostatecznie rozwiązany. Dostał już tyle sygnałów, że sprawa zaczyna przybierać niepokojący obrót, zarówno od Helgi Kruger, jak i z samej Strzechy Akademickiej. Minęło tyle lat, a okazało się, że wciąż trzeba mieć oczy i uszy szeroko otwarte, bo zdarzali się szaleńcy jak Wilczur, którzy postanowili grzebać w dawnych brudach.

Wyciągnął z kieszeni telefon pisarza, który mu zabrał, gdy zostawił go nieprzytomnego w przygotowanym wcześniej miejscu. Doskonale wiedział, że najważniejsze są teraz dwa elementy. Po pierwsze, opóźnić moment, w którym inni ludzie połapią się, że ktoś bliski im zaginął. Po drugie, gdy już się zorientują, mylić tropy. Dlatego też odblokował telefon i wszedł w zakładkę wiadomości.

„Julita – wydawnictwo", to był ostatni kontakt, z którym esemesował Wilczur. Przejrzał wiadomości, pobieżnie analizując tematy ostatnich rozmów. Po chwili namysłu wystukał na klawiaturze: „Witam! Prace nad książką idą dobrze, dzisiaj wycieczka do Domu Śląskiego. Pozdrawiam z Karkonoszy". Wysłał. A potem ruszył w stronę przełęczy Okraj. To był spory kawałek drogi, ale wiedział, że w ten sposób najlepiej zrealizuje drugi element swojego planu – mylenie tropów. Im dalej od prawdziwego miejsca pobytu pisarza zaloguje się jego telefon, tym dalej od niego będą skupiały się poszukiwania. Ruszył skuterem w drogę.

Strzecha Akademicka, 7 marca 2007

Zmierzchało się. W jadalni unosił się przyjemny zapach świeżo parzonej kawy i wosku. Choć rano prąd znowu włączono, Maryśka i tak zapaliła na ladzie przy bufecie świeczki. Pomyślała o Tomku i ich wczorajszej rozmowie. Może źle zrobiła, że przyznała mu się do wszystkiego? „Trauma uwielbia milczenie, ale to zabójczy związek" – przypomniała sobie jego słowa. Spojrzała na zegarek, a potem na telefon. Tomek wciąż nie zadzwonił ani nie napisał, że dotarł do Wrocławia. A obiecał przecież, że to zrobi. Było jej trochę przykro, w końcu wczoraj się przed nim otworzyła, ujawniając mu największy sekret swojego życia. „A on już o mnie zapomniał” – pomyślała. Podeszła do ekspresu, nalała sobie do kubka kawy i wróciła na swoje ulubione krzesło. Po długim wahaniu zdecydowała się zadzwonić. Może wyjdzie na odrobinę nachalną, ale to przecież z troski. Wybrała numer Wilczura i przyłożyła telefon do ucha. Zgłosiła się skrzynka głosowa. Westchnęła.

W tym momencie do jadalni weszła Jola. Ubrana w gruby sweter i szalik miała czerwony nos i rozpalone policzki.

– Co ty tu, Joluś, robisz? – zapytała Maryśka.

– A nic, przyszłam na chwilę posiedzieć. Mam już dość leżenia w łóżku, ile można... Gębę by się do kogoś otworzyło...

– Herbaty ci zrobić? A może kawy chcesz? Zaparzyłam przed chwilą...

– Niech będzie kawa. – Jola pokiwała głową i oparła się o blat. – To już drugi dzień, jak tak wieje.

– Pogoda ma się zmienić, ponoć jutro przyjdzie wyż i będzie piękna inwersja.

– Dobrze by było. Żeby nasz pan pisarz zobaczył chociaż jeden naprawdę ładny dzień. Bo potem wyjedzie z myślą, że u nas zawsze jest tak brzydko...

– Jolu, ale on już wyjechał, bladym świtem.

– Naprawdę? Nie, to chyba niemożliwe, widziałam go przecież koło ósmej rano.

– Może właśnie wychodził?

– Wręcz przeciwnie. – Jola się upierała. – Wracał.

– Jak to „wracał”?

– Koło siódmej obudziłam się i widziałam, jak Edek odpalał samochód przed schroniskiem.

– Właśnie. I Edek zabrał Tomka na dół.

– A gdzie tam. – Jola się roześmiała. – Przy Kozim Mostku zrobił się lodowy zator i rzeka wylała. Wrócili jakieś pół godziny później z powrotem, we dwójkę. Kłócili się o coś głośno. Edek go nawet szarpnął za kurtkę. Ale nie wiem, o co im poszło. Tomek chyba wrócił potem do siebie. A Edek mi tylko o zatorze powiedział, a jak zapytałam, czemu się szarpali, to burknął, że nic się nie stało i że to nie moja sprawa.

– Co ty mówisz? – Maryśka pokręciła głową z niedowierzaniem. – Poczekaj na mnie chwilę. Pójdę na górę sprawdzić jego pokój. Nie chce mi się w to wierzyć, że zostałby tu na jeszcze jedną noc… – stwierdziła, a potem, wychodząc, dodała pod nosem: – Po jego wczorajszych przygodach…

Kilka chwil później wróciła do jadalni.

– Pokój pusty, klucz zostawił w drzwiach. To bardzo dziwne. Może jednak Edek go zwiózł później?

– Nie wydaje mi się, żeby gdzieś potem wyjeżdżał. Ja mam przecież okno od strony placu przed schroniskiem, pewnie bym zauważyła. Chociaż… – Jola zawiesiła głos. – Jak tak teraz myślę, koło południa przysnęło mi się na trochę…

– Coś mi się tu nie podoba… – Głos Maryśki zdradzał podenerwowanie. – Tomek obiecał, że zadzwoni, jak dojedzie do Wrocławia, a teraz ma wyłączony telefon…

Jola przez chwilę nad czymś się zastanawiała.

– Możemy zadzwonić do Staszka, tego, co przyjmuje czasem u siebie w sklepie paczki od kurierów dla schroniska.

– A w czym on mógłby nam pomóc?

– Przecież ten sklep jest obok Wangu. To może zobaczy, czy auto Tomka stoi wciąż na parkingu?

– No tak, Joluś, masz rację! – Maryśka się ucieszyła, sięgnęła po telefon i wybrała numer Staszka. W kilku słowach wyłuszczyła mężczyźnie swoją prośbę, po czym gwałtownie pobladła.

– Jesteś pewien? – dopytywała się. – No dobrze… Dziękuję.

Odłożyła słuchawkę.

– Coś nie tak? – Jola wyglądała na zaniepokojoną.

– Samochód Tomka dalej na parkingu. Nieodśnieżany przynajmniej od wczoraj, tak twierdzi Staszek. On wcale nie wyjechał z gór…

– Może gdzieś poszedł jeszcze... Na wycieczkę?

– W taką pogodę? Bez słowa? Z wyłączonym telefonem? Nie chce mi się wierzyć...

Sięgnęła po komórkę i wybrała numer Edka. Zgłosił się po kilku sygnałach.

– Dobry, szefowo.

– Gdzie jesteś?

– W Samotni, nie dokończyłem wczoraj z kumplem partyjki, rozumie szefowa...

– Ty rano odwiozłeś Tomka na dół?

– Tak – odparł machinalnie. – Znaczy się, nie do końca. Zator był na Kozim Mostku, musieliśmy zawrócić.

– I co, Tomek poszedł potem sam na dół?

– A bo ja wiem... Powiedziałem mu, że po południu spróbujemy zjechać jeszcze raz. Ale jak do niego zajrzałem koło piętnastej, to pokój był już pusty. Pomyślałem, że może jednak zdecydował się pójść na dół pieszo...

– Edek, wracaj do Strzechy!

– Ale szefowo, ja mam wolne...

– Bez dyskusji. Wracaj, bo mamy do pogadania – dodała i odłożyła słuchawkę.

– I co teraz? – Jola grzała ręce o ciepły kubek z kawą.

– Musimy zgłosić zaginięcie – odparła Maryśka i zadzwoniła na policję.

Gdzieś w Karkonoszach, 7 marca 2007

Tomek obudził się, jęcząc z bólu. Wokół panowała nieprzenikniona ciemność. Poruszył się. Miał wrażenie, że po jego głowie przejechał co najmniej czołg, tak mocno pulsowała mu potylica. Gdzie był?

Gdy oparł się na rękach, pod palcami poczuł coś przypominającego siano. Spróbował wstać. Na szczęście nóg ani rąk nie miał skrępowanych. Zaczął ostrożnie stawiać krok za krokiem, sondując stopami twardy grunt. Rękami błądził w przestrzeni, próbując trafić na jakikolwiek przedmiot. Nagle omal nie zderzył się ze ścianą. Zaczął badać ją palcami, była z kamienia. Dopiero gdy poczuł bijący od skał chłód, do jego świadomości dotarło, jak bardzo jest mu zimno. Zaczął się trząść. Nie wiedział już, czy z powodu niskiej temperatury, bólu czy z przerażenia.

Żmudne błądzenie po omacku pomogło mu ustalić, że znajduje się w dość niewielkim pomieszczeniu, może dwa na trzy metry. Wyglądało na to, że został zamknięty w jakiejś piwnicy albo ziemiance. Najbardziej przerażało go, że choć obszedł pomieszczenie przynajmniej dwa razy, nigdzie nie trafił nawet na ślad klamki albo drzwi. Tak jakby nie było tu wejścia. A może do środka można było się dostać tylko przez sufit? Spojrzał w górę. Mrok był jednak nieprzenikniony.

Czy był wciąż w Strzesze Akademickiej? Ostatnie, co pamiętał, to twarz tego nieznanego mężczyzny, który – wyglądało na to – ukrył się przed nim w biurze schroniska. Kim był? I kto zaatakował go solidnym ciosem w potylicę?

Zaczął myśleć o ostatniej rozmowie z Albertem. Dlaczego zataił przed nim informację o obecności Henryka Trafalskiego na tamtym sylwestrze w Strzesze? Wyjaśnienie, że była to tylko plotka, zupełnie Tomka nie przekonywało.

Pomyślał o Janku. Czy mógł mieć związek ze śmiercią Andrzeja? Mało prawdopodobne. Przecież nie wiedział, jaką krzywdę Zbigniew Czerwiński wyrządził jego siostrze, nie miał więc żadnego motywu. Zresztą nawet gdyby orientował się w występkach brata dyrektora, czy posunąłby się do zabicia jego bratanka z zemsty za winy wuja sprzed kilkudziesięciu lat? Nie… Ten pomysł Tomek odrzucił jako szyty zbyt grubymi nićmi.

Nagle jeszcze coś sobie przypomniał: Albert dopytywał się przez telefon, gdzie Tomek się znajduje. A jakiś czas później napadł go mężczyzna na skuterze. Czy to był przypadek?

Część XIII

PRAWDA

Stare grzechy rzucają długie cienie[*].

Agatha Christie

[*] A. Christie, *Słonie mają dobrą pamięć*, tłum. A. Bihl, Wrocław 2015.

Strzecha Akademicka, 7 marca 2007

Maryśka stała przed drzwiami schroniska. Oparła się o lodowatą granitową ścianę i wypalała już drugiego papierosa. Cholerny nałóg... Spojrzała na Strzechę. Kołysząca się nad wejściem latarnia i światła w kilku oknach sprawiały, że budynek przypominał statek dryfujący samotnie po bezkresie nocnego morza.

Musiała pilnie powiedzieć Jankowi o zaginięciu Tomka, ale ten jak na złość znowu gdzieś zniknął i też nie odbierał telefonu. Już miała gasić papierosa, gdy dostrzegła migoczące w oddali światło. Kołysało się na boki, momentami nikło między drzewami. Ktoś nadchodził w stronę schroniska z latarką. Zaciągnęła się papierosem jeszcze raz i cierpliwie czekała. Zgodnie z jej przewidywaniami to był Edek.

– O, jest szefowa – zaczął niepewnie. Widać było, że nie tylko nogi, ale też język trochę mu się plącze.

Maryśka spojrzała na niego z grobową miną.

– Wreszcie.

– Coś się stało? Tak poważnie szefowa brzmi... – Spróbował się zaśmiać, ale widać było, że pod maską uśmiechu kryje zdenerwowanie.

– Bo sprawa jest poważna. O co pokłóciłeś się z Tomkiem?

– Ja? Szefowo! Ja się z nim nie kłóciłem, skąd taki pomysł...

– Edek?

– Tak?

– Nie pierdol. Za przeproszeniem.

– Od kiedy szefowa przeklina? – spytał zdziwiony.

– Nie odwracaj kota ogonem. O co wam poszło? – Wbiła w niego nieustępliwe spojrzenie.

– Oj tam... – burknął Edek. – Nieważne.

– Przejdę w takim razie od razu do rzeczy: czy ty mu zrobiłeś krzywdę?

– Co? Ja? Co też szefowa gada! Dlaczego niby?

– Edek, ogarnij się. Tomek zniknął. Jego samochód stoi w Karpaczu, telefon ma wyłączony, nie ma go w schronisku. Pytam więc jeszcze raz, o co się pokłóciliście?

– Dopytywał się mnie o tego sylwestra, że niby ja tam byłem...

– A byłeś?

Spojrzał na nią spode łba i nic nie powiedział.

– Czyli byłeś. – Maryśka pokiwała głową. – I jak się ta twoja kłótnia z Tomkiem skończyła? Groziłeś mu? Edek, ja cię znam, wiem, że jesteś wybuchowy. I czasem powiesz coś szybciej, niż pomyślisz. Przypominam sobie, jak się raz z tym pijanym turystą pożarłeś, do rękoczynów doszło. Pamiętasz, kto cię wtedy wybronił, żeby nie zgłaszali tego na policję?

Edek milczał.

– Pamiętasz? Stanęłam w twojej obronie!

– Pamiętam, no... I jestem szefowej bardzo wdzięczny.

– Więc teraz się szefowej zrewanżuj. I powiedz prawdę.

– Ale gdzie ja bym mu krzywdę miał robić...

– Mówił, czy zamierza czekać w schronisku? Czy chciał iść sam na dół pieszo?

– Nie wiem, nie pamiętam...

– Edek, do cholery! – Maryśka podniosła głos. – Ja już dzwoniłam na policję i do GOPR-u, zgłosiłam jego zaginięcie. Zaczną go niedługo szukać. Ty widziałeś się z nim ostatni. I jak policja mnie o to zapyta, będę musiała powiedzieć jej prawdę. Więc może zanim zaczną ciebie pytać, co i jak, powiesz mi, jak było naprawdę?

Edek przez chwilę wpatrywał się w nią oczami pełnymi przerażenia.

– Kurwa! Kurwa! – wrzasnął i huknął pięścią w drzwi. – Znowu próbujecie mnie wrobić w jakiś syf! Popierdolone miejsce, powinienem już dawno się stąd zwolnić. Ja nie mam z tym jego zniknięciem nic wspólnego. Szefowa pyta niewłaściwą osobę...

Maryśka wbiła w niego gniewne spojrzenie.

– A kogo powinnam pytać?

Edek zacisnął zęby.

– Kogo?

– No wie szefowa...

W tym momencie wymierzyła mu siarczysty policzek. Edek złapał się za piekące miejsce i spojrzał na nią z wściekłością.

– Szefowa wie przecież, że na tym sylwestrze, wtedy, to przecież też nie ja zrobiłem... – Głos mu drżał.

– A kto? Mów!

– Szef naprawdę nie powiedział szefowej, jak było?

– Chcę usłyszeć twoją wersję.

– No... No dobrze. Ale szefowa mnie nie wyda przed resztą? Że to ja powiedziałem? Bo oni mnie zajebią, za przeproszeniem. Bo ja przysięgałem, że nigdy nikomu...

– Nie wydam. Mów.

– A możemy w biurze? Tam nikt nas nie będzie podsłuchiwał, bo tutaj... – Rozejrzał się wokół, a potem spojrzał na okna schroniska. – Błagam – wyszeptał.

Maryśka bez słowa weszła do środka, Edek posłusznie poszedł za nią. Chwilę później usiedli naprzeciwko siebie w biurze.

– Słucham.

– Więc to było tak... – Edkowi drżały ręce. – Czerwiński przyjechał krótko przed sylwestrem. Rozpytywał ludzi o ojca i wujka, znalazł jakieś dokumenty w jakimś archiwum, ale tu nikt nie chciał z nim rozmawiać. I miał wyjechać, ale coś tam mu się z nogą stało, ja nie wiem. I został na tego cholernego sylwestra. Wódka się lała, wie szefowa, jak to jest... I on w pewnym momencie, przed północą, przyszedł do sali zapytać, czy może się z nami napić. Ja mu pozwoliłem, dla mnie to był obcy facet, co mogłem wiedzieć o jego ojcu? Gdy jego stary zniknął, mnie jeszcze nawet w planach nie było, rozumie szefowa? Więc go zaprosiłem do stołu, co będzie chłop siedział w taką noc sam o suchym pysku. I zaczęliśmy pić. Tempo miał chłop niezłe... I on, jak się napił, to zaczął gadać...

Strzecha Akademicka, 31 grudnia 1991

Andrzej Czerwiński miał już dość siedzenia w swoim pokoju, zwłaszcza że całe schronisko aż dudniło od głośnej muzyki i krzyków bawiących się w jadalni ludzi. Wyciągnął z plecaka setkę, którą miał schowaną na czarną godzinę, wypił do dna dla odwagi i wyszedł na korytarz. Wódka wypełniła mu żołądek przyjemnym ciepłem. Pokuśtykał krętymi schodami na dół. Spojrzał w oczy rzeźbionej sowy strzegącej poręczy. Wyglądała na zdziwioną jego decyzją.

– A co, zły pomysł? – zapytał, po czym parsknął śmiechem, rozbawiony własnym poczuciem humoru. Wszedł do jadalni. Światła były w większości pogaszone, zamiast nich paliły się pod sufitem lampki choinkowe przystrojone bibułowymi łańcuchami i balonami. Rozejrzał się. Na środku pomieszczenia znajdowała się niewielka scena, na której ustawiono głośniki. Lewą część sali zamieniono na parkiet do tańca, a po przeciwnej stronie ustawiono długi stół; siedziała przy nim duża część załogi schroniska, którą znał już z widzenia. Zajęci rozmowami ludzie nawet nie zwrócili na niego uwagi.

Przy jednym końcu stołu było wolne krzesło. Obok niego po prawej siedział chłopak. „Jest za młody, żeby mógł znać mojego ojca, więc rozmowa z nim będzie bezpieczna" – pomyślał Andrzej.

– Mógłbym się dosiąść? – zagaił.

– A pewnie, siadaj pan. – Mężczyzna odsunął krzesło. – Wódeczki może?

– Chętnie.

– Edek jestem – przedstawił się tamten. Widać było, że jest już trochę wstawiony. Napełnił dwa kieliszki po same brzegi, rozlewając przy tym nieco alkoholu na stół.

– Andrzej.

– A! To ty nogę sobie dzisiaj rozwaliłeś?

– No... Tak wyszło.

– To wypijmy za nogę, niech się szybko goi. – Edek zarządził toast, wręczając mu kieliszek. Stuknęli się i wypili do dna. – Weź się poczęstuj, mamy najlepszego śledzika, jakiego mógłbyś sobie wyobrazić! Zobaczysz, nigdy takiego nie jadłeś!

– Nie wiem, czy mi wypada... – Andrzej wciąż był skrępowany.

– O, to widzę, że musimy najpierw wypić na drugą nóżkę. – Edek się roześmiał i klepnął kompana w ramię. – Nie ma sprawy, przed śledzikiem rozgrzewka musi być – dodał i w mgnieniu oka nalał drugą kolejkę. Wypili.

– To co, może jednak śledzik? Jest też smalczyk. Palce lizać. Zagryziesz ogóreczkiem, to zrozumiesz... Zajebisty, za przeproszeniem. Tam, koło pana Janka stoi słoik... – Wskazał na mężczyznę siedzącego na lewo od Andrzeja.

Wywołany przez Edka gość odwrócił się w ich stronę.

– O, to pan... – Janek spojrzał na Andrzeja z niechęcią. – Wiktor? – zwrócił się do siedzącego naprzeciwko mężczyzny: – Ty go zapraszałeś do stołu?

Kierownik schroniska spojrzał na Janka nieobecnym wzrokiem. Widać, że też nie wylewał dzisiaj za kołnierz.

– A daj mu spokój, Janek, niech sobie siedzi. Tylko niech nam całej wódki nie wypije, cwaniaczek z Krakowa. – Zarechotał i wrócił do rozmowy, którą toczył wcześniej z siedzącą obok Helgą Kruger.

– Ja przy jednym stole nie będę siedział z tym szatańskim nasieniem – odezwał się nagle siedzący nieco dalej mężczyzna. – Ty – zwrócił się do Andrzeja. – Wstydziłbyś się tu przyjeżdżać, gówniarzu. Twój ojciec to był chuj.

Czerwiński zniósł obelgę w milczeniu.

– Prawdę mówisz. – Helga Kruger potaknęła. – Ale daj mu już spokój, Heniek, on o tym doskonale wie, jakiego miał ojca. Rodziców się w końcu nie wybiera.

Mężczyzna przez chwilę mierzył go wzrokiem, po czym skrzywił się i machnął w końcu ręką.

– Idę zapalić – stwierdził, wstając, a po chwili namysłu zmrużył oczy i wycelowawszy palec w Andrzeja, dodał: – I jak wrócę, chciałbym nie musieć już oglądać twojej gęby.

– Heluś, zatańczymy? – zapytał tymczasem Wiktor Barański, robiąc szarmancki gest ręką.

– A chętnie. – Kruger podniosła się z krzesła, podała mu dłoń i ruszyli w stronę parkietu.

– Kto to był? – wyszeptał Andrzej, gdy już cała trójka oddaliła się na bezpieczną odległość. – Ten, co poszedł zajarać?

– Henryk Trafalski – odparł Edek, również przyciszonym głosem. – Ty, stary... Wydaje mi się, że oni cię tu wszyscy, kurwa, nie cierpią. Za przeproszeniem. Co ty takiego im zrobiłeś, chłopie? Pierwszy raz cię tu widzę, a oni jakby wszyscy cię znali.

– Ja sam nic nie zrobiłem... – Andrzej westchnął. – Napijmy się na rozluźnienie.

– O! – Edek się uśmiechnął. – I to ja rozumiem! Już się robi!

Napełnił im kieliszki. Gdy wypili, Czerwiński zapytał:

– A ty, co tu w sumie robisz?

– Kierowcą jestem. Towary wożę, śmieci, pościel do pralni i takie tam. Trochę też jako złota rączka robię, czasem w piecu napalę, jeśli palacz się rozchoruje. A że on ostatnio co rusz choruje, bo ma już swoje lata, to często muszę go zastępować. Wiesz, jak jest. Ludzi do pracy nie ma. Kiedyś, jeszcze za komuny, było tu dwa razy więcej obsługi… A teraz część poszła na emeryturę i nie mogą znaleźć nikogo na ich miejsce.

– Czemu?

– Bo nikt tu nie chce pracować, psie pieniądze, warunki… Widzisz jakie. Nie ma za wiele sposobów na rozrywkę po robocie. Ale! Na szczęście jest… Wó-decz-ka! To co, jeszcze jeden?

Andrzej przytaknął i tym razem sam wziął butelkę, żeby polać.

– Ten palacz nazywa się może… Władysław Kowalski? – zapytał.

– No – przytaknął Edek. – Siedzi tam, na końcu stołu. Do roboty to już niby nie ma siły, ale jak jest impreza, to pieszo przychodzi. Taką ma krzepę nasz dziadyga. – Parsknął, po czym spoważniał. – Ty, a skąd wiesz, jak on się nazywa?

– Próbowałem dowiedzieć się tu i ówdzie czegoś o moim ojcu. Był kiedyś kierownikiem w Strzesze, potem poszedł do centrali w Jeleniej Górze i zastąpiła go mama.

– I co?

– Ktoś ojca najprawdopodobniej zabił.

– O kurwa. To nieźle. A czemu?

– Słyszałeś już. Bo chuj z niego był.

– I co, ty chciałeś się dowiedzieć, kto to zrobił? A kiedy to było?

– W czterdziestym siódmym.

– O panie, strasznie dawno. To ja ci powiem, stary, że raczej marne szanse, że teraz coś wyde… Yyy… Wyedukujesz. Wydedukujesz, znaczy się – poprawił się.

– Już dużo wyde… – Andrzejowi także zaczynał się plątać język. – Już dużo wiem.

– Co na przykład?

– Że morderca może siedzieć przy tym stole.

– O w mordę, ty tak na poważnie?

– Czytałem akta z kontroli, jaką zrobili tu urzędnicy zaraz po zaginięciu ojca.

– I co?

– Popatrz. – Andrzej ściszył głos. – Kowalski, palacz. Ojciec go szantażował, że na niego doniesie, jak tamten nie chciał wykonywać jego poleceń.

– A to chuj.

– Kowalski?

– Nie... – Edek się skrzywił. – Twój ojciec. Kapusie to ścierwo.

– No widzisz. Miał Kowalski motyw, żeby mojego starego wykończyć? Miał.

– Czyli to Kowalski...

– Poczekaj. Popatrz dalej, kto właśnie poszedł tańczyć?

– Kru... Kruger. Z szefem.

– Ojciec groził jej matce, że ją zabije.

– Nie gadaj... A szef co ma do tego?

– Szef akurat nic... On tu jeszcze za czasów mojego ojca nie pracował.

– W porządku. A Heniek Trafalski? Też coś miał z twoim starym na pieńku, że się tak napiął przed chwilą?

– Niestety, tak... – Andrzej westchnął.

– To powiem ci, że masz przejebane, za przeproszeniem – stwierdził Edek i beknął głośno. – Bo tu za chuja nie dojdziesz, kto jest winny, jak oni wszyscy mieli... No wiesz. Powody czy jak to się tam mówi.

– Motyw. Właśnie chciałem ci powiedzieć, że wpadłem dzisiaj na pomysł, kto to mógł być.

– Nie gadaj... – Edek kolejny raz podczas tej rozmowy wytrzeszczył oczy i się nachylił. – Kto?

– W aktach z tamtej kontroli były zeznania tylko jednej jedynej osoby, która nie powiedziała o ojcu złego słowa. Nazywała się Małgorzata, nazwisko na „D", ale trudne do odczytania. I myślę, że tu jest taki... Paradoks. Że ona go zabiła i potem, żeby odsunąć od siebie podejrzenia, na przesłuchaniu powiedziała, że nic do starego nie miała.

– Ty, to sprytne babsko – przyznał Edek i nalał im następną kolejkę. – I co, myślisz, że to ona...? Tylko, że tu taka nie pracuje.

– Nie pracuje, wiem. Ale kiedyś pracowała. Muszę nawiązać z nią kontakt i zapytać, czy naprawdę tak lubiła mojego ojca, jak zeznała.

– O w mordę, ty to masz łeb na karku – stwierdził Edek. Podniósł kieliszek, wylewając przez nieuwagę połowę na stół. – To za twoje poszukiwania, żeby były o... Owocne.

– Jest jeszcze jeden problem. – Andrzej westchnął. – Razem z ojcem zaginął jego brat, Zbyszek, który przyjechał wtedy do Strzechy w odwiedziny. I za chuja nie mam pomysłu, czemu wujek również zniknął... Może ta Małgorzata mi to wyjaśni?

W tym momencie do stolika wrócił Wiktor z Helgą Kruger. Muzyka nieco przycichła, a kierownik zastukał w szklankę widelcem.

– Proszę państwa, już czas! Odliczamy! Dziesięć...!

– Dziewięć! – krzyknął ochoczo Kowalski z drugiego końca stołu.

– Osiem! – Dołączały się następne głosy. Ludzie zaczęli wstawać i wciąż odliczając, na szybko starali się zorganizować kieliszki z szampanem. Strzelały kolejne korki.

– Dwa, jeden...!

Podniosła się wrzawa, pracownicy schroniska przekrzykiwali się nawzajem, życząc sobie dobrego nowego roku i stukając się kieliszkami. Jedni się śmiali, inni wciąż coś krzyczeli, część podeszła do okna, żeby obserwować strzelające w Kotlinie Jeleniogórskiej fajerwerki. Muzyka znów zaczęła głośno grać.

Nikt nie zwrócił uwagi, że tuż przed odliczaniem jedna osoba ukradkiem wyszła z sali i wróciła chwilę po północy.

Strzecha Akademicka, 1 stycznia 1992

Z parkietu niemal leciały wióry, gdy w pierwszych minutach nowego roku uczestnicy zabawy wrócili do tańca. Głośna muzyka budziła w ludziach energię, a alkohol dodawał odwagi, płynności ruchów i poczucia rytmu. Obtańcowywano problemy i stresy mijającego roku w nadziei, że popadną w zapomnienie.

Zawieszone na ścianach martwe zwierzęta swoimi szklanymi ślepiami wpatrywały się w wirujących na parkiecie ludzi. Dębowa podłoga, pamiętająca jeszcze czasy niemieckie, zdawała się odporna na uderzające w nią co rusz obcasy. Ich stukot niósł się po całym budynku. Do szalonego galopu dołączył się także karkonoski wiatr, nieustannie pędzący z północnego zachodu w kierunku Śnieżki. Masy powietrza rozbijały się o stojące na ich drodze schronisko i wzniecały tumany śniegu. Te zaś, we właściwym nocnemu wiatrowi rytmie, odbywały za oknem swój własny taniec, co rusz wznosząc się i opadając w oczekiwaniu na zło, które tej nocy miało wziąć we władanie stare schronisko.

Był kwadrans po północy, gdy do Edka podeszła Helga Kruger.

– Kochana młodzieży, zapraszamy na parkiet… – Zrobiła gest ręką.

– Za chwilę – odparł na odczepnego niezbyt uprzejmym tonem.

– Kiedyś mężczyźni to mieli klasę, sami prosili panie do tańca – zaczęła narzekać.

Edek nie odpowiedział, przewrócił tylko oczami.

– A teraz to taka właśnie młodzież nam rośnie, wstyd. – Kruger nie dawała za wygraną. – Tylko siedzą i chleją, tak?

– Helga, ja nie lubię tańczyć, rozumiesz? – Edek się zirytował. – A poza tym sama pijesz za dwóch, więc mi tu nie wylatuj z pouczaniem. I już sobie lat nie dodawaj, taka stara nie jesteś, żeby mówić do mnie „młodzież".

– Mogłabym być twoją matką, gówniarzu!

– Ale nie jesteś. Spierdalaj, za przeproszeniem.

Kruger zacisnęła usta w kreskę. Przez ułamek sekundy spoglądała z nadzieją na Andrzeja, ale po chwili machnęła ręką.

– Kto by pomyślał, że przyjdzie mi do głowy zaprosić do tańca Czerwińskiego, ha! – Zaśmiała się ironicznie. – Ale co, z tą nogą to chyba nie bardzo...

– Przykro mi – odparł Andrzej.

Kobieta popatrzyła na niego z politowaniem, po czym wyciągnęła z kieszeni papierosa i zapalniczkę.

– Kruger, kurwa! – usłyszeli podniesiony głos Wiktora Barańskiego, który wrócił właśnie do stołu. – Ile razy mam ci powtarzać, że w środku nie palimy? Ja cię kiedyś za to wywalę z roboty, zobaczysz!

– To, że pan kierownik nie pali, nie znaczy, że inni nie mogą – fuknęła.

Barański zacisnął pięści.

– Mogą. – Wysilił się na spokojny ton głosu. – Ale nie w środku. Czego nie rozumiesz? To schronisko jest w dużej mierze z drewna, do cholery! Nie wiesz, co tu się działo za Niemca?

Kruger milczała.

– Akurat ty powinnaś wiedzieć najlepiej. – Edek się zaśmiał.

– Jak wybudowali sobie poprzednie schronisko, to im się zjarało po dziesięciu latach! – kontynuował Wiktor. – Postawili nowe, to, w którym jesteśmy, i jak ono by się zjarało dlatego, że ci się nie chce zrobić kilku kroków na dwór z kiepem, to bym ci łeb urwał.

Kobieta znów zacisnęła usta w kreskę, gasząc papierosa w pierwszym lepszym kieliszku z wódką, a potem obrażona wyszła z sali. Barański wrócił do stołu i zaczął rozmawiać z Trafalskim.

– Ty, à propos papierosów, może zapalić pójdziemy? – zaproponował Edek Andrzejowi. – Palisz w ogóle?

– Pewnie. – Czerwiński podniósł się z krzesła i stęknął. – Ale mnie rwie ta noga...

– A, to może jednak lepiej nie…

– No coś ty, powoli, ale jakoś się na dwór dowlokę.

Edek wziął Andrzeja pod ramię, chociaż z uwagi na krążące w jego krwi promile też przydałoby się mu oparcie, i chwiejnym krokiem poczłapali razem na korytarz.

– Wy na fajkę? – Janek niespodziewanie dołączył do nich.

– Ta, idzie pan z nami? – zapytał Edek.

– W sumie to chętnie.

Wyszli przed schronisko. Śnieg przy wejściu był mocno udeptany przez większość uczestników zabawy, którzy zgodnie z życzeniem Barańskiego wychodzili palić na dwór. Andrzej wyciągnął papierosy i dostrzegł po chwili wyczekujące spojrzenie Edka.

– Częstuj się, kolego. – Podał mu paczkę.

Janek w tym czasie wyciągnął swojego papierosa.

– Słyszałem przy stole, że rozmawialiście o zaginięciu pana ojca i wujka – rzucił od niechcenia.

– Nasz gość szuka jakiejś Małgorzaty, ona może coś o tym wiedzieć… – zaczął Edek bełkotliwym tonem, gdy już zapalili. – Panie Janku, kojarzy pan może taką, że u nas kiedyś pracowała?

– Nie kojarzę – odrzekł tamten z kamiennym wyrazem twarzy. Wypuścił powoli obłok dymu.

– Może trzeba Wiktora, znaczy się szefa zapytać? – zastanawiał się Edek, kiwając się w przód i w tył.

– Czy ja wiem… – mruknął Janek i zapatrzył się w dal.

Kotlina Jeleniogórska świętowała w najlepsze początek nowego roku. Huk wystrzeliwanych w powietrze fajerwerków niósł się po górach i odbijał echem od zaśnieżonych szczytów.

Janek zaciągnął się łapczywie papierosem, po czym wbił w Andrzeja nieprzenikniony wzrok.

– Coś się tak pan na mnie patrzysz? – fuknął Czerwiński.

– A nie mogę? – zapytał Janek, wydmuchując mu dym prosto w twarz.

Powiew wiatru przeciął tytoniowy obłok między nimi i w tym momencie Czerwiński dostrzegł w spojrzeniu zastępcy kierownika Strzechy coś nieprzyjemnego. Zacięcie, któremu lepiej było ustąpić, nim dojdzie do czegoś więcej.

– Wracamy do środka, co, Edek? Pizga strasznie. – Czerwiński rzucił niedopalonego papierosa na ziemię i przydeptał go piętą.

– Niech będzie. – Mężczyzna zgodził się i ruszył w stronę drzwi. Szarpnął za klamkę, gdy usłyszał za sobą syknięcie.

– Au, co pan robisz?! – krzyknął Andrzej.

Edek odwrócił się gwałtownie. Zdążył jeszcze kątem oka dostrzec, że Janek chowa do kieszeni coś przypominającego strzykawkę, jednocześnie serwując trzymającemu się za udo Czerwińskiemu solidnego kopniaka w piszczel. Andrzej stęknął ponownie.

– Ja? – odparł Janek oburzony. – Żeś się pan schlał i potykasz się teraz o własne nogi…

– Pan mnie szczypnął w udo! – Andrzej nie ustępował.

– No, no! – Janek podniósł głos. – Rozumiem, żeś się napił, ale może bez takich niesmacznych fantazji tutaj? – dodał i się zaśmiał. Spojrzał na Edka i dostrzegł w jego oczach niepokój.

– Co jest? Bierz swojego kolegę pod pachę, bo mu się nogi plączą. I wracamy do środka bawić się dalej, panowie! – Wciąż spoglądając na Edka kamiennym wzrokiem odsłonił szereg zżółkłych od tytoniu zębów w mrocznym uśmiechu.

– Tak… – odparł tamten niepewnie i wziął Czerwińskiego pod ramię. Weszli do środka.

– Cholera, znowu te schody… – stęknął Andrzej i złapał się poręczy. Zaczęli wspinać się na górę.

Gdy byli już niemal u szczytu, przy wejściu do jadalni dostrzegli Pawła Zalewskiego, ratownika GOPR-u.

– Lawina jest! – krzyczał do bawiących się ludzi, stojąc w drzwiach. Nie był jednak w stanie przebić się przez głośną muzykę i rozmowy pijanych uczestników zabawy.

– Moi drodzy! Cieszę się, że razem świętujemy powitanie nowego roku... – usłyszeli dochodzący z sali bełkotliwy głos Barańskiego, który najwidoczniej wznosił kolejny toast.

– Lawina! – wrzasnął raz jeszcze Zalewski, po czym zrezygnowany odwrócił się na pięcie i ruszył do wyjścia.

– Ty, co on mówił? – zapytał Andrzej, trącając Edka w ramię.

– Lawina chyba jakaś zeszła. – Janek machnął ręką.

– Puśćcie mnie, akcja jest. – Zalewski utorował sobie drogę między nimi, potrącając Edka i Andrzeja.

– Halo, kurwa, może trochę... Kultury? – wydusił Czerwiński, stękając z bólu. Goprowiec jednak zupełnie go zignorował. Ułamek sekundy później zniknął za drzwiami prowadzącymi na dwór.

Strzecha Akademicka, 7 marca 2007

Maryśka z każdą minutą stawała się coraz bardziej blada. Pełnymi przerażenia oczami wpatrywała się w siedzącego naprzeciwko niej Edka.

– Ja... Myślałem, że szefowa wiedziała, że Czerwiński był na tym sylwestrze. – Edek niemal wyszeptał. – I że szefowej brat... też był.

– Nie wiedziałam – stwierdziła chłodno i wyciągnęła papierosa, a potem rzuciła pudełko na biurko. Ręce drżały jej ze zdenerwowania, tak że nie mogła odpalić zapalniczki. – Powiedział, że był wtedy chory i nie było go na tamtej imprezie. A ja nie dopytywałam. – Zaciągnęła się dymem.

– Mogę też? – Edek błagalnym wzrokiem spojrzał na paczkę papierosów.

Maryśka bez słowa posunęła pudełko i zapalniczkę w jego kierunku. Powietrze w biurze zaczynało siwieć od dymu.

– Kierownik Barański, świętej pamięci, strasznie się wściekał, jak ktoś palił w budynku. Miał obsesję na tym punkcie.

– Czyli Janek coś mu wstrzyknął? Jesteś pewien? – Maryśka zmarszczyła czoło.

– Szefowo, a po co miałbym kłamać? Jak gadaliśmy z tym Czerwińskim, to on, znaczy się, szef, się zdenerwował. Ja go znam, u niego to widać po oczach. Jak nagle zawiesza na kimś wzrok i zamiera. Nie wiadomo, co wtedy dzieje się u niego w środku, ale pewne jest, że może w każdej chwili wybuchnąć. I tak było wtedy.

– Wybuchł?

– Nie. Ale był wściekły.

Strzecha Akademicka, 1 stycznia 1992

Gdy tylko weszli do jadalni, Janek ruszył w stronę parkietu. Po chwili w jego objęcia padła Kruger i zaczęli tańczyć. Edek z Andrzejem wrócili do stołu.

– Słabo mi trochę… – wysapał Czerwiński. Był cały blady i spocony.

– Słabą to masz głowę. – Edek się zaśmiał. – Będziesz rzygał?

– Nie… – odparł Andrzej. – Napiję się wody i mi przejdzie.

Nie zdążyli dobrze usiąść przy stole, gdy do Edka podszedł Władek Kowalski, palacz.

– Co tam, młodzieży! – huknął tubalnym głosem. – Poszedłżeś zajarać beze mnie, smarkaczu? – rzucił oskarżycielskim tonem.

– O, Władek, przepraszam cię naj… Najserdeczniej – wydukał Edek. – Ale mogę pójść na jeszcze jednego.

– To chodź, młody!

Gdy wrócili kilkanaście minut później, Andrzej leżał z głową opartą na stole.

– A temu co? – Kowalski spojrzał na Czerwińskiego.

– Słaba głowa – skwitował Trafalski, który siedział przy stole, pałaszując chleb ze smalcem i ogórka. – I się skończył chłop. Po coś ty mu tyle lał, Edek?

– A tak wyszło, co poradzę…

– Idźcie do Barańskiego, niech wam opowie dowcip o niedźwiedziu i zającu. Słuchajcie, ja się zlałem w portki, jak mi to… O! Wiktor! Wiktorek! Chodźże tu, opowiedz Edkowi i Władkowi ten kawał.

– No więc tak… – Kierownik podszedł do stołu. – Jest rano, w lesie budzi się zając. I idzie nad jezioro się wykąpać. Spogląda w wodę, przeciąga się i mówi zadowolony: „Oj, jak ja się wyśpię, to każdemu mogę nakopać". – Wiktor z trudem powstrzymywał się od śmiechu. – I nagle patrzy, a w lustrze wody widzi niedźwiedzia. I mówi szybko: „Oj, ale jak się nie wyśpię, to okropne głupoty pierdolę".

Edek i Kowalski wybuchli śmiechem.

– Dobre, nie? – zapytał rozbawiony Trafalski.

– E, a temu tutaj co? – zapytał nagle Wiktor, wpatrując się w nieprzytomnego Andrzeja. Jego ręce zwisały bezwładnie, a głowa leżała częściowo na talerzu.

– Nachlał się i śpi. – Trafalski się zaśmiał.

Barański westchnął.

– Jak się za chwilę nie obudzi, to weź go, Edek, odprowadź do pokoju. Jak to wygląda, taki trup przy stole… Niech idzie spać.

– Dobrze, szefie – odparł mężczyzna i poszedł napić się z Kowalskim.

Zabawa trwała w najlepsze. Wódka lała się dalej, ubywało smalcu, ogórków i śledzia. Nikt się nie zorientował, że jeden z uczestników imprezy pożegnał się z życiem.

Minęła godzina albo dwie, gdy Kruger przyniosła z kuchni parującą wazę.

– Kto ma ochotę, barszczyk, bardzo proszę. Dzisiaj gotowałam! – dodała zadowolona. – Zaraz będą krokieciki! Edek, weź ogarnij kolegę – rzuciła zniecierpliwiona, stawiając naczynie na środku stołu. Mężczyzna wstał niechętnie, zmierzył kobietę wzrokiem i złapał Czerwińskiego za ramiona.

– Andrzej, wstajemy – rzucił, próbując go posadzić. Tamten jednak zsunął się bezwładnie pod stół, przewracając krzesło.

– Tak żeś go schlał, no naprawdę… Wstydziłbyś się. – Kruger pokiwała głową z dezaprobatą.

– Ale… – Edek zaniemówił. Padł na kolana i złapał Czerwińskiego za ręce. – On ma sztywne palce. I jakiś taki chłodny jest… Boże! On chyba nie żyje!

– Co ty pierdolisz… – Kowalski podszedł do Andrzeja, uklęknął i wymierzył mu policzek.

– Halo, panie, tego! Wstajemy!

Czerwiński nie zareagował.

– Kurwa… – Edek zamarł. – Coś jest nie tak…

– Puśćcie mnie. – Barański dopadł do nich. Nachylił się nad Andrzejem i przez chwilę nic nie mówił.

– Nie oddycha – zawyrokował po chwili. – Rzeczywiście, robi się zimny. I sztywnieje.

– Czyli mamy prawdziwego trupa – stwierdził Trafalski z głupkowatym uśmiechem.

– Heniek, czy ty nie rozumiesz?! – Barański huknął wściekły. – On nie żyje!

– O cholera… – Dawny kierownik Samotni spoważniał. – Ale że co? Alkohol go tak załatwił?

– A skąd ja mam wiedzieć?

– Matko Przenajświętsza. – Kruger była przerażona. – Musimy zadzwonić na pogotowie!

– A po cholerę, jak już nie żyje? – Nagle do rozmowy włączył się Janek. Podszedł i nachylił się nad Edkiem pod pozorem sprawdzania stanu Czerwińskiego. Przyłożył leżącemu na podłodze mężczyźnie palce do szyi, jednocześnie szepcząc Edkowi do ucha: – Możesz być następny. Więc zastanów się dobrze, zanim coś powiesz.

– To na policję? – Kruger nie odpuszczała.

– Po chuj od razu na policję, babo! – Kowalski popukał się w czoło. – Jeszcze będziemy mieli przez to problemy.

– My? – Helga wzięła się pod boki. – Przecież myśmy mu nic nie zrobili.

– A to nie ty przypadkiem opowiadałaś dwa dni temu Wiktorowi, jak to jesteś wściekła, że Czerwiński śmiał tu przyjechać? – znów niespodziewanie odezwał się Janek.

Kruger zamrugała oczami.

– Co? Czy ty coś sugerujesz? Że ja…

– Ale uspokój się, nic nie sugeruję… – Janek był opanowany. – Mówię tylko, że jak przyjdzie policja i zacznie pytać, to co, mamy udawać, że nie miałaś motywu?

– Jak śmiesz!

– Nic nie śmiem, słyszysz? Tłumaczę ci tylko, że to nie najlepszy pomysł z policją.

– A kto mówił, że nie będzie siedział przy stole z szatańskim nasieniem, co? – Kruger oskarżycielsko wycelowała w Janka palec.

– Ja? Nigdy w życiu. – Parsknął śmiechem.

– Mówiłeś, słyszałam!

– To Heniek powiedział – odezwał się Edek przez zaciśnięte gardło.

– Ty, gówniarzu, nie wtrącaj się lepiej! – Trafalski huknął pięścią w stół, aż brzęknęły sztućce. W międzyczasie ktoś ściszył muzykę. – Ty też możesz mieć przejebane.

– A to z jakiej racji? – Edek zrobił wielkie oczy.

– A kto ma zawiasy? Co, zdziwionego teraz udajesz? Myślisz, że nie wiemy, że masz wyrok za pobicie? – Rozejrzał się po zebranych, po czym wzruszył ramionami, widząc zdziwione spojrzenie Edka. – Wiktor mi powiedział. Sam wiesz, że to prawda. Jedno podejrzenie na ciebie padnie i lądujesz w pierdlu za tego tutaj. – Wskazał na ciało Czerwińskiego.

– Dobrze... Ale jak już mnie wsadzą, to wiesz, co im powiem? – Edek podniósł się na chwiejnych nogach. – Że Andrzej przed śmiercią powiedział mi, że to ty zabiłeś jego ojca i wujka.

– Ja? Przestań zmyślać, gówniarzu! – Trafalski poczerwieniał z wściekłości. – Ja nic nie miałem do jego ojca. Do wujka tym bardziej.

– Panie Henryku – do rozmowy włączył się milczący do tej pory Kowalski – przecież my wszyscy pamiętamy, jak było...

– A ty, Władek, lepszy? Przypomnieć ci, jak cię Stefan Czerwiński szantażował? I jak cię potem zwolnił? Może ty się postanowiłeś teraz na synu zemścić i coś mu zrobiłeś?

– Ale ja nawet nie wiedziałem, kto to jest... I jak miałbym coś mu zrobić, jak on tu cały czas sobie siedział? Co, udusiłem go na waszych oczach i nikt nie zauważył?

– Władek, nie rób z siebie głupka. – Kruger założyła ręce na piersi. – Swoją drogą, Edek, ten Czerwiński naprawdę ci tak powiedział, że to Henryk coś zrobił jego ojcu i wujkowi?

Spojrzenia wszystkich skierowały się na przerażonego mężczyznę.

– Uspokójcie się! – krzyknął Janek.

– Ale... – Helga próbowała się odezwać.

– Milcz, Kruger! – wrzasnął ponownie. – Razem wdepnęliśmy w to gówno. I razem sobie z nim poradzimy, tak?

– Co masz na myśli? – Barański zmarszczył czoło, przyglądając się Jankowi uważnie.

– Lawina zeszła, nie słyszeliście?

– A, rzeczywiście, Zalewski coś krzyczał… – przypomniał sobie Wiktor.

– I potem pojechał na nartach do Białego Jaru.

– A skąd wiesz, że tam? – zapytał ktoś z zebranych.

– A gdzie indziej, kurwa, mogłaby zejść lawina koło nas, jak nie w Białym Jarze? Więc weźmiemy tego tutaj – trącił nogą ciało Czerwińskiego – na sanie. Pójdziemy zamkniętym żółtym szlakiem do Białego Jaru. Ile to jest, piętnaście minut pieszo? I tam gdzieś na uboczu zakopiemy go pod śniegiem.

– Przecież goprowcy go znajdą… – wydusił Edek.

– Ty to jesteś jednak półgłówek… – Janek spojrzał na niego z politowaniem. – I doskonale, że go znajdą!

– Ale on przecież tutaj… – próbował kontynuować mężczyzna.

– Nie, Edek. On nic tutaj. On wyszedł przed północą, pijany w trzy dupy. I poszedł gdzieś. Do Białego Jaru może, nie wiem. Ale na pewno wyszedł stąd sam przed północą. I nikt z nas – powiódł wzrokiem po zebranych – już później go nie widział. Prawda?

Ludzie milczeli.

– Prawda?! – wrzasnął.

– Janek ma rację – przyznał Wiktor po chwili namysłu. – Tak będzie najrozsądniej.

– Ale… – Kruger próbowała protestować.

– Masz może lepszy pomysł? Wezwać policję i czekać, aż zaczną nas wszystkich przesłuchiwać, zrobi się smród, a potem policja znajdzie sobie pierwszego lepszego winnego, żeby statystyka się zgadzała? – Janek wbił w kobietę nieustępliwe spojrzenie. – Skąd wiesz, że to nie akurat z ciebie zrobią kozła ofiarnego?

– On ma rację, Helcia. – Trafalski pokiwał głową. – Za samo, jak to się mówi…? Nieudzielenie pomocy? No, za to można beknąć. Nikt z nas mu nie pomógł.

– A skąd ja miałam wiedzieć, że on potrzebuje pomocy, jak się chłop schlał i zasnął?

– On nie zasnął, tylko zmarł – sprostował Kowalski.

– Boże, a może z tą wódką było coś nie tak… – Kruger zaczęła oddychać coraz szybciej. Złapała się za usta i pobiegła w stronę kuchni. Słychać było, że wymiotuje.

– Jezu, jeśli ona ma rację… – Kowalski zaczął drapać się po brodzie.

– Władek, przestań pieprzyć. – Trafalski puknął się w czoło. – Przecież to normalna wódka z hurtowni, nie jakiś lewy bimber. Co, wzrok nagle zacząłeś tracić?

– Nie…

– To nie pierdol.

Kruger tymczasem wróciła z kuchni cała blada.

– To się nie uda – wydusiła.

– Uda się, uda. Tylko się uspokój – stwierdził Trafalski. – Myślę nad jeszcze jedną rzeczą… Poczekajcie chwilę, zadzwonię do syna. Janek, biuro otwarte?

Tamten skinął głową.

Trafalski wyszedł z jadalni i skierował się do gabinetu kierownika, gdzie był jedyny telefon w schronisku. Wrócił po kilku minutach.

– Dobra. Więc rozmawiałem z synem.

– Powiedziałeś wszystko komendantowi policji?! – spytała Kruger podniesionym głosem, łapiąc się za głowę.

– Przed chwilą sama chciałaś to zrobić! Zresztą pamiętaj, że to mój syn! On nigdy nie zawiedzie ojca. Załatwimy to tak: trupa do śniegu i w razie czego, jakby ktoś pytał, mówimy, że wyszedł późnym wieczorem. Nie wiadomo, gdzie poszedł, w góry czy drogą na dół. Po prostu wyszedł. Czyli nie tak, jak mówił Janek. Mówimy, że w ogóle nie było go na zabawie.

– A co to za różnica? – zapytał Edek.

– Kurwa, duża! Mój Wojtek mi to przed chwilą uświadomił. Jak już go znajdą i, nie daj Boże, prokuratura zaczęłaby węszyć, a my zeznamy, że był tu z nami na imprezie, to zaczną się pytania. A co tu robił, a dlaczego, co zjadł, ile wypił, a o której dokładnie wyszedł, a po co wyszedł, a kto ostatni go widział… I w końcu ktoś się wyłoży z tym kręceniem i wszystko się posypie. A jak zgodnie powiemy, że go nie było, to mamy spokój. Bo jak nam udowodnią, że był? Przecież jesteśmy tu sami swoi, prawda?

– Ten twój syn to ma łeb na karku… – stwierdził Barański zadowolony.

– Jest jeden warunek – dodał Trafalski. – W razie czego mówicie, że mnie nie było na tej imprezie.

– Co, może jednak masz coś na sumieniu? – Kruger zmrużyła oczy.

– Helga, weź się opamiętaj i zacznij myśleć trzeźwo! – warknął i popukał się w czoło. – Jak się prokuratura dowie, że ja byłem na zabawie, to wiadomo, że mojego syna od sprawy odsuną. Tak czy nie? A jak powiecie, że mnie nie było, to mój Wojtuś wszystko ładnie poprowadzi. Jasne?

Zebrani zaczęli potakiwać.

– Przysięgać mi tutaj – nakazał Trafalski z pełną powagą. – Z ręką na sercu.

– Przysięgam. – Janek odezwał się pierwszy, kładąc prawą dłoń na piersi. A potem mrożącym krew w żyłach wzrokiem spojrzał na Edka.

– Przysięgam – wydusił tamten przerażony.

Zaczęli odzywać się kolejni.

– No i pięknie – stwierdził Trafalski. – Umowa jest prosta. Kryjemy się nawzajem, tak? Ale jeśli ktoś zacznie sypać, pozostali zeznają przeciw niemu. Każdemu znajdzie się jakiś motyw do przyklepania dla zabicia tego tu. – Wskazał głową na leżące wciąż na podłodze ciało. – A teraz do roboty. Edek, zorganizuj sanie. Ja, Wiktor i Janek pójdziemy z tobą i pomożemy zakopać w śniegu ciało. Helga, przynieś jego kurtkę z pokoju, trzeba go ubrać, żeby wyglądało to wiarygodnie.

Wiktor Barański wstał, ale zanim odszedł od stołu, nalał sobie wódki. Wypił, krzywiąc się, po czym stwierdził:

– Co było w Strzesze, zostaje w Strzesze.

Strzecha Akademicka, 7 marca 2007

– Edek. – Maryśka nie ustępowała. – Skup się! Nie pamiętasz, czemu mój brat się tak zdenerwował, jak byliście na tym papierosie?

– Boże… – Mężczyźnie łzy stanęły w oczach. – Gdybym mniej wypił, może bym pamiętał… Ja to jak przez mgłę tę imprezę widzę, wie szefowa… Dopiero jak sobie uświadomiłem, że on… Że on zimny pod tym stołem leży. I jak mi szef powiedział, że mogę być następny, to… Wytrzeźwiałem w sekundę.

– I w ogóle nie pamiętasz, o czym mój brat rozmawiał z Andrzejem, jak wyszliście na dwór?

– No coś tam o tych poszukiwaniach, no… Że on chce się dowiedzieć, kto jego ojca wykończył. I tego całego wujka. Ale przede wszystkim się ojcem interesował – plątał się Edek. – Tylko że wie szefowa, tam wszyscy byli podejrzani, każdy miał z jego starym na pieńku z tego, co pamiętam. Nie przypomnę sobie za Chiny dlaczego, ale z tego wieczoru zapamiętałem sobie tylko, że na miejscu Andrzeja to bym spierdalał, za przeproszeniem, ze Strzechy, bo tam każdy miał powód, żeby go kropnąć.

– A jaki powód miałby mój brat?

– Nie mam pojęcia.

– Mówiłeś, że każdy miał jakiś powód.

– No. – Edek przytaknął i się zamyślił. – On właśnie jako jedyny chyba nie miał powodu.

Przez chwilę oboje milczeli.

– Nie miał powodu… – Edek wzruszył ramionami, po czym nagle zawołał: – O! To było tak, że myśmy na tym papierosie rozmawiali o jakiejś babie, która też nie miała powodu, a niby zabiła ojca tego Andrzeja. Tak, właśnie! On mówił, że była kobieta, która nie miała tego całego motywu, ale mogła zabić! I ona kiedyś tu pracowała, a potem przestała.

Maryśce pociemniało w oczach.

– Pamiętasz, jak się nazywała?

– A gdzie tam! Ale wie szefowa, ten Andrzej chciał jej szukać. – Edek był coraz bardziej rozgorączkowany. – I to chyba tak wkurwiło, za przeproszeniem, pana Janka.

Strzecha Akademicka, 1 stycznia 1992

Było wciąż ciemno, gdy Trafalski i Janek wrócili do jadalni.

– To już nie na moje lata… – Dawny kierownik Samotni westchnął i ciężko dysząc, zaczął otrzepywać ze śniegu spodnie. – Same problemy – jak nie przez jednego Czerwińskiego, to przez drugiego.

– Ale załatwione? – zapytała Kruger. Wciąż była blada. – Ja sprzątnęłam pokój. Władek zaniósł jego rzeczy, które zostały, do pieca.

– Dobrze.

– Nie ma co, udało się nam… – stwierdził Janek. – Jak szliśmy do Jaru, to poleciała druga lawina. Tuż przed nami! GOPR zrobił przerwę w poszukiwaniach, a my w tym czasie hop i zakopaliśmy ciało. Nie ma szans, żeby ktoś nas zauważył.

W tym momencie do jadalni wrócił Kowalski.

– Spalone? – zapytał Janek.

– Kopci się jak ruski czołg, ale śladów nie będzie.

– Szef gdzie? – zaniepokoiła się Kruger.

– Poszedł załadować sanie i łopaty z powrotem do garażu. O! – ożywił się Trafalski. – O wilku mowa.

– A czemu wy tu siedzicie z takimi grobowymi minami? – Barański podszedł do stołu, sięgnął po szklankę i nalał sobie wódki. Jeszcze raz spojrzał po ich twarzach i rzucił: – Kruger, dajże czyste szklanki, napić się trzeba. Chyba za bardzo wytrzeźwieliśmy. Mamy się tu bawić, tak? Bawić, do cholery! Przestańcie robić miny jak na stypie! Głośniej tę muzykę, sylwestra przecież mamy! Szczęśliwego Nowego Roku, moi drodzy!

Strzecha Akademicka, 8 marca 2007

Jedynym wartym uwagi elementem wyposażenia w biurze schroniska był stary poniemiecki dębowy zegar. Na jego srebrnej tarczy wyrzeźbiono przedwojenny widok panoramy Karkonoszy. Na tykającym rytmicznie złotym wahadle widniało natomiast oblicze Ducha Gór. W pewnym momencie wskazówki zatrzymały się na pełnej godzinie. Mechanizm kliknął, dało się słyszeć syk puszczanej w ruch sprężyny. Zegar zabił cztery razy i ucichł, kontynuując odmierzanie czasu. Złote szyszki powolutku opuściły się w dół.

– Ja już może pójdę. – Edek przerwał ciszę wypełnioną tykaniem zegara. Kończył kolejnego papierosa, nie potrafił nawet doliczyć się którego. Światło ustawionej na biurku lampki rozmywało się w obłokach tytoniowego dymu.

– Czekaj. Czyli to Janek miałby zrobić coś Tomkowi? – Maryśka zaczęła znowu zastanawiać się na głos.

– Cholera wie... – Edek zakrztusił się dymem, po czym zgasił papierosa w popielniczce. – Ale jeśli ten pisarzyna się dowiedział, co stało się na tamtym sylwestrze... To może chciał go szef... No wie, szefowa. Uciszyć.

– A skąd Tomek miałby się dowiedzieć, jak było naprawdę?

– Nie mam pojęcia. Jednego tylko jestem pewien: nie ode mnie! Ale kto go wie, jak on tu tylko chodził i węszył wszędzie, ciągle o wszystko pytał. Ktoś mógł w końcu puścić farbę.

Maryśka spojrzała mu głęboko w oczy.

– Edek... Problem w tym, że ja nie potrafię ci uwierzyć.

– Przecież nie kłamałbym szefowej! – zaczął się zaklinać. – Przysięgam! Ja nie miałem powodu, żeby coś temu pisarzowi robić...

– Miałeś.

– Ja? Jak, przecież...

– Nie przerywaj mi! – Maryśka podniosła głos. – Jeśli Tomek rzeczywiście odkrył prawdę, to wszyscy, którzy byli na tamtym sylwestrze, mieli powód, żeby go uciszyć. Mój brat, młody Trafalski, bo stary już nie żyje, Kruger... Ale także ty.

Edek zaniemówił. Przez chwilę otwierał i zamykał usta. Bezskutecznie próbował znaleźć właściwe słowo.

– To po co bym o tym wszystkim mówił szefowej? Myśmy naprawdę mieli potem spokój, Trafalski to załatwił. Raz nas tylko przesłuchali, ale nie wnikali w szczegóły. Powiedzieliśmy, że Czerwińskiego nie było na zabawie, i na tym się skończyło. W kolejnych latach jeszcze raz jacyś dziennikarze próbowali węszyć, ale to się szybko skończyło fiaskiem, młody Trafalski wszystkiego pilnował.

Maryśka słuchała go w milczeniu.

– To niech szefowa sama zapyta pana Janka, czy nie ma z tym zniknięciem nic wspólnego – wydusił w końcu.

– Nie ma go teraz.

– No właśnie. – Edek pokiwał głową. – A kto był u niego dzisiaj rano? Komendant Trafalski!

– Teraz to już chyba zmyślasz…

– Był! Na skuterze.

W tym momencie z dworu dobiegł ich ryk silnika. Edek poderwał się do okna i wyjrzał zza firanki.

– O kurwa, szef! – Skulił się. – Błagam, niech mnie szefowa nie wyda.

– Nie wydam.

– Błagam. – Edek padł na kolana i złapał ją za ręce. – On mnie zabije, jak się dowie, że ja puściłem parę z gęby… On mnie…

– Masz moje słowo. – Przerwała mu. – Leć na górę do siebie. Albo nie! Idź do Samotni. Tam będziesz bezpieczny. Niech cię przenocuje ten twój kumpel, co z nim grywasz w karty, dobrze? A ja tu sama… Rozmówię się z bratem – dodała enigmatycznie.

– Tak, tak! Dziękuję szefowej. – Zerwał się z kolan. Cały się trząsł. Maryśka przyglądała mu się nieustannie i bardzo nie podobało jej się to, co zobaczyła. Nigdy nie uwierzyłaby w zdolności aktorskie tego mężczyzny – u Edka, co w głowie i sercu, to na języku. A teraz widać było, że on się po prostu panicznie bał. W życiu nie podejrzewałaby, że jej brat mógł u kogoś budzić taki lęk.

– Jeśli Janek o ciebie zapyta, powiem, że dostałeś wolne i poszedłeś po południu do Karpacza. Uciekaj! A ja zajmę się resztą.

Edkowi nie trzeba było dwa razy powtarzać. Wybiegł na korytarz i się zawahał.

– Tylnym wyjściem – syknęła Maryśka, łapiąc go za ramię. – Zamknę za tobą.

Wpadli do kuchni. Minęli stare szafy chłodnicze, stojącą na środku wielką, opalaną węglem kuchenkę. Jarzeniówka, którą zapalili na wejściu, mrugała nieustannie jak stroboskop, a jej światło odbijało się od różnych przedmiotów. Noże, tasaki, tłuczki do mięsa i tarki. Pod ścianą na haku zapasowa siekiera do rąbania drewna. Maryśkę przeszły ciarki, po raz pierwszy to pomieszczenie zrobiło na niej upiorne wrażenie.

Dopadli drzwi, przez które z kuchni można było wyjść na tył schroniska. Maryśka wypchnęła przez nie Edka na dwór, po czym przekręciła klucz w drzwiach.

Ruszyła z powrotem do biura. Niemal w tym samym momencie usłyszała trzaśnięcie, a potem kroki na schodach. Zdążyła usiąść z powrotem w fotelu, gdy w drzwiach stanął Janek. Wszedł do środka zamyślony, nie zauważył jej. Chrząknęła.

– Maryś? – Drgnął na jej widok wyraźnie zaskoczony. – Przestraszyłaś mnie. Dlaczego nie śpisz o tej porze?

– Taką mam jakąś bezsenną noc. A ty? Skąd tym razem wracasz? Jest po czwartej.

– A... – Zawahał się. – Z przyjacielem się spotkałem, takim, co go dawno nie widziałem. Zagadaliśmy się trochę.

– Ten przyjaciel to może Trafalski?

– Nie... Skąd taki pomysł?

– Był tu przecież rano.

– A, tak... Zajrzał przejazdem z samego rana. Miałem nawet cię wołać, ale wiedziałem, że jeszcze śpisz, nie chciałem cię budzić. Ale ten przyjaciel, to kto inny, taki... Antek. Nie znasz.

– Od kiedy można jeździć skuterem po parku narodowym?

– A, to już Trafalskiego by trzeba było pytać... To przecież nie moja sprawa.

– Zaginięcie Tomka to też nie twoja sprawa? – Maryśka przeszła do ataku. Wbiła w brata przeszywający wzrok, ale tamten spojrzał na nią ze spokojem. Nawet powieka mu nie drgnęła.

– Nie mam pojęcia, o czym mówisz.

– Tomek zniknął. Zgłosiłam sprawę na policję.

Janek skamieniał. To był ten moment, o którym wspominał Edek. Maryśka wcześniej nie przywiązywała do tego wagi, teraz zaś widziała to doskonale: gdy Janek bardzo się denerwował, na krótką chwilę kamieniał, jakby się zastanawiał, czy jest w stanie stłumić swoje złe emocje, czy jednak wybuchnie.

– Kurwa… – wysyczał. – Nie zrobiłaś tego.

– Zrobiłam. – Maryśka wstała.

– Jak mogłaś! Jak mogłaś tak mnie zawieść! – Uniósł ręce zdenerwowany.

– O czym ty mówisz?

– Ja przecież to wszystko robię dla ciebie. Z troski! Żeby cię chronić, siostrzyczko!

– Przed czym chcesz mnie chronić?

– Jak możesz być taka naiwna, Maryś! – Janek zacisnął pięści. – Przecież ten wścibski kretyn zaczął się domyślać prawdy! Byłem u niego w pokoju przedwczoraj, przejrzałem jego notatki. On znalazł pamiętnik! Zaczął łączyć fakty, lada dzień domyśliłby się, że to ty i ten twój kochanek zabiliście Stefana i Zbigniewa!

– Skąd… – Maryśka nie mogła przez chwilę wydobyć z siebie głosu. – Skąd wiesz?

– Ja wiem od zawsze.

– Niemożliwe…

– Pamiętasz, jak kiedyś uciekłem z naszego domu w Cieplicach? Miałem wtedy jakieś osiem lat.

– Pamiętam. Babcia spuściła ci potem straszne lanie, jak wróciłeś po prawie dwóch dniach.

– Gówno pamiętasz! – Janek wybuchł. – Nie możesz pamiętać, bo nie było cię wtedy w domu. Byłaś w pracy, w schronisku! Wiecznie zajęta! – krzyczał, a w oczach stanęły mu łzy. Nigdy nie widziała swojego brata tak wzburzonego.

– Ale… Chciałam po prostu powiedzieć, że znam tę historię z opowieści… – tłumaczyła się zmieszana.

Janek zrobił kilka kroków, minął ją i oparł się rękami o parapet. Jego napięta ze złości twarz odbijała się w szybie.

– Mimo że mnie sprała, nie przyznałem się jej, gdzie byłem – powiedział, nie odwracając głowy. – Wiesz, na starość, jak umierała... Co ja mówię?! – Zmarszczył brwi. – Nie wiesz, bo siedziałaś wtedy w zakonie! Sam musiałem się nią zajmować!

Maryśka milczała.

– Jak babka umierała, zapytała mnie znowu, gdzie wtedy byłem. To pytanie nie dawało jej spokoju przez całe życie. Powiedziała, że gdy wróciłem, miałem takie przerażenie wypisane na twarzy, jakby ktoś zrobił mi straszną krzywdę. I że wtedy zlała mnie z troski. – Prychnął nerwowym śmiechem. – Bo chciała się dowiedzieć, co się stało, a ja tylko milczałem. Jak odchodziła, powiedziałem jej, że mogłaby poznać prawdę, ale tylko wtedy, gdybym miał pewność, że zaraz umrze. Jej stan się pogarszał. W końcu się złamałem i przyznałem, gdzie wtedy byłem. Umarła kilka godzin później.

– Janek... – Maryśka próbowała objąć brata.

– Zostaw! – krzyknął z furią, odtrącając jej rękę. – Wiesz, gdzie wtedy byłem?

– Nie.

– Tęskniłem za tobą, Maryś. Bo byłaś moją siostrą. Jedyną osobą, która potrafiła okazać mi, że mnie kocha. A ciebie ciągle nie było. Bo praca, schronisko. A jak przyjeżdżałaś do nas, interesował cię tylko Franek. A ja odliczałem dni i godziny, kiedy znowu wrócisz, z nadzieją, że spędzisz ze mną choć trochę czasu.

– Przepraszam, nie wiedziałam, że...

– Mówią, że brat i siostra skoczyliby za sobą w ogień. – Przerwał jej. – W końcu wspólna krew. U nas chyba to nie działało.

– Janek, jesteś moim ukochanym bratem, jedyną bliską mi osobą... – zaczęła.

Spojrzał na nią lodowatym wzrokiem.

– Ja byłem ci zawsze wierny. Nawet jak ty miałaś mnie gdzieś, bo byłem tylko nudnym smarkaczem.

– Przestań tak mówić, to nieprawda! Nigdy tak o tobie nie myślałam!

– Ja uciekłem z domu właśnie dlatego, że tak bardzo za tobą tęskniłem! Miałaś wrócić do domu na kilka dni, obiecałaś, ale ciągle cię nie było. Babcia mówiła, że masz dużo pracy i pewnie dlatego zostałaś w górach. Więc postanowiłem cię odwiedzić. Rano uciekłem z domu i pojechałem sam autobusem do Karpacza. Kierowca bardzo dziwnie na mnie patrzył, ale wmówiłem mu, że starsza siostra będzie na mnie czekać na przystanku koło świątyni Wang. Nie czekałaś, oczywiście, bo nie wiedziałaś, że przyjadę. Ale zwiałem z autobusu, nim tamten zaczął zadawać kolejne pytania. I poszedłem w góry, żeby się z tobą zobaczyć. Wiedziałem, że trzeba cały czas iść brukowaną drogą od kościoła Wang w górę, raz kiedyś przecież zabrałaś mnie do Strzechy. – Odwrócił wzrok od szyby i spojrzał na Maryśkę. W oczach miał ból. – Wiesz, co zobaczyłem?

Maryśka nie odpowiedziała.

– To był koniec października, świeciło słońce, ale było bardzo zimno. Pamiętam, że w górach padał już pierwszy śnieg. Gdy dotarłem na polanę, zobaczyłem, jak idziesz do szopy w dole Złotówki. Poszedłem za tobą. I zobaczyłem, co zrobiliście tam z Frankiem. Jak zabiliście Zbigniewa Czerwińskiego. A chwilę później Stefana. Byłem w szoku. Bałem się, ciebie i Franka. Dlatego uciekłem z powrotem na dół. Całą noc szwendałem się po Karpaczu, aż w końcu przyjechał pierwszy poranny autobus. Wróciłem do Cieplic. I dostałem lanie.

– Boże, Janek… – Maryśce głos uwiązł w gardle.

– Tak sobie myślę, dobrze, że ta pieprzona szopa się spaliła. Nie przyłapałem cię na tym, ale nie mam wątpliwości, że ty to zrobiłaś. Prawda?

– Tak.

– Geistliche Baude, tak się to chyba nazywało? Przeklęte miejsce. Nie wiedziałem, dlaczego to zrobiłaś. Dlaczego ich zabiliście i dlaczego spaliłaś szopę. Teraz już wiem, bo przeczytałem twój pamiętnik. Powiedz mi, jak mogłaś być tak naiwna, żeby go pisać? – Znowu zmrużył oczy. – Przecież…

– Tomek i tak wie. – Przerwała. – Ta sprawa jest już przedawniona, więc powiedziałam mu wszystko.

– Ale ty jesteś głupia…! A ja staram się ciebie chronić…! Za wszelką, kurwa, cenę! Nawet jak nie wiedziałem, dlaczego to zrobiłaś, to broniłem cię przed konsekwencjami…

– Janek… Boję się tego, co usłyszę, ale… Co ty najlepszego zrobiłeś?

– Ja?! – huknął. – Ja wszystko robię dla ciebie. Żebyś była bezpieczna. Przy mnie. Już zawsze.

– Zabiłeś Andrzeja Czerwińskiego.

– A ty Stefana i Zbigniewa – skontrował. – Dwa do jednego, co, siostra? – I wybuchnął śmiechem.

– Coś ty wstrzyknął temu Czerwińskiemu? Tomkowi zrobiłeś to samo? On już nie żyje, prawda?

Jankowi pociemniało w oczach.

– No nie, ja zatłukę Edka…! Gdzie jest ten idiota? – Ruszył w stronę drzwi.

– Janek! Uspokój się, natychmiast! – Złapała go za rękę, ale się wyszarpnął. – To nie on mi powiedział…

Mężczyzna tylko pokiwał przecząco głową. Maryśka pierwsza dopadła drzwi i zamknęła je na klucz.

– Przestań, Maryś… Wiem, że to Edek ci powiedział. Tylko on widział, co zrobiłem. Pamiętasz Wiktora, kierownika? Stary miał cukrzycę. Podwędziłem od niego insulinę i załadowałem temu Czerwińskiemu końską dawkę. Był tak pijany, że nawet się nie zorientował do końca, co się stało. Ale to wszystko dla ciebie, siostrzyczko. Słuchałem rozmowy Edka z Czerwińskim przez pół wieczoru. Nie było cię tam, nie wiesz, co on wygadywał… Było kilka minut od tragedii. Dowiedziałby się w końcu, kim jest Małgorzata Dubik, którą podejrzewał, że zrobiła coś jego ojcu i wujkowi. Bałem się, że plotka się rozniesie. A on do ciebie pojedzie i przyznasz mu się do tego, do czego mnie się nie przyznałaś, moja droga siostrzyczko. Sama rozumiesz, że nie mogłem do tego dopuścić.

– Zabiłeś niewinnego człowieka! Boże... Po co ty się w to wmieszałeś... Przecież w dziewięćdziesiątym drugim ta sprawa już dawno była przedawniona! A ty...

– Kurwa, Maryś! – Przerwał jej z wściekłością. – Co ty myślisz, że ja wtedy, pijany w cholerę, myślałem logicznie? Że sobie jakieś lata liczyłem albo myślałem o paragrafach, jakie ci grożą albo i nie? Że ja to planowałem? To był impuls. Oni zasłużyli na karę. Zbigniew Czerwiński był zły. Stefan Czerwiński też. I jego syn również! Chciał cię znaleźć. Co by było, gdyby dotarł do prawdy, pomyślałaś o tym?

Maryśka milczała.

– Nie pomyślałaś. Ale ja wiem. Nawet jeślibyś nie poszła siedzieć, to on mógłby cię zabić, rozumiesz to? W obu tych wypadkach bezpowrotnie straciłbym siostrę. Musiałem więc działać. I to bardzo szybko. A ty teraz pieprzysz coś o jakimś przedawnieniu? Ty siebie w ogóle słyszysz?

– Nie zrobiłby tego, przesadzasz...

– Morderczyni. – Spojrzał na nią z obrzydzeniem. – Tak by ludzie na ciebie mówili. I chuj z tym, co się przedawniło. Taka łatka by do ciebie przylgnęła. Morderczyni! Ludzie by cię na ulicy wytykali. Jakby nawet on cię nie zabił, to ludzie by cię zniszczyli.

– Przestań!

– Mor-der-czy-ni!

Maryśka się rozpłakała. Na widok jej łez Janek jakby otrzeźwiał. Przez chwilę trwał w bezruchu, po czym spróbował ją pogłaskać po ramieniu.

– No już, siostra, uspokój się. Ja ci wszystko wybaczam. Ja cię rozumiem. I ja cię obronię, skutecznie. Od tego ma się brata, prawda?

Kobieta spojrzała na niego z przerażeniem. W jego oczach czaił się obłęd.

– No, już... Uspokój się, siostrzyczko. I oddaj mi, do cholery, ten klucz! Ja jestem dobrym bratem. Obiecałem babci, że będę się o ciebie troszczył. I właśnie to robię! Nie pozwolę, żeby ktoś mi ciebie zabrał. Dlatego jak ten Wilczur zaczął grzebać, postanowiliśmy z Trafalskim go nastraszyć. Wydawało nam się, że ma trochę oleju w głowie i ustąpi. Jak dzisiaj rano Edek powiedział, że odwozi go na dół... Nie powiem, komendant się spisał z tym paintballem. Ale jak Wilczur wrócił... I jeszcze wparował do biura, gdy Trafalski tam siedział. Musiałem działać szybko.

– Gdzie jest Tomek?

– Nieważne! Zrobimy z nim porządek. Wahaliśmy się, ale skoro zna prawdę o tym, co zrobiłaś, nie można wypuścić go z gór żywego.

– Przestań! Co ty w ogóle wygadujesz, Janek! Błagam, daj mu spokój.

– Oddawaj klucz!

– Nie. – Zacisnęła pięść. Patrzyła na brata z rosnącym przerażeniem. Po raz pierwszy w życiu wydał jej się nieobliczalny.

– Maryś, nie zmuszaj mnie, żebym... – Pokiwał przecząco głową.

– Dam ci, jak powiesz, gdzie go trzymacie.

Janek się zaśmiał.

– Niech będzie. Ale najpierw ty.

Maryśka zawahała się, po czym podała mu klucz.

– W chatce jest uwięziony – oznajmił Janek. Ręce mu się trzęsły, gdy nerwowym ruchem przekręcał zamek. – Trafalski to załatwił, ja muszę tylko podciąć lawinę. Warunki do tego są doskonałe, przyznasz, że zima w tym roku dopisała wyjątkowo. Nikt się nie domyśli. Czas na mnie – powiedział, patrząc na zegarek.

– O czym ty mówisz? W jakiej chatce? Janek, proszę cię... – Próbowała zastąpić mu drogę.

Odepchnął ją zdecydowanym ruchem, aż się zatoczyła i upadła. Jęknęła z bólu.

– Wybacz – rzucił oschle. – Robię to dla twojego dobra.

Ruszył korytarzem w stronę wyjścia. W pewnym momencie zatrzymał się.

– Spróbuj mnie wsypać... – syknął. – Ale ty tego nie zrobisz, znam cię. Nie wydasz brata. Prawda, siostro? – Nie czekając na odpowiedź, zbiegł schodami na dół.

Maryśka zaczęła płakać.

Schronisko Samotnia, 8 marca 2007

Biegła, a raczej przedzierała się przez zaspy. Choć droga ze Strzechy Akademickiej do Samotni latem zajmowała kilkanaście minut, zimą miało się wrażenie, że w przedziwny sposób się wydłużyła. Po raz pierwszy od dawna Maryśka tak wyraźnie poczuła, że jest stara. Choć miała nie najgorszą kondycję, to teraz mięśnie i stawy odmawiały jej posłuszeństwa; siedemdziesiąt kilka lat na karku robiło swoje. Z trudem stawiała kroki, próbując jak najszybciej dostać się do Samotni, ale głęboki śnieg tego nie ułatwiał.

W pewnym momencie zatrzymała się zdyszana. Sięgnęła po komórkę i jeszcze raz wybrała numer Edka.

– Cholera jasna, odbierz – szepnęła, przygryzając z nerwów palce. Po chwili zgłosiła się skrzynka. Nie było rady, musiała biec dalej. Z każdą kolejną minutą robiło się coraz jaśniej, zbliżał się świt. Czas płynął nieubłaganie.

Szlak gwałtownie skręcał w prawo i po chwili zobaczyła w oddali światła. Samotnia. Przyspieszyła.

Kilka minut później zdyszana dopadła drzwi budynku. Jak każde prawdziwe schronisko, także to było otwarte przez całą dobę. W pustym holu palił się jeden żyrandol, w bufecie i jadalni panowała ciemność. Nieprzenikniona cisza sprawiła, że Maryśka jeszcze lepiej słyszała pisk w swoich uszach; to pewnie z wysiłku.

Wdrapała się schodami na górę i znalazła pokój, który zajmowała szefowa Samotni. Zaczęła walić do drzwi.

– Co się dzieje!? – Otworzyła Sylwia, gospodyni schroniska. – Maryśka? Co ty tu robisz?

– Szukam twojego pracownika, z którym przyjaźni się nasz Edek.

– A… Chodzi ci o Mateusza?

– Może, nie wiem. Gdzie on ma pokój?

– Piętro wyżej, pod dwunastką…

– Dzięki – odparła i pognała schodami w górę, zapalając po drodze kolejne światła. Śpiący dom zaczynał się niespodziewanie budzić.

– Ale co się dzieje? – usłyszała jeszcze za sobą głos gospodyni. Znalazła dwunastkę, zapukała. Cisza. Zaczęła walić do drzwi bez opamiętania. Po chwili otworzył jej zaspany mężczyzna.

– Kim pani…

– Jest Edek? – Przerwała mu, próbując zajrzeć za jego szerokie ramiona.

– Szefowa? – usłyszała z głębi pokoju przerażony głos swojego pracownika.

– Edek! Musisz mi pomóc! Oni go trzymają w jakiejś chatce, chcą mu zrobić krzywdę. Miałeś rację! Błagam, powiedz mi, o jakie miejsce może chodzić.

Mężczyzna, który otworzył drzwi, patrzył na nią jak na osobę niespełna rozumu.

– Dobrze się pani czuje? – zapytał.

– Puść mnie, Mati. – Edek minął go i zwrócił się do Maryśki: – W jakiej chatce?

– No właśnie ciebie pytam! Ty pracujesz w tym schronisku najdłużej z całej obecnej załogi, poza Jankiem. Pomyśl, jaką chatkę mógł mieć na myśli?

– Nic więcej szefowa nie wie?

– Nie… – Maryśka zaczęła pocierać skronie. – Wiem tylko, że… chatka. Chyba chcą spuścić na nią lawinę czy…

– A! Jeśli chodzi o lawiny, to musi być w jakimś kotle! – Edek zastanawiał się intensywnie. – Przychodzi mi na myśl tylko chatka w Kotle Smogorni. Smogorniak na nią mówią. No tak! – krzyknął nagle rozemocjonowany. – Szef ma przecież klucze do tej chatki. Bo jak przychodzą czasami turyści z pozwoleniem od parku narodowego na nocleg tam, to szef im klucze wypożycza…

– Dziękuję – wydusiła Maryśka i złapała telefon komórkowy. A potem się zawahała. Do kogo zadzwonić?

Kocioł Smogorni, 8 marca 2007

Tomkowi wydawało się, że tkwi w środku jakiegoś koszmaru. Nie umiał ocenić, jak długo tu przebywa, czy jest dzień, czy noc, gdyż wokół panowała nieprzenikniona ciemność. W pewnym momencie, gdy tak leżał skulony na sianie, przestał odróżniać, gdzie kończyły się jego czarne myśli, a gdzie zaczynał płytki sen wypełniony przerażającymi wizjami. Czy to jeszcze była jawa, czy już omamy…?

Najbardziej doskwierało mu zimno. Trząsł się, zastanawiając nad tragedią tych, którzy zimą ginęli w tych górach. Nie pamiętał już, kto mu opowiadał, że ofiary zamarznięć zaczynają przed śmiercią zazwyczaj odczuwać ciepło na tyle mocno, że się rozbierają, przyspieszając swoje odejście. Ludzka natura i fizjologia bywały szokujące w swojej przewrotności. Najbardziej bał się więc tego momentu, gdy zacznie mu się robić ciepło.

Część XIV

AKCJA

Wicher podniósł głos z nową mocą. Jego dzikie podmuchy wywoływały wirową gonitwę grubych płatków śniegu, które w bezmyślnym istnieniu przykrywały całą okolicę, coraz rzadziej pozwalając na spojrzenie w dal, spadały w nieprzerwanym tańcu wzajemnych okrążeń i wkrótce przesłoniły wszystko niczym noc[*].

Carl Hauptmann

[*] C. Hauptmann, *Die Heimstätte* (1902).

Karpacz, 8 marca 2007

Karkonosze na mapie Europy zajmują wyjątkową pozycję i to właśnie ich położenie względem przemieszczających się po Starym Kontynencie w różnych kierunkach mas powietrza wpływa na panujący tam klimat i ekstremalne warunki, zwłaszcza w chłodnym półroczu. Stanowią charakterystyczny punkt, leżący na przebiegu Średniogórza Środkowoeuropejskiego, czyli pasma wyżyn i gór, rozciągającego się od Francji, przez Niemcy i Polskę, aż po przedgórskie obniżenia Alp i Karpat.

Średniogórzem z zachodu na wschód nieustannie pędzi wilgotne, atlantyckie powietrze, które pokonuje tę drogę bez przeszkód, jakby to był szeroki, prosty korytarz prowadzący do Karkonoszy. Ponieważ stanowią one najwyższy masyw Średniogórza, są jednocześnie główną przeszkodą, jaką muszą sforsować masy powietrza polarnego, ściągane znad Atlantyku przez rozległe niże. Wtedy też swobodnie gnający wiatr zostaje nagle przyhamowany przez karkonoskie szczyty. Smaga je z dużą siłą, wytracając prędkość. I właśnie zderzenie tych mas powietrza z górami zasadniczo kreuje ich klimat i sprawia, że nieustannie dużo się tam dzieje. Gdy natomiast prym zaczyna wieść nadciągające z północy powietrze arktyczne albo polarne kontynentalne ze wschodu, Karkonosze zalewa fala mrozów.

Świtało, gdy Paweł Zalewski zaparkował przed stacją ratunkową GOPR-u w Karpaczu, która mieściła się w budynku tak zwanej Bacówki, naprzeciwko dolnej stacji kolei linowej na Kopę. Miasto pogrążone było w gęstej mgle. Wchodząc do stacji, spojrzał na zawieszony przy drzwiach termometr. Było niemal dziesięć stopni poniżej zera. A więc zima wciąż nie odpuszczała.

Skierował się do dyżurki. Według grafiku za kilka godzin zmianę kończył Grzegorz. Z wykształcenia był lekarzem i wciąż pracował w zawodzie, natomiast z pasji wstąpił do GOPR-u i służył w nim niemal tak długo jak Paweł. A ponieważ byli prawie w tym samym wieku i zaczynali swoją przygodę z ratownictwem górskim w podobnym czasie, dość szybko się zaprzyjaźnili.

– Cześć, Grzechu, jak tam nocka? – zapytał Paweł podsypiającego na kanapie na siedząco mężczyznę, który nakryty był dwoma kocami niemal po same uszy. – Zmarzłeś w nocy?

– Wiesz, jak tu jest... – odparł ratownik. Potarł rękami ramiona, po czym niemal machinalnie wystawił spod koca rękę i włączył stojący przy kanapie czajnik, a następnie farelkę. – Herbaty?

– Nie, dzięki. Coś wiadomo w sprawie tego pisarza?

– Nic... – Grzegorz westchnął, przecierając zmęczone oczy. – Grupa od nas, która ruszyła na przełęcz Okraj ze wsparciem, na razie milczy. Ale wygląda na to, że szykuje się inwersja. Więc może jak te gówniane chmury opadną na dół, szanse na znalezienie faceta będą większe. Swoją drogą, co ty tutaj robisz?

– Rozpoczynam pracę w Jeleniej dopiero w południe, a wiem, że ty niedługo kończysz swój dyżur i masz samochód u mechanika. Podwiozę cię do domu, żebyś nie tłukł się autobusem.

– Przyjacielu! Ty to potrafisz człowieka zaskoczyć! Dzięki wielkie! Ja mam dyżur jeszcze trzy godziny, może jednak napijesz się herbaty?

– Dobra, zrób. – Paweł machnął ręką. – A wiesz, że rozmawiałem z tym pisarzem dzień przed jego zaginięciem? Maks ze Śnieżnych dał mu na mnie namiary. Ten Wilczur chciał pisać książkę o zaginięciu Czerwińskiego, jakiś kryminał. I przyszedł zapytać mnie o parę rzeczy.

– O zaginięciu Czerwińskiego? – Grzegorz się ożywił. – A to się Trafalski wkurwi! Pamiętasz, jak zareagował, gdy złożyłeś u niego na komendzie zawiadomienie o tym, że rozpoznałeś jedną z ofiar?

– Trudno zapomnieć... A czy się wkurwi, to jeszcze nie jest przesądzone. To zależy od tego, czy książka wyjdzie, a to z kolei...

– Wiem. Zależy od tego, czy znajdziemy pisarza żywego – dokończył Grzegorz, momentalnie poważniejąc. – Nie podoba mi się ta sprawa, Paweł. Facet zniknął nie wiadomo gdzie. Według ostatniego esemesa miał iść do Domu Śląskiego, ale tam nikt go nie widział. Jego telefon logował się ostatni raz na przełęczy Okraj, samochód natomiast stoi w Karpaczu, koło świątyni Wang. To co, pieszo na ten Okraj poszedł ze Strzechy? I nikt po drodze go nie widział? Nie zatrzymał się w Domu Śląskim ani w Jelence? To wygląda jak typowe ciche zaginięcie, wiesz, co mam na myśli. Jakby to było upozorowane...

– Cholera wie. Mnie też wydaje się to trochę niepokojące, ale z innego powodu. Myślę o temacie, którym interesował się przed zaginięciem.

– Boże, nie sądzisz chyba, że też znajdziemy go pod śniegiem tak jak...

– Nie kracz. – Przerwał mu. – Gadałem z Maryśką ze Strzechy. Jest strasznie przejęta zniknięciem pisarza, ponoć bardzo go polubiła. Nie gadałem z nim jakoś długo, ale widać, że to konkretny facet. W gruncie rzeczy wzbudził u mnie nawet pozytywne odczucia swoją dociekliwością. A Maryśka mocno to przeżywa, wiesz, jak to pracownicy schronisk. Nawiązują z turystami przyjaźnie, a ci potem wyjeżdżają. Pozostaje duży żal i taka jednak trochę samotność tam na górze... A teraz przeżywa to o wiele bardziej, bo on nie tyle wyjechał, ile po prostu zniknął, bez słowa pożegnania.

Rozległ się dźwięk telefonu. Paweł zaczął obmacywać kurtkę i po chwili wyciągnął komórkę.

– O wilku mowa, Maryśka – rzucił do Grzegorza, który parzył im herbatę, po czym odebrał. – Cześć, Maryśka! Co tam?

– Paweł... – wychrypiała i zaniosła się płaczem. Próbowała coś mówić, ale wydawała z siebie tylko nieartykułowane dźwięki.

– Co się dzieje? Dlaczego płaczesz?

– Ja... Wiem, gdzie jest Tomek. Oni go uwięzili...

– Kto? Gdzie? Mów do mnie, Maryśka!

– Nie mogę ci powiedzieć... Kto... – Znowu zaczęła szlochać. – On jest chyba uwięziony... W tej chatce w Kotle Smogorni, wiesz gdzie to?

– Wiem.

– Błagam, ratuj go... To wszystko moja wina... Boże... Lawina go zabije.

– Maryśka, nie panikuj. Jedziemy po niego, słyszysz? Jedziemy! – rzucił i rozłączył się, po czym spojrzał na Grzegorza, który stał na wprost niego, trzymając dwa parujące kubki. – Pisarz jest w chatce Smogorniak.

– Co? Przecież Kocioł Smogorni jest zimą zamknięty.

– Ktoś go tam chyba uwięził...

– Jak to? Kto?

– Nie mam pojęcia. Maryśka jest w szoku, wyła do telefonu, ledwo ją rozumiałem. Jedziemy tam, zbieraj się, nie ma czasu.

– Ale ty? – Spojrzał na Pawła ubranego w jeansy i zwykłą kurtkę.

– Przecież nie pojedziesz sam. A ja jestem na miejscu, już się przebieram! Nie ma czasu, Grzegorz. Masz gotowy plecak?

– Tak.

– Sonda, detektor, łopata, czekan? Narty skiturowe naszykowane?

– A co ja pierwszy dzień na służbie, że tak pytasz? Wszystko jest!

– To podaj komunikat i wyprowadzaj skuter z garażu. Ja się przebiorę i zaraz do ciebie biegnę.

– Dobrze – odparł Grzegorz i podniósł słuchawkę radiotelefonu. – Stacja centralna! Zgłoś się do Bacówki!

– Centralna zgłasza się.

– Mamy informację o poszukiwanym Tomaszu Wilczurze. Prawdopodobnie utknął w chatce Smogorniak. Ja i Paweł Zalewski jedziemy to sprawdzić.

– Przyjąłem. Informujcie na bieżąco. I uważajcie na siebie.

Gdy chwilę później Grzegorz zbiegał do garażu, omal nie zderzył się z Urszulą wchodzącą schodami do Bacówki.

– Grzechu, a ty gdzie tak pędzisz? Zostawiasz mnie? Przecież ja dyżur zaczynam dopiero za…

– Akcja jest! – Przerwał jej ratownik. – Mamy informacje o pisarzu! Jedziemy do Kotła Smogorni.

– Kto z tobą jedzie?

– Paweł Zalewski, właśnie się przebiera.

– Jadę z wami!

– Ula, zostań.

– Grzegorz!

– Bacówka zostaje pod twoją opieką.

W tym momencie w drzwiach stanął Paweł.

– Ula! – zawołał. – My jedziemy, a ty bądź w gotowości. Jak go znajdziemy i będzie potrzebna pomoc, ktoś musi zawiadywać akcją tu na miejscu.

– Dobrze… – odparła kobieta. – Ale Kocioł Smogorni… Przecież tam w każdym momencie może zejść lawina.

– Wiemy.

– Uważajcie na siebie, błagam! Ja tu czekam w gotowości.

Stara Polana, 8 marca 2007

Silnik skutera śnieżnego wył coraz bardziej, gdy Grzegorz z Pawłem przyspieszali, ale i tak zagłuszało go wycie syreny, którą odpalili jeszcze w Karpaczu, żeby ostrzec na szlaku potencjalnych turystów. Z Bacówki ruszyli w kierunku drogi Bronka Czecha. Ścieżka ta, nawet w sezonie rzadko uczęszczana, teraz była zupełnie pusta.

Gęsta mgła ograniczała widoczność, a szlak nie należał do najbezpieczniejszych. Momentami szeroki i prosty, na niektórych odcinkach zwężał się niespodziewanie i z gęstych oparów wyłaniały się znienacka pnie drzew stojące na jego skraju niczym duchy. Biel śniegu mieszała się z bielą mgły, a skuter podskakiwał, pokonując kolejne nierówności. Na siedzącym za kierownicą Grzegorzu nie robiło to jednak żadnego wrażenia. Kilkanaście lat służby i zebrane w tym czasie doświadczenia sprawiły, że radził sobie z jazdą nawet w tak trudnych warunkach.

Dotarli do Starej Polany. Grzegorz zatrzymał skuter.

– Kocioł Smogorni to cholernie trudny teren… Którędy teraz? – krzyknął, odwracając się do Pawła. – Próbujemy górą, przez Słonecznik i potem w dół, zboczem Smogorni do chatki? Czy dalej lecimy zielonym szlakiem i zaatakujemy kocioł od dołu?

– Przez Słonecznik będzie dłużej. I możemy spotkać ludzi po drodze. Chyba więc lepiej byłoby zielonym… Szybciej. I na pewno nie będzie tam turystów, bo teraz ten szlak jest zamknięty.

– No właśnie, tylko jest jeden problem: tam nie ma tyczek. Ani śladów. Wiesz, jak biegnie ten szlak… Nawet latem, jeśli jest gęsta mgła, można się zgubić. A co dopiero teraz…

– Dobra. To zmienimy się. Siadaj z tyłu, ja dalej pokieruję. Znam ten teren naprawdę dobrze, zawiozę nas do chatki.

– Jesteś pewien, że dasz radę? – Ratownik nie wyglądał na przekonanego.

– Grzechu, wiesz, że jakbym nie był pewien, to bym nas w tę drogę nie pakował.

Kocioł Smogorni, 8 marca 2007

Kocioł Smogorni ukształtowała przed wiekami potężna połać śniegu, która wyryła w zboczu góry zagłębienie. Nie była jednak na tyle duża, żeby przekształcić się w górski lodowiec. Powstała więc bardzo głęboka nisza niwalna, która kształtem przypominała długą i wąską rynnę.

Gdy dotarli do wnętrza kotła, nic nie wskazywało na to, żeby znajdowały się tam jakiekolwiek oznaki życia. Żadnych ludzkich śladów, zwierzęcych zresztą też. Tylko bezkres śniegu.

– Gdzie ta chatka? – zapytał Grzegorz. Rozglądał się, wytężając wzrok, ale gęsta mgła była wyjątkowo trudnym przeciwnikiem.

– Minęliśmy już na pewno kładkę na Srebrnym Potoku… – Paweł zastanawiał się na głos.

– Jak ty ją niby zobaczyłeś, skoro tu leży ze trzy metry śniegu albo i więcej?

– Tak mi się wydaje. Był przed chwilą taki zakręt, tam na pewno pod spodem płynie potok – odparł Paweł i wygrzebał z plecaka mapę. – Zobacz, tu jest kładka, którą prawdopodobnie przejechaliśmy. A tędy biegnie granica lasu, którą właśnie minęliśmy. Chatka musi być gdzieś tu, zaraz na lewo od szlaku…

– Zawsze mnie zastanawiało, jaki idiota stawiał cokolwiek w tak niebezpiecznym miejscu. – Grzegorz spojrzał na mapę. – Przecież to stoi tuż pod najbardziej stromą ścianą tego pieprzonego kotła.

– Ta chatka została jeszcze po Niemcach, więc raczej już się nie dowiemy, czemu akurat tu ją postawili. Zostawiamy skuter, narty na nogi i idziemy w teren.

Grzegorz wyciągnął komórkę, jedna kreska zasięgu. Sięgnął więc po radiotelefon.

– Stacja centralna, zgłoś się do patrolu w Kotle Smogorni.

– Centralna, jestem. Jak sytuacja?

– Dotarliśmy do kotła. Jesteśmy niedaleko miejsca, gdzie szlak przecina się ze Srebrnym Potokiem. Zaczynamy szukać chatki.

– W porządku.

Nim Grzegorz przygotował sprzęt osobisty, usłyszał z oddali przyduszony krzyk Pawła.

Główny Szlak Sudecki, 8 marca 2007

Za sytuację pogodową w górach w dużej mierze odpowiada nieustannie zmieniająca się konfiguracja układów barycznych. To od niej, a dokładniej od obecności niżu lub wyżu barycznego zależy, czy będzie występować cyrkulacja cyklonalna czy antycyklonalna. Każdy z tych dwóch podstawowych układów generuje charakterystyczne dla siebie warunki pogodowe.

Był wczesny ranek, zaledwie dwie godziny po świcie, gdy Janek dotarł ze Strzechy Akademickiej Głównym Szlakiem Sudeckim nad Kocioł Smogorni. Ukrył skuter w zasypanej śniegiem kosodrzewinie, żeby nie rzucał się w oczy ewentualnym turystom, którzy mogli lada moment pojawić się na szlaku. Dziś po raz pierwszy ucieszył się z obecności zalegającej nad górami mgły – była dodatkowym elementem chroniącym go przed wzrokiem niepowołanych świadków. Poprawił na ramionach ciężki plecak, w którym miał linę, niezbędny element jego planu, a następnie ściągnął przymocowane do skutera narty skiturowe i wpiął się w nie.

W tym momencie zaobserwował coś niepokojącego: mgła zaczynała się rozrzedzać. No tak, wszystko przez przeklęty wyż, który miał przecież dotrzeć na dniach w Karkonosze. Pogoda cyklonalna, z charakterystycznym dla niej zjawiskiem białej ciemności, ustępowała na rzecz zjawisk typowych dla antycyklonu. Ciężkie chmury osiadały w dolinach, jakby chciały wycofać się z zajmowanych dotychczas pozycji, a z ich morza zaczynały wyłaniać się kolejne karkonoskie szczyty. Janek poczuł na plecach nieprzyjemny dreszcz. Kiedyś pewnie powiedziano by, że to Duch Gór zaczyna mieszać w swoim kotle, ale można było też ubrać to w inne słowa: właśnie zaczynała się charakterystyczna dla antycyklonu inwersja. Doskonale wiedział, co to znaczy – w bardzo krótkim czasie w całych górach warunki zmienią się o sto osiemdziesiąt stopni. W dolinach zrobi się chłodniej niż w wyższych partiach gór, zalegną tam mgły i niskie chmury, natomiast powyżej poziomu inwersji będzie inaczej: słonecznie, sucho i coraz cieplej.

– Cholera – sapnął. Czas naglił. Biała ciemność, jego największy sprzymierzeniec w zbrodni, odchodziła. Zamierzał jednak zdążyć przed poprawą widoczności zrealizować swój plan. Kocioł Smogorni, który znajdował się poniżej niego, znał bardzo dobrze, a orientację w terenie ułatwiały mu stare słupy dawnej linii telefonicznej, która wiodła do spalonego schroniska Księcia Henryka.

Ruszył w drogę, szukając miejsca, w którym stosunkowo płaskie zbocze Smogorni zacznie się gwałtownie załamywać, przechodząc w ściany kotła. Dokładnie tam wiatr tworzył największe śnieżne nawisy i to je Janek zamierzał poruszyć. Przy obecnej grubości i niestabilności pokrywy wiedział, że nie będzie to trudne.

Poruszał się niezwykle ostrożnie, delikatnie sunąc nartami po białym puchu z jak najmniejszą prędkością. Doskonale bowiem wiedział, że przemieszcza się po tykającej bombie zegarowej. Lawiny były nieprzewidywalne, nie tylko w skutkach, ale też w sposobie ich wywoływania. Jedno nieostrożne i zbyt gwałtowne przecięcie nartą białego puchu i znienacka mógł obudzić drzemiącego bardzo płytkim snem demona.

Znalazł wreszcie właściwe miejsce. Kilkadziesiąt metrów poniżej niego rysował się początek ściany kotła. Rozejrzał się wokół w poszukiwaniu właściwego drzewa. Prawie ich tu nie było z uwagi na wysokość – znajdował się przecież na granicy regla górnego i piętra subalpejskiego. W końcu dostrzegł kikut martwego drzewa, które zapewne wiele lat temu zostało zabite przez kwaśne deszcze. Podjechał w tamtym kierunku. Pień wydawał się solidny. Wyciągnął z plecaka linę, odmierzył odpowiednią długość, po czym jeden koniec przywiązał do pnia na solidny węzeł, drugi zaś połączył z uprzężą, którą miał już na sobie.

Przez moment wsłuchiwał się w ciszę, oddychając pełną piersią mroźnym powietrzem, gdy nagle jego uszu doszedł dźwięk, który brzmiał jak sygnał pogotowia. Zamarł przerażony, próbując ocenić, z której strony dochodzi. Dźwięk jednak po chwili ustał.

Kocioł Smogorni, 8 marca 2007

Podniesiony głos Pawła docierał z bliskiej odległości.

– Grzegorz, mam! Chatka! – rzucił, biegnąc na skiturach w stronę skutera śnieżnego. Starał się nie krzyczeć, w końcu znaleźli się w sercu potencjalnego lawiniska, ale trudno mu było ukryć emocje.

– I co, jest tam ten pisarz?

– Nie wiem, zamknięte na kłódkę. Co mamy?

Grzegorz otworzył najpierw mały bagażnik skutera, przeglądając go z niewyraźną miną, po czym palnął się w czoło, zdjął z ramion plecak i wyciągnął z niego czekan.

– Może on da radę?

– No pewnie. – Paweł się ucieszył. – Chodźmy!

Po kilkudziesięciu metrach marszu wyłoniła się z mgły opuszczona chatka. Podbiegli do niej na nartach i dopadli zasuwy w drzwiach. Wyglądała na bardzo solidną, ale drewno, do którego przymocowano ją potężnymi śrubami, już niekoniecznie.

Grzegorz zahaczył swoim czekanem o zasuwę i naparł z całej siły. Deski zaczęły cicho trzeszczeć, a ratownik stękał z wysiłku, raz po raz zapierając się o trzonek czekana. Paweł tymczasem wygrzebał ze swojego plecaka małą łopatkę i wsunął ją w szczelinę między drewno a zasuwę.

– Zabierz czekan i się odsuń – zakomenderował Paweł, gdy łopatka zaklinowała się w szparze. Zdjął narty, wziął zamach i z całej siły kopnął w zaklinowane narzędzie. Rozległ się cichy trzask drewna.

– Oż ty! Moja noga...

– Co? – Grzegorz się zaniepokoił.

– Nie, nic... Ale siniaka nabiłem sobie niezłego – stęknął Paweł i spojrzał na drzwi. – Teraz ty. Dwa ruchy czekanem i mamy to.

Rzeczywiście, skobel, w którym tkwiła kłódka, wisiał już na wyraźnie wysuniętych z desek śrubach. Grzegorz zahaczył o nie swój czekan i kilkoma wahadłowymi ruchami wyważył żelastwo. Przesunął zasuwę i szarpnął za drzwi. Omiótł wnętrze chatki latarką, po czym zrezygnowanym głosem zwrócił się do przyjaciela:

– Ale... Tutaj nikogo nie ma.

– Niemożliwe! Maryśka by nas nie wprowadziła w błąd. On musiał tutaj być – stwierdził Paweł, wchodząc za Grzegorzem do chatki. – Halo! Jest tu ktoś? Panie Tomaszu?

Chatka wyglądała na pustą.

Główny Szlak Sudecki, 8 marca 2007

Wciąż trzymając w ręce zwoje liny, którą połączył się z pniem drzewa, Janek nasłuchiwał. A może mu się zdawało? Wytężył uszy, ale nie zarejestrował żadnego niepokojącego dźwięku. Ciszę przerywał jedynie szum wiatru.

Odczekał jeszcze moment, po czym uspokojony ruszył w dół i na prawo od drzewa, tak jakby chciał ominąć potężny nawis śniegu na krawędzi Kotła Smogorni. Metr po metrze rozwijał linę, aż dotarł niemal do jej końca. Ostatnie kilkanaście pętli wciąż trzymał w ręce. Wziął głęboki oddech, mocniej wbił narty w śnieg i ruszył pionowo w dół. Po kilkunastu metrach, gdy nabrał prędkości, lina w jego rękach zaczęła się kończyć. W tym samym ułamku sekundy błyskawicznie przechylił ciało na lewą stronę. Napiął mięśnie, przyjął właściwą pozycję, balansując niemal na granicy upadku, i ostrymi krawędziami nart wbił się w śnieg, dokonując gwałtownego skrętu. Rozległ się charakterystyczny chrzęst tarcia o podłoże nart zmuszonych do zmiany kierunku. Teraz Janek nie obawiał się, że takim zachowaniem wywoła lawinę, bo właśnie to było jego celem. Zaraz po skręceniu na nowo przeniósł ciężar ciała na obie nogi i ruszył w poprzek góry, znajdując się dokładnie w miejscu, które sobie wcześniej upatrzył. Po swojej prawej miał tonącą we mgle przepaść Kotła Smogorni, po lewej śnieżny nawis, który zamierzał poruszyć.

Wszystko rozegrało się błyskawicznie. Wprawione w pęd narty posłusznie cięły nienaruszoną dotychczas śnieżną pokrywę, zostawiając za sobą głęboki ślad. Janek jechał dalej, balansując na granicy napięcia liny, do której był przywiązany. W pewnym momencie usłyszał ciche szurnięcie. To był krótki, nieporównywalny z niczym innym dźwięk. Przebudzona z uśpienia lawina ruszała w dół. Zgodnie z przewidywaniami przemieszczający się śnieg ściął Janka z nóg i przyspieszając, próbował porwać go ze sobą. Lina, którą ów się zabezpieczył, napięła się niczym struna i drżała groźnie. Spojrzał na nią z niepokojem. Czy wytrzyma jego ciężar?

Lawina tymczasem, niczym nigdy nienasycony potwór, nabierała zachłannie rozmiarów, ciężaru i prędkości. Bezwzględne prawa fizyki były nieubłagane. Zgromadzona w śnieżnych masach energia potencjalna właśnie została uwolniona i mogła siać potężne zniszczenie, taranując wszystko, co napotka na swojej drodze.

Kocioł Smogorni, 8 marca 2007

Tomasz się ocknął. Wokół dalej panowała ciemność, a on trząsł się z wychłodzenia. A więc jeszcze żył? Co go obudziło?

Nagle usłyszał dochodzący od strony sufitu stukot. Ktoś uderzał w coś młotkiem? Zaraz potem jego uszu doszedł głos. Niski, twardy. Czy już miał omamy? Mimo to krzyknął na całe gardło:

– Halo! Pomocy! Jestem tutaj!

W tym momencie poczuł, jakby coś nad nim zaczęło się kotłować. Mężczyzna z kimś się przekrzykiwał, przynajmniej dwie pary ciężkich butów stukały o drewnianą podłogę. A jeśli...? Tomek poczuł, jak przechodzą go ciarki. Jeśli to ci, którzy go uwięzili? Skulił się przerażony. Nad jego głową znowu coś zaczęło stukać.

– Tu jest wejście! Kolejny skobel! Dawaj ten czekan. – Usłyszał nagle głośną komendę. Kilka głośnych uderzeń. Brzęk metalu. Trzask drewna. Huk odrzucanej na bok klapy, a potem nagła jasność wlewająca się do piwnicy, w której go uwięziono.

Tomek spróbował wstać. Mięśnie miał zesztywniałe i coraz mniej czuł swoje ciało, tak bardzo był zmarznięty. Mrużył oczy, próbując spojrzeć na otwór w suficie, z którego dochodziła jasność.

– Tu się pan schował! No nieładnie, panie Tomku – usłyszał nerwowy śmiech. Nad włazem stał Paweł Zalewski. – Pół Polski pana szuka, a Maryśka rwie włosy z głowy. Grzechu, dawaj tę drabinę spod ściany, wyciągamy naszego autora. Nic panu nie jest? Da pan radę wejść na górę? Jak pan tu w ogóle trafił?

Tomek był w tak głębokim szoku, że zupełnie nie wiedział, co się dzieje. Próbował coś powiedzieć, ale głos uwiązł mu w gardle. Czy to był sen? Niemal w transie dokuśtykał do drabiny, którą goprowcy opuścili przez właz, i z cichym stęknięciem postawił nogę na pierwszym stopniu. Boże, światło. Widział swoją nogę, po raz pierwszy od tylu godzin. Oczy miał szkliste od łez, wciąż nie docierało do niego, że to jednak jest prawda. Chwilę później dwaj ratownicy złapali go za ręce i wyciągnęli na powierzchnię. Rozejrzał się wokoło zdziwiony.

– Ja nie jestem w Strzesze, prawda?

– Nie – odparł Zalewski. – Jest pan ładnych parę kilometrów od schroniska.

– Co?

– Kto pana tak urządził?

– Nie... Nie mam pojęcia. Pamiętam uderzenie w głowę. A obudziłem się już w ciemności. Myślałem, że straciłem wzrok. To było przerażające – wydusił, a potem zamilkł. Z nerwów znowu zaczął przygryzać i tak już pokryte strupkami wargi. Był blady jak ściana.

– Dobra, później będziecie rozmawiać – zarządził drugi ratownik. – Paweł, wychodź z nim powoli, ja lecę naszykować pulki* i bierzemy pana autora na sanie. Trzeba stąd spieprzać jak najszybciej. Coś mi się tu nie podoba. Mam złe przeczucia. Jakby ktoś nas obserwował. Zresztą, przecież on się tam sam nie zamknął. – Wskazał głową Tomka.

– Racja – odparł Paweł. Próbował zachować pozory opanowania, ale w głębi ducha też rósł w nim niepokój. To było uczucie podobne do tego, którego doświadczył podczas swojej pierwszej w życiu akcji lawinowej, kilkanaście lat temu, w dziewięćdziesiątym drugim w Białym Jarze. Gdy wtedy w roli obserwatora oceniał stan nawisów, a pozostali ratownicy szukali ofiar lawiny, też miał wrażenie, że zaraz stanie się coś bardzo złego. Czy teraz będzie podobnie?

Paweł prowadził pod ramię otępiałego i trzęsącego się pisarza. Od czekającego na nich przy pulkach Grzegorza dzieliło ich kilkadziesiąt metrów. Spojrzał w górę, po raz pierwszy od dawna ujrzał nad sobą niebieskie niebo. Zaczynała się inwersja, chmury opadały na dół. Ratownik się uśmiechnął. Wreszcie warunki się

---

* Pulki – sanie transportowe.

poprawiały, była nadzieja, że powrót na dół przynajmniej częściowo będą już pokonywać nie w białej ciemności. Wtem usłyszał niepokojący dźwięk i mina momentalnie mu zrzedła. To był szum, który narastał. Jakby w ich kierunku nadjeżdżał potężny pociąg towarowy. Poczuł, że ziemia zaczyna drżeć. Chwilę potem nie czuł już niczego.

Karpacz, 8 marca 2007

Ula spojrzała na zegarek. Chłopaki już dość długo się nie odzywali, ostatni raz zameldowali się, gdy byli na Starej Polanie. Wstawiła wodę na herbatę, gdy zadzwonił telefon.

– Stacja ratunkowa GOPR-u Karpacz, Urszula Ratajczak przy telefonie – odebrała.

– Halo? Ja... Dzwonię ze Strzechy. – Kobieta płakała.

– Pani Marysia?

– Czy... Coś już wiadomo?

– W sprawie pisarza?

– Tak – wydusiła kobieta przez łzy.

– Na razie nic. Chłopaki są w terenie.

– Dziękuję. I przepraszam, że przeszkadzałam. Za wszystko przepraszam. Ja nie wiedziałam... – Ula usłyszała dźwięk odkładanej słuchawki. Zaczynała czuć coraz większy niepokój.

Kocioł Smogorni, 8 marca 2007

Grzegorz się ocknął. Spróbował poruszyć rękami, ale te były unieruchomione. Rozejrzał się. Znajdował się w centrum białego zwaliska. A więc stało się, lawina. Oddychał nerwowo, gorączkowo próbując się oswobodzić. Tyle razy jeździł na akcje ratunkowe, ale nigdy nie został przysypany. Teraz to on stał się ofiarą, jego ciało niemal do wysokości mostka przykrywał śnieg. Nie był to jednak zwykły puch – taki, w który wskakują roześmiane dzieci podczas zimowych zabaw, lecz tężejący beton. Co gorsza, doskonale wiedział, że z każdą chwilą będzie coraz trudniej. Śnieg zacznie zamarzać, układać się i gęstnieć. Już nieraz bywał na takich lawiniskach, gdzie musieli używać kilofów, żeby dostać się do ofiary, bo – jakby sama lawina nie była dostatecznym kataklizmem – masy śniegu zamieniały się z czasem w lód, ostatecznie unieruchamiając wszystko, co pochłonęły na swojej drodze.

Przypomniał sobie operację, której musiał poddać się kilka lat temu. On, na co dzień opanowany lekarz, gdy trafił na stół, czuł wyłącznie kłujący ucisk za mostkiem. Bezgraniczny strach. Wtedy jednak próbował pocieszać się myślą, że oddaje się w dobre ręce. Teraz zaś lawina do reszty odarła go z poczucia sprawczości i nie miał cienia nadziei, że żywioł powiedział już swoje ostatnie, złowieszcze słowo.

Próbował bez przerwy szarpać unieruchomionymi kończynami, wkładając w to całą swoją energię. W pewnym momencie udało mu się wyswobodzić rękę. Wykręcił ją do tyłu najbardziej, jak mógł. Poczuł pod palcami plecak. A więc miał go dalej na sobie, dzięki Bogu. Doskonale bowiem wiedział, że lawiny potrafiły ciągnąć swoje ofiary i je rozbierać, pochłaniając różne części garderoby i przenosząc je kilkadziesiąt albo kilkaset metrów dalej. Wymacał zamek błyskawiczny plecaka i ciężko stękając, rozpiął go. Wyczuł pod palcami trzonek łopaty lawinowej. Jak to dobrze, że po akcji w chatce nie wrzucił jej do bagażnika skutera, tylko zapakował z powrotem do plecaka. Siłując się ze śniegiem, raz po raz uderzał łopatką wokół swojej drugiej ręki, wygrzebując kolejne zlodowaciałe bryłki. Gdy już ją uwolnił, dalej poszło mu, o dziwo, sprawnie. Lawina obróciła go w taki dziwny sposób, że nogi były zasypane wyjątkowo płytko. Wygrzebał się cały na powierzchnię i złapał za radiotelefon, który schował w wewnętrznej kieszeni kurtki. Wcisnął guzik.

– Sta... Stacja centralna. Zgłoś się do patrolu w Kotle Smogorni.

Puścił przycisk i zamarł. Przez ułamek sekundy w głośniku panowała cisza. Poczuł znowu to samo kłucie za mostkiem. W tym maleńkim urządzeniu, które trzymał w ręce, mieściła się cała jego nadzieja na ratunek. Jedyna droga kontaktu ze światem. Jedyna szansa wezwania pomocy. Jedyne...

Głośnik zatrzeszczał.

– Stacja centralna. Macie tego pisarza?

Grzegorz wcisnął guzik.

– Mamy... – Zawahał się. – Znaczy się: mieliśmy. Zeszła lawina. Potrzebuję pomocy, natychmiast!

– O matko, jesteś cały?

– Chyba tak.

– Co z pozostałymi? Jak Paweł?

– Nie... Nie wiem – wydusił Grzegorz przez zaciśnięte gardło. Nie mógł się opanować i znowu zaczął oddychać nerwowo. – Nie widzę go. Ani pisarza. Błagam, przysyłaj szybko chłopaków.

– Przyjąłem.

Grzegorz schował radiotelefon i spróbował wstać. Udało się. Nogi całe. Rozejrzał się wokół. Niebo nad nim było już wyraźnie błękitne, ktoś z boku mógłby nawet powiedzieć, że robiło się pogodnie. Niestety, nie dla niego.

Nagle usłyszał stękanie, dochodziło gdzieś z boku. Pobiegł w tamtą stronę. Kilkadziesiąt metrów dalej zobaczył, że coś rusza się w śniegu. Pisarz! Wilczura, podobnie jak jego, zasypało mniej więcej do pasa. Cały był oblepiony śniegiem, jakby przygotował sobie oryginalne przebranie za yeti na karnawał. Grzegorz dopadł do niego i zaczął kopać łopatą. Zorientował się, że tamten ma całą twarz w śniegu. Troskliwie odgarnął mu z czoła zmierzwione i pełne bryłek lodu włosy i przetarł jego oczy. Zobaczył w nich coś, czego nigdy wcześniej u nikogo nie widział tak wyraźnie: to był szok połączony z bezgranicznym niedowierzaniem, że naprawdę wciąż żyje.

– Jest pan cały? – zapytał, próbując uwolnić nogi mężczyzny. Jego ruchy były nerwowe. Raz po razie z furią uderzał łopatką w śnieg.

Pisarz milczał, jakby wpadł w letarg. A może go nie słyszał? Grzegorz się przeraził. Przerwał kopanie i spojrzał na Tomka.

– Słyszy mnie pan? Halo! Proszę poruszać nogami, pomoże mi pan w ten sposób!

Pisarz posłusznie wykonał jego polecenie.

– O, więc jednak się słyszymy! Całe szczęście! Pan musi mieć jakieś układy z Duchem Gór, kolejny raz ujść z życiem… – Zaśmiał się. To był ten jedyny w swoim rodzaju śmiech, gdy nerwy człowieka są napięte do granic możliwości, a zagrożenie, z którym się mierzy, jest tak wielkie, że zwyczajnie nie wie, jak zareagować. Jedyne, co wtedy pozostaje, to obśmiać zło. Grzegorz zaczął mówić coś do Tomka, już sam nie wiedział co, byleby zagłuszyć tę przerażającą ciszę, która panowała na lawinisku.

Cisza. Kolejne ukłucie za mostkiem. Nigdzie nie było słychać ani widać Pawła. Gdy już oswobodził milczącego pisarza, wygrzebał z plecaka folię termiczną i mu rzucił.

– Proszę się okryć. Pomoc już jedzie. Ja szukam przyjaciela.

Tomek drżącymi rękami złapał zawiniątko i nieudolnie próbował je odpakować. Grzegorz tymczasem zaczął się rozglądać. Lawina była nieprzewidywalna jak wzburzone morze podczas sztormu. Jeśli w takim momencie jakiś śmiałek spróbowałby do niego wejść, nie istniał żaden algorytm, który umożliwiłby oszacowanie, co fale zrobią z takim człowiekiem. Wypchną na wierzch, a może wciągną na samo dno? Wyrzucą przy brzegu i tylko trochę ochlapią, czy zabiorą ze sobą w głąb morza? Tak samo lawina traktowała swoje ofiary. Jeden będzie przysypany kilka centymetrów pod powierzchnią, inny – kilka metrów. Grzegorz nawet nie chciał dopuszczać do siebie tej myśli.

Złapał się za mostek. Detektor lawinowy był na swoim miejscu. Złotą zasadą było, że ten sprzęt umieszczało się na samej koszulce, pod wszystkimi bluzami, kamizelkami i kurtkami. Wszystko to z powodu zdolności lawiny do rozbierania ludzi – im głębiej schowało się detektor, tym mniejsze prawdopodobieństwo, że stanie się łupem żywiołu. Bez tego urządzenia szanse na dotarcie do ofiary, zanim umrze pogrzebana żywcem w śniegu, znacząco malały.

Grzegorz spojrzał na pokrętło urządzenia, było ustawione na nadawanie. Ten tryb włączało się zawsze, idąc w teren. Gdyby ratownika porwała lawina, detektor emitował sygnał, który inni, ustawiając swoje urządzenia na tryb odbioru, mogliby namierzyć. To właśnie zamierzał zrobić Grzegorz. Wyciągnął słuchawkę z umieszczonej przy sprzęcie przegródki, wsadził do ucha i zmienił ustawienie na odbiór. Jeśli Paweł ma na sobie detektor w trybie nadawania, będzie szansa, że znajdzie go szybko…

Zaczął się rozglądać. Jedyne, co można było przewidzieć w przypadku lawiny, to że ciągnęła ludzi w dół – w kierunku, w którym pędziła – a nie odwrotnie. Grzegorz wytężył umysł. Oszacował miejsce, w którym ostatnio mógł widzieć Pawła, i ruszył w tamtym kierunku. Stamtąd natomiast zamierzał metodycznie przesuwać się w dół. Przez długi czas nie słyszał w słuchawce nic. Przypomniał sobie, że Paweł w pośpiechu ubierał się na akcję… A jeśli zapomniał o detektorze? Przeraził się. Złapał za radiotelefon, chcąc zapytać Ulę, czy w Bacówce w szafie z zapasowym ubraniem na akcję nie został detektor. Już naciskał przycisk, gdy głucha cisza w słuchawce niespodziewanie zamieniła się w sygnał. Najpierw cichy i zaraz coraz głośniejszy. Grzegorz odłożył radiotelefon i skupił całą swoją uwagę na dźwięku płynącym z urządzenia. Błądząc jak we mgle, podążał za sygnałem.

Karpacz, 8 marca 2007

Gdy Ula usłyszała w radiu przerażony głos Grzegorza, w jej oczach stanęły łzy. A więc przeczucie jej nie myliło, Kocioł Smogorni okazał się nieobliczalny. Otarła oczy, próbując zachować spokój. Przecież pracowała w GOPR-ze już kilka lat. Wiedziała jednak, że w przypadku zwykłych akcji ratunkowych, gdy ofiary były ratownikom obce, zachowanie spokoju i chłodnego profesjonalizmu było realne. Jeśli natomiast zgłoszenie dotyczyło innych ratowników, zwłaszcza tych, których dobrze znała i z którymi się przyjaźniła, odsunięcie emocji na bok było niemożliwe.

– Bacówka do stacji centralnej! – usłyszała w radiu głos dyspozytora.

Złapała za słuchawkę i odpowiedziała drżącym głosem:

– Zgłasza się Bacówka!

– Przygotuj zestaw lawinowy i potrzebny sprzęt, wyprowadź pojazdy z garaży. Wyślij pierwszych ratowników, którzy przyjadą pod Wang. Tam wyznaczam punkt zborny, tam również będą dojeżdżać pozostali ratownicy.

– Przyjęłam – odparła krótko, po czym odłożyła słuchawkę i zaczęła działać. Niedługo później ruszyła w stronę świątyni Wang.

Kocioł Smogorni, 8 marca 2007

Najważniejsze, żeby odkopać głowę – to Grzegorz wiedział doskonale. Raz po raz zamachiwał się łopatą, a co większe kawałki lodu rozbijał czekanem i rękami odrzucał na bok kolejne grudy śniegu. Kiedy nadjedzie pomoc? Grzegorz kopał, jęcząc, już sam nie wiedział, czy ze zmęczenia, czy z bezsilności.

Poczuł na plecach niespodziewane ciepło. Wychodziło słońce, linia chmur dalej opuszczała się w dół. Nagle ujrzał nad sobą cień. Zaskoczony odwrócił głowę.

Pisarz. Stał nad nim, z kamiennym wyrazem twarzy. Nic nie mówiąc, złapał za łopatę i próbował kopać razem z Grzegorzem. Widać było, że jest osłabiony, ręce mu drżały, a narzędzie wbijał w śnieg z taką siłą, jakby był dzieckiem w piaskownicy. Mimo to zapamiętale pracował.

– Musimy dać radę – powiedział nagle, spoglądając Grzegorzowi w oczy. Nie wyglądały tak, jak jeszcze kilkanaście minut temu. Widać było w nich coś na kształt determinacji.

Czas płynął swoim rytmem, a każda sekunda oddalała szansę na znalezienie Pawła żywego.

Dół był już głęboki na ponad pół metra. W pewnym momencie na jego dnie spod śniegu zaczął przebijać się jakiś obły kształt. Brzuch.

– Jest! – krzyknął Grzegorz. Dopadł ciała i ze wszystkich sił zaczął wygrzebywać spod śniegu głowę. Gdy już mu się to udało, nachylił się nad ustami Pawła i poczuł, jak oblewa go zimny dreszcz. Wyglądało na to, że przyjaciel nie oddycha.

– Szybko, pomóż mi, błagam – rzucił do Tomka. – Musimy go jakoś wyciągnąć.

Wspólnymi siłami wykopali ciało Zalewskiego na tyle, że udało im się uwolnić je spod śniegu. Grzegorz starał się zabezpieczyć przy tym kręgosłup szyjny.

„Nigdy nie operuje się najbliższych" – powtarzał mu jeden z profesorów na studiach. – „To zbyt duży stres. Łatwo o błąd..." A Grzegorz był w stresie podwójnym, bo łamał tę zasadę na dwa sposoby: nie tylko jako ratownik próbował ratować przyjaciela, ale też jako lekarz próbował teraz walczyć o jego gasnące życie. *Zdążyć przed Panem Bogiem* – przypomniał sobie tytuł jednej ze swoich ulubionych książek. W takich sytuacjach medycyna to był jeden wielki, morderczy wyścig.

Klęknął i nachylił się nad przyjacielem. Przyłożył raz jeszcze policzek do jego sinych ust i zamarł. Paweł nie oddychał. Złapał za radiotelefon.

– Centralna do Grzegorza Budziszyńskiego.

– Centralna zgłasza się.

– Mam Pawełka. Nie oddycha.

– Ekipa już do was jedzie.

– To potrwa za długo! Błagam, przyślij helikopter z Wrocławia! Błagam!

– Grzegorz… – Dyspozytorowi jakby głos uwiązł w gardle. – Jest mgła, przecież wiesz, że helikopter z Wrocławia nie dotrze w góry w takich warunkach…

– Nie! Mgła opada! U mnie jest już słońce, chmury się cały czas wycofują w dół. Zaczęła się inwersja, słyszysz? Pogoda będzie tylko lepsza! Błagam, zrób coś!

– Dobrze. Dzwonię do Wrocławia. Bez odbioru.

Jelenia Góra, 8 marca 2007

Ostatnia wiadomość o Pawle zmroziła dyspozytora. I choć wątpił, czy Wrocław przy tak niepewnej pogodzie zgodzi się wysłać im helikopter, wiedział, że nie podda się bez próby.

Najgorsze było to, że lawina zeszła w tak cholernie trudno dostępnym miejscu. Choć dyspozytor już dawno ogłosił alarm wśród wszystkich ratowników zgodnie z misternie zaplanowaną siatką powiadamiania, wiedział, że dotarcie do Kotła Smogorni z samego Karpacza zajmuje jakieś półtorej godziny, podobnie w drugą stronę. Zaczął liczyć. Przy założeniu, że pierwsi ratownicy są już w połowie drogi ze świątyni Wang do Kotła, należy dać im jeszcze jakieś minimum pół godziny na dotarcie. Potem załadowanie Pawła do pulek i droga skuterem śnieżnym do Karpacza, kolejne dwie godziny. Następnie z Karpacza do szpitala w Jeleniej Górze karetką na sygnale. Jeśli na zmianie jest lubiący brawurę kierowca i nie będzie się obawiał oblodzonych dróg, to w dwadzieścia minut powinien zdążyć. Razem wychodziło prawie trzy godziny. Natomiast helikopter z Wrocławia będzie leciał do celu niecałe półtorej. W Kotle Smogorni nie było warunków do lądowania; ewentualność, że helikopter przysiądzie na zboczu jedną płozą, też była wykluczona. Pozostawało tylko spuszczenie ratownika na linie, zapakowanie rannego na nosze i transport razem z ratownikiem w powietrzu na tak zwanej długiej linie. W ten sposób droga do Jeleniej Góry zajęłaby jakieś dziesięć minut. Półtorej godziny z Wrocławia do Kotła Smogorni plus dziesięć minut stamtąd do szpitala w Jeleniej to wciąż zdecydowanie mniej niż trzy godziny...

Dyspozytor chwycił za telefon i wybrał numer. Czekał na połączenie w najwyższym napięciu. Otrzymanie zgody na transport śmigłowcem nie było takie proste. Po pierwsze, na zmianie musiał być pilot, który potrafił latać w warunkach górskich, a nie wszyscy tę umiejętność posiadali. Po drugie, musiało być widno. Jeśli powrót śmigłowca wypadłby po zmierzchu, zgody na wysłanie maszyny na pewno nie dostanie. Po trzecie, nie mogło być mgły – w tym przypadku Grzegorz zapewniał, że warunki zdecydowanie się poprawiły.

Gdy dyspozytor usłyszał głos w słuchawce, wyrzucił z siebie na jednym wdechu:

– Jelenia Góra, stacja centralna GOPR-u. Mamy lawinę. Pilnie potrzebujemy helikoptera.

Po drugiej stronie przez ułamek sekundy panowała cisza. Dyspozytor czekał na odpowiedź niemal jak na wyrok.

– Nie ma szans.

– Błagam... Tam jest nasz kolega, naczelnik grupy. My z lądu nie damy rady w tych warunkach przetransportować go do szpitala tak szybko jak wy. Pogoda się poprawiła, nie ma już mgły nad Karkonoszami, pilot na pewno da radę, proszę...

– Przykro mi. – Mężczyzna mu przerwał. – Nie chodzi o pogodę. Był karambol na A cztery w okolicach Kostomłotów. Siedem tirów, dwa busy i kilkanaście osobówek. Mamy pełne ręce roboty, śmigłowiec jest w trasie… Wiecie, że mamy tylko jeden… Przykro mi – powtórzył.

– Rozumiem – odpowiedział dyspozytor przez zaciśnięte gardło i odłożył słuchawkę.

Przez chwilę wpatrywał się w przestrzeń nieobecnym wzrokiem.

– Kurwa! – Walnął pięścią w stół.

Jak przekazać Grzegorzowi, że śmigłowca nie będzie? Zawahał się. Nie, nie powie mu o tym. Nie może. To nic nie wniesie, a jedynie zabije resztki nadziei u kumpla z pracy. Boże, żeby tylko posiłki szybko do niego dotarły…

– Kurwa! – krzyknął znowu z bezsilności.

Kocioł Smogorni, 8 marca 2007

Grzegorz wprawnym ruchem przyłożył dwa palce do zagłębienia na szyi. Ucisnął.

– Nie ma tętna – wyszeptał. Sprawdził, czy w jamie ustnej nie było jakichś przedmiotów, bo to niosło przecież ryzyko zachłyśnięcia, po czym założył dłonie jedna na drugą, oparł o mostek i zaczął masaż. Trzydzieści uciśnięć, dwa wdechy. Doskonale znał ten schemat. I to naiwne uczucie, gdy robi się pierwszych kilka serii. Ratującemu wydaje się wtedy, że adrenalina, która przesyca jego krew, wystarczy jako bateria zasilająca mięśnie na wiele godzin. Że to w gruncie rzeczy nie jest takie męczące, bo jak ktoś w ogóle mógłby śmieć mówić o zmęczeniu, gdy na szali waży się cudze życie. Wiedział jednak, że to złudne uczucie i po kilkudziesięciu seriach przyjdzie zmęczenie. Mięśnie zaczną zwyczajnie się palić i odmówią posłuszeństwa. Kto wtedy przejmie jego pracę przy resuscytacji? Tomek? Wciąż uciskając klatkę, spojrzał przelotnie na pisarza – znów miał ten sam pełen przerażenia wyraz twarzy. Siedział na śniegu obok nich i trząsł się, zawinięty w folię termiczną. Wyglądało, jakby momentami z powodu szoku tracił kontakt z rzeczywistością. A może do tego czasu, nim Grzegorz się zmęczy, dotrze pomoc?

Trzydzieści uciśnięć już za nim. Odchylił głowę Pawła, wysuwając mu żuchwę. Zatkał jego nos, nabrał powietrza i przywarł swoimi ustami do jego warg. Klatka piersiowa uniosła się lekko. Potem drugi wdech.

Znowu uciskanie. Wyprostował łokcie, przeniósł cały ciężar tułowia na ręce i zaczął masaż. Trzasnęło mu pod rękami, pewnie pękło żebro Pawła. To się zdarzało, przy walce o czyjeś życie takie złamanie jest bez znaczenia.

Karpacz, 8 marca 2007

Świątynia Wang była ewenementem wśród kościołów na całym świecie – te bowiem rzadko podróżowały.

Postawiona przeszło osiemset lat temu w norweskiej wioseczce Vang, po kilku wiekach użytkowania, w stanie wymagającym pilnych remontów, została rozłożona na części, spakowana do skrzyń i sprzedana przez Norwegów królowi Prus. Ten zaś – po rozmowach z hrabiną von Reden z Bukowca – zamiast zgodnie z pierwotnym planem zrekonstruować kościół w Berlinie, przekazał go jako prezent do Karpacza. Skrzynie więc popłynęły Odrą na Dolny Śląsk, a w góry przetransportowano je konno. W ten sposób pamiętająca niemalże czasy wikingów świątynia stanęła w Karkonoszach, na wysokości blisko dziewięciuset metrów nad poziomem morza.

Kościół znajdował się przy jednym z najpopularniejszych wejść do Karkonoskiego Parku Narodowego.

O ile normalnie o tej porze nie było w okolicy starej świątyni zbyt wielu ludzi, o tyle dzisiaj panowało wokół niej spore poruszenie. Urszula zatrzymała się swoją terenówką tuż przy bramie wiodącej na plac przed kościołem, a niedługo po niej na miejscu zaczęły się pojawiać kolejne pojazdy z oznakowaniem GOPR-u. Pierwsi dotarli czterej ratownicy z Karpacza na skuterach śnieżnych. Ula sprawdziła stan ich plecaków, czy zawierają niezbędny sprzęt, oraz czy mężczyźni mają detektory lawinowe. Zapisała w swoim notesie ich dane, a następnie godzinę, o której wyruszyli w teren. Postronnym osobom te czynności mogły wydawać się zwykłą biurokracją, ale ona doskonale wiedziała, jak ogromną rolę mogą odegrać te informacje, gdyby na przykład zeszła lawina wtórna. Wtedy wiedza o tym, ilu ratowników rzeczywiście znalazło się w zagrożonym obszarze, miała znaczenie kluczowe.

Przyjeżdżały kolejne samochody z ratownikami w pełnym rynsztunku, gotowymi w każdej chwili ruszyć w góry. Urszula była poruszona. Nie potrafiła wyobrazić sobie drugiej tak zgranej drużyny, jak ziomkostwo z GOPR-u. Ustalona od niepamiętnych czasów siatka powiadamiania zadziałała jak szwajcarski zegarek, tak że w krótkim czasie całe pogotowie było postawione na nogi. Z Kotliny Jeleniogórskiej zjeżdżali się ludzie, porzucając pracę, domy i plany na dzień, by spełnić najwyższy w ich hierarchii wartości obowiązek: nieść ratunek walczącym o życie.

Z oddali dało się słyszeć wycie syren, które z każdą sekundą stawało się coraz głośniejsze. Kilka chwil później na placu przed bramą wjazdową do parku zatrzymały się dwie karetki pogotowia. Lekarze i ratownicy wysiedli z pojazdów, Ula podeszła do nich, by poinformować o aktualnej sytuacji. Ktoś zapalił papierosa, ktoś się przyłączył. W powietrzu, poza tytoniowym dymem i mgłą, wisiało napięcie. Wszyscy w pełnym niepokoju milczeniu wpatrywali się w niknącą w lesie drogę, która wiodła od bramy parku w kierunku Starej Polany. Czekali na ratowników, którzy mieli zwieźć z gór poszkodowanych.

Na placu gromadziło się też coraz więcej gapiów. Mieszkańcy, turyści, pracownicy pobliskich sklepów z pamiątkami i budek z jedzeniem spoglądali z ciekawością w stronę zbiorowiska ratowników. Ich liczba świadczyła o tym, że stało się coś naprawdę poważnego. Wśród obserwatorów rozchodziły się pierwsze plotki.

Całemu temu zajściu przyglądała się stara, drewniana świątynia. Schowana za granitową dzwonnicą, która miała osłaniać ją przed wiejącymi od strony Śnieżki silnymi wiatrami, w ponurym milczeniu obserwowała poczynania ludzi, którzy stanęli do walki z żywiołem.

Nagle gong na dzwonnicy zaczął wybijać pełną godzinę. Głuche dudnienie kolejnych uderzeń niosło się w eter. Czas płynął nieubłaganie, a z Kotła Smogorni nadal nie było żadnych nowych wieści o stanie Pawła.

Kocioł Smogorni, 8 marca 2007

Gdy usłyszeli sygnał nadciągających skuterów śnieżnych, Grzegorz był na skraju wyczerpania. Chwilę później pierwsi ratownicy, Rafał i Piotrek, biegli w ich kierunku.

– Jesteście – wysapał Grzegorz ostatkiem sił. – Co ze śmigłowcem?

– Daj, teraz ja. – Rafał natychmiast padł na kolana i przejął masaż serca od wyczerpanego ratownika. Tamten odsunął się i padł na plecy. Oddychał z trudem.

– Gdzie śmigłowiec? – Wbił spojrzenie w Piotrka.

Mężczyzna posmutniał i tylko przecząco pokiwał głową.

– Nie... – wyszeptał Grzegorz i z oczu popłynęły mu łzy.

Siedzący z boku Tomasz wpatrywał się nieobecnym wzrokiem w czubki swoich butów. Wymowność jego milczenia chwytała za serce.

W tym momencie nadjechał drugi skuter i wyskoczyli z niego kolejni dwaj ratownicy.

– Panowie – zawołał w ich stronę Piotrek. – Pomóżcie nam załadować Pawełka do pulek. Ja z Rafałem i Grzegorzem bierzemy go na dół, wy weźcie pana pisarza.

– Czy ktoś jeszcze może być poszkodowany? – zapytał trzeźwo jeden z nich.

– Nie – odparł Grzegorz, wstając. – Byliśmy tu sami. A jeśli kogoś jeszcze porwało, to jego będą już szukać następni.

Chwilę później nieprzytomnego Pawła ułożono na saniach za skuterem. Rafał uklęknął przy nim i kontynuował uciskanie klatki. Piotrek z Grzegorzem usiedli z przodu i ruszyli ostrożnie, prowadzenie resuscytacji wykluczało bowiem brawurową jazdę. Niedługo potem w ich ślady poszli ratownicy z drugiego pojazdu.

– Tu się pan położy. – Wskazali Tomkowi na sanie.

– Nie... Nie trzeba, tak źle nie jest, ja usiądę – zaczął Wilczur. Widać było, że jest zupełnie splątany.

– Ale tak będzie bezpieczniej. Jeszcze nam pan spadnie po drodze.

– Dobrze – odparł cicho i posłusznie wykonał ich polecenie. Pomogli mu ułożyć się na saniach, okryli go szczelnie i sprawnie przypięli do pulki. Chwilę później ruszyli.

Tomek patrzył w niebo. Błękit, czysty i nieskazitelny. Aż trudno uwierzyć, że jeszcze przed chwilą cała okolica tonęła w morzu mleka.

Sanie podskakiwały, kołysząc nim na boki, jakby leżał w hamaku. Przypomniał sobie, że jako dziecko marzył o tym, żeby ktoś zabrał go na kulig. Teraz niespodziewanie to życzenie poniekąd się spełniało, choć skrzywione przez okrutną rzeczywistość. Zamknął oczy. Przypomniała mu się legenda o Duchu Gór pędzącym saniami po zamarzniętym Wielkim Stawie. Tylko gdzie on o tym czytał? Uniósł głowę zdziwiony. Kto go teraz wiózł? Ratownicy czy Liczyrzepa? Nie miał pewności. Obraz przed oczami zaczął mu się rozmazywać. Przestał się trząść, chyba zaczynało mu się robić ciepło. Może to po prostu gorączka? Albo to działanie tych pakietów grzewczych, o których mówili ratownicy, gdy pomagali mu ułożyć się w saniach? A może... to znaczyło, że jednak umiera? Napięte z powodu ekstremalnego stresu ciało rozluźniało się, miał wrażenie, że traci nad nim kontrolę. W końcu odpłynął.

Stara Polana, 8 marca 2007

Granica inwersji przebiegała poniżej Starej Polany. Większość górskiej łąki skąpana już była w promieniach słońca, podczas gdy droga wiodąca na dół, do Karpacza, nikła we mgle. Szlakiem w kierunku Samotni i Strzechy Akademickiej wędrowali nieliczni turyści, zachwycający się spektakularną zmianą pogody.

– Piotrek, zmień mnie... – wysapał Rafał, gdy wjechali skuterem na polanę.

Kierowca natychmiast się zatrzymał i zeskoczył z pojazdu.

– Poczekajcie, może do nas wrócił, trzeba to sprawdzić – odezwał się Grzegorz i również zsiadł ze skutera. Spojrzał na siną twarz przyjaciela, a potem na zegarek. Przyłożył dwa palce do szyi i ucisnął. Pozostali dwaj ratownicy wpatrywali się w niego z niepewnością.

– I co?

– Nic... – Grzegorz pobladł. – Cholera jasna... To już trwa tak długo. Za długo!

– Chyba nie chcesz powiedzieć, że... jego już z nami nie ma? – Piotrek zdjął czapkę przerażony.

– Tego nie powiedziałem! Nawet tak, kurwa, nie myśl! Słyszysz? Uciskaj!

W tym momencie minął ich drugi skuter.

– Co się dzieje? – krzyknął kierujący nim ratownik.

– Nic! Jedźcie dalej! – Grzegorz zaczął machać nerwowo ręką, było widać, że jest wzburzony.

– Na pewno?

– A mówię niewyraźnie? Jedźcie!

Tamci posłusznie ruszyli. Ponieważ droga z Polany do Wangu była regularnie uczęszczana przez turystów, a oni jechali bardzo szybko, włączyli syrenę. Chwilę później zniknęli we mgle.

– Może teraz ja poprowadzę? – zwrócił się Grzegorz do Rafała. – Ty musisz też chwilę odsapnąć...

Karpacz, 8 marca 2007

– Nie zniosę dłużej tego czekania – stwierdziła Urszula, nerwowo przestępując z nogi na nogę. Usłyszała trzask zapalniczki. Stojący obok niej Marek odpalił właśnie papierosa. Znała go dość słabo, od niedawna dopiero zaczął dyżurować w Bacówce. – Dasz jednego?

– Ty palisz...?

– Rzuciłam, ale...

Marek spojrzał na nią ze smutkiem.

– Dzisiaj muszę. Błagam, daruj sobie umoralnianie.

Mężczyzna bez słowa wyciągnął z kieszeni paczkę papierosów i podał jej ogień.

Urszula zaciągnęła się dymem.

– Mam taką przerażającą wizję – zaczęła. – Prześladuje mnie od kilku lat.

– Jaką?

– Kiedyś obejrzałam film *Synowie gór*, kojarzysz?

– Ten o czeskich narciarzach, czarno-biały? Strasznie stary, pewnie kiedyś go widziałem, ale to było lata temu.

– To jest film oparty na faktach. W tysiąc dziewięćset trzynastym w Karkonoszach zorganizowano międzynarodowy bieg na pięćdziesiąt kilometrów. Przez Łabską Łąkę, Śnieżne Kotły, Szrenicę i tak dalej. Trzy pętle po górach i potem na dół do wsi Horní Mísečky. Zawody zaplanowano na koniec marca, w dolinach była już wiosna, a w górach wciąż śnieg. Rano piękna pogoda, biegacze ruszyli spod Labskiej boudy w samych koszulach. Faworytem był Czech, Bohumil Hanč…

– Czekaj, już kojarzę. To był ten feralny bieg, gdy nagle w ciągu dnia dramatycznie popsuła się pogoda i zawody przerwano, ale nie udało się o tym poinformować tego faworyta, bo był za daleko czy coś?

– Tak. I on… – Urszula przełknęła łzy. – Biegł dalej w tej śnieżycy, bo myślał, że zawody wciąż trwają. Na trasie w jednym miejscu czekał jego przyjaciel, Václav Vrbata, który razem z nim służył kiedyś w wojsku. Też nie wiedział, że zawody zostały przerwane. I widząc przemarzniętego Hanča, najprawdopodobniej oddał mu swoją kurtkę. A potem zaczął schodzić na dół najkrótszą drogą, bo chciał dopingować przyjaciela na mecie we wsi. A Hanča czekało jeszcze tylko jedno, ostatnie okrążenie po górach przed zjazdem na dół. Ale w pewnym momencie upadł wycieńczony.

– Zaczął zamarzać… – dopowiedział Marek, nerwowo wypuszczając kłęby siwego dymu.

– Nie udało się wyjaśnić, jak to się stało, ale Vrbata zorientował się, że coś jest nie tak, i poszedł w góry z powrotem. Żeby zobaczyć jeszcze raz, jak Hanč radzi sobie na trasie.

– I znalazł go martwego, tak? – Marek zaczynał się niecierpliwić.

– Nie, to było bardziej skomplikowane. Nieprzytomnego Hanča znalazł w międzyczasie inny narciarz. Zdjął mu narty i zaczął go ciągnąć do najbliższego schroniska. Gdy Vrbata wrócił na trasę i zobaczył stojące tam wbite w śnieg narty przyjaciela, pomyślał, że coś mu się stało. Zaczął go szukać. I dość szybko zamarzł w tej śnieżycy, bo nie miał już kurtki...

– A co się stało z tym Hančem, donieśli go do schroniska?

– Ten, co go znalazł, niósł go kawałek. W końcu nie dał rady. Zostawił go przy szlaku, wrócił do schroniska i stamtąd w kilka osób pospieszyli po Hanča z saniami. I na tych saniach ostatecznie dowieźli go do schroniska. Zmarł tam kilka godzin później. A Vrbatę znaleźli dopiero następnego dnia.

– Ula... – Marek starał się nie dać po sobie poznać, jak duże emocje nim targają. – Ale czemu ty mi to właśnie teraz opowiadasz?

– Bo mnie prześladuje taka wizja... Na koniec filmu jest scena, że na dole, na mecie publiczność czeka na zawodników. Żona Hanča, przyjaciele, dziennikarze, członkowie klubów narciarskich... I nagle widzą schodzących z gór zawodników. Wszyscy są zdziwieni, bo tamci idą pieszo. Mają z nart zrobione nosze, na których ktoś leży. I żona Hanča... Ona pierwsza się orientuje... Że... Na noszach leży jej mąż. Martwy... – Urszula zaczęła płakać. Marek wyrzucił papierosa i objął ją z całych sił. Wstrząsał nią tak mocny szloch, jakby jakaś zapora jej wytrzymałości na stres została właśnie przerwana.

– Przestań! Nie możesz tak myśleć! – Wypuścił ją z objęć, złapał mocno za ramiona i zaczął potrząsać. – To tylko film, słyszysz...? Ulka!

– Marek, to było oparte na faktach... Te góry takie są. Co jakiś czas zabierają swoich synów na zawsze do siebie. I ja... Ja się bałam, że mnie kiedyś też to spotka. Że będę czekać na dole na kogoś, jak ta żona w filmie. I boję się, że... To dziś. – Znowu zaniosła się płaczem. – A ja... Ja od dawna kocham Pawełka. I boję się, że nie zdążę już mu tego powiedzieć...

Powietrze przecięło ponure dudnienie, które niosło się echem po spowitym mgłą mieście. Dzwonnica świątyni Wang zaczęła bić pełną godzinę.

Nagle głuchy dźwięk kościelnej wieży został zagłuszony przez wycie syreny.

– Jadą! – krzyknął ktoś. – Jadą!

Wśród ratowników zapanowało wielkie poruszenie. Szlakiem w kierunku bramy parku rzeczywiście nadciągał goprowski skuter na sygnale. Urszula rzuciła się w tamtą stronę.

Po chwili pojazd wyhamował tuż przed najbliższą karetką.

– Mamy poszkodowanego, Tomasza Wilczura. Przytomny, ale podsypiający, wychłodzony, może mieć jakieś odmrożenia... – Ratownik GOPR-u referował w pośpiechu lekarzowi pogotowia, pomagając jednocześnie przenieść pisarza na drugie nosze.

Kilkanaście sekund później karetka na sygnale ruszyła stromą drogą na dół, w kierunku Jeleniej Góry.

– Chłopaki, gdzie Grzegorz? Gdzie Pawełek? – Urszula niemal się trzęsła. – Czy on naprawdę jest w takim złym stanie? Dlaczego ich z wami nie ma?

Ratownicy spojrzeli po sobie.

– Chyba... Nie jest najlepiej – wydusił po chwili jeden z nich. – Resuscytowali go po drodze i nagle się zatrzymali...

– Gdzie?

– Na Starej Polanie.

– Jadę tam – rzuciła Urszula przez zaciśnięte zęby i chciała wsiadać na skuter ratowników, gdy poczuła mocny uchwyt na swoim ramieniu. Marek.

– Nie możesz w takim stanie – stwierdził. – Zrobisz sobie albo komuś krzywdę. Oni na pewno zaraz przyjadą.

– Co ty możesz wiedzieć, gówniarzu? – wybuchła. – Byłeś kiedyś na akcji, na której zginął twój przyjaciel?

Marek milczał.

– Byłeś?

– Nie.

– To zejdź mi z drogi, słyszysz?

– Ula…

Głuchy gong. Świątynia Wang biła kwadrans po pełnej godzinie. A zaraz potem ryk skutera.

– Popatrz, jadą! – krzyknął Marek.

– Matko… – Urszula zakryła usta dłonią, po czym nagle drgnęła. – Zaraz, ale dlaczego nie na sygnale? Dlaczego oni nie mają włączonej syreny? Boże! – Padła na kolana.

Po chwili skuter zatrzymał się tuż obok karetki.

Wszystko działo się tak szybko, a dla Urszuli jakby w zwolnionym tempie. Zobaczyła tylko Pawła, całego sinego, jak ratownicy wciągają go do karetki. Chciała podejść, ale coś jakby ją zamurowało. A więc właśnie teraz znalazła się w swoim najgorszym do wyobrażenia koszmarze. Z Karkonoszy zwieziono jej ukochanego. Syna gór.

Znowu sygnał. Karetka ruszyła w stronę Jeleniej Góry. Za jej niknącymi we mgle światłami patrzyli Rafał, Piotrek, Grzegorz, Urszula, Marek i pozostali ratownicy GOPR-u.

Na placu przed kościołem Wang zrobiło się cicho.

– On już z tego nie wyjdzie, prawda? – Urszula odezwała się pierwsza.

Odpowiedziało jej milczenie.

– Grzegorz, ty jesteś lekarzem. Na pewno wiesz. – Spojrzała na niego oczami pełnymi łez.

– Znalazłem go szybko. Naprawdę, tak szybko jak mogłem… Ale wtedy już nie oddychał. Zaraz potem stracił tętno… Uciskałem go do przyjazdu chłopaków, potem oni dzielnie walczyli… Ale nie wrócił do nas do samego końca akcji.

– Czyli… On już jest… Po drugiej stronie? – wydusił z siebie Marek.

– Paweł był w hipotermii, przynajmniej kilkanaście minut leżał w bezruchu, przysypany śniegiem i lodem.

– Boże… – jęknęła Urszula.

– Gdy żywy organizm się wychładza, cała jego biologia spowalnia – tłumaczył Grzegorz. – A śmierć to nie jest ułamek sekundy, to jest proces. I dlatego przy hipotermii umieranie też spowalnia. Chcę przez to powiedzieć, że w przypadku hipotermii granica między życiem a śmiercią nie jest jednoznaczna. Zdarzają się spektakularne przypadki… Ktoś spędza ileś czasu w śniegu i potem, jak go ogrzeją, nagle wraca życie. Jakby budził się ze snu zimowego. Ale czy teraz tak będzie? Nie wiem. – Rozłożył ręce.

Znów zapanowała cisza. Wiatr się uspokoił, a chmury zaczęły schodzić poniżej placu przed świątynią Wang. Słońce oblało światłem twarze ratowników. Trwała inwersja.

Urszula zaczęła wyć. Jej bezsilny krzyk odbijał się echem od milczących gór. Nagle zaczęła wtórować mu kościelna dzwonnica, która wybiła dwa kwadranse. Głuchy dźwięk gongu poniósł się po Kotlinie.

Schronisko Samotnia, 8 marca 2007

„Na imię mi Duch Gór” – głosił po niemiecku napis na liczącym przeszło sto czterdzieści lat dzwonie, który wisiał na wieżyczce schroniska Samotnia. Wiązała się z nim legenda mówiąca, że sygnaturkę odlano z metalu, który jednemu z gospodarzy schroniska pozostawił Duch Gór w podziękowaniu za pomoc podczas walki, jaką toczył na dnie Wielkiego Stawu z Królem Wód.

Maryśka spojrzała na zegarek. Od rana, gdy zadzwoniła z prośbą o pomoc do Pawła Zalewskiego, minęło już tyle godzin, a ona wciąż nie miała od niego żadnych wieści. Czy znalazł Tomka? Gdzie był teraz jej nieszczęsny brat? Silny ból rozpierał jej potylicę, to na pewno przez wysokie ciśnienie. Zawsze tak było, gdy bardzo się czymś denerwowała.

Wyszła przed schronisko. Może pora była wrócić do Strzechy Akademickiej? Siedziała tu już tyle czasu, ale na myśl o powrocie do siebie zaczynała czuć jeszcze większy niepokój. Usiadła na ławce i zapatrzyła się na zaśnieżone ściany Kotła Małego Stawu. Przypomniała sobie, jak wiele lat temu w tym właśnie miejscu ukradła ćwiczącym żołnierzom karabin, z którego później Franek zastrzelił Czerwińskich. Westchnęła. Powrót do Strzechy na stałe, po latach spędzonych w zakonie, nie był jednak dobrym pomysłem. Z tym schroniskiem wiązało ją zbyt wiele trudnych wspomnień.

Z Samotni wyszła gospodyni i zmierzała w stronę Maryśki z grobową miną.

– Coś wiadomo?

Tamta tylko pokiwała głową, ale nie była w stanie wydusić ani słowa.

– Coś złego się stało? Sylwia, powiedz!

Gospodyni przytuliła ją z całych sił i zaczęła szeptać przez łzy:

– Zeszła lawina w Kotle Smogorni.

– O Boże... – Z oczu Maryśki także popłynęły łzy.

– Ten pisarz ponoć żyje, ale z Pawełkiem... Z Pawełkiem nie jest dobrze.

W tym momencie od północy zawiał wiatr. Zaraz potem uderzył drugi podmuch, ze zdwojoną siłą. A potem następny i następny.

Usłyszały bicie dzwonu.

– Co to? – Maryśka była zdezorientowana.

Sylwię przeszedł dreszcz. Odwróciła się i spojrzała w stronę schroniska. Na szczycie wieżyczki bujała się rozhuśtana przez wiatr sygnaturka.

– To... Duch Gór – wydusiła. – Nasz dzwon. Ja... Mieszkam tu kilkadziesiąt lat i... nigdy w życiu nie słyszałam, żeby bił sam z siebie.

– To zły znak... Jest przecież legenda... – zaczęła Maryśka i zasłoniła usta.

– ...że zadzwoni, gdy do królestwa Ducha Gór wróci na zawsze oddany mu człowiek.

Kobiety wpatrywały się w drewnianą wieżę schroniska w milczeniu, a dzwon bił nadal, ponurym tonem obwieszczając Karkonoszom początek żałoby.

Część XV

SYN GÓR

Kto jeszcze zna ziemię, gdy zasypana śniegiem w szarym nocnym wichrze wypełniona jest przerażającymi, samotnymi dźwiękami i nigdzie nie ma schronienia i wszędzie tylko grób, by się weń zapaść i zmartwieć[*].

Carl Hauptmann

---

[*] C. Hauptmann, *Die Heimstätte* (1902).

Kocioł Łomniczki, 20 maja 2007

Kocioł Łomniczki był miejscem, które najlepiej oddawało potęgę Karkonoszy. Objęty z jednej strony przez Kopę, z drugiej zaś przez Śnieżkę, był słynny wśród turystów i mieszkańców gór z wielu powodów. Znajdowały się w nim bowiem najdłuższe w polskich Karkonoszach kaskady Łomniczki. Słynął też z historii schroniska, które zostało zniszczone jeszcze przed otwarciem, gdyż niedługo po wybudowaniu śnieżna lawina porwała budynek i przeniosła go kilkaset metrów w dół, rozkładając po drodze na części. Wreszcie kocioł słynął z tego, że w jego górnej części, przeszło tysiąc trzysta metrów nad poziomem morza, znajdował się Symboliczny Cmentarz Ofiar Gór. W tym właśnie miejscu od kilkudziesięciu lat tworzona była wzruszająca kronika bohaterstwa i tragedii ludzi Karkonoszy. Na głazach tuż przy szlaku umieszczono liczne małe tabliczki, które zaledwie w kilku słowach upamiętniały historie, jakie nierzadko wstrząsały całą Kotliną Jeleniogórską.

Tego dnia Kocioł Łomniczki tonął w promieniach słońca, gdy w stronę cmentarzyka drogą z Karpacza ciągnęły tłumy ludzi. Ich liczba przekroczyła najśmielsze oczekiwania organizatorów, tak że chwilę przed południem wąski szlak wiodący w górę Kotła wypełniony był już po brzegi.

Gong świątyni Wang bił dwanaście razy, gdy rzesza ubranych na czerwono ratowników GOPR-u i przewodników sudeckich stanęła na baczność w oczekiwaniu na rozpoczęcie uroczystości.

– Moi drodzy – odezwał się Grzegorz Budziszyński, nowy naczelnik grupy karkonoskiej GOPR-u. Powiódł wzrokiem po zebranych i głos uwiązł mu w gardle. Spojrzał na kartkę, na której miał przygotowane przemówienie, i ręce zaczęły mu się trząść. – Spotykamy się, żeby uczcić pamięć Pawła Zalewskiego. Naszego przyjaciela. Bohatera… – Urwał i jeszcze raz spojrzał na tekst, po czym go pogniótł. – Miałem przedstawić wam naszego Pawełka, ale przecież wszyscy, którzy tu jesteście, wiecie, jaki był. Dobry. Oddany. Wierny zasadom. Ostatnia akcja lawinowa, w której brał udział, najlepiej to potwierdza. Cała nasza grupa przeżywa ciężkie chwile. Mówię teraz do młodych ratowników: na pewno jest wam trudno. Bo historia Pawła w niejednym z was wzbudzi wątpliwość: czy ta służba jest dla mnie? Czy jestem w stanie podjąć ryzyko? Bo idąc na akcję, nigdy się nie wie, czy góry nie zażądają od ciebie najwyższego poświęcenia. „Lekarzu, ulecz samego siebie" – jest takie powiedzenie. Ponoć wyraża ono największą bezsilność człowieka. Ale ja się z tym nie zgadzam. Nie być w stanie uleczyć swojego przyjaciela to jest jeszcze gorsze. Gdy umiera na twoich rękach. To jest bezsilność o wiele bardziej przygniatająca. – Znowu urwał.

Tomek Wilczur stał z boku, poruszony do głębi przemówieniem Grzegorza. Ciaśniej owinął się szalikiem. Choć wiosna powoli docierała w góry, na tej wysokości gdzieniegdzie leżał jeszcze śnieg, a od skalnych ścian kotła bił chłód.

Nagle poczuł, jak ktoś łapie go za rękę.

– Tomek. – Od razu poznał głos kobiety. – Wybacz mi – dodała szeptem Maryśka i zaczęła płakać. Objął ją ramieniem.

– Nie przepraszaj. Ty też mnie uratowałaś. Wiem o tym.

Grzegorz Budziszyński kontynuował:

– Chciałbym wam powiedzieć, młodzi przyjaciele, ratownicy, żebyście nie wstydzili się swoich łez. I emocji. Chciałbym, żeby ten dzień był dla was lekcją. Tej służby nie da się pełnić, uciekając przed emocjami. Ja, mimo tylu lat doświadczenia, przeżywam to tak samo mocno. Straciłem przyjaciela. – Grzegorz zamilkł. Kilka razy nabrał oddechu, próbując zebrać się w sobie, by kontynuować. – Na koniec chciałbym poprosić, żebyście pamiętali, że jesteśmy w tym wszyscy razem. Paweł chciał, żebyśmy zawsze byli dla siebie jak rodzina. I tę misję nam zostawił. Bądźcie dla siebie wsparciem, tylko wtedy będziemy w stanie dalej nieść pomoc innym. Cześć pamięci Pawła Zalewskiego! – zakończył i drżącą ręką odsłonił tablicę. Napis na niej głosił:

Paweł Zalewski
1964–2007
Zginął tragicznie, niosąc innym ratunek
Naczelnik Grupy Karkonoskiej GOPR-u w latach 2001–2007

Kilka delegacji złożyło przed tabliczką proste, uplecione z kwiatów i świerkowych gałązek wieńce.

Tomek tymczasem wyszedł na środek, miał przemówić jako drugi.

– Są takie wydarzenia, w obliczu których milczenie jest najbardziej wymowne. Dlatego nie będę mówił długo. Mam jednak poczucie, że muszę. Że chcę zabrać głos. Dla Pawła – dodał i zaczął recytować:

Cisza
jak złowroga lawina
znienacka nawiedziła
Góry Olbrzymie.
Smutek przeszywa moją duszę
i leje się z niej potok słów
bez ładu.
Pytania bez odpowiedzi.
Słowa rozpaczy
i słowa wdzięczności.
Pusto
zrobiło się w Karkonoszach,
gdy syn gór
złożył w nich najwyższą ofiarę.

I poniósł cię Duch tych Gór,
Karkonosz,
na Śnieżkę albo i wyżej.
Spojrzyj stamtąd czasem na nas,
Pawełku,
ze swoim życzliwym uśmiechem.

Tomek skończył recytować i otarł łzy z oczu.

– Cześć pamięci Pawła Zalewskiego – powiedział.

Ktoś nieśmiało zaczął bić brawo. Stojąca w pierwszym rzędzie Urszula rozpłakała się i podeszła do Tomka, żeby go przytulić.

– Dziękuję ci. Za to, co powiedziałeś – wyszeptała.

Po Tomku głos zabrały jeszcze dwie osoby.

Na koniec znów odezwał się Grzegorz:

– Proszę was o uczczenie Pawła minutą ciszy.

Wszyscy zamilkli. Kocioł Łomniczki wypełniał tylko spokojny, jednostajny szum górskiego potoku. W tle słychać było czyjś cichy płacz i pociąganie nosem. Słońce niespodziewanie schowało się za ciemną chmurą, tak jakby uznało, że nie przystoi mu błyszczeć swoim blaskiem w tak smutnym momencie.

Wciąż ośnieżony masyw Śnieżki w milczeniu przyglądał się uroczystości, a jej uczestnicy w ciszy mierzyli się z tragedią, która rozegrała się w Kotle Smogorni przeszło dwa miesiące temu.

Gdy kilka minut później ludzie zaczęli się rozchodzić, do Wilczura dołączył Maks.

– Nie wiedziałem, że przyjedziesz – zaczął.

– Nie mógłbym inaczej. On uratował mi życie. Ja mogę przynajmniej oddać mu hołd.

– Mam straszne wyrzuty, że ściągnąłem cię w te góry…

– Przestań, Maks. Jak leżałem w szpitalu w Jeleniej Górze, dużo myślałem. Ty, Łukasz, Basia… Wtedy, w grudniu, nawet tego nie wiesz, ale to wy pierwsi uratowaliście mnie przed śmiercią. Mogę być tylko wdzięczny, że mam takich przyjaciół jak wy.

– Co z książką? Pewnie nie będziesz chciał już się nią zajmować?

– Wręcz przeciwnie. Zamierzam ją napisać i zadedykować pamięci Pawła. Żeby to był taki mój literacki pomnik. Dla niego – dodał, po czym się rozejrzał. Po dłuższej chwili na samym końcu pochodu uczestników uroczystości dostrzegł Maryśkę. Szła powoli, ze spuszczoną głową, ostrożnie stawiając kroki na kamieniach.

– Potem cię dogonię. Muszę jeszcze z kimś porozmawiać – powiedział Tomek.

Maks powiódł spojrzeniem za jego wzrokiem.

– Idziesz do Maryśki?

– Tak.

– Może podejdę z tobą? Dawno z nią nie rozmawiałem…

– Wolałbym nie. Nie zrozum mnie źle, to sprawa tylko między mną a nią.

– Jasne. To do potem! – Klepnął Tomka w ramię i ruszył na dół.

Wilczur przystanął z boku szlaku i czekał na kobietę. Spojrzała na niego z bólem.

– Jeszcze raz cię przepraszam – wyszeptała. – Ja…

– Małgosiu. – Tomek podał jej ramię. – Ustaliliśmy już, że nie jesteś winna. To twój brat, nie ty. Zresztą, zapłacił najwyższą cenę, też zginął w tej lawinie. Wiem, że teraz cierpisz, straciłaś przecież brata.

– Tak, ale… Może gdybym była… lepszą siostrą? Gdyby nie zobaczył mnie w tej szopie w czterdziestym siódmym. Może nie zrobiłby tego wszystkiego…?

– Nie możesz za niego odpowiadać. I w dziewięćdziesiątym drugim i teraz był dorosły.

– Jest jeszcze jedna rzecz, do której ci się nie przyznałam. To, że Andrzej Czerwiński przyjechał pod koniec dziewięćdziesiątego pierwszego w Karkonosze, to też moja sprawa.

– Jak to?

– Dawno temu przeczytałam w gazecie wywiad z jego matką, jak się chwaliła, że jej mąż był takim bohaterem, pionierem turystyki... Ulało mi się, przyznaję. I napisałam do niej list z zarzutem, że kłamie. A cała prawda o jej mężu i szwagrze jest w archiwach państwowych, w aktach z kontroli NIK-u. Pewnie to ten list sprawił, że Andrzej zaczął grzebać w tajemnicach ojca...

– Mogło tak być – przyznał Tomek po chwili namysłu. – Ale to, że chciał poznać prawdę o ojcu i wujku, jakakolwiek by była, to też nie jest nic złego. Musisz odciąć się w końcu od tej sprawy. I zająć sobą.

– Sobą? Tomek, ja już jestem stara. Powinnam sobie co najwyżej szukać ładnej kwatery na cmentarzu.

– A ja myślę, że masz jeszcze coś do przeżycia. – Wilczur zajrzał do kieszeni kurtki i wyciągnął z niej karteczkę, na której zapisany był numer telefonu i jakiś gdański adres.

– Co to? – zapytała Maryśka.

– Dla ciebie. Po tej katastrofie z lawiną musiałem się czymś zająć. Zacząłem więc śledzić sprawę tamtego incydentu na stacji kolejowej w czterdziestym siódmym. I znalazłem twojego Franka.

Maryśka odruchowo ścisnęła mocniej jego ramię.

– Co ty opowiadasz, to niemożliwe... Jak zaczęła się kontrola, Franek uciekł z Polski. Zbiegł do Czechosłowacji, a potem nie wiem gdzie dalej...

– Do Niemiec. W latach dziewięćdziesiątych wrócił do Polski. Skontaktowałem się z nim. Próbował cię znaleźć, ale twój brat wyjaśnił mu, że jesteś w zamkniętym zakonie i nie chcesz z nim mieć kontaktu.

– Janek nigdy mi o tym nie powiedział!

– To już teraz bez znaczenia. Małgorzata! – Po raz kolejny powtórzył prawdziwe imię kobiety. Zatrzymał się i spojrzał w jej zapłakane oczy. – Bardzo cię proszę, zastosuj się do tej zasady: co było w Strzesze, zostaje w Strzesze. Zostaw przeszłość za sobą. I jedź do Gdańska.

– Nie wiem, czy... – Kobieta zaczęła płakać. – Czy moje serce to przeżyje...

– Przeżyje. Pamiętasz, jak powiedziałaś mi, że muszę się odmrozić?

Kiwnęła głową.

– Teraz pora na ciebie, Małgosiu. Jedź do swojego Franka.

Jelenia Góra Cieplice, 22 maja 2007

Stacja kolejowa Cieplice Śląskie-Zdrój, teraz część Jeleniej Góry. Małgorzata siedziała na peronie z dużą walizką i się rozglądała. Od czasu pamiętnego wydarzenia z udziałem Franka w czterdziestym siódmym unikała tego miejsca jak ognia. Wtedy przecież zawalił się cały jej świat. Straciła miłość, szczęście i marzenia, a zamiast nich zostały tylko gorzki żal, strach i poczucie winy. W życiu nie przypuszczała, że jeszcze kiedyś przyjdzie na ten dworzec. Z taką nadzieją. I że właśnie stąd wyruszy w podróż odnaleźć swojego ukochanego.

Zawyły syreny ostrzegawcze przy sąsiadującym ze stacją przejeździe kolejowym, a zaraz potem opuściły się szlabany. Z dworcowych głośników rozległ się bełkotliwy głos informacji kolejowej. Chwilę później na horyzoncie ukazał się pociąg, na który czekała. Poczuła ból potylicy; to na pewno z powodu wysokiego ciśnienia. Trudno było jej panować nad emocjami, gdy miała przed sobą najważniejszą podróż w swym siedemdziesięciokilkuletnim życiu.

Wsiadła do pociągu, czując, jak serce podchodzi jej do gardła. Znalazła swój przedział, jakiś miły konduktor pomógł jej umieścić walizkę na półce.

Zajęła miejsce przy oknie. Sześćdziesiąt lat temu na tej stacji zatrzymał się pociąg, a jego pasażerowie sprawili, że posypało się całe jej ówczesne życie. Teraz w przeciwnym kierunku miał odjechać stąd pociąg, który zmieni jesień jej życia w wiosnę.

Usłyszała długi gwizdek. Pociąg relacji Szklarska Poręba Górna – Gdynia Główna zaczął toczyć się po szynach, coraz szybciej i szybciej. Za oknem przesuwał się przed jej oczami krajobraz Karkonoszy. Maj – to był ten jedyny w swoim rodzaju miesiąc, gdy pola w Kotlinie Jeleniogórskiej wybuchały intensywnością żółtych kwiatów rzepaku, lasy zaczynały się zielenić, a majaczące w oddali góry wciąż pozostawały przyprószone śniegiem.

A więc jechała nad morze. Do Franka jechała! Łzy wzruszenia płynęły jej po policzkach. Pociąg miał przed sobą do pokonania dystans przeszło sześciuset kilometrów. Nie martwiła się tym jednak. Miała przecież tyle do przemyślenia.

Wrocław, 22 maja 2007

Tomek Wilczur rozłożył na biurku swoje notatki. Zaparzył kawę, jej aromat wypełnił po chwili całe mieszkanie. Z parującym kubkiem poszedł do pokoju. Odstawił go na biurko i po chwili namysłu zajrzał do jednej z szuflad w komodzie. Wyciągnął z niej zdjęcie, które leżało tam schowane od wielu miesięcy. On i Magda na wakacjach. Roześmiani i szczęśliwi. Pomyślał o ukochanej. Gdziekolwiek teraz była, na pewno chciałaby, żeby pisał. Zawsze go do tego dopingowała i wierzyła w każdą jego książkę, często bardziej niż on sam. Po raz pierwszy poczuł, że choć nie ma jej przy nim fizycznie, gdzieś tam z daleka trzyma za niego kciuki. Nie mógł jej zawieść.

Usiadł przed klawiaturą. Pierwsze spojrzenie na pustą stronę; to zawsze było dla niego przerażające doświadczenie. Świadomość tej długiej i trudnej drogi, jaka go czekała, nim całą opowieść, którą miał w głowie, przeleje na papier. Kilka razy zacisnął i rozprostował palce, a potem napisał u góry strony:

Pamięci Pawła Zalewskiego i wszystkich tych, którzy z narażeniem życia idą w góry nieść ratunek innym

Zaczął myśleć o tytule. Zazwyczaj jego wybór zostawiał na koniec. Teraz jednak było inaczej, ta książka miała być inna. Po raz pierwszy w życiu nie miał najmniejszych wątpliwości co do tytułu. Wystukał na klawiaturze:

Tomasz Wilczur

Schronisko, które spowijał mrok

KONIEC TRZECIEGO TOMU

Wrocław, Bukowiec, Ostróda, Gdańsk,
Jagniątków, Szklarska Poręba,
Poznań, Bolesławiec, Pakoszów,
2023–2024

POSŁOWIE

CZYLI CO WYDARZYŁO SIĘ NAPRAWDĘ, A CO JEST TYLKO FIKCJĄ

Pomysł na napisanie tej powieści rodził się w dwóch etapach – najpierw w bardzo wesołych, a potem w dość dramatycznych okolicznościach.

Pierwszy impuls pojawił się w ostatnią noc 2018 roku, którą spędzałem w Strzesze Akademickiej. Wtedy to, myśląc o setkach lat historii tego miejsca, jak i obserwując bawiących się na sylwestrze gości schroniska, pomyślałem, że jest to doskonała sceneria dla zimowego kryminału.

Pomysł ten towarzyszył mi przez kolejny rok, aż do pewnego mroźnego dnia, w lutym 2020 roku, gdy wędrując z przyjacielem Łabską Łąką, wysoko w Karkonoszach, wpadliśmy w serce burzy śnieżnej i zgubiliśmy szlak.

Pamiętam ten dzień, jakby to było wczoraj. Zabłądziliśmy w okolicy miejsca, w którym przeszło sto lat wcześniej zginęli wspomniany w powieści narciarz Bohumil Hanč i próbujący go ratować przyjaciel, Václav Vrbata. Tonąc w białej ciemności i zapadając się w śniegu po pas, wypatrywaliśmy z przyjacielem tyczek, naszej jedynej nadziei na wyjście cało z opresji. Pomyślałem wtedy – w panice, pewnie trochę na wyrost – że może właśnie zaczęły odliczać się ostatnie godziny mojego życia. I że nie bez powodu Łabska Łąka to miejsce od wieków owiane mroczną sławą – zwykło się przecież w Karkonoszach mówić, że znajdujące się tu źródła Łaby zamieszkuje demon. Potwierdzeniem ludzkich szeptów o złowrogim charakterze tego miejsca stał się feralny bieg narciarski, w którego następstwie zginęli Hanč i Vrbata. Pomyślałem też wtedy, że kolejny rozdział historii tragicznych wypadków z Łabskiej Łąki będzie o mnie, niedoszłym wtedy jeszcze pisarzu, który razem z przyjacielem zamarzł gdzieś w epicentrum śnieżnego szaleństwa. I nie zrealizował marzenia o zimowym karkonoskim kryminale.

Tego „rozdziału" historii Łabskiej Łąki szczęśliwie nie przyszło mi napisać. Ale zapamiętałem myśli i emocje, jakie wtedy mi towarzyszyły – to był pierwszy raz, gdy poczułem w górach autentyczne przerażenie. Gdy namacalnie zrozumiałem, że jeśli ciało odmówi posłuszeństwa i braknie mu sił do dalszej drogi, może się to skończyć tragicznie. Ostatecznie udało nam się odnaleźć drogę, ale gdyby nie dobra znajomość terenu z letnich wędrówek, papierowa mapa i wsparcie GPS, mogłoby być różnie. Dlatego po tamtej wędrówce utwierdziłem się w przekonaniu, że muszę napisać powieść, która będzie chociażby szkicem pokazującym złożoność obrazu karkonoskiej zimy. Która opowie o nieprzewidywalności Ducha Gór w tym czasie i o skrajnej różnicy, jaka występuje często między warunkami w Kotlinie Jeleniogórskiej, a tym, co dzieje się na karkonoskich szczytach. W ten sposób zaczęło rodzić się *Schronisko, które spowijał mrok*.

Ponieważ powieść jest inspirowana faktami, chciałbym opowiedzieć Wam, Droga Czytelniczko, Drogi Czytelniku, które z wydarzeń są prawdziwe.

Historia Kominformu i planowanej dla niego roli w polityce międzynarodowej jest w stu procentach prawdziwa, tak samo jak fakt powołania tej organizacji na tajnej konferencji, na którą do Szklarskiej Poręby we wrześniu 1947 roku zjechali się czołowi politycy partii komunistycznych z wielu krajów. Przedstawieni w książce uczestnicy spotkania – Andriej Żdanow i Gieorgij Malenkow – rzeczywiście wzięli w niej udział.

Most kolejowy nad rzeką Bóbr w Jeleniej Górze, którym Rosjanie jadą na konferencję, został wysadzony w powietrze przez Niemców w 1945 roku. Natomiast budowa drewnianego „łącznika" w miejscu brakującego przęsła jest fikcją – przeprawa nad Bobrem była bardzo mocno uszkodzona i nie funkcjonowała do czasu budowy zupełnie nowego mostu w latach pięćdziesiątych. Musicie jednak wiedzieć, że opisany w powieści prowizoryczny sposób naprawiania mostów kolejowych funkcjonował tuż po drugiej wojnie światowej w innych miejscach na Dolnym Śląsku. Taka sytuacja miała miejsce na linii 286, gdzie jeden z wysadzonych wiaduktów zrekonstruowano tymczasowo z użyciem drewna – ku przerażeniu pasażerów, którzy odmawiali przejazdów pociągiem po tego typu „konstrukcjach". Z tego tytułu zwany był „mostem na zapałkach".

Demontaż i w znacznej mierze dewastacja poniemieckiej sieci trakcyjnej rzeczywiście miały miejsce. Większość infrastruktury ukradli żołnierze radzieccy, natomiast część, której Rosjanie nie zdążyli wywieźć do ZSRR, posłużyła Polakom do odbudowy Warszawskiego Węzła Kolejowego.

Opowieść o skandalu dyplomatycznym, który wydarzył się na stacji kolejowej w Cieplicach Śląskich-Zdroju, choć wydaje się elementem filmu sensacyjnego, oparłem na prawdziwej historii, którą przekazała mi pani Iwona Kumek, obecna dyrektor II Liceum Ogólnokształcącego im. C.K. Norwida w Jeleniej Górze. Uczniowie tej szkoły w 1947 roku rzeczywiście zaatakowali radziecki pociąg, wykrzykując przy tym hasło „burżuje", a prowodyr akcji – chłopak w charakterystycznym ubraniu – znalazł się na celowniku NKWD. Jego ucieczka przed Rosjanami była możliwa właśnie dzięki pomocy udzielonej mu przez ówczesną dyrektor szkoły, Stanisławę Chwalińską. Jak opowiadała pani Iwona Kumek, poszukiwany przez NKWD uczeń razem z rodziną zniknęli z Jeleniej Góry jeszcze tego samego dnia, a ich dalsze losy są nieznane. Historia ta jest w jeleniogórskim liceum przekazywana kolejnym dyrektorom i nauczycielom „z pokolenia na pokolenie". Gdy przy okazji spotkania autorskiego w „Norwidzie" poznałem tę opowieść, doszedłem do wniosku, że mogłaby zainteresować także Was.

Drugim – obok historii z jeleniogórskiego liceum – filarem książki jest sprawa dochodzenia prowadzonego w karkonoskich schroniskach przez Najwyższą Izbę Kontroli niedługo po zakończeniu drugiej wojny światowej. Również ten element jest oparty na prawdziwych wydarzeniach.

Teczka, na której ślad wpadł książkowy Tomasz Wilczur, istnieje rzeczywiście. Znalazłem ją podczas mojego pisarskiego śledztwa w 2021 roku. Zawiera ona opis kontroli wszczętej przez NIK w jeleniogórskiej Dyrekcji Turystyki Sudeckiej (DTS) i rzeczywiście jest przechowywana w Archiwum Państwowym we Wrocławiu, z tym że pod inną sygnaturą niż ta wspomniana w książce.

Kontrola została przeprowadzona w dniach 31 sierpnia 1950 – 18 lutego 1951 roku i objęła DTS, czyli organ powołany przez Polskie Towarzystwo Tatrzańskie w celu gospodarowania obiektami turystycznymi w Karkonoszach.

Książkowa postać Stefana Czerwińskiego i jego żony, Janiny, inspirowana jest sylwetką osób opisanych w raporcie. Wprowadziłem jedynie niewielkie zmiany: rzeczywista Janina Czerwińska zarządzała Samotnią (a nie, jak powieściowa – Strzechą Akademicką) i to Samotnia była schroniskiem faworyzowanym przez jej męża, który w 1950 roku objął posadę kierowniczą w DTS.

Przestępstwa dokonywane przez powieściowych Czerwińskich są zainspirowane tym, co zeznali świadkowie urzędnikom NIK-u na temat pierwowzoru małżeństwa. Zastraszanie niemieckiej obsługi schroniska i grożenie jej powieszeniem za niewskazanie miejsca ukrycia rzekomych skarbów rzeczywiście miało według przesłuchiwanych miejsce. Tak samo jak okradanie schronisk z wyposażenia, regularne zaleganie z wypłatami pracownikom czy szczyt szczytów ich przestępczego procederu – wystawianie fałszywych rachunków i machlojki w księgach inwentarzowych schronisk. W efekcie tych działań kierownik DTS-u z pomocą żony, która na jego polecenie podpisywała też dokumenty in blanco, wyprowadził z kasy tej instytucji blisko osiemset tysięcy ówczesnych złotych.

Wśród zeznań pracowników schronisk moją uwagę zwrócił zwłaszcza obszerny protokół z przesłuchania ówczesnego kierownika schroniska Odrodzenie. Opowiedział on kontrolerom o tym, jak dyrektor DTS-u utrudniał mu prowadzenie schroniska. Podczas gdy zarządzana przez żonę dyrektora Samotnia dysponowała ciągnikiem, trzema końmi i dwoma woźnicami, kierownik Odrodzenia nosił towary do schroniska na własnych plecach, nie mogąc doprosić się wsparcia ze strony Dyrekcji Turystyki Sudeckiej, pod której pieczą znajdowały się przecież wszystkie schroniska. Kierownik opisał też sytuację, gdy na własną rękę musiał organizować opał, ratując przed zniszczeniem sprawny poniemiecki system centralnego ogrzewania w Odrodzeniu. Gdyby nie jego postawa, zimą 1950/1951 doszłoby w schronisku do rozsadzenia rur i kto wie, jak potoczyłyby się dalsze losy tego obiektu.

Co najciekawsze – w kontekście pierwszego tomu – w raporcie pada zarzut ze strony jednego z przesłuchiwanych, że to właśnie dyrektor DTS-u odpowiadał za powojenny rabunek schroniska im. Księcia Henryka, dawnego Prinz-Heinrich-Baude, czyli tytułowego *Schroniska, które przestało istnieć*!

Pragnę również podkreślić, że postać Zbigniewa Czerwińskiego jest w całości wytworem mojej wyobraźni, tak samo jak zarzuty o molestowanie pracowniczek. Zostały one przeze mnie wymyślone na potrzeby fabuły książki i nie znajdziecie ich w oryginalnym raporcie NIK-u.

O ile książkowego Stefana Czerwińskiego spotkała najwyższa kara za jego przestępstwa, o tyle losu pierwowzoru tego bohatera nie znam. Jak stwierdzili urzędnicy NIK-u w raporcie, zniknął on przed zakończeniem kontroli. Również pasjonaci historii Kotliny Jeleniogórskiej, z którymi rozmawiałem, nie wiedzą, jak potoczyły się dalsze losy pierwowzoru Czerwińskiego. Przysłowiowo – a w książce dosłownie – zapadł się pod ziemię.

Najlepszym podsumowaniem wyniku przeprowadzonej kontroli niech będzie dołączona do akt, odręcznie sporządzona przez jednego z urzędników notatka następującej treści:

„Reasumując powyższe – należy stwierdzić, że takiego chaosu, takich łamań wszelkich przepisów, braku wogóle (sic!) dyscypliny finansowej – a w szczególności tak chaotycznej i rozrzutnej gospodarki – w całej swej pracy nigdy nie widziałem. To, co zostało przedstawione tak w protokole, jak i sprawozdaniu nie jest nawet 1/100 częścią tego, co jest naprawdę. Szkoda, że z Centrali N.I.K. ktoś nie przyjechał oglądnąć to całe bagno".

Wiele wypadków, które wplotłem do fabuły książki, także jest prawdziwych: śmierć turysty zimą w sąsiedztwie Domu Śląskiego oraz wypadek ojca z synem, którzy zjeżdżali na nartach skiturowych w terenie lawinowym (w rzeczywistości wypadek miał miejsce w kotle Obří důl). Zator lodowy i spiętrzenie wody przy Kozim Mostku, które spowodowały zalanie szlaku, zdarzyły się w lutym 2022 roku. Awaria wyciągu z Karpacza na Kopę również jest faktem – doszło do tego na początku 2019 roku. Tak pisał o tym jeden z portali informacyjnych: „Wyciąg na Kopę nie jeździ od kilku dni. Pogoda doprowadza pracowników – jak sami mówią – do obłędu. Próbują walczyć z siłami natury, ale jest to walka z góry skazana na porażkę. Trochę jak z mitu o Syzyfie.

– Instalacja zamarzła. Jest gruba pokrywa lodu na podporach na górnej stacji. Zajmuje nam to nieraz cały dzień odladzanie tego, po czym na drugi dzień mamy to samo – przyznaje Waldemar Draheim, dyrektor kolei linowej w Karpaczu. [...] – Był tutaj przedstawiciel firmy szwajcarskiej, która nam tę kolej budowała, to jak to zobaczył to się za głowę złapał, bo oni czegoś takiego u siebie nie mają po prostu – mówi Draheim, dodając, że Karkonosze słyną z nietypowych warunków atmosferycznych"*.

Także opowieść o lawinie w Białym Jarze i różnych spekulacjach na temat jej przyczyn i przebiegu akcji ratunkowej oparłem na prawdziwym zdarzeniu, do którego doszło 20 marca 1968 roku. Była to najbardziej śmiercionośna lawina w historii polskich gór – pod śniegiem zginęło 19 osób: trzynaścioro Rosjan, czworo obywateli NRD i dwóch Polaków. Na miejscu zdarzenia rzeczywiście pojawił się konsul radziecki i oskarżył Polaków o celowe wywołanie lawiny.

Akcja ratunkowa była wyjątkowo trudna z powodu warunków pogodowych i skali zdarzenia. Niezależnie od godnej pożałowania oceny rosyjskiego urzędnika w Kotlinie Jeleniogórskiej doszło do swego rodzaju zrywu. Wojsko i ochotnicy ruszyli na pomoc ofiarom Białego Jaru tak licznie, że 21 marca na miejscu katastrofy pracowało już 1100 osób i w ciągu trzech dni wykopano w lawinisku kilkaset korytarzy celem dotarcia do ofiar.

Jak podają źródła, ważną rolę w akcji ratunkowej odegrał kapitan Roman Piątkowski, komendant strażnicy WOP Schronisko Pod Śnieżką. Mimo grożących mu konsekwencji pozwolił na przekroczenie granicy przez czechosłowackich ratowników dysponujących o wiele lepszym sprzętem niż polski GOPR. Należy pamiętać, że kapitan podjął tę odważną decyzję mimo bardzo niepewnej sytuacji politycznej – kilka miesięcy później czołgi z polskich jednostek, w tym z Jeleniej Góry, ruszyły przecież do Pragi tłumić trwające tam protesty.

---

* *Na Kopie przegrali z zimą. Nowa kolej linowa stanęła z powodu śniegu i lodu* – fragment artykułu ze strony tvn24.pl, https://tvn24.pl/wroclaw/wyciag-na-kope-stoi-w-miejscu-sparalizowany-przez-ekstremalne-warunki-ra898475-2292324 [dostęp: 6.02.2024].

Akcja ratunkowa w Białym Jarze na trwałe wpisała się do historii polskiego ratownictwa w Karkonoszach. Dość powiedzieć, że ostatnie ofiary odkopano dopiero dwa tygodnie później – 5 kwietnia. Jeden z dziennikarzy zapytał potem ówczesnego naczelnika GOPR-u:

„– Czy znalezione o tydzień wcześniej zwłoki ofiar, które i tak by wkrótce lawina wraz z roztopami oddała, były warte takiego wysiłku i niebezpiecznej pracy?"

Odpowiedź brzmiała:

„– Myśmy działali w interesie życia. W interesie spokoju rodzin ofiar dotkniętych tą straszną tragedią. Musieli oni mieć dowody, że uczyniliśmy wszystko, co było możliwe. My nie znamy słowa »za późno«! Nie pozwala nam na to przysięga, którą złożyliśmy"*.

W Karkonoszach na temat Białego Jaru usłyszycie niejedną plotkę. Część ludzi wierzy, że w lawinie zginęli agenci KGB i Stasi, którzy ruszyli w góry w poszukiwaniu sztolni, gdzie ukryto hitlerowskie skarby. Ile jest w tym prawdy, trudno jednoznacznie ocenić.

Pozostając przy temacie zimowych tragedii – opowieść o Stefanie Dixie, schroniskowym dozorcy, który chciał zorganizować pochówek żony i zginął pod lawiną, jest prawdziwa – wydarzyło się to na przełomie marca i kwietnia 1900 roku. Także przerażająca historia śmierci Jacoba Rennera, właściciela schroniska Luční bouda, który zamarzł w środku dnia kilkaset kroków od swojego domu, jest faktem – doszło do tego 11 kwietnia 1868 roku.

Opowieść o tragicznym wyścigu narciarskim, którą Urszula dzieli się z Markiem w finałowych scenach pod świątynią Wang, również jest prawdziwa. Historia przyjaźni Bohumila Hanča

---

* M.K. Wikorejczyk, *U stóp Śnieżki. Wybrane opowiadania krajoznawcze*, Wrocław 1998, s. 85.

i Václava Vrbaty to jedna z najbardziej wzruszających i tragicznych tajemnic Karkonoszy. Dramatyczne w skutkach zawody rozegrały się 24 marca 1913 roku i stały się inspiracją dwóch filmów: *Synowie gór* (1956) i *Ostatni wyścig* (2022). Od niemal stu lat 24 marca jest u naszych sąsiadów obchodzony jako dzień Horskiej służby. Jeśli w jakimś czeskim schronisku w Karkonoszach zauważycie spoglądającego na Was z czarno-białego portretu skromnego, dwudziestoparoletniego chłopaka – jest to najprawdopodobniej właśnie Václav Vrbata, nasz karkonoski bohater.

Historia Józefa Odrowąż-Pieniążka wydarzyła się naprawdę. W kaplicy Świętego Wawrzyńca na Śnieżce rzeczywiście znajduje się poświęcona tej tajemniczej tragedii tablica z 1828 roku. Tekst, który na niej wyryto, przytoczyłem w książce *in extenso*. Faktem jest również wspomniane w powieści przewieszenie tablicy z honorowego miejsca w inne, mniej widoczne, w drugiej połowie XX wieku.

Podczas swojego śledztwa Tomek Wilczur trafił m.in. do biblioteki na wrocławskim Rynku. Nagłówki czy fragmenty artykułów, które przeglądał bohater powieści, rzeczywiście ukazały się drukiem w powojennej prasie. Przytoczyłem je celowo, bo uważam, że są ciekawym obrazem rzeczywistości, jaka panowała na Dolnym Śląsku w pierwszych latach po drugiej wojnie światowej. Jedynie artykuł poświęcony kontroli prowadzonej przez NIK oraz wywiad z Janiną Czerwińską są tworem mojej wyobraźni.

Uwagę wypadałoby poświęcić także głównemu bohaterowi – schronisku, które spowijał mrok, czyli Strzesze Akademickiej. Ostatnia Bauda, jedna z najstarszych w Karkonoszach, początkowo pełniła funkcję mieszkania pasterzy i strażnicy „Śląskiego traktu" – starej drogi handlowej wiodącej z północy na południe przez masyw Karkonoszy. Tradycje chałupy na Złotówce to ewenement na skalę światową – pierwsi podróżnicy byli goszczeni tu już w XVII wieku, gdy pojęcie turystyki jeszcze nie funkcjonowało w takim znaczeniu i na taką skalę jak współcześnie. Zainteresowanych najdawniejszymi dziejami Strzechy Akademickiej odsyłam do książki *Podróżnicy w Górach Olbrzymich*. Znajdziecie w niej m.in. wspomnienia studenta, Benjamina Schmolcka, który przeszło trzysta lat temu nocował w Strzesze z przyjaciółmi i opisał swoje przygody, w tym nocny napad upiora przypominającego Ducha Gór, którego z izby musiał przegnać sam gospodarz schroniska, obudzony krzykami przerażonych studentów. Niewielki fragment wspomnień Schmolcka zacytowałem jako otwarcie części V pod tytułem *Strzecha*.

Ostatnia Bauda znacznie zyskała na popularności z chwilą wybudowania na Śnieżce kaplicy Świętego Wawrzyńca. Dzięki temu przez wieki schronisko gościło zmierzających na najwyższy szczyt Karkonoszy wędrowców, w tym wspomnianych już Józefa Wybickiego czy Johna Quincy'ego Adamsa.

Koppenbuchy, czyli Księgi Śnieżki, do których przez setki lat wpisywali się goście Strzechy Akademickiej, rzeczywiście istnieją. Samuel Steiner, słynny gospodarz schroniska, który witał przybywających na Złotówkę gości grą na rogu, jest postacią historyczną. Niedługo po nim schronisko przejęła rodzina Hamplów, od której nazwiska wzięła się najdłużej – bo przez blisko 200 lat – obowiązująca nazwa schroniska: Hampelbaude. Miano Strzechy Akademickiej nadano obiektowi w 1945 roku, gdy Karkonosze znalazły się w granicach Polski. Co najciekawsze, stara nazwa, sięgająca korzeniami 1758 roku, gdy schronisko należało do rodziny Hamplów, wciąż funkcjonuje u naszych południowych sąsiadów. Dlatego nie zdziwcie się, gdy na czeskich mapach znajdziecie budynek Strzechy wciąż oznaczony jako Hamplova bouda.

Schronisko – początkowo skromna, parterowa, pasterska chałupa – przez lata było przebudowywane, aż w 1896 roku stanął nowy budynek, który – jak wspomniał w powieści Wiktor Barański – spalił się doszczętnie po zaledwie dziesięciu latach, w nocy z 31 marca na 1 kwietnia 1906 roku, ku rozpaczy rodziny Krause, która władała obiektem w latach 1866–1945. Co ciekawe, obsługa schroniska wezwała bardzo szybko straż pożarną – schronisko posiadało własną linię telefoniczną – ale osoba, która odebrała telefon, uznała wiadomość o ogniu za primaaprilisowy żart. Gdy jednak w Karpaczu dostrzeżono szalejące na Złotówce płomienie, pospieszono z pomocą. Dotarcie strażakom utrudniał śnieg i gdy przybyli na miejsce, po pięknym schronisku zostały już tylko zgliszcza.

Prace nad nowym schroniskiem przebiegały w tempie dosłownie szalonym. Gospodarzom zależało na odbudowie tak bardzo, że jeszcze w tym samym roku zaprojektowano i na fundamentach starego schroniska postawiono nowy budynek. Zajęło to rodzinie Krause – pewnie przetrzecie oczy ze zdumienia – niespełna pół roku. Gdy więc przekroczycie próg Strzechy, będziecie gościć właśnie w tym budynku z 1906 roku.

Myśl o „Strzesze różniącej się od starego szpitala psychiatrycznego obecnością klamek" zaczerpnąłem z jednego z internetowych forów. Chciałbym jednak, żebyście wiedzieli, że ja sam – choć świadomy stanu schroniska – z przyjemnością odwiedzam to miejsce od wielu lat i darzę dużym sentymentem. Ku mojej radości Strzecha jest nieustannie remontowana i stan, w jakim zastał ją Tomek Wilczur, stopniowo staje się przeszłością.

Wchodząc do tego wyjątkowego schroniska, wciąż można poczuć ducha kilkusetletniej tradycji tego miejsca. Gdzieś tam pewnie cicho pochrapuje po trudnej wędrówce Benjamin Schmolck, gdzieś szeleści papier – może to Wybicki albo Adams wpisują się do Koppenbuchów? Usłyszycie dudnienie na strychu – może to Samuel Steiner wychodzi na dach, by przywitać grą na rogu gości zmierzających do Ostatniej Baudy? Albo to ktoś z rodziny Hamplów dogląda obejścia? A słyszycie te szepty? Może to niezłomni Krausowie planują odbudowę schroniska po pożarze? Trzeszczy podłoga – to pewnie unosi się duch sylwestrowej nocy z 1991 roku albo tej z 2018 roku, gdy w mojej głowie zaczął rodzić się pomysł na tę książkę… Jedno jest pewne: Strzecha Akademicka to miejsce przesycone magią Karkonoszy i sekretami Ducha Gór, a jej historia jest na tyle bogata, że moją opowieść możecie potraktować jako punkt wyjścia do własnego śledztwa nad tajemnicami jednej z najsłynniejszych baud w Karkonoszach.

Zainteresowanych historią karkonoskich schronisk i ich gospodarzy, nierzadko bardzo pomysłowych i gościnnych, odsyłam do doskonałej książki Heinricha Rohkama *Baudy i ich mieszkańcy*, której przekład na język polski ukazał się niedawno dzięki tytanicznej pracy pasjonata Karkonoszy i Gór Izerskich – tłumacza Marcina Wawrzyńczaka.

Wspomnieć muszę jeszcze o dwóch schroniskach, które odgrywają w tej książce ważną rolę. Najpierw schronisko Samotnia nad Małym Stawem: o tym, że istnieje, nie trzeba nikogo chyba przekonywać. Jest – obok Śnieżki i Śnieżnych Kotłów – jednym z najbardziej rozpoznawalnych symboli Karkonoszy. Rzeczywiście posiada ono wieżyczkę z owianym tajemnicą dzwonem pochodzącym jeszcze z 1861 roku, jednakże opis umieszczonego na nim tekstu, jak i dotycząca go legenda to wytwór mojej wyobraźni.

Geistliche Baude, czyli Księże Schronisko, istniało naprawdę, natomiast elementem fikcji jest to, że budynek stał jeszcze po drugiej wojnie światowej. Bauda została wzniesiona w sąsiedztwie Strzechy Akademickiej w 1738 roku na potrzeby cystersów z Cieplic i z czasem zamieniono ją w typowe schronisko goszczące turystów. O historii tego miejsca wiemy bardzo niewiele. Pojawia się jeszcze na rycinach z początku XIX wieku, ale na mapach i zdjęciach niecałe sto lat później nie ma już po nim śladu.

O tym, że Duch Gór istnieje, myślę, że nie trzeba Czytelników przekonywać. Przytoczona w książce legenda o starciu z Leśną Kobietą jest prawdziwa, z tym że w oryginale na skutek walk powstał Kocioł Łomniczki, a nie – jak twierdzi powieściowa Maryśka – Biały Jar. Istnieje również opowieść o walce z Królem Wód – pozwoliłem sobie ubarwić ją, wplatając wątek schroniska Samotnia. Zaintrygowanym postacią prastarego władcy Karkonoszy gorąco polecam lekturę książki Lucyny Biały *Duch Gór – Rübezahl. Geneza i upowszechnienie legendy*. To skarbnica podanej w przystępny sposób wiedzy o najsłynniejszym upiorze naszych gór.

Opisane w powieści miejsca istnieją naprawdę – od siedziby centrali GOPR-u przy Sudeckiej zaczynając, przez świątynię Wang, symboliczny cmentarzyk ofiar gór w Kotle Łomniczki aż po wieżę na Sołtysiej (niedawno wyremontowana – gorąco polecam ten nieodkryty wciąż skarb Cieplic!). Pozwoliłem sobie jedynie na kilka drobnych zmian. Pierwsza z nich to lokalizacja chatki Smogorniak – w rzeczywistości nie stoi ona w samym sercu Kotła Smogorni, w terenie zagrożonym lawinami, tylko nieco niżej. Również krzyż Rennera w sąsiedztwie Luční boudy istnieje, z tym że nie jest zlokalizowany od północnej strony schroniska (gdzie natrafia na niego idący ze Strzechy Akademickiej Tomek Wilczur), lecz od południowej. Pozostałe elementy opisów miejsc, szlaków i ich lokalizacji są zgodne ze stanem faktycznym. Dlatego też do książki zostały dołączone mapka oraz zdjęcia, archiwalne i współczesne. Mam nadzieję, że ułatwią Wam śledzenie bohaterów *Schroniska, które spowijał mrok* podczas ich karkonoskich wędrówek.

Fragment akcji powieści rozgrywa się w Kowarach – umieszczenie tam bohaterów trzeciego tomu obiecałem na przemiłym spotkaniu autorskim Czytelnikom z tego miasta i słowa dotrzymuję.

Dworzec w Kowarach istnieje, ale kawiarnia w nim zlokalizowana to wytwór mojej wyobraźni. Natomiast bardzo przykrym faktem jest to, że linia kolejowa do tego pięknego miasteczka i dalej, w kierunku Kamiennej Góry, jest zamknięta. Wspomniałem o tym elemencie, bo moje dolnośląskie serce się kroi, gdy widzę nieczynne dworce i niegdyś fenomenalne osiągnięcia inżynierskie – mosty i tunele Śląskiej Kolei Górskiej i jej odnóg, które dziś w dużej mierze stoją nieużywane i popadają w coraz większą ruinę. Gdy je widzę, mam ochotę użyć kilku słów z repertuaru Edka, „za przeproszeniem".

Wierzę jednak, że wyjątkowymi sudeckimi drogami żelaznymi pociągi jeszcze pojadą, tak jak wróciły już przykładowo do Jakuszyc czy Świeradowa-Zdroju.

Wspomniany w powieści newralgiczny punkt na trasie Wrocław – Jelenia Góra, czyli węzeł Kostomłoty na autostradzie A4, jest rzeczywiście owiany złą sławą. Według niektórych wyliczeń wypadki czy stłuczki zdarzają się tam średnio półtora raza dziennie*. Wykorzystałem jego przykład w książce jako pretekst do pokazania innego poważnego problemu: GOPR nie ma własnego śmigłowca. W razie akcji ratownicy mogą liczyć jedynie na wsparcie Lotniczego Pogotowia Ratunkowego – o ile jego śmigłowiec jest w tym czasie dostępny – lub Czechów.

Budując fabułę dramatycznej walki o życie powieściowego Pawła Zalewskiego, chciałem więc zwrócić uwagę na temat stale niedostatecznego dofinansowania działań GOPR-u. Ten problem powinien być bliski każdemu, kto chodzi po Karkonoszach. Na potwierdzenie przywołuję fragment rozmowy z portalu jelonka.com:

„– Gdyby nie pomoc z powietrza, która do poszkodowanego dociera nieporównywalnie szybciej, życia wielu osób nie udałoby się uratować – mówił Jacek Kieżuń, szef wyszkolenia karkonoskiej grupy Górskiego Ochotniczego Pogotowia Ratunkowego. – Chłopiec, który na nartach uderzył w drzewo, życie zawdzięcza tylko błyskawicznej akcji ratunkowej przeprowadzonej dzięki śmigłowcowi. Potwierdzili to lekarze"**.

---

* Dane za: https://natemat.pl/369763,wezel-kostomloty-pod-wroclawiem-wypadki-zdarzaja-sie-tam-codziennie [dostęp: 10.02.2024].

** *Goprowcy „żebrzą" o pieniądze na śmigłowiec*, https://www.jelonka.com/goprowcy-zebrza-o-pieniadze-na-smiglowiec-20498 [dostęp: 10.02.2024].

W czasie pracy nad książką postanowiłem przybliżyć Wam – ku przestrodze, że tych gór nie należy lekceważyć – zimowy obraz Karkonoszy. Dlatego informacje o klimacie, które padają m.in. w rozmowie Pawła Zalewskiego z Tomkiem Wilczurem, oparłem na prawdziwych danych. Możecie znaleźć je w doskonałej publikacji *Przyroda Karkonoskiego Parku Narodowego* pod redakcją Roksany Knapik, Piotra Migonia i Andrzeja Raja.

Poruszanie się po zasypanych śniegiem karkonoskich szlakach, zwłaszcza gdy panuje biała ciemność, jest wyjątkowo trudne. Dlatego też w naszych górach pojawił się zwyczaj tyczkowania dróg, aby umożliwić bezpieczne wędrowanie zimą. Co szczególnie ciekawe, pierwsze wzmianki o tym sposobie znakowania zostały odnotowane po raz pierwszy w źródłach jeszcze w XVII wieku. W XVIII wieku natomiast wielu podróżników będzie już w swoich listach zwracać uwagę na tyczkowanie jako osobliwość Karkonoszy. Grubość pokrywy śnieżnej bywała w tamtych czasach tak duża, że nierzadko tyczki trzeba było wydłużać! Co więcej, system znakowania był – jak na tamte czasy – dobrze zorganizowany. Za konserwację tyczek odpowiadali właściciele baud, którzy w zamian za swoją pracę otrzymywali od właścicieli majątków coroczne wynagrodzenie. Więcej dowiecie się o tym ze wspomnianej już książki *Baudy i ich mieszkańcy*.

W grudniu 2023 roku podczas prac nad finałowymi scenami powieści Duch Gór mocno utwierdzał mnie w przekonaniu, że jego królestwo to arena szalonych zimowych rozgrywek, a opisy wichur i śnieżyc nie są przesadzone. Najlepszym tego dowodem jest fakt, że obserwatorium meteorologiczne na Śnieżce w nocy z 22 na 23 grudnia było najwietrzniejszą stacją synoptyczną na całym świecie – wiatr w porywach osiągał tam przeszło sto dziewięćdziesiąt kilometrów na godzinę. I dlatego słów kilka chciałbym powiedzieć jeszcze o pokorze.

Gdy piszę te słowa, jest styczeń 2024 roku, a Karkonosze zalewa fala ekstremalnych mrozów. Z niepokojem obserwuję komunikaty i doniesienia grupy karkonoskiej GOPR-u o kolejnych akcjach ratunkowych. Podczas własnych wędrówek nierzadko z przerażeniem spoglądam na narciarzy beztrosko zjeżdżających na tereny zagrożone zejściem lawiny albo turystów wybierających się na zamknięte trasy. Dlatego chciałbym, żeby wybrzmiało to wyraźnie: te szlaki nie są zamykane na zimę dlatego, że komuś się tak spodobało. Tu chodzi o bezpieczeństwo.

W książce wspomniany jest choćby nagminny problem wchodzenia turystów na zamkniętą zimą Drogę Jubileuszową, która biegnąc zboczem Śnieżki, przecina w poprzek tak zwaną rynnę śmierci. Jej nazwa nie jest przypadkowa. Uwierzcie, niemal każdego roku rynna ściąga do siebie przynajmniej jedną ofiarę, która – czy to z głupoty, czy z brawury – wybiera się na zamknięty szlak. Gdy spróbujecie wyszukać w sieci hasło „wypadki w rynnie śmierci pod Śnieżką", znajdziecie artykuły z lat: 2023, 2022, 2020, 2017... To, że dochodzi tam do wypadków, jest spowodowane bezmyślnym łamaniem zakazów. Bulwersuje mnie to tym bardziej, że potem na ratunek tym pseudośmiałkom muszą, narażając własne życie, ruszać goprowcy.

Przygotowując się do pracy nad książką, spotykałem się kilkakrotnie z ratownikami grupy karkonoskiej GOPR-u. Rozmowy zaowocowały dwoma wnioskami. Pierwszy jest dość przykry: zdecydowana większość zimowych wypadków w tych górach to skutek złego przygotowania turystów, nieodpowiedniego ubioru, braku odpowiedzialności i świadomości warunków, jakie zimą panują w Karkonoszach.

Drugi wniosek, a może raczej uczucie, jakie towarzyszyło mi podczas tych spotkań, to olbrzymi podziw i wdzięczność dla pracy tych ludzi. Ratownicy grupy karkonoskiej niezmiennie – zimą i latem – czuwają nad Waszym bezpieczeństwem na szlaku niczym Duch Gór. Są gotowi na każde wezwanie, z narażeniem życia, ruszyć Wam na pomoc, gdy zajdzie taka potrzeba. I dlatego właśnie im – polskim i czeskim ratownikom – tym, którzy wciąż są na służbie, i tym, którzy odeszli już na wieczną wartę do Ducha Gór, tę powieść dedykuję.

Na sam koniec chciałbym powiedzieć jeszcze o pewnej tradycji zapoczątkowanej przez Czytelników. Zarówno pierwszy, jak i drugi tom karkonoskiej serii kryminalnej miał na końcu kilka pustych stron. Wynikało to z uwarunkowań drukarskich (zdradzę Wam sekret, który kogoś może zaskoczy, tak jak mnie niegdyś – książki mają liczbę stron, która jest wielokrotnością liczby szesnaście). Po premierze *Schroniska, które przetrwało*, Czytelnicy spontanicznie zaczęli wykorzystywać te puste strony jako dziennik własnych przygód w Karkonoszach. Wędrując śladami bohaterów powieści, przybijali w nim pieczątki z odwiedzanych schronisk. Dlatego też na końcu tej książki celowo zostawiłem kilka pustych stron, żeby zadość stało się zapoczątkowanej przez Was tradycji.

Życzę Wam bezpiecznego i pełnego dobrych przygód wędrowania po Karkonoszach, zimą i latem. Mam nadzieję, że odkrywanie szlaków, którymi podążał Tomek Wilczur, będzie dla Was przyjemnością, i że spotkamy się w Krainie Ducha Gór jeszcze nie raz…

Pakoszów, styczeń 2024

PODZIĘKOWANIA

Za *Schroniskiem, które spowijał mrok* stoi rzesza dobrych i skromnych ludzi, ekspertów w swoich dziedzinach, którzy bezinteresownie służyli mi radą podczas pracy nad tą książką. I za tę pomoc chciałbym złożyć im najszczersze podziękowania.

Dziękuję Agacie Thannhäuser, adiunkt Zakładu Medycyny Sądowej Uniwersytetu Medycznego we Wrocławiu, która podzieliła się ze mną swoją niezwykle obszerną wiedzą i doświadczeniem. Dzięki Jej uwagom fabuła *Schroniska...* stała się bardziej wiarygodna.

Gorące podziękowania przekazuję ratownikom grupy karkonoskiej GOPR-u: Karolinie Andrzejewskiej, Mariuszowi Czerskiemu, Grzegorzowi Tarczewskiemu i Piotrowi Zamorskiemu. Pozostaję pod wrażeniem Waszej wiedzy, doświadczenia i cierpliwości w odpowiadaniu na moje liczne pytania – od tego, jak wywołać lawinę, przez zasady działania detektorów lawinowych, aż po wygląd radiotelefonów goprowskich w ubiegłym stuleciu. Szczególnie chciałbym wyróżnić Karolinę i Grzegorza, którzy poświęcili bardzo dużo swojego wolnego czasu, czytając gotowe fragmenty traktujące o pracy GOPR-u i nanosząc na nie swoje uwagi i sugestie. Świetni z Was redaktorzy!

Słowa podziękowania należą się także doktor Annie Bold, która udzieliła mi bardzo przydatnej lekcji na temat hipotermii.

Chciałbym podziękować również Justynie Domańskiej, autorce bookstagrama @justyna_i_ksiazki, a przy tym – jak się okazało – wieloletniej gospodyni schroniska Strzecha Akademicka, które prowadziła razem z Mamą. Justyna odezwała się do mnie po premierze drugiego tomu, gdy dowiedziała się, nad jakim tematem zacząłem pracować. Spotkanie z Nią było dla mnie bardzo inspirujące i pomogło mi w konstruowaniu fabuły. Część przemyśleń czy prawdziwych opowieści Justyny została przeze mnie wpleciona do fabuły książki – ale które, to już pozostanie naszą tajemnicą.

Dziękuję także Krzysztofowi Piaseckiemu, synoptykowi, który spojrzał okiem profesjonalisty na opisy cyklonów, antycyklonów, białej ciemności i inwersji.

Chciałbym podziękować doktor Renacie Kopczyk za konsultację prawniczych aspektów fabuły *Schroniska*… – dobrze, że czuwasz!

Jestem wdzięczny Grzesiowi Budzichowi za to, że gdy opuszczała mnie wena, umiał znaleźć słowa, żeby mnie pocieszyć; że wierzył w tę książkę i we mnie nawet wtedy, gdy ja wątpiłem, czy dam radę; za liczne wspólne wędrówki po Karkonoszach; za wszystkie poprowadzone spotkania autorskie oraz za pomoc w konstruowaniu fabuły. Wymyśliłeś jeden z moich ulubionych zwrotów akcji! Dziękuję!

Mamo, Siostro i Tato! Dziękuję za Waszą obecność, za pocieszanie w trudnych chwilach i wspólną radość z sukcesów obu poprzednich *Schronisk*. I za Wasze mądre uwagi – w końcu byliście pierwszymi czytelnikami powieści, jeszcze na etapie jej powstawania!

Dziękuję moim Przyjaciołom – za czas, który mogę z Wami spędzać, za wszystkie rozmowy i wspólne, pełne przygód wędrówki po górach. Nie wiem, co ja bym bez Was zrobił!

Dziękuję Marcinowi Wawrzyńczakowi z wydawnictwa Wielka Izera, który na potrzeby tej powieści użyczył fragmentów swoich tłumaczeń. Ukazujące się w Jego wydawnictwie książki pokazujące już nieistniejący dawny świat Karkonoszy zasługują na najwyższe uznanie i ich lekturę gorąco Wam polecam.

Podziękowania należą się także zespołowi Wydawnictwa Dolnośląskiego, z którym współpracuję już przy trzeciej książce. Dziękuję za Wasze zaangażowanie! Choć siedziba Dolnośląskiego mieści się przy Podwalu we Wrocławiu, tak jak wydawnictwo powieściowego Tomka Wilczura, nie jest to bynajmniej żadna aluzja!

Zgodnie z dobrą tradycją dziękuję pani redaktor Małgosi Grochockiej. Skrytykowała Pani to, co na krytykę zasłużyło, pochwaliła to, co było dobre, a potem doszlifowała tekst z właściwym sobie wyczuciem. Jestem Pani za to bardzo wdzięczny!

Słowo „dziękuję" ślę do Piechowic, do Rafała Kotylaka, który po raz trzeci użyczył swojej fotografii na okładkę powieści. Jestem dumny, że zdjęcia Rafała stały się znakiem rozpoznawczym „schroniskowych" powieści.

Podziękować chciałbym także Rafałowi Leszczewskiemu z Lesky Studio, który wybrał się ze mną w Karkonosze i przygotował świetne materiały do promocji niniejszej książki. Cyknął mi też zdjęcie z tytułowym schroniskiem, które znajdziecie na skrzydełku okładki.

Podczas wielu spotkań autorskich ogłaszałem wśród Czytelników „konkurs" na wymyślenie tytułu dla tej książki w oparciu o moje sugestie. Ostatecznie przekonała mnie propozycja Katarzyny Królak, czyli właśnie *Schronisko, które spowijał mrok* – za ten pomysł bardzo dziękuję!

Dziękuję prezydentowi Jeleniej Góry, panu Jerzemu Łużniakowi, za Jego zaangażowanie w promowanie moich powieści, objęcie kolejnego już tomu swoim honorowym patronatem i pomoc w staraniach o ekranizację „schroniskowych" kryminałów.

Po raz kolejny mam też przyjemność podziękować rodzinie Sokolińskich, prowadzącej księgarnię Libra w Szklarskiej Porębie – Wasza pomoc w różnorakich działaniach promujących książkę jest godna podziwu. A poza tym zawsze poratujecie pyszną kawą!

Dziękuję pragnącemu zachować anonimowość zwycięzcy aukcji Wielkiej Orkiestry Świątecznej Pomocy, który wylicytował możliwość wyboru imienia dla jednego z bohaterów tej książki: imię Urszula na cześć jego żony otrzymała ratowniczka GOPR-u.

Podziękowania składam także wszystkim gospodarzom muzeów, bibliotek i karkonoskich schronisk, którzy przyjmują mnie z wielką życzliwością na spotkaniach autorskich w całej Polsce. W 2023 roku było tych spotkań przeszło siedemdziesiąt i w związku z tym kolejne, olbrzymie podziękowania należą się Wam, Czytelniczkom i Czytelnikom! Za to, że jesteście. Czytacie, dopingujecie, wspieracie dobrym słowem – za to wszystko pięknie Wam dziękuję.

Premiera kolejnej książki to dla mnie duże wyzwanie i – tak jak w przypadku poprzednich – ruszam w trasę. Mam nadzieję, że zobaczymy się na niejednym spotkaniu autorskim, na spacerach po Szklarskiej Porębie, które współorganizuję z Muzeum Karkonoskim, albo na nocnym zwiedzaniu domu Gerharta Hauptmanna pod moim przewodnictwem.

Sławek Gortych

Tu jest miejsce na Wasze wspomnienia
z wędrówek po Karkonoszach

Sławek Gortych